Ser errático

Ser errático
Una ontología crítica de la sociedad

Luis Sáez Rueda

EDITORIAL TROTTA

COLECCIÓN ESTRUCTURAS Y PROCESOS
Serie Filosofía

© Editorial Trotta, S.A., 2009
Ferraz, 55. 28008 Madrid
Teléfono: 91 543 03 61
Fax: 91 543 14 88
E-mail: editorial@trotta.es
http://www.trotta.es

© Luis Sáez Rueda, 2009

ISBN: 978-84-9879-019-1
Depósito legal: M. 272-2009

Impresión
Fernández Ciudad, S.L.

CONTENIDO

Prólogo 11

I. FENOMENOLOGÍA DE LA VIDA COTIDIANA

1. El malestar en la sociedad estacionaria........................... 17
2. Resistir erráticamente 40

II. SER ERRÁTICO, SER DISCORDE

3. La errancia en su impostura: desarraigo........................ 61
4. Elogio de la condición errática, en discusión con Heidegger......... 74
5. El conflicto errático 122

III. DIMENSIONES DEL ACONTECIMIENTO

6. Sentido y fuerza 139
7. Testigo errático y exterioridad problematizante 194
8. Locura 217

IV. LA VIDA DEL PENSAMIENTO

9. Logos: *ingenium* 247
10. Los criterios del pensar naciente 297

Bibliografía 321
Índice general 331

A Elisardo Sáez Lorenzo
In memoriam

«No todos los caballeros pueden ser cortesanos, ni todos los cortesanos pueden ni deben ser caballeros andantes: de todos ha de haber en el mundo; y aunque todos seamos caballeros, va mucha diferencia de los unos a los otros; porque los cortesanos, sin salir de sus aposentos ni de los umbrales de la Corte, se pasean por todo el mundo, mirando un mapa, sin costarles blanca, ni padecer calor ni frío, hambre ni sed; pero nosotros, los caballeros andantes verdaderos, al sol, al frío, al aire, a las inclemencias del cielo, de noche y de día, a pie y a caballo, medimos toda la tierra con nuestros mismos pies, y no solamente conocemos los enemigos pintados, sino en su mismo ser, y en todo trance y en toda ocasión los acometemos, sin mirar en niñerías, ni en las leyes de los desafíos. [...] Todo esto he dicho, Ama mía, porque veas la diferencia que hay de unos caballeros a otros; y sería razón que no hubiese príncipe que no estimase en más esta segunda, o, por mejor decir, primera especie de caballeros andantes, que, según leemos en sus historias, tal ha habido entre ellos, que ha sido la salud no sólo de un reino, sino de muchos».

Don Quijote (Segunda parte, cap. VI)

PRÓLOGO

Tal vez sea la nuestra una época, entre otras cosas, de desasosiego, explícito o contenido, de inquietudes variopintas: movimientos de hombres de una orilla a otra del mar, de influjos multidireccionales, en el comercio o en las formas de vida, de pasiones inestables mientras agonizan los grandes fundamentos, el yo, el sentido absoluto, los marcos experienciales del cosmos premoderno..., una época indecisa, que desconfía de los grandes relatos, de un *telos* a la espera y de un origen preservable. Época de nihilismo, no se sabe bien si simplemente negativo o como potencia de un nuevo amanecer. De conflictos abiertos, como los civilizatorios, los económicos, los estratégicos, en general; o camuflados: malestar de la cultura, en el trabajo o en la intimidad de las relaciones. Se asegura desde muchos lados que andamos a la deriva, erráticos, sin criterios nítidos en la praxis, habiendo matado a un dios y creado una polifonía de voces divinas en pugna. Es un mundo, sentimos, de desarraigo, en el que el ser humano no encuentra suelo firme sobre el que apoyarse, de un desasimiento que impele a recorrer, como Fausto, mil escenarios, a expensas del ser que todo lo niega y con la fianza de un *no* a cualquier parada.

La expresión *ser errático* no se refiere, sin embargo, al hombre del desarraigo, aunque sea cierto que este fenómeno se extiende como una mancha de aceite. Aspira, más bien, a señalar un estrato ontológico del ser humano en cuanto tal. Errática es la existencia de suyo, no porque condene a una diáspora desalmada, sino porque impele a la creación de mundo desde el mundo. Si el hombre es un ser que *tiene mundo*, a diferencia de una roca, es porque lo habita, por un lado, pero también porque es capaz de situarse excéntricamente ante lo que lo rodea, por otro. Sin el extrañamiento que acompaña a la mirada humana desde un principio no habría lenguaje que contuviese el verbo *ser*. Entre la pertenencia y la extradición, la centricidad de la morada y la excentricidad de la distancia, el ser errático es encrucijada. No lo constituyen dos mitades, como al *vizconde demediado*, sino un solo curso con dos orillas, una que se expande hacia lo que es, otra que se desploma en desfiladero y tiene la oscuridad por delante.

Sin embargo, la erraticidad dignifica al hombre, lo coloca ante su radical soledad y le pide el salto continuamente más allá de lo firme. Como un arco tendido, es antes potencia dispuesta a lanzarse que estructura o forma esculpida a buril. De ahí que haya que distinguir al extrañado respecto al mundo, y vagabundo por ello, del errático imponderable que atraviesa la historia y que es sólo en la medida en que se hace. Ocurre, paradójicamente, que nuestra sociedad, ajetreada hasta el extremo, afanada en un movimiento sin cese, es estacionaria: no se mueve, a pesar de las apariencias, sino que simplemente organiza su vacío. En ella, el ser errático discurre por una vida de mazmorra, en la que la ficcionalización del mundo amenaza con invadir todos los espacios de vida.

Las reflexiones que contienen estas páginas no pretenden construir el edificio de la ontología, sino examinar las implicaciones de que no haya existencia sin trastienda. La ontología errática es *una* perspectiva ontológica, falible como todo producto del pensamiento, pero pretende, al menos, ponderar lo que tiene a su favor. Por eso no puede eximirse de una discusión, en su decurso, con aquellos retos filosóficos que le salen al encuentro.

El perfil ontológico del ser errático corre parejo a una crítica ontológica de la sociedad, en cuanto estacionaria. Ambos momentos, prospectivo y crítico, se entrecruzan y hacen las veces, uno respecto al otro, de testigos. La crítica lo es de conglomerados de presupuestos yacentes en el modo de vida actual, que el autor considera fermento de ilusiones.

El texto aspira a mantener, en su forma, dos compromisos: el que a veces con desprecio recibe el nombre de *académico* y el de aproximar el lenguaje filosófico al más general en el que nos entendemos. Quizás no lo haya conseguido, pero ha preparado para ello algunos artificios. Las discusiones de densidad filosófica han sido acompañadas, en la medida de lo posible, por un ejercicio de escalada, con la esperanza de que el lector no versado en el fárrago de esta disciplina pueda apropiarse de herramientas progresivamente. Cuando la minucia del análisis se ha hecho excesivamente amenazante, ha sido desplazada a largas notas. Por medio de ellas el autor intenta escapar a la tentación de rehuir la confrontación rigurosa con los pensadores que salen al paso. Pero el lector no especialista puede prescindir de ellas sin temor a que se le escape lo fundamental. Además, el autor tiene que confesar que, sin quererlo, se ha visto acosado por un intempestivo comensal, que irrumpe en la cháchara grandilocuente y le pide cuentas. Ha sido imposible expulsarlo, de modo que le ruego paciencia al lector por sus frecuentes acosos.

El primer capítulo intenta introducir los problemas de manera versátil y sencilla. El segundo, sin embargo, progresa lentamente hacia una discusión con Heidegger que puede llegar a desesperar, por lo que nos hemos visto seducidos por la necesidad del ejemplo y el recurso a lo pintoresco. Es la parte en la que el autor más esfuerzo ha realizado y en la que la tesis de fondo encuentra a su más poderoso rival. El tercer capítulo pretende continuar una ontología del acontecimiento, indagando lo que le acaece al ser errático. El capítulo cuarto se pregunta por el carácter del pensamiento y del intersticio que lo une y separa del acontecer.

Quisiera expresar mi agradecimiento a muchos por su ayuda, entre los cuales sólo mencionaré a una parte insignificante, en la seguridad de que el resto me lo perdonará. Mis amigos, Juan, Rocío, Ana, Andrés, me han prodigado un manantial de estímulo en momentos de debilidad. Javier de la Higuera y Óscar Barroso, además de su amistad, me han concedido el beneficio del diálogo esclarecedor sobre los problemas que han ido surgiendo. A Pedro Cerezo, pensador de largo aliento y hombre con capacidad de escucha, le debo orientación en el pensamiento y numerosas enseñanzas. Domingo Blanco Fernández ha contribuido decisivamente en la génesis de mis inquietudes y preguntas. Los compañeros de Departamento han dinamizado la pasión que se necesita en filosofía. A Marian y a mis hijos, a mis seres queridos, padres y hermanos, les agradezco intensamente su paciencia y su comprensión por el largo tiempo en que los he privado de mi compañía.

I

FENOMENOLOGÍA DE LA VIDA COTIDIANA

Radicación y *condición errática* están presentes en toda acción humana y jalonan el mapa entero de la existencia, generando una *discrepancia* ineludible en ella que es fuente de que algo acontezca en el mundo. La terminología puede resultar extraña, oscura, rebuscada o grandilocuente. En cualquier caso, mejorable. En modo alguno, arbitraria. Se verá que no son estructuras o reglas, sino *potencias* en un peculiar sentido y que han sido tematizadas e interpretadas de formas variadas en el discurso filosófico. Pero antes de que éste haya entrado en escena los rostros de las dos figuras juegan ya en la arena de la experiencia inmediata, en el *mundo de la vida*. Reencontrarlas en lo cotidiano, en este nivel prerreflexivo no menos oscuro que el de la filosofía, invita a aprehender su persistencia, a esbozar su dinamismo. Seguir la invitación será provechoso a pesar de la precariedad conceptual que mantiene en vilo.

1

EL MALESTAR EN LA SOCIEDAD ESTACIONARIA

1. Estar inmersos en contextos y ser extranjero en ellos. 2. Ineludible conflicto entre centricidad y excentricidad. 3. La sociedad estacionaria, sin mundo y sin errancia.

Tan cándido como rico en intuición resulta emparejar las dos nociones con estas otras del *estar dentro* y el *estar fuera* respecto a contextos de la vida, dos caras de una situación *discorde* que, fugaz y transitoriamente, puede convivir con aquella que, desde la antropología, se ha expresado a menudo por medio de las nociones de *centricidad* y *excentricidad*.

1

Estamos *dentro*, es decir, *céntricamente*, en situaciones concretas cuando éstas nos absorben. La distancia del concienzudo examen o de la reflexión externa se apacigua entonces, como si la autoconciencia disfrutase de una gozosa soñolencia. Puede ocurrir en la praxis interpersonal, como cuando hablamos con amigos de ese modo en que la conversación nos posee y arrastra; puede aparecer en soledad, si es el caso, por ejemplo, de que, en el curso de una lectura, el libro ha trazado un mágico círculo a nuestro alrededor y nos arroja a su interior, en una especie de rapto del que nos desasimos a regañadientes. Puede acontecer en el camino de tareas a las que estamos orientados, cuando éstas discurren con inercia propia y, capturándonos, pareciese que arrancaran nuestros movimientos o pensamientos, sin necesidad de que les ofertemos decisiones explícitas a cada paso. Por otro lado, estamos al mismo tiempo *fuera*, es decir, *excéntricamente*, en esos momentos en los que la sospecha crítica nos conmina a que observemos, distanciados, el juego de la conversación y la enjuiciemos desde los aledaños. También cuando nuestros fantasmas no cesan en su acoso y, situados en medio de las cosas, de las relaciones con otros, de acciones o tareas, no *podemos*, paradójicamente, entrar en ellas, perdernos en su vivo movimiento, experimentando de ese modo que *asistimos* a un *espectáculo* como convidados de piedra. Una situación puede cerrarse ante nosotros y nos sentimos expulsados, o bien nos irrita y afrenta y nos experimentamos *al margen*.

La semántica cotidiana del *estar dentro* pertenece a la de la *condición céntrica* del hombre. La del *estar fuera* a la de la *excéntrica*. No obstante, son excesivamente reductivas, y hasta cortas de aliento, si no se las empuja más allá del límite al que seduce la lengua. ¿Qué significa *estar dentro*? No se está en el interior de una conversación, de una lectura o de una tarea como se está dentro de la bañera o de una hondonada. El conversar, el leer o el estar atareado no son objetos, espacios, en los que nos insertamos también en cuanto objetos. ¿Dónde sus límites, sus fronteras, su suelo y su techo? A diferencia de los objetos o de los puros hechos, son cursos de acción que *tienen lugar*: acontecen. Y aunque acontezcan en un espacio *cuantitativo* y en un tiempo lineal, *extensible* como el recorrido de las agujas del reloj, serían incomprensibles si no tuviesen *lugar* también en otro espacio *cualitativo* y en otro tiempo *intensivo*. Pues el espacio en el que se extiende una conversación, una lectura o una tarea es algo que propiamente *comprendemos y ejecutamos*. El hablar con los otros, el sumergirse en un texto, el estar atareado, poseen una amplitud inasequible a la métrica decimal: son grandes o pequeños en función de su valor para nosotros y de la vitalidad que ponen en juego; amplios o cortos dependiendo de hacia dónde nos transportan, del alcance que poseen y estimulan; altos o bajos en función de cómo nos elevan o rebajan emocional y espiritualmente. Del mismo modo, comportan una temporalidad más allá del mecanismo de relojería: son más largos cuanto más intensos; un momento de cronómetro puede *significar una eternidad*, así como una dilatada extensión cronométrica es susceptible de *pasar al instante*.

El *estar dentro* es, pues, estar en el *mundo* que abre una situación, en un ámbito que queda abierto, expuesto o expresado en ella; si semejante mundo posee medidas, éstas no se pueden medir, en el sentido usual del término; si posee límites, contornos, fronteras, es porque no se las puede delimitar en el sentido usual del término: uno se dirige en el diálogo, la lectura o la acción, no hacia un límite consabido y determinable de antemano, sino hacia un *horizonte* difuso que se modela y remodela sobre la marcha. Esto es lo que Heidegger quería decir cuando describió al hombre como *ser-en-el-mundo*, lo que Merleau-Ponty apuntaba al sentenciar que *habita* el espacio y una parte de lo que Derrida supone al sugerir que el sentido pertenece a contextos encadenados y sin punto de anclaje central. Pero no es momento aún de que comparezca el discurso filosófico *sensu stricto*.

¿Y el *estar fuera*? Tan pronto consideramos este modo de experiencia en vinculación con la anterior nos topamos con difíciles preguntas y más de una perplejidad. Surgen, en primer lugar, a propósito del sentido mismo de una supuesta posición de exterioridad. *Fuera*, ¿de dónde?, ¿respecto a qué? ¿Acaso está el hombre alguna vez *fuera del mundo*? Estas cuestiones portan ya en sí el principio de una respuesta. Se está *fuera* con relación a un *encontrarse-en-situación* determinado. Se trata siempre de una posición de exterioridad relativa a la pertenencia o participación en un asunto y su contexto situacional, de una *ex-centricidad* en el seno de la *centricidad* o respecto a ella. Bien nos situemos ajenos frente a un contexto porque nos lancemos en otro, bien nos sintamos extraños en ése que precisamente nos acoge o envuelve, es el caso que el *experimentarse fuera* es ineludiblemente un *encontrarse en situación*. No cabe pensar la excentricidad absoluta más que como un exilio completo del mundo, es decir, como la muerte. En este sentido, estar *fuera* no puede designar, para los que vivimos, una *posición* efectiva posible, sino más bien, una *dis-posición* a estarlo, aquí y ahora, en la vida, y una disposición cuyo cumplimiento es de todo punto imposible. Se es excéntricamente en el campo de juego de la centricidad, contra ella, y paradójicamente, con ella y por ella. El distanciamiento excéntrico es más una vocación irrenunciable que un estado de cosas. Su orientación es la de una promesa que hemos hecho sin saberlo y que no se puede cumplir.

Emerge ahora, en segundo lugar, la sospecha de que, en realidad, una disposición de exterioridad semejante encubra tan sólo una ilusión, de que el estar lanzado hacia los márgenes de un mundo sea expresión tan sólo de una *impotencia* para internarnos en él y nunca el límite de una vocación, nunca el extremo inasible de una *potencia* que ejecutamos o que se ejerce en nosotros. Ciertamente, esta posibilidad de *extravío* está siempre al acecho y la mayoría de las veces actuando desde la trastienda de la conciencia. Cabe sentirse fuera de una conversación por el temor a afrontar el rostro del otro, por la cobardía para hacer frente a los retos que ella nos lanza o, simplemente, porque no nos hemos *dejado estar*, atribulados por alguna congoja o absortos en otra cosa. Como una sombra o espectro se pasa entonces por la situación, tal y como en el acto de lectura cuando una obsesión nos extrae de ella y como en el estar atareados cuando la tarea ya no nos concierne e incita. Pero constituiría un error equiparar todo tipo de excentricidad con un estado de anomia, huida, falta de compromiso y, en general, con una situación *deficiente* o *carencial* respecto a la *centrici-*

dad. Pues entonces no podríamos explicar una multitud de fenómenos positivos y de carácter excéntrico. Sería inexplicable el esfuerzo por resistir a la seducción de la circunstancia oponiéndole la crítica, como cuando *desde* el magma conversacional tendemos a desenmascarar la conversación entera como impostura o cuando, estando la tarea en ciernes, nos volvemos desde ella contra ella, bien porque percibamos su inutilidad, bien, por ejemplo, porque empezamos a aprehender con mayor intensidad su carácter apócrifo, su sino destructivo o su errancia improductiva. En estos casos, *escapar* de una situación no tiene el signo de una separación respecto al mundo y lo que éste nos demanda que seamos, sino todo lo contrario: el de la llamada a una recuperación, a una autoapropiación, a un *estar en sí* y *en-el-mundo* de una forma diferente. Si se mira desde este ángulo, resulta que sería ahora el ser céntrico al que pertenecemos el que adquiere un sentido sospechoso, el de una ilusión a la que es necesario ofrecer la fuerza de una contrapotencia excéntrica.

Justamente en este punto se nos presenta una tercera dificultad. ¿No es el proceso excéntrico, de nuevo, una máscara del céntrico? Pues salir de una ilusión no parece más que la continuación de la situación en el modo de la des-ilusión. Resultaría entonces ocioso atribuir a otro poder lo que la fuerza de la situación misma puede explicar, lo que la centricidad es capaz de producir desde sí. Ahora bien, esto es cierto siempre que la desilusión proceda del curso de acción mismo en el que nos encontramos. Es cierto si la conversación muestra en su propio movimiento una faz que hasta el momento estaba oculta, si la lectura misma nos expele por el tedio o la desconfianza que genera, si la tarea ha quedado exangüe en su caudal y ya no ejerce la atracción que le pedimos. Pero no es cierto si nuestra perspicacia sospecha un mecanismo oculto que mantiene el diálogo varado en un vacío o presa de un engaño, si encontramos en el texto un pensamiento ruinoso y muy bien camuflado o si detectamos en la tarea que nos instala en el mundo la mano oculta de un amo cualquiera que la ha puesto en nosotros a contrapelo de lo que queremos. En estos casos la situación se resistía a confesar su falta de inocencia y para que lo hiciera ha sido necesario que se ponga en obra en nosotros una capacidad activa de desciframiento, de deconstrucción o de desenmascaramiento. Y si esta capacidad está aquí en ejercicio, en todas las situaciones parecidas a éstas, en las que siempre se trata de una especie de enemistad con el mundo que parece acariciarnos, ¿por qué no presuponerla en todo momento, en toda situación, aunque sea suponiendo que *observa* en silencio o se mantiene precavidamente en espera?

Podrá replicarse todavía que semejante poder, cuando se yergue y trabaja, ha sido ya despertado previamente por la situación en su propio avance, en virtud de su devenir céntrico. Pero ¿quién es ese sujeto —si es que es un sujeto— que despierta? Después, sea el caso, de una autognosis, de un examen dirigido a nosotros mismos, descubrimos quizás el resorte oscuro que, a hurtadillas y persistentemente, nos mantenía en un desasosiego autodestructivo. Estaba oculto y se había arropado de pasiones. Hay que responderle, por decirlo así, con una *contra-pasión*. Ambas, la pasión que engulle y la que restablece, habitan céntricamente en el proceso de convalecencia. Pero ¿quién es ese ser excéntrico que atrapó *en acto* al extraño en nosotros? ¿Quién es el nombrado por Neruda cuando dice que *detenido entre sombras que crecen y alas que / tiemblan, me siento ser, y mi brazo de piedra me defiende*[1]? Muchos pensadores le han dado el dudoso nombre de *cogito* y lo han colocado a una altura celestial, allende el mundo sensible. Se verá que ni tiene un rostro único ni habita extramuros del mundo inmediato. Y que no ejerce su *brazo de piedra* sólo cuando nos rehabilitamos del dolor o del engaño, sino también, y de forma eminente, cuando empujamos la existencia hacia nuevos confines, *ex*propiándonos un territorio y *ex*pulsándonos a una tierra nueva.

La excentricidad no parece una excepción o un fantasma en la vida del hombre. Como disposición a interponer una distancia con el mundo inmediato, *está al acecho*. Quizás no *existe* en un espacio localizado, ni en el cerebro ni en la mente, pero reside de alguna manera, *subsiste* o *insiste* de forma inexorable. Está allí donde la centricidad se desliza y corre, en una multitud de apariencias: como un ojo tácito que presencia lo que ocurre mientras ocurre, un *Diógenes* irónico que descree mientras cree, un incansable espíritu indómito que, sin embargo, acaricia con docilidad los márgenes y hasta, para decirlo en palabras de y a pesar de Nietzsche —quizás el más excéntrico de los que defendieron a ultranza la exclusividad de la centricidad— un danzarín capaz de *bailar sobre las ciénagas como si fuesen prados*.

2

Existiendo el hombre simultáneamente en la centricidad y en la excentricidad, se ve arrastrado por el conflicto en el tamiz de su praxis cotidiana. Pues si, por un lado, a las dos se debe y al dinamismo de las dos se entrega, lo sepa o no, cada una le presenta exigencias que, al encontrarse, entran en litigio. Las exigencias de la centricidad y las de la excentricidad no son opuestas, sino *discordes*. No es que una niegue donde la otra asiente. No es que una renuncie donde la otra emprende. No hay entre ellas una discordia reductible a la contradicción lógica. Tampoco comprensible en los términos de un conflicto entre enemigos. Más bien —y esto habrá que examinarlo con cuidado en su momento— parecen vinculadas como anverso y reverso de un único comportamiento global, de un proceso con dos vertientes heterogéneas que colisionan y trabajan extrañamente la una por la otra y a un tiempo. Mientras una inicia y se lanza, otra, tal vez, resiste interrogando. Mientras una escucha embelesada, otra registra y *toma nota*. Mientras una se entrega, otra defiende algún castilluelo y observa. Mientras una *comprende* otra no puede dejar de *juzgar*.

En cada situación particular existe un *conflicto intestino*. Se está con el otro y también se lo examina. Se vive en familia o en amistad y se hacen evaluaciones. Y también se está en una cultura y se la critica, se está en una tradición, irremediablemente, y se la mira de soslayo. Más aún: se afirma, por el sólo hecho de existir en él, el presunto mundo civilizado y de progreso al que pertenecemos, sumergidos en su modo de ser, acogidos por sus ofrendas, envueltos en sus demandas, y sin embargo, desde algún extraño lugar decimos al mismo tiempo *no* y queremos salir de él. En raras ocasiones, por otro lado y para decirlo con el poeta, nos *sentimos ser* y, por ello, recogidos céntricamente en algún lugar, a la altura de nosotros mismos. Pero nunca será imposible reírnos al unísono de nosotros en el acto, lo que probará que una excentricidad dormida siempre puede despertar de su letargo susurrando «¿y qué elevación es la de esta altura?». En el extremo, las dos caras pueden *encararse*, los dos flujos pueden refluir recíprocamente con estrépito. ¿Cómo no ver en el que cultivó injusticias al vivo despiadado que fue y, al mismo tiempo, al insignificante mortal que ha sido víctima de su estupidez? ¿Cómo no rendir homenaje a lo que nos hunde cuando presentimos su verdad? Pues bien, el problema radica en que no hay regla para medir los pesos relativos de la centricidad y la excentricidad. Si la hubiera no habría ni zozobra ni error. Pero donde no hay regla que dirima y separe con hendidura de cuchillo, hay conflicto, litigio. No entre dos enemigos nítidamente distinguibles, claramente discernibles, como se ha dicho, sino entre haz y envés de la circunstancia y como encuentro y desencuentro que se hermanan.

Hay también lo que podríamos llamar *conflictividad paralela*. Un litigio generado por la ineludible necesidad de elegir posibilidades de acción concretas al tiempo que otras quedan desahuciadas. Es una condición del mortal la de hacer esto o aquello, en particular. Es cierto que una opción, una elección, testimonia un proyecto de vida y no debe ser considerado, por ello, signo de debilidad o de carencia. Por el contrario, como suele señalarle Rilke al ángel en sus *Elegías de Duino*, gracias a su finitud puede el hombre saborear los frutos de la tierra como no podría hacerlo un inmortal. La entrega humana a posibilidades siempre específicas no es en realidad un límite, sino un poder maravilloso y prueba de grandeza. Pues sólo desde la perspectiva se puede *tocar* lo concreto y comprender su riqueza. Sin ella no conoceríamos camino alguno. Gracias a ella se hace asequible habitar con profundidad *el* cauce emprendido. La renuncia a un sendero de la vida es la otra cara de la fruición que acompaña al camino en el que se es. La pertenencia a mundos concretos, el experimentarse incurso en proyectos singulares, lo cual constituye el reclamo y la deuda de la condición céntrica, dignifica al hombre, le otorga una libertad situada, le permite asir esto o aquello en cuanto reales, y no meras generalidades sin alma, y le concede el que resulta, quizás, más elevado de sus bienes: la posibilidad de entregarse a un proyecto y reconocerse en él, así como la de abandonarlo a favor de otro más elevado, es decir, la posibilidad de la posibilidad. Ahora bien, mientras esto se hace, *otra* posibilidad que le concierne al individuo o al grupo *al mismo tiempo* y de la que sin embargo se aleja, se cierra. La centricidad del «esto» comporta de suyo una excentricidad respecto a «lo otro». Cuanto más valioso es el hombre, con mayor dureza le fustiga esa especie de deserción que acompaña a su inserción en el mundo. Es más fácil experimentarlo en el espacio de la vida privada. Entregarse a un trabajo que arrebata o ennoblece, por ejemplo, lleva consigo sustraerse en una medida imponderable a las demandas afectivas de los seres queridos. Y a la inversa, responder a esta última llamada de modo genuino exige ponerle un freno a esa otra autorrealización de la obra proyectada. Más difícil resulta la percepción de la asimetría entre lo privado y lo público. Los asuntos concernientes a la vida en común, en la que se juega la *res publica*, apelan al sujeto porque éste es, inexcusablemente, *ciudadano*. Pero sus exigencias, seguidas con el rigor y arrojo que suponen, entran irremediablemente en conflicto, no sólo con la intimidad nunca satisfecha de las relaciones privadas, sino con todos esos esfuerzos creativos que serían vanos sin el retiro y la soledad. Más rara y extremadamente difícil es la percepción del conflicto entre lo próximo y lo lejano. No concierne al individuo sólo su condición de ciudadano sino, al mismo tiempo, su pertenencia a la humanidad. Decir que uno no es culpable de la pobreza y la desgracia de millones de seres humanos en tierras lejanas, de la muerte de miles de víctimas en guerras que tienen lugar en remotos lugares, de la extinción de bosques o selvas, es jugar con el equívoco. Pues se confunde en ello la culpabilidad psicológica y la deuda social y humana con el otro, cualquiera que sea éste. Al optar por un proyecto de vida determinado estamos también decidiendo respecto al extraño, queramos o no. Por el extraño próximo o por el extraño lejano. Y no sólo porque en la posibilidad que realizamos éste quede contemplado o ignorado, sino fundamentalmente, porque afirmamos la sociedad en la que nos encontramos o la cuestionamos, y ello de diversos modos y en diversos grados. Aunque este conflicto es generalizable a cualquier sociedad humana, en las circunstancias presentes, para los que pertenecemos al *primer mundo*, es especialmente virulento. Se puede ser un buen padre, un buen profesional y hasta un ciudadano con ciertos compromisos y afirmar, consciente o inconscientemente, las reglas de juego globalizadas que generan la injusticia o la miseria de la mayor parte de la población mundial.

Además de porque no exista una regla que lo disuelva, este conflicto es inexorable debido a que convergen en él dos infinitos, expresándolo de un modo que reinterpreta libremente la lúcida sentencia de Pascal según la cual bogamos entre el infinito de nuestro fundamento en la tierra y el deseo infinito de elevarnos desde ella[2]. La situación humana, siempre finita, está abierta, por un lado, a esa inagotable profundidad de las situaciones en cuya brecha existimos céntricamente. Pues pertenecer a un mundo, estar inmerso en el avatar de una existencia cualquiera, significa tanto como navegar en un proceloso mar cuyo fondo carece de final. ¿Cuándo se ha terminado de comprender una situación? ¿Cuándo se ha rendido cuentas por completo a lo que pide una tarea —no instrumental, por supuesto—? Quien empieza a comprender o a perseguir un objetivo aprende por experiencia que siempre hay un más allá de lo aprehendido y de lo logrado. Por otro lado, la finitud humana está abierta a la infinitud aspirada en su vocación excéntrica. Sin poder cumplirse nunca de modo absoluto, el espíritu de discernimiento, enjuiciamiento, crítica o desenmascaramiento, encuentra un reto tras otro. ¿Dónde su fin, su paz?

Deducir de todo esto que la condición humana es desgraciada sólo es un prejuicio del pensamiento o del espíritu totalizador. Sin que sea posible por el momento justificarlo adecuadamente, baste replicar que desde Heráclito a nuestro Unamuno, pasando por una multitud de pensadores como Marx, Nietzsche, Freud, Artaud o Bataille, se han ofrecido muy buenas razones para descubrir en el conflicto el germen de la auténtica responsabilidad y de la creatividad audaz. El litigio entre centricidad y excentricidad no conduce *per se* a la derrota. Abre el espacio en el que tanto la victoria como la derrota se hacen posibles.

¿Qué sería, por cierto, una victoria en el campo de batalla de este conflicto? ¿Su superación y el logro de una vida sin contradicciones? Tras todo lo dicho, esta hipotética situación más parece propia de un espectro que del hombre de carne y hueso. Dada la heterogeneidad de las fuerzas que se ponen en juego en el encuentro entre centricidad y excentricidad, no puede consistir la victoria en una conciliación sin fisuras que rescinda la discordancia entre ellas. Más bien posee la forma de un inestable, versátil y cambiante compromiso entre contendientes. Llamémosle, por el momento, a este fugaz, provisorio compromiso, *concordancia*, en el sentido más originario del término, es decir, como una proporción sonora entre voces diferentes, un *encuentro productivo* en el que no se supera la diferencia en una unidad superior —como sucede en una *síntesis*—, sino en el que la diferencia subsiste, con-formándose de tal manera que genera una *resonancia*.

3

Lo que parece que nos ocurre en el campo de la existencia cotidiana actual no es tanto que dicho *encuentro* sea más o menos *productivo* cuanto que la posibilidad misma del *encuentro* está amenazada en su raíz. Pues las condiciones del mundo contemporáneo tan pronto nos escoran hacia un lado o hacia el otro como si fuésemos marionetas. El mundo cotidiano es un microcosmos en el que se escenifica el teatro global del mundo. A él llegan, como si fuese un sumidero, las aguas del océano mundial. Y al desembocar, lo anegan. Basten ahora algunos indicios de un análisis más detallado que este texto intentará más adelante.

Un proceso de racionalización creciente del mundo de la vida, para decirlo con Weber, se dilata a nuestro alrededor[3]. Este proceso, correlativo al de un *desencantamiento del mundo*, impone una racionalidad de medios, instrumental o estratégica, es decir, un uso de la inteligencia dirigido más a los procedimientos que hacen eficaz y exitoso un asunto, en las circunstancias económicas, técnicas o pragmáticas de la sociedad, que al asunto mismo. El cálculo y la previsión sustituyen en ese proceso a la experiencia del mundo de la vida[4]. Entre las consecuencias del fenómeno cuenta la *cosificación* generalizada que somete el posible interés intrínseco de los problemas y de los objetivos al interés extrínseco que poseen de acuerdo con su eficiencia en el marco funcional al que pertenecen. Todo esto tiene actualidad, en efecto, porque bien mirada la política en general o la educación, en particular, por ejemplo, se advierte sin gran esfuerzo que el valor propio de las ideas cede hoy a favor de su pertinencia instrumental en el juego del mercado global.

Otra deriva de la racionalización es la que da lugar a la formalización creciente de las relaciones interpersonales, una impersonalización que traslada a la praxis los valores del *cambio* y que Habermas ha descrito con minuciosidad al desenmascarar la *colonización del mundo de la vida* por el *sistema*[5]. Cada vez se hace más escaso el encuentro desinteresado, al mismo tiempo que crece la sospecha de que el interlocutor lleva incorporado, casi sin saberlo, a un cambista. El encuentro desinteresado no es, sin embargo, un encuentro vocacionalmente armonioso, como quisiera el ilustrado, habermasiano o no. Por el contrario, es una aproximación discordante, precisamente porque no está coaccionado por la voluntad de pacto que subtiende al mero conflicto de intereses, ni por la impaciencia consensualista del mero *antagonismo* de pretensiones. Cuanto más se encoge el lívido vínculo que emana del trato entre intereses particulares, con mayor fuerza reaparece el espacio del *inter-es*, el campo de juego del *entre* en el que somos, del *intermezzo* que une y separa a un tiempo. Y éste es un espacio *agonístico* no sólo saludable, sino inerradicable, en la medida en que no hay verdadero encuentro si no se presupone la diferencia entre las fuerzas que se congregan.

Weber agregó a estos fenómenos uno que parece inocente pero que se extiende tan implacablemente en la red entera de la sociedad como para hacernos conscientes de que tiende a convertirse en opresivo ceñidor: la burocratización. Y es que la odisea racionalizadora en el sentido instrumental que aquí se hace patente es tarea desbordante. Necesita operacionalizar su proceder, lo que no se puede hacer sin un riguroso sistema de clasificación, encasillamiento, reglamentación, que nos conduce, a un ritmo espeluznante, a una especie de *mundo administrado*[6] en el que se angosta intensamente la praxis autónoma, la libertad creadora, la invención irruptiva y la intervención disruptiva. Se diría que, tendencialmente, nos acercamos a una situación en la que cualquier iniciativa humana adquiere ser o carta de naturaleza sólo en la medida en que lleva el marchamo de la existencia administrada. Toda acción tiene el deber de comparecer ante el tribunal de la racionalización para recibir el *crédito* necesario. En caso contrario, queda a expensas de sí misma, en el terreno selvático de lo sin-crédito y expuesta al descrédito. Es como si un ojo enorme, ilocalizable pero ubicuo, trazase una retícula de líneas por las que han de transitar las conductas y la vigilase tenazmente imponiendo sanciones a cada desviación. No parece desatinado el juicio de Foucault, cuando escruta semejante disposición de la vida desde la perspectiva de los procesos de *normalización* que la forjan y nombra el resultado global al que ello conduce con el vigoroso término de *panoptismo*[7]. Expresado de otro modo, la racionalización de la que habla Weber y la consumación, señalada por el pensador francés, de la vigilancia en panoptismo, son manifestaciones de una excentricidad desorbitada de la sociedad en su conjunto. El «encaminarse hacia fuera» y el «distanciarse desde dentro» que caracteriza a la condición excéntrica del hombre está desprendiéndose de su gozne con la vida, de tal manera que se convierte en una excentricidad separada, sin mundo, adquiriendo una existencia autónoma e incontrolable. Liberada del quicio céntrico, se vuelve ahora contra la vida y la desquicia. Pues, por otra parte, la vida inmediata, carente del revulsivo excéntrico, queda adherida en exceso a las demandas de un mundo ya configurado a través de procesos de adiestramiento en los que se expresa el poder y la costumbre, a resultas de lo cual se ve conducida a un desmembramiento de su devenir propio, movilizada al socaire de los gustos, mitos o modas del momento. En un mundo racionalizado los valores, que no son, en el fondo, susceptibles de ser disueltos en operacionalizaciones o dispuestos en anaqueles, no encuentran otra salida que la pura subjetividad o el recurso al misticismo. Lo valioso remite, en última instancia, a las inclinaciones de cada cual y siempre cuentan, si se les pone en riesgo, con el amparo del «es que yo soy así» o del «nosotros somos de esta manera». Dicho más literariamente, cada cual ha de elegir a sus dioses y ya «la vida, en la medida en que descansa en sí misma y se comprende por sí misma, no conoce más que esta eterna lucha entre dioses»[8].

Lo relevante de esta situación no estriba en el pluralismo de valores o puntos de vista, pues entonces subrayaríamos una consecuencia altamente productiva. La clave del fenómeno está, más bien, en el aciago resultado de un mundo de la vida intrascendente e inútil, debido a que, por muchos o ricos que sean los *dioses*, pertenece a su sino el que ya no tengan incidencia en el curso de los acontecimientos decisivos. Condenadas a recluirse en la intimidad subjetiva, a las valoraciones se les ha arrebatado su nexo con la verdad, lo valioso en general y lo real. Pues lo puramente subjetivo carece de la fuerza vinculante necesaria que requieren los asuntos *inter-subjetivos*. Éstos quedan, merced a la racionalización, en manos de especialistas y técnicos en la cuestión de que se trate, se convierten en problemas *objetivables* que una clase de tecnócratas ha de administrar y custodiar.

En íntima conexión con la racionalización técnico-instrumental aparece en nuestras sociedades un imperioso espíritu cientificista. El cientificismo no es, en modo alguno, el alma de la actividad científica, que acompañará honrosamente siempre al *homo sapiens* y a cuya aventura pertenece. Por el contrario, es extraño a la ciencia, en la medida en que señala el mito, germinado extramuros de ella, según el cual el modelo de *objetividad* de la ciencia puede y debe aplicarse a todos los ámbitos de la actividad humana. La sociedad administrada procede como si la vida entera del hombre pudiese ser organizada según los parámetros de la investigación de la naturaleza, estableciendo un orden que simula el cosmos legaliforme y elaborando un ser humano de laboratorio. Por eso, del mismo modo que repudia las producciones de la experiencia cotidiana, se hace impermeable a la palabra del poeta, la obra del artista o las elucubraciones del filósofo. Todas ellas han sido marginadas del mundo *objetivo* y relegadas al ámbito de lo puramente auto-expresivo, como si tuviesen por misión dar lenguaje al sentimiento privado y no a la realidad en la que todos estamos.

Sin embargo, el frío mundo administrado es completamente compatible con la proliferación de la creatividad allende su dominios, dado que no sólo la hace inane y está blindado ante ella, sino que, de ese modo, se cubre de ornato. Semejante destierro del hombre *singular*, cuyas creaciones sirven ahora de decorado, pasa inadvertido. No rebasa el nivel de un oscuro y difuso *malestar de la cultura* porque ha claudicado al soborno. Pues es el que caso que este sentimiento de inanidad es compensado continuamente, para decirlo con Marcuse, por medio de satisfacciones tan falsas como tentadoras, dada la posibilidad de un goce nunca antes al alcance del hombre, bien a través del consumo, bien por medio de esa artificiosa felicidad que puede, sin embargo, experimentarse como sublime por su intensidad y que habita sólo en los paréntesis: al final de la tarea ascética del trabajo, vacaciones, fiestas o en el arrebatado *mundo de la noche*. Euforia dentro de la infelicidad[9], sin duda.

Al pertenecer el hombre a ambos mundos descoyuntados, se ve obligado a actuar, altenarnativamente, como *homo laborans* administrado y administrador, por un lado, y como *homo ludens*, fuera de sus funciones sociales, por otro. En ambos casos, enajenado y fuera de sí. En el primero, como un puritano o asceta, en un lugar que no lo religa con las cosas sino con los procedimientos. En el segundo, como un hombre aparentemente libre que goza inercialmente, en un lugar que le niega el valor propio de lo que experimenta y lo seduce con la satisfacción efímera. Los hombres son impelidos hoy a convertirse en «especialistas sin espíritu y gozadores sin corazón»[10].

Es cierto que semejante escisión puede ser ocasión para generar la revuelta de una conciencia trágica, capaz de situarse en el dilema y, sin caer en la tentación de exhumar a un dios único, de sobreponerse mediante la acción decidida, consciente y responsable, haciendo de esa tarea un destino personal[11]. Pero no es menos cierto que es hoy necesario estudiar las patologías que convierten a esa tarea en el camino de los pocos y hace que el de los muchos no sólo permanezca anclado en la situación descrita, sino que, más allá de ello, la apoye y fortalezca con fruición. Pues, lamentablemente, no escapa a un observador atento que precisamente aquellos que más se hunden en el fango de la racionalización técnica se emplean a fondo en ella y se vanaglorian de contribuir con ello al progreso. Y, de igual modo que en esa orilla crece la ciega arrogancia del que, abandonando las «cosas mismas», se ocupa sin descanso en la pura *administración de las cosas*, en la otra orilla, en la de la vida inmediata, germina una vez tras otra la voz del que, haciéndose víctima, sin saberlo, del craso y huero subjetivismo, se presenta, no obstante, como un *iluminado*, un *profeta* o un *genio incomprendido*. Se vislumbra en este sentido otra tragedia, de muy distinto signo, por la tristeza y la vileza que la acompañan: la de que el *homo laborans* que resiste, empuñando su tarea, se vea desplazado, con frecuencia incluso denigrado, por el estratega, por el técnico, mucho más eficaces que él. Es ésta una realidad pareja a aquella, no menos palpable, que experimenta el que, en la vida inmediata, se atreve a pensar mientras goza, a inquirir al mismo tiempo que convive, a llevar a la arena de la cotidianidad esa desazón que producen las preguntas eternas del hombre, las penurias de lo lejano, las miserias de lo próximo. Se lo toma por un excéntrico. Y es eso, precisamente, lo que le honra.

La situación del hombre, el de carne y hueso, es hoy, por todo ello, rayana en lo grotesco. Pues no está sólo, como han señalado muchos con razón[12], escindido, demediado. Además de dividido está del revés. Pocos lo han expresado con tanta ironía y belleza como nuestro Baltasar Gracián:

> Todo va al revés en consecuencia de aquel desorden capital: la virtud es perseguida, el vicio aplaudido; la verdad muda, la mentira trilingüe; los sabios no tienen libros y los ignorantes librerías enteras; los libros están sin doctor y el doctor sin libros; la discreción del pobre es necedad y la necedad del poderoso es celebrada[13].

¿Qué aspecto ofrece un hombre así, al mismo tiempo desagregado e invertido? Se podría comenzar respondiendo que el de un *ser banal*. En primer lugar, porque ni en un ámbito ni en otro sale del encierro. Puede razonar sin descanso en el campo de la profesión, el trabajo y la responsabilidad política; puede hablar o vivir con desmesura en la inmediatez. Pero tanto en un caso como en otro ya no pisa la tierra ni toca roca resistente. Por una parte, la racionalización lo ha encerrado en una «jaula de acero»[14] que, al segregar los grandes fines, nihiliza la cultura[15]. Por otra, el vaciamiento de la vida inmediata lo ha enclaustrado en un «anillo de hierro» que rompe los canales de comunicación entre los individuos, una vez convertidos en átomos vueltos sobre sí, y «los mantiene tan estrechamente unidos como si su pluralidad se hubiese fundido en un hombre de dimensiones gigantescas»[16]. Encarcelados doblemente permanecemos, como los seres de la caverna platónica, aquende el mundo y sin poder ofrecerle nada nuevo. Los griegos utilizaban el término *idiotés* para referirse a los individuos que, encerrados en sí mismos, aislados, eran incapaces de ofrecer algo a la *polis*, que era el espacio en el que ellos comprendían el mundo. A la altura del presente, las jaulas o los anillos nos han *idiotizado* a la mayoría. De ahí la banalidad que acecha al hombre contemporáneo, el peligro de la continua y repetitiva tribulación en problemas que no rozan el mundo y la desvinculación de la inteligencia respecto a los reales problemas del *afuera*[17].

¿Y los pocos? ¿Escapan acaso a la banalidad? En realidad hay que mitigar el peligro del maniqueísmo y trenzar las expresiones «los pocos» y «los muchos». Pues sería faltar a la verdad ignorar que en todos y cada uno de nosotros anida la esperanza de escapar al ceñidor. Lo que ocurre es que hay que reconocer que, entre la multitud, sólo algunos dan la vida entera en el empeño y, cuando lo hacen, la pierden para siempre. Queda dicho: nadie escapa enteramente. Y sobre todo, porque si lo intenta y persiste, podrá alcanzar una existencia más auténtica, pero excomulgado del mundo. Que el aislamiento y la soledad lo fustiguen lo pone en peligro de desarraigo a fuer de falta de reconocimiento. Pero, además, no siendo banal, se lo banaliza; la cultura banal lo banaliza, excomulgándolo de los asuntos comunes e impidiéndole afectar a la realidad. Esto es lo que se llama *superfluidad*: «Estar desarraigado significa no tener en el mundo un lugar reconocido y garantizado por los demás; ser superfluo significa no pertenecer en absoluto al mundo»[18].

Escindido, invertido, banalizado. Estas atribuciones conforman lo que Musil llamó *hombre sin atributos*. Y, en efecto, es que ya parece carecer de mundo propio. Para decirlo en el lenguaje antropológico, es excéntrico y céntrico sin vínculo. Por un lado, su excentricidad se ha elevado sobre el suelo y, comprimida, volátil, etérea, mira sólo hacia el interior del mundo administrado: una excentricidad centrada instrumentalmente. Por otro lado, su centricidad se ha tornado excéntrica a la vida, inane respecto a las exigencias de lo real: una centricidad descentrada respecto al mundo.

¿Qué podría definir de raíz este estado, reunir todos estos síntomas? Se ha dicho que el hombre vive en el claustro: el de la *jaula de acero* y en el *anillo de hierro*. Pues bien, quizás sea éste el signo más claro de su deformación. Pues el hombre es, esencialmente, un *ser abierto*, destinado a hacerse a sí mismo, a proyectarse. Pico de la Mirándola lo había expresado, en el siglo XV, en palabras que no ofendiesen demasiado a la Iglesia, cuando, como fabulando, narró la creación de Adán por un Dios al que ya no le quedaban arquetipos:

> Acabada su obra, el gran Artífice andaba buscando alguien que pudiera apreciar el sentido de tan gran maravilla, que amara su belleza y se extasiara ante tanta grandeza [...]. Por eso, una vez acabada la obra [...] pensó en crear al hombre. No había ya arquetipo sobre el que forjar una nueva raza, ni más tesoros que legar como herencia a la nueva criatura. [...] En consecuencia dio al hombre una forma indeterminada, lo situó en el centro del mundo y le habló así: «Oh Adán: no te he dado ningún puesto fijo, ni una imagen peculiar, ni un empleo determinado. [...] A los demás les he prescrito una naturaleza regida por ciertas leyes. Tú marcarás tu naturaleza según la libertad que te entregué, pues no estás sometido a cauce angosto alguno. [...] No te hice celeste ni terrestre, ni mortal ni inmortal. Tú mismo te has de forjar la forma que prefieras para ti, pues eres el árbitro de tu honor, su modelador y diseñador. Con tu decisión puedes rebajarte hasta igualarte con los brutos, y puedes levantarte hasta las cosas divinas»[19].

La condición a la que se ve empujado el hombre de nuestro tiempo es precisamente la clausura de su ser abierto, la compulsiva determinación de su indeterminación, la degeneración de su excentricidad en abstracción y desarraigo, la desertización de su centricidad y, en suma, la parálisis de esa vocación suya que le pide modelarse a sí mismo. El hombre, hoy, ni se rebaja ni se levanta, porque se conduce a espaldas de aquella condición de posibilidad de la vileza y de la altura que es el empeño por hacerse y autrotrascenderse. No retrocede ni avanza. Le ocurre lo que negaba Galileo respecto al planeta Tierra, que parece que se mueve pero está fijo, jactándose, por lo demás de que es el centro de todas las cosas. Cierto que está en continua actividad, hasta el punto de que sus condiciones de vida actuales parecen no concederle respiro ni reposo. Pero en su actividad desaforada, en su torbellino de movimiento, no afirma novedad cualitativa alguna de suficiente importancia como para transformar el tablero y las reglas de juego sobre las que las jugadas se multiplican vertiginosamente. Su agitación expande cuantitativamente el conjunto de acciones que una determinada situación de fondo permite, sin que ésta resulte alterada en su textura interna fundamental. En semejante estado, ni crea una imagen del mundo diferente, ni abre para sí un modo de vida distinto, sino que aumenta el número de variables y la velocidad de los desplazamientos en torno a un centro que no cesa de repetirse en todos sus modos de expresión. Su actividad ya no encuentra meta más allá de sí misma, es actividad que encuentra sentido en incrementar la actividad, bullicio ardoroso que se tiene a sí mismo como horizonte y en el que, al cabo, *todo lo sólido se desvanece*[20]. Permaneciendo en una agetreada inmovilad, no es extraño que se reconozca cada vez con mayor frecuencia e intensidad en el desasosiego: se desazona por el carácter insípido de tan prolífica obstinación. Febrilmente activo, lo angustia el vacío, ya que de realmente nuevo en lo que hace no hay nada. Y cuanto más le acucia el rumor de esa nihilidad, más se afana en acallarlo emprendiendo incesantes itinerarios de compensación, permaneciendo así en una especie de atareada *organización de la carencia*[21]. Es un ser *estacionario*, porque pertenece a una sociedad estacionaria.

— Este análisis adopta un tono apocalíptico. Estamos ya hartos de semejante actitud y de su estéril lenguaje. ¡Oh! ¡Qué descolorida humanidad! ¿A dónde ha ido a parar el hombre? ¡Qué trágico vacío! De toda esa verbosidad extrema hace alarde hoy el «nihilista flamante», empeñado en diluir todo lo que ocurre en la noche de la nada. No teníamos ya bastante con los integrados, esos optimistas ingenuos que creen vivir una magnífica era. No, ahora tenemos que soportar el reverso de los integrados. Cada uno invocando a su héroe. Por el lado de estos últimos, Superman, henchido de poderes extraordinarios pero incapaz de aparcar en doble fila y, por supuesto, de revolucionar alguna cosa en el orden establecido. Por el otro lado, Prometeo, que viene a salvar al mortal, de una vez por todas, de su paupérrima situación, al hombre —pobrecito— carente de lo primordial, del fuego, pero que luego se va altanero y no se ocupa de los problemas concretos. Los dos distanciándose de lo pequeño y concreto y embebidos de majestuosidad. Uno demasiado terrenal, pues representa sólo al gigante dispuesto a defender las consignas del pequeño. Otro demasiado celestial, invocando al su-perhombre dissenter mientras goza del consuelo de ser un alma noble.
— ¡Pues sí que empezamos bien! ¡Vaya puya! Usted ha hecho del libro de Umberto Eco[22] *una biblia que todo lo explica. Lo que allí trata el autor es el problema de la cultura de masas, del consumo, de los medios audiovisuales, del influjo de la televisión y cosas por el estilo. En ese contexto no le falta razón a Eco. Entre los que afirman la cultura mediática como apertura a un paraíso y los que ven en ella*

un mal irrevocable, la prudencia aconseja una posición alejada de extremos grandilocuentes, capaz de distinguir lo positivo de lo negativo. Ahora bien, si extendemos el distingo haciéndolo universal verá que es mediocre y conformista. Se basa en el principio manido de que cualquier cosa tiene su lado bueno y su lado malo. Dígale usted a los desheredados de la tierra, a los que van a morir dentro de muy poco, como cada año, que no deben extremar el verbo, que se comportarían como héroes autocomplacientes si dijesen que están condenados al hambre o a la muerte por todo un modelo de economía que les ha dictado sentencia. Dígales que el mundo que les hace perecer tiene un lado bueno y otro malo. Dígale usted, por ponerle un ejemplo menos dramático, al hombre de letras, cada vez más expulsado de una cultura centrada en la rentabilidad técnica, obligado a ocupar espacios insulares o a vagabundear en el paro, que esto tiene su lado «bueno». No hay que confundir el par «apocalíptico-integrado» con el par «radical-mediano». La apocalipsis es el fin del mundo. La radicalidad es la voluntad de atreverse con lo central y lo grave. No hay filosofía si no es radical, y no por ello ha de ceder al terror y al espanto de lo apocalíptico. Si se trata con ese rasero umbertiano a la filosofía del siglo XX no queda en pie ningún gran pensador. Horkheimer, Adorno, Marcuse, Benjamin, Heidegger, Gadamer, Foucault, Deleuze... Puede que sólo quedara Umberto Eco. Y tampoco. Pues la distinción misma entre «apocalípticos» e «integrados» o procede de un pensamiento radical o no dice nada.

— Hay una infinidad de pequeños problemas y en ellos no quiere entrar el «radical», utilizando su terminología. Para evadir las cuestiones cercanas que de verdad nos apremian se parapeta en «conceptos fetiche» que, por su amplitud, terminan siendo vacíos y sirviendo de cabeza de turco en polémicas estériles. Es necesario que el pensador «aterrice».

— Yo no hablaría de pequeños y grandes problemas, sino de problemas y ramificaciones específicas de los problemas. La filosofía no abandona lo que usted llama «pequeños problemas», precisamente porque desea destapar el tronco desde el cual se ramifican, o mejor, desentrañar la red en la que están enmarañados. Los atiende de otro modo que el sociólogo, el periodista o el politólogo, con menos detalle empírico. Pero no con menos interés. Es cuestión de óptica. La filosofía debe «descender» a las cuestiones concretas. En eso apunta hacia algo con sentido. Pero al decir «descender» parece que le otorga un lugar fuera de esta tierra. Más bien, debe salir del claustro y abrirse a realidades específicas. Afirmar que la filosofía ha estado enclaustrada mucho tiempo en el aula es exagerar. Pero, dando por supuesto la

parte de verdad que hay en ello, le sugiero que medite sobre la circunstancia de que es usted quien se comporta de modo apocalíptico. Pues que haya estado ensimismada no quiere decir que lo que encerrase fuese inútil o vano. Y usted, al querer abrirle paso en el mundo, lo hace estigmatizando lo que ha crecido en su interior y luchando heroicamente contra ella. Es como querer construir canales y cubrir de cieno, al mismo tiempo, el caudal del que parten. Hoy, con la excusa de que lo más importante es, por ejemplo, remediar el deterioro natural del planeta, se toma a veces por anticuado, inoportuno e inútil el discurso que remite dicho deterioro a toda una propensión ontológica del siglo XX denominada «espíritu técnico» o «voluntad de dominio» y que, además, retrotrae ese fenómeno a los inicios de la modernidad, por haber crecido en ella la vocación del sujeto que lo empuja a poner a disposición suya al mundo como «objeto». Todo esto le parece a usted «apocalíptico» mientras lo juzga en términos apolípticos al hacer recaer sobre él la causa de todos los males de la filosofía. El libro de Umberto Eco no está escrito para filósofos sino para los que se sienten iluminados. Está escrito también para personas que tal vez mueran sin haberse arriesgado nunca. El filósofo se arriesga en lo radical y en lo grave. Para ello trabaja con esfuerzo y argumenta. Se ex-pone. No emplea fetiches, sino que da nombre a lo que vislumbra. Se puede equivocar en el diagnóstico, pero la dirección de su mirada y su pasión no son estériles. Lo estéril surge, más bien, de esa exacerbación de la proximidad que no conduce a la vecindad, sino a la complicidad con lo criticado, y de la actitud que toma como emblema de la nueva filosofía el «ni tan bueno ni tan malo». Es signo de dignidad la moderación, la sabia prudencia aristotélica que busca el «justo medio». Ahora bien, el «justo medio» no es el «medio justo». Pensar el «justo medio» puede llevar a detectar la medida justa, tanto de lo leve como de lo grave. El «medio justo» es estar en medio de lo grave y de lo leve, en ese interregno de lo ingrávido y banal, justamente ahí: en la medianía del pensamiento.

— ¿Y le parece moderado lo que está diciendo, en el elevado sentido que acaba de darle a la prudencia?

— Esto es precisamente lo prudente, darle al caso lo que es propio del caso. Al amigo que se acerca dialogante, hay que responderle, aunque uno crea que está equivocado, con cordialidad. Al que viene con ínfulas y con capciosas descalificaciones antes de empezar a hablar hay que responderle con dureza[23].

¿Es precipitada la conclusión de que vivimos en una sociedad estacionaria? Sólo en la medida en que constituye un comienzo. Más bien está necesitada de un examen más minucioso, que se buscará progresivamente en este estudio. ¿Implica que los *progresos* perceptibles en la cultura actual han sido desestimados? En modo alguno. Negar, por ejemplo, que más allá de la vida cotidiana e incidiendo en ella, se pone de manifiesto un avance en la profundización de la forma política de la democracia, que ésta ha desterrado de Occidente modos infernales de totalitarismo, especialmente virulentos en el siglo XX, es propio de una perspectiva unidimensional, sesgada, parasitaria de mitos apocalípticos muy poco reflexivos. Negar que la investigación en el campo de la ciencia ha contribuido notablemente a contrarrestar la muchas veces cáustica intervención de la naturaleza en la penuria de la humanidad, así como a expandir las posibilidades de autorrealización, de comunicación, de conocimiento y otras tantas cosas, no expresa más que la infantil respuesta de quienes, viviendo en la casa del padre científico-tecnológico y disfrutando de sus regalos, sólo encuentran en la rabieta la posibilidad de hacerse una identidad de la que carecen.

No se trata de esto. Se apunta, más bien, a un desenmascaramiento de la miríada de torrentes que han rodeado a esta crecida del saber y de la convivencia democrática, succionándola, diluyéndola en una desbordante riada y obligándola a que pierda pie. Pues no basta con la expansión de las posibilidades de comunicación o las de participación en los asuntos públicos para roturar una *nueva tierra*. «La libre elección de amos no suprime ni a los amos ni a los esclavos», sentenció Marcuse[24] en la década de los sesenta, con un agudo sentido de lo que era y sigue siendo un desafío a la ingenuidad progresista. En el espacio de la comunicación universalizada y de la participación pública, es necesario, además, que sea posible comunicar algo nuevo y enriquecedor, así como que existan cauces abiertos para que el que participa pueda verter el *inicio* de caudales divergentes respecto a la corriente imperante. Y esta condición, que no depende del progreso procedimental, sino de la amplitud de lo que se es capaz de ver, parece hoy ausente o colapsada. Un capitalismo feroz, ensimismado en el crecimiento continuo, que convierte todo lo que toca en mercancía, se apodera de las decisiones políticas y les impone de forma implacable un rumbo que escapa a sus manos. Podemos elegir una forma de capitalismo u otra, pero no nos está permitido optar contra el capital. Como una mancha de aceite, el neoliberalismo, que no conoce más dignidad que la del cálculo eficiente, se dilata a los confines del mundo macroscópico de la globalización y echa raíces tuberosas que se expanden, microscópica y reticularmente, hasta los más ínfimos recodos de la praxis inmediata. En un lenguaje foucaultiano, se diría que esta fuerza sin cabeza, trenzada con otras de muy diversa índole —retóricas, mediáticas, tradicionales o intempestivas— tejen la urdimbre en la que gobierna un *poder pastoral*[25]: un poder como el del pastor sobre el rebaño, que no necesita mantenerlo atado, sino que conduce sutilmente, y hasta con mano acariciadora, su libertad y que se presenta, incluso, como salvador de su grey. En el fondo, el capital depende de una malla extensa de poderes enmarañados sobre la que florece y que adopta el aspecto de una soterrada *tecnología del yo*, de las conductas humanas, sus hábitos, deseos, preferencias o estilos de vida. La técnica ha escapado del habitáculo en el que la colocó el *homo faber* e invade las relaciones entre los hombres y de éstos con el mundo, conformando un *modo de ser* en virtud del cual lo valioso se hace tributario de lo rentable, la grandeza se trueca en grandificencia, los proyectos en planes estratégicos. El mundo tecnificado *convierte a todo lo existente en existencias*[26], es decir, en objetos que, como las latas en el mercado, están ahí para ser acumulados, cuantificados y puestos a disposición del deseo humano: desde la naturaleza, cuyo sentido de albergue quiere el hombre reducir al de una colosal fuente de recursos, hasta la ideología política, que ya no es un suelo fértil y próvido, sino una especie de espantapájaros, zafio instrumento para asustar al contrario, para alejar el picotazo de la inseguridad, del riesgo, de todo lo que no posea un sentido pragmático, y proteger el cultivo del mismo producto una y otra vez: del artefacto.

El artefacto no es sólo un instrumento. Es un *dispositivo* que *dispone* conductas cuya orientación es la de *hacer disponible* aquello con lo que se relacionan. Lo hace en el hospital, creando las condiciones para que el profesional y el paciente estén disponibles respecto a los requerimientos de la industria farmacéutica, creando las condiciones para que en un futuro próximo, sea posible la libre disposición del hombre sobre su propia naturaleza, es decir, para la producción del hombre por el hombre a través de la biogenética. Lo hace en la escuela y en la universidad, dirigidas cada más imperiosamente hacia la creación de especialistas de recambio, capaces de (es decir, con las *habilidades* suficientes para) someter los acontecimientos de su campo a las expectativas de orden y aprovechamiento del mundo que le han sido confiadas. Lo hace, por terminar aquí, en la investigación, que ya no puede buscar sus propios senderos, sino prosperar en la medida en que genera eficacia y se organiza para ello con *espíritu de empresa*[27], bien para rentabilizar el expolio del planeta o la distribución adecuada de los frutos de esa usura, bien sometiendo el saber a los resultados pragmáticos de su conquista.

«Eficacia» (del latín *efficacitas*) significa «virtud», «energía», «fuerza», «poder para obrar». Ese poder, fuerza operativa o *virtus* creativa, en el sentido elevado del término, pertenece al corazón de toda aventura humana. Pero hoy aquella noble fuerza no se aventura en otro ámbito que no sea el del dominio del hombre sobre todo lo que lo rodea y el de la administración de dicho dominio. Es una eficacia que no abre las incipientes posibilidades humanas, sino que cierra su futuro en una de ellas. La esencia de esa posibilidad exclusiva y excluyente es la repetición de lo *mismo*, siendo éste el dominio, el cálculo y la disposición de todo cuanto existe. La eficacia presente no desea otro mundo. Invierte en sí misma y revierte sobre sí. Se trata de una eficacia de y por la eficacia, de una *voluntad de voluntad* en la sociedad estacionaria.

Por eso, todos aquellos que incluimos en el término «inmigrantes» y que se conducen de modo errante participan hoy de un acontecimiento que conmueve las bases de Occidente. Movidos por su *precariedad*, testimonian sin embargo una exuberancia y una fuerza que ya no residen en nosotros y que está a punto de extinguirse. No porque provengan de un idílico paraíso natural que hemos abandonado, o porque simbolicen algo así como un origen armónico del que nos hemos separado, sino por la sencilla razón de que nos recuerdan un mundo todavía en ciernes, que no pedía nuestra forma de eficacia y al que ésta le fue impuesta por la fuerza. De ese modo, nos obligan a mirar hacia nuestro interior con sospecha y desconfianza. El colonialismo pasado y la usura presente de sus lugares de origen han alterado sus formas de vida hasta convertirlas en una imagen invertida y dantesca de lo que somos. Desde el momento en que se toma conciencia de esto se aprecia el doble rostro de la integración multicultural. Mientras se le abren espacios a los que llegan, se les cierra al mismo tiempo toda otra posibilidad de realización que no sea la nuestra. Con el cayuco no alcanzan *otro* mundo, sino el único al que están condenados. Como hordas de mendigos, hostigan la aldaba de bronce que pende en la puerta del primer mundo. Si entran y prosperan, no tardarán en percatarse de que en ese mundo *nuevo* nada nuevo se produce. En la sociedad estacionaria el camino está ya trazado, en círculos concéntricos cuyo vórtice permanece inmóvil. A una escala mayor, los procesos de *interculturalidad* a los que conduce la sociedad globalizada y por los que muchos luchan de manera completamente elogiable[28] serán un espejismo hasta que el mundo así llamado *civilizado*, que es anfitrión protagonista y dictador a un tiempo, comprenda que él está preso en una experiencia errónea e infértil de lo que significa «progresar», «crecer», «operar eficazmente» o «construir», que debe interrogarse por el modo en que interpreta lo que lo envuelve y no sólo por los procedimientos, legislaciones y formas de funcionamiento por medio de los cuales se autoorganiza.

Pues estos últimos no existen autónomamente, sino que canalizan la idea que el hombre tiene sobre el mundo y sobre sí mismo. La filosofía es el arte de interrogar de este modo. Hoy se rebela porque, siendo errática y anhelando una *nueva tierra*, rehúye la clausura en una cultura que propende compulsivamente a la crianza de un *hombre estacionario*.

NOTAS

1. Pablo Neruda, *Residencia en la tierra*, «Sonata y destrucciones».
2. «Bogamos en un amplio medio, siempre inseguros y flotantes, empujados de un lado a otro. Si hay algún punto en el que creamos poder afirmarnos y unirnos a él, se tambalea y nos abandona, y si le seguimos, se nos escapa, se desliza y huye en una eterna huida. Para nosotros nada se detiene. Éste es el estado que nos es natural y sin embargo el más contrario a nuestra inclinación: ardemos en el deseo de encontrar un asidero firme y una última base constante para edificar sobre ella una torre que se eleve hasta el infinito, pero nuestro fundamento se hunde y la tierra se abre hasta los abismos» (B. Pascal, *Pensamientos*, fr. 72).
3. M. Weber, *El político y el científico* [1959], Madrid, Alianza, [8]1986.
4. «La intelectualización y racionalización crecientes *no* significan, pues, un creciente conocimiento general de las condiciones generales de nuestra vida [...], sino que, por el contrario, todo puede ser *dominado mediante el cálculo y la previsión*. Esto quiere decir simplemente que se ha excluido lo mágico del mundo» (M. Weber, *op. cit.*, pp. 199-200).
5. J. Habermas, *Teoría de la acción comunicativa* [1981] II, Madrid, Taurus, 1987, pp. 451-469.
6. La expresión remite, como se sabe, al diagnóstico de la Escuela de Frankfurt. A Horkheimer y Adorno, por ejemplo, debemos uno de los análisis más lúcidos del siglo XX en este sentido, glosado en *Dialéctica de la Ilustración* [1947], Madrid, Trotta, [8]2006.
7. Cf. M. Foucault, *Vigilar y castigar* [1975], Madrid, Siglo XXI, 1992, pp. 199-233.
8. M. Weber, *El político y el científico*, cit., p. 223.
9. Las obras de Marcuse *Eros y civilización* [1955] y *El hombre unidimensional* [1964] aclaran todo esto de modo excepcional.
10. M. Weber, *La ética protestante y el espíritu del capitalismo* [1904/1905], Barcelona, Península, 1969, p. 260.
11. Como ha señalado Y. Ruano de la Fuente, primero en *Racionalidad y conciencia trágica. La modernidad según Max Weber*, Madrid, Trotta, 1996; luego, en *La libertad como destino. El sujeto moderno en Max Weber*, Madrid, Biblioteca Nueva, 2001.
12. El rico análisis de R. Ávila Crespo, en *El desafío del nihilismo. La reflexión metafísica como piedad del pensar*, Madrid, Trotta, 2007, pp. 77-100, es ejemplo destacado en esta problemática.
13. B. Gracián, *El Criticón*, I, cr. 6.ª. Véase el magnífico estudio de P. Cerezo, «*Homo duplex*: el mixto y sus dobles», en J. F. García Casanova (ed.), *El mundo de Baltasar Gracián. Filosofía y literatura en el Barroco*, Granada, Universidad de Granada, 2003, pp. 401-444, espec. pp. 433-444.
14. M. Weber, *La ética protestante y el espíritu del capitalismo*, cit., p. 258. En esta traducción se utiliza la expresión «férreo estuche», pero es más apropiada la de «jaula de acero», vertida en la traducción de la editorial Istmo, Madrid.

15. Cf. al respecto el profundo análisis de Jacobo Muñoz en *Figuras del desasosiego moderno*, Madrid, Antonio Machado Libros, 2002, pp. 21-37. El texto en su conjunto brinda al lector un amplio y rico espectro de otras encrucijadas, coherentes con las que aquí se toman en cuenta, de nuestro tiempo.
16. H. Arendt, *Los orígenes del totalitarismo* [1951], Madrid, Alianza, 2004, p. 624; cf. pp. 622-627.
17. G. Deleuze, *Nietzsche y la filosofía* [1962], Barcelona, Anagrama, 1986, pp. 148-149. El lector puede ilustrarse sobre la prolífica variedad de lo banal leyendo *Sobre la banalidad*, de J. L. Pardo (Barcelona, Anagrama, 1989) y *El orden de los acontecimientos*, de M. Morey (Barcelona, Península, 1988; por ejemplo, pp. 191-196).
18. H. Arendt, *Los orígenes del totalitarismo*, cit., pp. 636-637.
19. G. Pico de la Mirandola, «Discurso sobre la dignidad del hombre», en P. R. Santidrián (comp.), *Humanismo y Renacimiento*, Madrid, Alianza, 1994, pp. 121-153, 122-123.
20. K. Marx y Fr. Engels, *Manifiesto comunista* [1872], Madrid, Endimión, 1987, p. 29.
21. La expresión es heideggeriana. M. Heidegger, «Superación de la metafísica» [1936], en *Conferencias y artículos*, Barcelona, Serbal, 1994, pp. 51-73; cf. pp. 70 s.
22. U. Eco, *Apocalípticos e integrados* [1964], Barcelona, Tusquets, 2001.
23. Lo dice mucho mejor Deleuze: «Se trata de saber a qué *región* pertenecen ciertos errores y ciertas verdades, cuál es su *tipo*, *quién* las formula y las concibe. Someter lo verdadero a la prueba de lo bajo pero, al mismo tiempo, someter lo falso a la prueba de lo alto: ésta es la tarea realmente crítica y el único medio de reconocerse en la 'verdad'. Cuando alguien pregunta para qué sirve la filosofía, la respuesta debe ser agresiva ya que la pregunta se tiene por irónica y mordaz. [...] La filosofía sirve para *entristecer*. Una filosofía que no entristece o no contraría a nadie no es una filosofía. Sirve para detestar la estupidez, hace de la estupidez una cosa vergonzosa. Sólo tiene este uso: denunciar la bajeza del pensamiento bajo todas sus formas» (*Nietzsche y la filosofía*, cit., p. 149).
24. H. Marcuse, *El hombre unidimensional*, cit., p. 38.
25. Cf. M. Foucault, *La vida de los hombres infames*, Madrid, La Piqueta, 1990, pp. 268 ss.
26. M. Heidegger, «La pregunta por la técnica» [1954], en *Conferencias y artículos*, cit., p. 24.
27. Nunca quizás como hoy se hace tan ostensiblemente verdadero lo que expresaba Heidegger en la década de los años treinta: «El método de investigación [...] se rige cada vez en relación con las posibilidades del proceder anticipador abiertas por él mismo. Este tener que regirse por los propios resultados, como camino y medio del método progresivo, es la esencia del carácter de empresa de la investigación [...]. Por eso, el decisivo despliegue del moderno carácter de empresa de la ciencia acuña otro tipo de hombres. Desaparece el sabio. Lo sustituye el investigador que trabaja en algún proyecto de investigación. Son estos proyectos y no el cuidado de algún tipo de erudición los que le proporcionan a su trabajo un carácter riguroso. El investigador ya no necesita disponer de una biblioteca en casa. Además, está todo el tiempo de viaje. Se informa en los congresos y toma acuerdos en sesiones de trabajo. Se vincula a contratos editoriales, pues ahora son los editores los que deciden qué libros hay que escribir. El investigador se ve espontánea y necesariamente empujado dentro de la esfera del técnico en sentido esencial. Es la única manera que tiene de permanecer eficaz y, por lo tanto, en el sentido de su época efectivamente real» (M. Heidegger, «La época de la imagen del mundo» [1938], en *Caminos del bosque* [1950], Madrid, Alianza, 1998, pp. 69-72).
28. Propuestas de gran alcance se encuentran en J. A. Pérez Tapias, *Del bienestar a la justicia. Aportaciones para una ciudadanía intercultural*, Madrid, Trotta, 2007.

2

RESISTIR ERRÁTICAMENTE

1. Anticipaciones metodológicas. De la antropología a la ontología; crítica al cientificismo y al naturalismo. 2. Sobre la soledad del hombre y de cómo su situación errática le permite «tener mundo». 3. Desrealización por realización del ser-errático en la sociedad estacionaria.

Las anteriores consideraciones no cancelan una problemática, sino que la abren. Adolecen de vaguedad y apelan a una aproximación más precisa desde la óptica más estrictamente filosófica. No porque la filosofía —es tentador decirlo, a la vista del prejuicio más extendido— reflexione sobre la vida inmediata desde una lejanía de artificiosa manufactura, sino porque es, o debe ser, una continuación de la experiencia del mundo de la vida por otros medios.

1

Es a Helmuth Plessner a quien debemos una primera formulación de la cuestión y, sobre todo, el hallazgo lingüístico que le da expresión. Desde una perspectiva antropológica, desarrolló una interesante filosofía de lo orgánico, un análisis de las semejanzas y diferencias de los organismos humanos con los no humanos. Partiendo incluso del mundo natural más primario, sostuvo que, mientras el ser inorgánico está en el mundo ocupando simplemente un lugar, el orgánico lo hace suyo y, en cierto modo, lo habita. Ahora bien, lo que caracteriza al hombre frente al resto de los organismos es la forma de su situación en la naturaleza, su *posicionalidad excéntrica* (*Positionalität der exzentrischen Form*)[1]. El animal está ligado a su contexto natural de un modo tal que queda prisionero de la inmediatez, *centrado* en el aquí y el ahora de su existencia, en la perentoriedad del instinto y la posibilidad concreta que éste traza. El hombre, estando vinculado de manera ineluctable a su mundo natural, sufre sin embargo una precariedad que, a la postre, coincide con la ventaja. No cuenta con la sólida dirección de los instintos, que han quedado reducidos en él al nivel de impulsos o tendencias abiertas y de orientación imprecisa.

Es un ser lastrado por la indeterminación, condenado a suplir la carencia del imperativo natural por medio de ese complejo, dubitativo, frágil medio de la inteligencia. No obstante, y precisamente por ello, es capaz de adoptar, excéntricamente, una distancia respecto a lo que lo rodea, una lejanía que lo arranca de la presión ciega del contexto y le permite trascender el aquí y ahora, estar abierto a la posibilidad en cuanto tal. El desarraigo, podríamos decir, es en el hombre umbral hacia un arraigo más permeable y abierto. Lo lanza a la tarea de proyectar su existencia, constituyéndose a sí mismo de forma social e histórica.

Hay que subrayar, no obstante, que el presente estudio no toma la teoría de Plessner como premisa ni persigue hacerle justicia. De ella se toma, en primer lugar, la terminología, en cuanto logro expresivo magistral. Se interpreta e integra, en segundo lugar, la ruptura del antropólogo con el mito del hombre-sustancia, que nos obliga a pensarlo como un ser *uno*, idéntico a sí mismo, arremolinado en torno a un centro único y compacto. El hombre que presenta Plessner sugiere un ser desgarrado, ni unidimensional ni bicéfalo. Invita a pensar al hombre como un ser cuya identidad queda desplazada por la diferencia entre su centricidad y su excentricidad, siendo ambas cooriginarias. Prueba de ello es que indagó el sentido de ciertos procesos naturales interpretándolos como surgimientos a partir de la tensión o el litigio entre las dos caras de esta condición del hombre. Tal es el caso de la risa y el llanto, modos de compensar las desavenencias y discordancias entre el hombre distante, excéntrico, y el mundo en el que se halla céntricamente inmerso[2].

Ahora bien, la concepción de Plessner, además de presuponer una sospechosa teleología (en la medida en que distingue diversos *grados* de ser, desde lo orgánico hasta el hombre), se sostiene sobre una base antropológica, que incide fundamentalmente en el lugar del hombre en la naturaleza. Este subsuelo antropológico no es, en absoluto, despreciable. Más bien, debe ser supuesto en un estudio global del problema. Sin embargo, siendo condición, no es suficiente si adoptamos la perspectiva de la filosofía, pues, como se ha señalado anteriormente, donde yace la especificidad y el mayor reto, desde este punto de vista, de las nociones de *centricidad* y *excentricidad* es precisamente allí donde se descubren en cuanto *experiencias* radicales, allí donde aparecen en la forma, no sólo de una *capacidad*, sino también de un modo de *experimentarse*. Y estas experiencias poseen un sentido inmanente que no es reductible a la investigación antropológica y, mucho menos, a ninguna de las versiones posibles del *naturalismo*. Ni siquiera a las más evanescentes, como esa que se aleja de una concepción determinista o puramente evolucionista, dentro del naturalismo, apelando a una *epistemología de la complejidad* que ha sido impulsada por Edgar Morin[3].

Conviene insistir en ello, en tiempos en los que se exige a la filosofía una ruptura con su tradicional encierro en sí misma, en su lenguaje y modos de investigación. A esa realidad monacal del pensamiento es justo exigirle el valor de la apertura y de la transacción, el nexo con el mundo empírico y la interdisciplinariedad. Ahora bien, este justo requerimiento, hoy expresado tanto en el interior de las ciencias humanas, como en el ámbito de las ciencias de la naturaleza, se inviste a menudo de un consciente o tácito reductivismo naturalista que delata la penuria intelectual de la sociedad estacionaria. Que el ser humano, por ejemplo, haya llegado a la maravilla que representa una composición musical presupone la historia natural del hombre y no necesita el *deus ex machina* de algún ingrediente sobrenatural. Pero derivar de esa condición de posibilidad, en la forma de un condicional lógico, la estructura y el significado de aquello que entendemos por una obra sinfónica, sería confundir perspectivas de indagación y pervertir el modo en que el investigador debe aproximarse a su objeto de estudio. Pues una composición cualquiera no es sólo *obra* sino inherentemente y al unísono, *puesta en obra*. No se sabría lo que es si no se la ejecuta, si no pasa del estado de objeto al modo del acontecimiento. Por tanto, no se la puede considerar sólo como efecto de una causa o en cuanto producto de una habilidad, sino también y al mismo tiempo —éste es el problema— desde la perspectiva que permite dar cuenta de su *fuerza significativa*, de su poder para portar una *interpretación* del mundo y del hombre, que es justo lo que la fenomenología y la hermenéutica denominan mundo u *horizonte de sentido*. «Sentido» no significa, desde este punto de mira, «significado de la existencia», «fin de la vida» o cosas parecidas, cuestiones que están más vinculadas a la experiencia religiosa o a un tipo de filosofía, en absoluto carente de *sentido*, que no viene ahora al caso. Significa «modo de ser» y de «presentarse *en cuanto*». El *Requiem* de Mozart lleva inscrito un mundo de sentido en la medida en que nos presenta una determinada realidad *en cuanto* trágica, dramática, oscura, precaria, sublime o cualquier otra *cualidad* que podamos *aprehender* desde él. Pero al hacerlo, deja aparecer un *modo de ser* de las cosas y de los hombres.

El *sentido* es una cualidad que vertebra cualquier realidad que pueda ser llamada humana. Tan objetable es el antropocentrismo que lleva a ver al animal desde nosotros, como el teriomorfismo: vernos a nosotros desde el animal. Bien puede una sociedad concreta, por ejemplo, manifestar regularidades asequibles a la estadística y tejer en su forma de vida una determinada herencia biológica y un acervo antropológico de predisposiciones discernibles factualmente. Tales supuestos ayudarán a desentrañar el *modo de ser* de esa sociedad, así como la comprensión del mundo que le es característica. Pero estos últimos resultados no se obtienen por vía inferencial a partir de un cúmulo de objetivaciones. Poseen una textura cualitativa a la que no se accede por la suma de cuantos de información, por muy extensa que sea la lista de elementos integrados en la adición. Si presuponer necesariamente los ingredientes biológicos, antropológicos, etc., es decir, todos aquellos que hacen referencia al ser natural del hombre, se hace fructífero en manos del estudioso es porque éste los eleva a un plano en el que cuentan, no como resultados, sino como puntos de partida. Constituirán para él *explicaciones* de *hechos* a partir de los cuales puede forjar una *interpretación comprensiva* del fenómeno al que se acerca. Esto se hace, de hecho, en todas las disciplinas, aunque no se sea consciente de ello, pues en todas hay pensamiento y no sólo reunión de informaciones. Para la filosofía es algo, que expresado en un lenguaje u otro, siempre ha ido de suyo, pero que en la actualidad se ve obligada a aclarar con mucho detalle allí donde se presenta. Mientras el físico o el tecnólogo pueden comenzar su discurso confiados, amparados en un reconocimiento del que no dudan, el que piensa hoy filosóficamente está condenado a demorarse en una justificación de su propia presencia, como si tuviese que demostrar que es un personaje necesario en nuestra cultura y pedir permiso para hablar.

— No se ponga dramático, hombre. Lo que le ocurre a la filosofía en su estado actual no es exactamente que posee un lenguaje críptico, sino que su lenguaje se ha apartado del de otras disciplinas. En este punto se hace necesario, como propugna E. Morin y al que ha hecho referencia de un modo demasiado rápido, una reforma del pensamiento capaz de reconectar ciencias y filosofía. Ésta debe recuperar la cordura, quedando abierta a las contingentes aportaciones de las ciencias. Si se caminase en esa dirección, el problema filosófico central, el del hombre, debería estudiarse en el marco de su incardinación en el cosmos, un proyecto que necesita incorporar, en relaciones de complejidad, la biología, la genética, la cibernética, la informática y hasta las teorías astrofísicas y microfísicas. Hay que partir de la continuidad teórica entre lo físico, lo biológico y lo antropológico, hacia un conjunto abierto en el que quepan lazos internos entre metodología, epistemología y ontología. Estamos tratando con un ser que es homo complexus. *Es*

un animal muy complejo, que se autoorganiza y reorganiza. La hipercomplejidad de su naturaleza exige un paradigma nuevo, con la fuerza suficiente como para aprehender esa red cuya consigna podría consistir, más o menos, en el supermacroconcepto (aunque siempre abierto) auto(geno-feno-ego)-eco-re-organización.

— No se niega aquí la complejidad humana ni la apertura de la filosofía a las ciencias. El problema clave reside en cómo forjar semejante relación. Me da la impresión de que bajo esa versatilidad polilógica del paradigma de la complejidad yace un rigorismo que no puede satisfacer ni a la antropología ni a la filosofía. A la primera, porque —supongo, aunque no soy versado en la materia— que semejante vorágine de relaciones, por muy orientadas que estén hacia lo concreto, le resultará de muy poca ayuda. Ella camina de abajo hacia arriba, sabe que, en su decurso investigador, deberá establecer paulatinamente vínculos y nexos cada vez más complejos o amplios. Pero darle de un plumazo el marco teórico de la complejidad es más de lo mismo en la historia de la vecindad entre su campo y el filosófico, es decir, una imposición, desde fuera, de sus fundamentos, sus obligaciones y sus fines. En lo que respecta a la filosofía, me parece que le hace un craso favor, diluyéndola en la antropología. La interdisciplinariedad presupone, de suyo, la irreductibilidad recíproca de las disciplinas que se ponen en diálogo. Diluye la filosofía, por otro lado, en la ciencia, pues el paradigma de la complejidad no se aparta del naturalismo.

— No entiende la reforma del pensamiento que aquí se está fraguando. A la antropología no le impone ninguna coacción, sino que la impulsa. El paradigma de la complejidad implica que lo complejo se indague paso a paso, sin deducciones rígidas de la teoría a la práctica. A la filosofía la sustrae de su sueño dogmático. Siempre ha entendido bajo el término «ciencia» un tipo de saber enraizado en el determinismo legaliforme. Pero esa noción está ligada a los principios de inteligibilidad de la ciencia clásica, unos principios que, si bien persisten en el siglo XX en la mentalidad de muchos científicos, están siendo convulsionados. La apropiación de esa revolución en el campo filosófico implica partir, en efecto, de leyes físico-químicas, biológicas, etc., incluida la misma cibernética. Ahora bien, al ingresar tales elementos legales en el campo de la complejidad humana, el principio de universalidad de la ley científica se relativiza. Por ponerle algunos ejemplos, se rompe con el principio de que no hay más ciencia que de lo universal, como si lo particular o lo local quedasen fuera en cuanto contingentes; se desestima la idea de un «orden perfecto», aceptando que en la organización natural de los seres vivos el desorden, el caos,

la historia y hasta la contradicción forman parte de un modo intrínseco y productivo.

— Bien, reconozco que lo que dice está a la orden del día. En la misma física se abren camino, cada vez con mayor credibilidad, concepciones como la Teoría del Caos (a la que contribuyeron Sarkovskii, E. Lorenz, D. Ruelle, Takias, Feigenbaum, entre otros) y hasta de la Teoría de las Catástrofes (René Tohm). Pero esto sigue estando dentro de la comprensión naturalista. La filosofía, sin descartar tales teorías, indaga la realidad humana desde categorías irreductibles al naturalismo, como la de «sentido». Hay una razón para ello: lo «natural» en el ser humano es indiscernible respecto a su existencia, cuya textura interna es «cualitativa».

— Pero no debe usted separar lo cualitativo de lo cuantitativo. Dimensiones con carácter cualitativo, como la autoconciencia, la libertad, etc., se pueden aclarar como emergencias en el seno de lo natural, en la medida en que lo natural adquiere autoorganización compleja.

— Mire, le voy a ofrecer un reparo y un contraargumento en relación a esa famosa teoría emergentista. El reparo. El emergentismo intenta, como en el caso de la discusión de J. Searle contra D. Dennett en el campo de la filosofía de la mente, resolver un misterio (el de la persistencia de una dimensión cualitativa de la mente, irreductible, tal y como se ofrece en la intencionalidad, el pensamiento o la volición) mediante otro misterio: el de la aparición de lo cualitativo desde la reunión organizada de lo cuantitativo. Opone a un misterio otro misterio, y además con la irónica actitud del que cree haber derrumbado una propensión misterial de la filosofía. Poca capacidad explicativa se le puede atribuir a semejante salida. Igualmente válida podría considerarse una concepción distinta, más próxima al espíritu continental, como la de M. Merleau-Ponty, que lejos de todo misticismo, invita a pensar la cualidad, no como emergencia desde la res extensa, *sino como inherente a ella. Esto implica comprender la naturaleza de un modo diferente. En este último caso no se quiere refutar la idea de que se existe en lo natural. Esto equivaldría a no entender la filosofía del siglo XX. El mismísimo Heidegger, por ponerle un ejemplo extremo, indica, en el § 11 de su* Sein und Zeit *que persigue una «comprensión natural del mundo». Se existe en «lo natural», pero lo que signifique esta expresión no es patrimonio exclusivo del talante cientificista[4]. El contraargumento. El emergentismo parte de la base de que hay, en primer lugar, un mundo natural humano que se puede estudiar con objetividad científica, sea cual sea la amplitud que se le quiera conceder a dicha «objetividad», y luego, una (enigmática) emergencia de la dimensión cualitativa del comportamiento.*

Presupone, entonces, ingenuamente que hay un acceso sin supuestos a lo natural, lo cual constituye el dogma de ese inconsistente personaje de hoy que es el naturalista revolucionario respecto a cualquier dogma. Semejante posición roza incluso el cinismo, por cuanto no se toma la molestia de discutir in media res *su punto de partida con sus oponentes (por ejemplo, Nietzsche, la fenomenología, la hermenéutica y... prácticamente todo el escenario del pensamiento continental en el siglo* XX*). Este personaje simplemente dice «¡no!» al enemigo, sin entrar en batalla con él, despreciándolo* a priori *y conservando la buena conciencia. Yo a eso lo llamo «escabullirse con temor», «poner pies en polvorosa» o «desaparecer contrariado».*

— *Ya he pasado por esa filosofía. Y le digo que del hecho de que la objetividad completa no sea posible no cabe derivar que abandonemos su persecución o que renunciemos a la contrastación empírica. Sería lo mismo que decir, como observó Robert Solow, que como es imposible un ambiente completamente aséptico, bien podrían practicarse operaciones quirúrgicas en una cloaca.*

— *El problema no reside, le insisto, en «cuánto de objetividad» podemos alcanzar, sino en qué significa «objetividad». La clave de la filosofía que le he sugerido reside en cuestionar y reinterpretar el significado mismo de «rigor», «juicio fundado», etc. Tampoco se opone a que la comprensión de sentido o la interpretación pueda valerse de lo empírico. Lo empírico siempre estará ahí, pero interpretado. Que haya pasado por esa filosofía no le excusa de responderle con rigor. Pero si prefiere hablar con el antropólogo, respóndale, por ejemplo, a aquellos que, como Clifford Geertz[5], se apartan (en el seno de la antropología) del enfoque tradicional ligado a las ciencias de la naturaleza y abren un cauce coherente con el filosófico-continental, cual es el caso de una antropología simbólica. Y es sólo un ejemplo.*

Más allá de lo que concierne a la antropología, el dogma del cientificismo y del naturalismo craso, que hoy viene espoleado desde el interior mismo de la filosofía, radica en que creen poder separar el mundo natural, por un lado, y la interpretación de dicho mundo, por otro, confiriéndole al primero un carácter objetivo y al segundo uno meramente subjetivo. Como si hubiera, primero, una realidad *en sí* que es tal cual es, independientemente del hombre, y luego, como un añadido, la comprensión particular de semejante roca dura desde la perspectiva humana. El hombre instalado en este dogma camina hoy por una multitud de cauces de la cultura, pavoneándose como un bizarro héroe del progreso y de la victoria sobre el mito. Sin embargo, es una víctima de la sociedad estacionaria —a la que le conviene un tipo de pensamiento como éste— y una especie de sacerdote consagrado al culto de ese nuevo dios del objetivismo en todas sus variantes. Pues su principio fundamental sólo tiene por basamento un *acto de fe*: el que da por sentado, sin mayor justificación que la apelación al sentido común, que hay, estrictamente hablando, *hechos* objetivables y que el hombre encaja en el mundo como el agua en el vaso. Desconoce que, por decirlo con Nietzsche, *no hay hechos sino interpretaciones*. Y es que, desde el mismo instante en que el hombre sentencia «la naturaleza es '*x*' y no '*y*'» está interpretando, comprendiendo lo natural *en cuanto x* y no *como y*, a no ser que se atribuya poderes sobrenaturales o una capacidad intuitiva divina. Comprende, por tanto, lo natural de un modo u otro y presupone, quiera o no, la *ontología del sentido* que denigra.

La filosofía continental que ha impulsado esta ontología del sentido, la fenomenología y la hermenéutica, no niega la adscripción de lo humano al campo general de lo orgánico y del animal, inserto en la naturaleza. Sostiene que esta sencilla e incontrovertible circunstancia, ni puede ser objeto de un saber sin supuestos, ni es contradictoria con el esclarecimiento de la existencia humana como la de un ser que irremediablemente se relaciona con el mundo y consigo mismo partiendo, ya siempre, de una aprehensión comprensiva de sentido, vehiculando sin cese el horizonte de sentido en el que despliega su actividad. Deformar este principio, tachando al hacer filosófico más consagrado en el ámbito continental de arcaico o trasnochado, como si llevase inscrito un endógeno espíritu de abstracción, una insania endémica respecto a lo concreto, una propensión enfermiza hacia el discurso sin método y sin regla o un arrogante gusto por lo esotérico, patentiza una ignorancia sorprendente acerca del acervo filosófico y sólo conduce a una situación absurda, por ingenua, que pone trabas a esa genuina interdisciplinariedad que hoy demanda la complejidad del saber y que puede, a la larga, conducir a una guerra intestina inútil, cada vez más ligada a las relaciones de poder en el seno de las instituciones que al verdadero celo por las cosas mismas[6].

Una penetración en el significado de la simultánea condición, céntrica y excéntrica, del ser humano reclama, pues, la perspectiva de una filosofía de la existencia con componentes —al menos en su inicio— fenomenológico-hermenéuticos. No porque sea éste el *lugar propio* del problema, pues se verá, en el decurso del análisis, que exige un rebasamiento de tal comienzo, sino porque se trata, al menos desde el ámbito de la filosofía, del mínimo ineludible con el que se ha de contar. Sin obturar las legítimas posibilidades que se ofrecen desde la antropología, es preciso adoptar este punto de partida en el campo de la reflexión filosófica. Y, ciertamente, a través de una ontología. Pues al situar al hombre en la encrucijada de estas dos dimensiones, ahondamos en un discurso sobre modos de *ser*. Habrá que aclarar el significado de «ontología» y el sentido preciso que aquí posee una «ontología del acontecimiento». Por el momento, considérese que la ontología es la forma de pensamiento en la que se indaga la comprensión de lo real que subyace tanto a nuestra praxis como a la forma en que la conceptualizamos.

2

Reconduciendo el problema en esta dirección, interrogamos por el *modo de ser* de un animal, el hombre, que existe *situado* en un *horizonte de comprensibilidad*, en una *comprensión del mundo*. Y de un modo tal que, en el seno de ella, todo lo que adquiere carácter de «real» para él se le presenta, no como mero conjunto de hechos, sino como plexo de acontecimientos cargados de *significatividad*, es decir, en cuanto *sentido*. En esta línea, no le faltaba razón a M. Scheler al señalar que, mientras el animal está vinculado a su medio conformando con él una unidad limitada por los lazos y la presión de lo orgánico, es decir, una estructura (*Umweltstruktur*), al hombre lo caracteriza su *apertura al mundo* (*Weltoffentheit*)[7]. Es un ser inserto en el *medio* ambiente físico y, como cualquiera de sus parientes en el reino animal, porta impulsos, apetitos o repulsiones. Pero no puede dejar de integrar su lazo con la vida orgánica, su constitución fisiológica y cuanto de ella se deriva, en la conducta que *capta sentido* y reconoce *ser* en lo que le rodea. Trascendiendo, por ejemplo, la repulsión impulsiva ante algo que se presenta, puede darle el sentido de lo detestable. Es capaz de decir «esto *es* detestable» o «*es* tabú». Y ésta es la clave de que en su vida no haya propiamente *entorno* factual, sino *mundo*. Ello no significa que se eleve a un ultramundo más allá del natural. Todo lo que en él se pone en juego no es, por decirlo de un modo oblicuo, más que una *sublimación de la naturaleza*[8]. Scheler se refiere a ella con el clásico término de espíritu, un vocablo que no tiene para él el significado de una sustancia separada del cuerpo, sino la de un poder o potencia que proviene de su capacidad para distanciarse respecto a la situación circundante.

Se deduce de este planteamiento la transferencia a la excentricidad de un valor ontológico. Es ese retiro de lo inmediato lo que le permite al hombre volverse sobre sí mismo y las cosas, transformar la pura presencia de algo en una aprehensión destellante en la que lo aprehendido refulge. Todo le ocurre al ser humano como si se viese acompañado siempre, en cada uno de sus actos, de esa vivencia del *iah!* o *iajá!* que cotidianamente asociamos con la expresión vivaz de los ojos, como si la emergencia súbita de esa experiencia permaneciese siempre en activo de un modo tácito y silencioso. Se anuncia aquí la *in-sistencia* de un *cogito silente* que, en la inteligencia, adopta el papel de un *testigo* ineludible. Pero no es necesario marchar tan de prisa. Baste ahora llamar la atención sobre una circunstancia que produce inquietud y perplejidad. Al pertenecer a un mundo ya abierto, existimos en-situación, inmersos en contextos, como se dijo. Junto a ello, sin embargo, hay que afirmar que, paradójicamente, se nos brinda un *lugar* en la medida en que no poseemos ninguno de modo esencial. Pues este distanciamiento respecto a la inmediatez natural, que le otorga al hombre la posibilidad de habitar un mundo, es la misma que genera la reticencia a situarse, impidiéndole quedar adherido a un mundo situacional específico, concreto. Habitando la circunstancia, el hombre se sitúa en ella necesariamente y, al mismo tiempo, rehúye toda *localización*. La distancia que interpone respecto a lo inmediato le abre un mundo y es, a la vez, la fuente que lo expele más allá de cualquier mundo.

A pesar de la fuerza sugestiva que Scheler imprime en este escenario, no podemos seguirlo hasta el final. Ciertamente, presenta con mucha finura este problema que nos ha salido al encuentro. «Toda realidad implica o un lugar en el espacio o un lugar en el tiempo, un ahora, un aquí, y, en segundo término, un modo de ser accidental [...]. Pues bien: ser hombre significa lanzar un enérgico 'no' al rostro de *esa* clase de realidad»[9]. Pero hay en él una añoranza de lo Absoluto que lo constriñe a empujar la excentricidad del espíritu a la invocación de lo divino. «El advenimiento del hombre y el advenimiento de Dios se implican, pues, mutuamente, desde un principio, según nuestra concepción»[10]. Scheler niega el supuesto teísta de un Dios espiritual y personal, pero le imprime al distanciamiento respecto a la contingencia una vivacidad dinámica que no se sostiene sin presuponer la realización de la divinidad —lo absolutamente no contingente— en su movimiento. De un modo no incoherente con Hegel o Spinoza, se inclina a interpretar el espíritu humano como el medio en el que se realiza el todo del universo. El espíritu humano, excéntrico respecto a lo concreto, anhela una excentricidad completa que sólo se daría en el Ser Supremo. Pero como emana de la centricidad de su ser mundano, este Ser Supremo al que remite en su límite, principio en sí y por sí, no constituye un exterior trascendente al que apela, sino un interior del que da testimonio, que se expresa y se hace a través del esfuerzo creciente y perfectible del hombre en su vocación de conciencia[11].

¿Qué decir al respecto? ¿Que la religión o el anhelo de lo absoluto constituyen en cualquier caso un desvarío? ¿Que responde a un sentimiento ilusorio, a un impulso absurdo, cualquiera que sea su forma? ¡No! Ser agnóstico, o incluso ateo, no conduce necesariamente a semejante dictamen. La pregunta por lo infinito y el *pathos* religioso surgen de las profundidades del hombre en cuanto ser finito, desbordado por una sed insaciable de respuestas, y no es probable ni necesario que abandonen a nuestra especie alguna vez. En muchas de las conformaciones en las que cobran expresión, portan un crepuscular desapego a lo terrenal y, como pensaba Nietzsche, el veredicto enfermizo que dice «no» a la vida, devaluándola en beneficio de un más allá en la que ésta, supuestamente, quedaría redimida. Pueden convertirse en subterfugios y placebos, en infames escapatorias a la autonomía de los valores, en opio para el pueblo o en dogmatismos incontinentes y despreciables. Es más, en la historia, ésta parece ser su puesta en escena habitual; y en el presente, en el que resurgen fundamentalismos irrisorios, su faz más ostensible. Pero, siendo el germen de patologías innumerables, no están condenadas *per se* a ese destino. Lo que ocurre es que remiten a preguntas a las que no conduce inevitablemente la filosofía, como si tuviese en ellas el alfa y el omega. Se trata de interrogantes que, de un modo o de otro, dependen de la pregunta por el *sentido de la existencia*. Inquirir de este modo no coloca al hombre, inmediatamente, en la banalidad. Por el contrario, prueban una *voluntad interrogante* que, por su denuedo, no acepta ponerse límites. Uno de los más furibundos críticos de la incidencia epistemológica que este modo de inquirir posee, L. Wittgenstein, tuvo el valor de decir que es «un testimonio de una tendencia del espíritu humano que yo personalmente no puedo sino respetar profundamente y que por nada del mundo ridiculizaría»[12].

Ahora bien, como se ha sugerido ya, el término «sentido» posee un significado distinto según se lo use en el contexto de la pregunta por el *sentido de la existencia* o en el curso de interrogantes que conciernen a la *aprehensión humana de sentido*. Estas dos cuestiones se confunden a menudo y dan lugar a tergiversaciones del problema fenomenológico. La primera se dirige al significado último de la vida, a lo que nos cabe esperar o al por qué del sufrimiento, del dolor arbitrario y de la terrible inexorabilidad de la muerte. La segunda, al modo intrínseco en que el hombre palpa la realidad que le rodea y a la forma en que ésta se le presenta. La primera, a menos que se mantenga en vilo (lo cual es una posibilidad), concluye en un «sí» o en un «no» y extrae su fuerza, en último término, de una *apuesta* o de una *descreencia* que carecen de fundamento racional y que ponen en juego a la *fe*. La segunda topa con una meditación experiencial que juzga irrebasable: la de que todo lo que concierne al hombre posee rostro. O este o aquel otro, el de lo sublime o lo insípido, lo bello, lo útil, lo amenazante, lo vulgar, lo apremiante, lo delicuescente... El sentido de un acto, en la primera acepción, es su por qué absoluto. En la segunda, es su *como*, su modo de ser, de comparecer. Ambas cuestiones pueden convivir, pero a condición de que no se usurpen recíprocamente el campo de juego y no anden a la greña. Si lo hacen, producen la falsa imagen de que forman un par de opuestos entre los que sólo cabe la alternativa. Y eso es humillante para uno y para otro. En el fondo, forjan una diferencia irreductible a un mismo origen. El filósofo no puede desautorizar la apuesta religiosa a menos que ésta intente imponerle el canon de sus problemas. Si lo hace, se comporta como un obsesivo y patético perseguidor que ve en el ser de toda disquisición teológica o en cualquier acto inquisitivo de tipo religioso una oscura *Inquisición* en la que deposita, ingenuamente, todo el mal de la historia. Del mismo modo, el *homo religiosus* no puede esperar de la filosofía un fundamento para su credo ni debe transferirle con encono sus inquietudes. Confunde, de lo contrario, el credo de la fe con la creencia del juicio reflexivo y se transforma en un aburrido demagogo que rebaja una y otra vez las cuestiones filosóficas, como si constituyesen la mera *secularización* de las suyas[13].

El discurso de Scheler no se deja reducir a ninguna de estas falacias. ¿Dónde radica entonces su debilidad? Nos parece que en no haberse percatado de que la experiencia fenomenológica de sentido no se deja vincular a un principio último al cual dé expresión. A través de su apertura al mundo no adviene Dios. En el *sentido*, hablando heideggerianamente, estamos *arrojados*. Habitamos en él. Y en su medio experimentamos que lo que adviene es, más bien, la falta de fundamento, el abismo. Para esclarecerlo, Heidegger indaga en la experiencia a la que conduce la pregunta «¿por qué el ser y no más bien la nada?». Nosotros nos dejaremos llevar ahora por la fuerza de otra que en este contexto cumple una función parecida y que mantiene un nexo interno con ella: «¿por qué así y no de otro modo?».

Retrocedamos de nuevo al punto de partida con el fin de ensayar un salto dilatado. Nos encontramos entre las cosas aprehendiéndolas *como* esto o *como* aquello. El «comprender *en cuanto*» no es para nosotros materia de opción, sino un modo en el que existimos. El acontecimiento más liviano, como el declinar zigzagueante de una pluma en el aire hasta posarse en el suelo, nos arranca una mirada determinada. Podemos ver en él un fenómeno físico de gravedad y resistencia, si habitamos en el horizonte de sentido del observador científico; un fenómeno de sutil e imprecisa belleza, si nos encontramos insertos en el ámbito abierto de la experiencia estética. Podemos ver en él una multitud de rostros, incluso el de un suceso premonitorio, si nos hallamos inmersos en cierta experiencia psicológica. Pero nunca podemos vislumbrar algo así como un acontecimiento desnudo, sin semblante. En cualquiera de los casos, ¿por qué así y no de otro modo? No por arbitrariedad subjetiva, sino por la fuerza del mundo abierto al que pertenecemos y que nos ha colocado ya en una óptica que reclama la dirección de la mirada. Si fuese, por ejemplo, la imagen científica del mundo la que se hiciese valer con mayor exclusividad, nos veríamos arrastrados por el miradero fisicista. Siendo esto así, no somos nosotros, propiamente, los que lanzamos la vista. Ocurre, más bien, que la *cosa misma* ante la que nos situamos demanda o interpela la dirección de la mirada en virtud de su modo de comparecencia dentro del ámbito de sentido que comparte con nosotros.

Ampliemos al extremo la resonancia de la pregunta. Sea ésta o aquélla, el hombre está comprometido en una comprensión global del mundo *en su totalidad*. Lo aprehende de un modo o de otro *en cuanto tal*. ¿Por qué así y no de otro modo? La interrogación, planteada con esta radicalidad, nos devuelve irremediablemente a nuestra condición mundana. La respuesta remite a las fuerzas, históricas, sociales o de cualquier índole, que vigorizan el *modo* en cuestión. Ellas soportan la comprensión del ser en toda la profundidad y amplitud del término. Nos hacemos cargo así de que el ser de lo real es «ser de un modo». Si ahora nos hiciésemos la pregunta «¿por qué de un modo y no de otro?» y diésemos *razones* como respuesta, se haría patente que dicha pregunta es indefinidamente recursible, que adquiere un valor irreductible a cualquier respuesta argumentativa o fundante. Ofrezcámosle como cebo un fundamento cualquiera, una razón *x*. Se volverá sobre el señuelo: ¿y por que así, en la forma en que *x* determina, y no de otro modo? Detener esta pregunta en una respuesta cualquiera sólo puede obedecer a la necesidad de evitar la angustia que acarrea. La interrogación adquiere ahora una fuerza propia, que le permite reposar sobre sí misma. Adquiere el sentido de un acontecimiento interrogante insobornable. Empezamos a verla como un emblema del hombre, como la potencia de un ser que pregunta, una potencia problematizante sin cuyo concurso no nos podríamos experimentar reales y autónomos. Si buscamos respuestas, ¿no es porque somos capaces de interrogar? ¿Dónde nos empuñamos más profundamente a nosotros mismos, en el asidero de una solución o en el acto, infinitamente reiterativo de inquirir? ¿Acaso no ha sido esto expresado, incluso, para el piadoso?:

Si Dios tuviera encerrada en su mano derecha toda la verdad y en su izquierda el único impulso que mueve a ella, y me dijera: «¡Elige!», yo caería, aun en el supuesto de que me equivocase siempre y eternamente, en su mano izquierda, y le diría: «¡Dámela, Padre! ¡La verdad pura es únicamente para ti!»[14].

La pregunta emerge con vida propia. Comenzamos a vivenciar a su través, no una triste condición carencial, signo de penuria, sino una fuente de riqueza que nos dignifica, al colocarnos *junto a* nosotros, y que nos responsabiliza en grado sumo, al hacer depender de nuestro coraje y valentía el último caudal de lo que somos y podemos llegar a ser. Ni siquiera un fundamento trascendente podría aminorar su intensidad.

No se trata, pues, de que la verdad esté en alguna parte y haya de importarnos más su búsqueda, sino de que la verdad humana más esencial se revela en el acontecimiento mismo de interrogar. Siempre que comprendemos de un determinado modo, estamos situándonos en el espacio abierto de una pregunta de fondo de la cual depende dicho modo y que permite interpretar en una determinada dirección[15]. No preguntaba a la naturaleza el nativo americano como lo hace el occidental desde la revolución científica del Renacimiento, y por eso hay un hiato entre las interpretaciones de uno y otro, así como entre las actitudes respectivas. El puesto del hombre en el cosmos pivota sobre una invisible *posición interrogante*[16] que está más acá de la conciencia y de la reflexión, en la actitud que adoptamos ante las cosas. Incardinación interrogante que es más un *posicionarse* en el mundo que emisión de cuestiones concretas. Somos siempre sobre el suelo de un preguntar informulable, nervadura no objetivable, que abre el campo de juego de las preguntas formulables. Siendo un ser que *aprehende sentido*, el hombre posa sus pies sobre una tierra que carece de fondo. Habitando el mundo, camina sobre un abismo.

Pensada así, la existencia del hombre en el cosmos es la de un ser que está radicalmente solo. Puede buscar la compañía de un Absoluto, de un *principium rationis*, de una *causa sui*. Pero al hacerlo testimonia por ello su soledad. Si no alcanza esta experiencia radical, una experiencia que tiende a ocultársela con las más variadas estrategias, se convierte en su propio sepulturero y se condena a una vida abúlica, sin auténtica pasión y sin deseo. Le ocurre en la vida cotidiana, donde establece relaciones de almidón si no se afronta a sí mismo primero solitariamente. Y le ocurre en la aventura del pensamiento. El término «deseo» proviene del vocablo latín *de-siderare*, cuyo significado central es el de comprobar que las constelaciones, los *sidera*, no dan señal. Pues bien, «la filosofía, en tanto que pertenece al deseo [...] comienza cuando los dioses enmudecen»[17].

A pesar de todo, nos parece que Scheler, en la línea de Plessner, acierta en un punto de trascendental importancia. Si tenemos mundo no es exclusivamente porque somos en él. Es, al mismo tiempo, porque podemos distanciarnos excéntricamente de lo inmediato. Para que exista una situación y sea vivida en cuanto abierta, es necesario que podamos, *ya siempre*, experimentarla con extrañeza. Estando situados en contextos concretos, podemos, no sólo trascenderlos, sino ponerlos entre paréntesis, hacer una *epojé*. Naturalmente, no desde una altura etérea y pura. Extrañarse respecto a un lugar mundano que nos ha hospedado hasta ese momento implica, al unísono, colocarnos en otro lugar. Pero tan cierto es que en este viaje de la vida, una y otra vez recomenzado, *pertenecemos* siempre a un *mundo concreto*, como que en la incesante reapertura del extrañamiento, no pertenecemos *a ninguno en particular*. Tenemos *lugar, topos,* y somos en ninguna parte (*u-topos*). El mismo orden de cosas que establecemos nos es familiar y extranjero (*exótico*). Estamos arraigados, y en el corazón de nuestro arraigo nos sentimos también oscuramente desterrados. El hombre es un ser *errático*.

3

Esta experiencia subyace a la modernidad en su conjunto y se expresa, por ejemplo, en la problemática de la identidad. En la mayor parte de las culturas precedentes existía un marco referencial de valores y una visión de la realidad que conformaban un *cosmos*, es decir, un orden *objetivo*, aglomerado orgánicamente y centrado. Su estabilidad y firmeza ofrecía un puesto a cada ser. Durante muchos siglos en Occidente, en el medievo, todo se fundía y acoplaba en un *macro-lugar*. Del mismo modo que en la física, heredada del corpus aristotélico, se pensaba que una piedra desciende al suelo o el humo asciende hacia el cielo porque *aspiran* así a situarse en su *lugar natural*, en la vida social se era rey, señor o vasallo no accidentalmente. Cierto conjunto de factores que escapan al arbitrio subjetivo y a las voluntades colectivas los habían colocado en el puesto que ocupan porque les correspondían *de suyo*. Este orden asignaba un *lugar* determinado al individuo que reclamaba de él fuertes expectativas de comportamiento. Se *es* príncipe o guerrero, por ejemplo, con la convicción de que se sirve a una causa incontrovertible que arraiga en la arquitectónica de la realidad en cuanto tal. En tales circunstancias, poseer una identidad implicaba estar investido de un estilo que ya está configurado y responder a sus demandas. Por eso, fracasar en esa responsabilidad significaba la condena, el exilio o el oprobio[18]. Para el hombre moderno, por el contrario, ya no hay propiamente *cosmos* sino *mundo*. El mundo no precede al sujeto; más bien es, en buena medida, su proyección, su obra. Decimos que hay muchos «mundos culturales», que existe el «mundo público» como algo diferente al «mundo privado» o que «cada hombre es un mundo». Expresarse de esta manera no responde exclusivamente a los avatares del lenguaje, sino a la profunda *revolución copernicana* que conmovió las bases de Europa en el Renacimiento y que en filosofía tiene por mentores fundamentales a Descartes y Kant. Pues bien, en tales circunstancias, no hay un lugar determinado que se le ofrezca de antemano al sujeto. Ha de *hacerlo*. Su identidad se juega en ese *hacerse un lugar*. Y por eso, el fracaso de la identidad ha adoptado hoy para el individuo un carácter muy diferente. Puesto que lo que el individuo *es* consiste en su propio *hacer por ser* y su mundo es el que conquista, si fracasa no lo hace respecto a un marco objetivo *previo*. Lo que fracasa en él es el mundo mismo, que se le *viene abajo*. Esto implica que el hombre es siempre *en-el-mundo*, que en esa *in*mersión inexorable su ser es el de *hacer por ser* mismo y que en esa tarea *se juega su ser*. Pero implica, también, que es *excéntrico* respecto a cualquier mundo determinado y que, en semejante erraticidad, está siempre *ex-puesto* en el mundo. Una *angustia* nueva lo acecha: el *horror vacui*, la experiencia de que, si no logra hacerse a sí mismo forjándose un *mundo*, no se desvía simplemente de un canon, sino que *pierde su ser* y le acosa la *nada*.

El espíritu errático constituye al hombre de raíz. Que, por ello, se exponga al hundimiento en el vacío es el precio que paga por el más alto de los dones: el de ser su propio hacedor. Lo consiga o no, tiene por horizonte esa *potestas sui* capaz de convertirlo, como decía Séneca, en un «espíritu libre y erguido», «situado fuera del alcance del miedo»[19]. Al bogar errante corre el riesgo de sumergirse en un mar sin fondo, pero también, y sólo por eso, le es posible alcanzar aquella noble *Heiterkeit* que deseó Nietzsche al fuerte, muy diferente del gazmoño júbilo acomodado: la jovialidad, la alegría serena de quien se mantiene a flote, no varado en el muelle y contemplando, sino sobre las aguas de la tormenta. Ahora bien, en la sociedad estacionaria el espíritu errático tiende a ser amordazado. No por un orden estamental o un absolutismo rígido, sino por la impresionante flexibilidad de la jaula de acero y del anillo de hierro al que ya se ha dedicado un escueto análisis. A la luz de las últimas reflexiones se podría añadir que, en el seno de esa sociedad, el hombre se ve requerido por estamentos y tiranías de una nueva y distinta índole. Ya no adoptan la forma, como en muchas culturas premodernas, de un *cosmos orgánico*, ordenado, fijo y amparado en una concepción metafísica que le otorga un lugar como si le conviniese *por naturaleza*. Pero sí un orden construido que parece haber trascendido la capacidad de intervención humana y que gobierna, como un espectral *cosmos maquínico*, esa *segunda naturaleza* que es el mundo social y cultural. Se le ha llamado de diversos modos: el orden de la racionalidad instrumental (Escuela de Frankfurt), el del capital (marxismo) o el de la técnica (Heidegger). En cualquier caso, se trata de un orden móvil y rotatorio que impone, invisible, un lugar al ser humano en el seno del movimiento.

Lo curioso es que la imposición de dicho lugar no se produce por medio de prohibiciones y limitaciones ostensibles, sino a través de la creación de caminos y singladuras por las que la conducta *puede* y *ha de* discurrir. Nunca como en el nuevo capitalismo, por ejemplo, se le había dado tanta autonomía al que trabaja. Cada filial dentro de una multinacional actúa como un sujeto que ha de tomar sus propias decisiones. Cada trabajador se ve cada vez más solicitado a autoorganizarse en el cumplimiento de su tarea. Lo mismo ocurre en el trabajo dentro de la esfera pública. Cualquier átomo del sistema (sección educativa o departamento universitario, módulo de sanidad, ayuntamientos, etc.; todos ellos, a su vez, con ramificaciones diversas en comisiones) recibe aceleradamente prerrogativas propias, posibilidades de acción que tiene que determinar desde sí. Sin embargo, la libertad que ahí se le ofrece es ficticia. Y *facticia*: libertad confeccionada a medida del progreso técnico, productivo y administrativo. Si se hace a sí mismo, es a condición de seguir la estela de las demandas que ese oscuro soberano reclama. De esta manera, se está produciendo una *desrealización* del hombre por medio, paradójicamente, de su *realización*. De ahí que la inquietud productiva de su condición errática esté siendo sustituida por una desazón fantasmal. ¿Quién no se ha dicho a sí mismo o bien escuchado en otro algo equivalente a «no lo entiendo: todo me *funciona* y no tengo ganas de *nada*» o «todo *marcha* y, sin embargo, estoy parado»? Sí, no le pasa nada, porque la nada misma está con él. El desorbitante crecimiento de los trastornos depresivos[20] en las sociedades precisamente más *avanzadas*, trastornos que se cobran un oneroso tributo del propio sistema funcional y productivo, no puede ser casual. Y no es extraño, si conducimos la vida de un modo cada vez más parecido al de una empresa[21]. O mejor: si nos la dejamos conducir de esa manera. Cuando el deseo y el propósito no se inician en nosotros, nos abruma esta conversión de la errancia en vagabundeo militante, en ir de un lado a otro sirviendo, sin embargo, a un taimado señor que carece de nombre. En el fondo del deprimido algún ojo se ha percatado de esto, de que la corriente por la que le suceden tantas cosas es un sucedáneo. Multitud de sucesos le advienen y ya no *acontece* nada en él. Entonces empieza a experimentar una falta de deseo, un deseo de desear, y quiere una vida nueva, es decir, comenzar, dar principio, iniciarse.

NOTAS

1. H. Plessner, *Die Stufen des Organischen und der Mensch*, Berlin, Gruyter, 1965, p. 288. Cf. espec., pp. 293-308.
2. H. Plessner, *La risa y el llanto* [1941], Madrid, Trotta, 2007.
3. Sobre la inmensa obra de E. Morin, cf. el estupendo análisis de P. Gómez García, *La antropología compleja de Edgar Morin. Homo complexus*, Granada, Universidad de Granada, 2003.
4. He intentado desplegar esta problemática en L. Sáez Rueda, *El conflicto entre continentales y analíticos*, Barcelona, Crítica, 2002, pp. 111 ss., 386-388 y a lo largo del capítulo 6.
5. C. Geertz, *La interpretación de las culturas* [1973], Barcelona, Gedisa, [12]2003. «La significación, esa evasiva y mal definida seudo-entidad que antes muy contentos abandonábamos a los filósofos y a los críticos literarios para que frangollaran con ella, ha retornado ahora al centro de nuestra disciplina» (p. 39).
6. Me he esforzado en presentar un mapa de semejante escenario en *El conflicto entre continentales y analíticos*, cit. Sobre los avatares de la ontología fenomenológico-hermenéutica del sentido, cf. L. Sáez Rueda, *Movimientos filosóficos actuales*, Madrid, Trotta, [2]2003.
7. M. Scheler, *El puesto del hombre en el cosmos* [1928], Buenos Aires, Losada, 1938, espec. pp. 55-61.
8. *Ibid.*, p. 84.
9. *Ibid.*, p. 70.
10. *Ibid.*, p. 113. Y también: «La conciencia del mundo, la conciencia de sí mismo y la conciencia de Dios forman una indestructible unidad estructural» (p. 110).
11. Cf. *Ibid.*, pp. 108-115.
12. L. Wittgenstein, *Conferencia sobre ética* [1965], Barcelona, Paidós, 1989, p. 43.
13. Testimonio de un pensamiento con fondo religioso que no incurre, sin embargo, en la teologización de los asuntos humanos, es la obra de mi admirado amigo J. A. Estrada Díaz. Uno de sus textos, *La imposible teodicea* (Madrid, Trotta, [2]2003), tiene la valentía, en particular, de no descargar sobre los asuntos divinos los problemas que acucian al hombre, el mal en general. Es más fácil, asegura, reconciliarse con el mal que exculpar a Dios de todo mal. Y desde ahí, desde una negación de la teodicea hipócrita, seguro que ha rendido honor, tanto a la verdadera fe, como al espíritu más puramente filosófico. Pensadores de este tipo tienen la dignidad de hacerse cargo de su condición errática, pues son expulsados, tanto por la ortodoxia teológica, como por la miopía filosófica. Lo dice uno que no tiene fe, en agradecimiento a los muchos y fecundos encuentros con el profesor Estrada.
14. G. E. Lessing, «Acerca de la verdad», en A. Maestre (ed.), *¿Qué es la Ilustración?*, Madrid, Tecnos, 1988, p. 52.
15. H.-G. Gadamer, *Verdad y método*, Salamanca, Sígueme, 1977 [[4]1995], pp. 447-458.

16. M. Merleau-Ponty, *Lo visible y lo invisible* [1964], Barcelona, Seix Barral, 1970, pp. 135-162.
17. J.-F. Lyotard, *¿Por qué filosofar?*, Barcelona, Paidós, 1989, p. 121.
18. Cf. Ch. Taylor, *Fuentes del yo* [1989], Barcelona, Paidós, 1996, pp. 28-33.
19. Séneca, *Diálogos*, Madrid, Gredos, 2000, p. 271; cf. pp. 270-275.
20. Según la Organización Mundial de la Salud, ya en su 55.ª Asamblea del 2002, la depresión es la principal causa actual de discapacidad. Más de 120 millones de personas la sufren. Según las expectativas, una de cada cinco llegará a desarrollar un cuadro depresivo en su vida. En Europa un 14% de la población, junto a un 16% que padecerá trastornos graves de ansiedad. Cada año se suicidan 800.000 personas. En España es un problema de salud pública y afecta a poco menos porcentaje de población que en otros países de nuestro entorno, como Alemania (10%), el Reino Unido e Irlanda (17% y 12% respectivamente) o Francia (18%). En Estados Unidos estos trastornos afectan aproximadamente a 19 millones de adultos. Los costes anuales que allí suponen estas enfermedades absorben el 2,5% del producto nacional bruto (es decir, 148.000 millones de dólares). Mesas redondas ministeriales en la OMS elaboran con ahínco un programa quinquenal de apoyo a los Estados miembros encaminado a mejorar su capacidad para reducir la *carga* que suponen los trastornos mentales y promover la salud mental. ¿Se exagera? ¿Se trata sólo de problemas siempre presentes a los que hoy se les presta más atención? Muchos informes, como el del equipo de Michelle E. Kruijshaar (*Boletín OMS* 83/6 [2005], pp. 443-448), muestran que no se ha sobreestimado y que, incluso, muchas comunidades ocultan cifras considerándolas índice de casos leves.

21. La afirmación posee su propio sentido. Pero no deja de ser significativo que sea confirmada por eventos más allá del discurso filosófico. Hace unos años, el Foro Económico Mundial de Davos, en una sesión titulada «Yo, S.A.», contando con personalidades como Jacques Attali o el Nobel de la Paz Elie Wiesel, dictaminaba que cada uno lleva ahora su vida como una empresa, dándole una dimensión económica a todos sus actos y gestionando el quehacer propio como si fuese una cartera de valores (*El País*, 24 de enero de 2004).

II

SER ERRÁTICO, SER DISCORDE

¿Cómo comenzarse, empezar a querer? En algún lugar ha dicho Nietzsche que nunca supo qué es querer. «Ni uno solo me podrás nombrar —le dice Séneca a Lucilio— que sepa cómo ha comenzado a querer lo que quiere; no le ha conducido a ello su razón, sino que lo ha lanzado un impulso»[1]. Si hay excentricidad, condición errática, no es porque lo decida el sujeto, desde la atalaya de una autoconciencia plena, sin fisuras. Se pone en obra en el cuerpo de la centricidad, a partir de un comienzo que no le pertenece. Pues nacemos ya iniciados y todo iniciarse ulterior se ejerce desde una *iniciación* previa. En este punto, Heidegger ha dado en el blanco, aunque por el excesivo celo que ha puesto en ello, tal y como desearíamos ir mostrando, ha oscurecido la verdadera dimensión del *errar*.

---

1. «Neminem mihi dabis qui sciat quomodo, quod vult, coeperit velle: non consilio adductus illo, sed impetu impactus est» (Séneca, *Epístolas morales a Lucilio*, libro IV, epíst. 38; trad. cast.: Madrid, Gredos, 1994, p. 247). Sustituimos aquí el término «instinto» por el de «impulso», más adecuado, nos parece. J.-L. Nancy hace intervenir la aguda sentencia del estoico en el contexto de una meditación sobre el acto de pensar. Vale la pena transcribir alguna de sus cavilaciones, muy oportunas hoy, a nuestro juicio: «Filosofar no es posible sin impulso, incluso sin un impulso violento, que lanza hacia delante y que también arranca: o levanta el sentido depositado, sedimentado, semidescompuesto, y que lanza hacia el sentido posible, sobre todo no dado, no disponible, que hay que acechar, sorprender, en su venida imprevisible y nunca simple, nunca unívoca. [...] Ello demanda un impulso: es decir, sobre todo no el movimiento de buscar seguridades. Pide una sublevación, una insurrección en el pensamiento. Riesgo, entonces, y bullicio. No se puede ser demasiado sabio para

filosofar, incluso hace falta un poco de locura. [...] Y es también una fiesta, no hay que olvidarlo: no una cuestión de lumbreras, sino más bien de impetuosidad y de puesta fuera de sí. Es una fiebre contraída en lo *abierto* a la que el pensamiento se expone. Si no se expone, el pensamiento se hunde» (J.-L. Nancy, «Pièce jointe», en *Un jour les dieux se rétirent...*, Willian Blake and Co. Edit., 2001).

3

LA ERRANCIA EN SU IMPOSTURA: DESARRAIGO

1. La radicación como «ser-en-el-mundo» y su «indisponibilidad». 2. «Flotar en el aire»; «falta de paradero»; «estar sobre el rastro».

El camino heideggeriano de la fenomenología, inesquivable hoy en un pensamiento que se pretenda mínimamente serio, ha desbordado la premisa husserliana según la cual el *mundo de la vida* (*Lebenswelt*) es accesible a la reflexión de un espectador universal, de un *Ego trascendental* irresistible a las variaciones culturales y al devenir en el tiempo. Ser humano significa, ante todo, *ser-en-el-mundo*, es decir, estar incardinado en una comprensión que precede a los actos intencionales conscientes, a las razones explícitas, a la voluntad racional. Desde este punto de vista, el ser errático del hombre produce monstruos. Por el momento, esto puede tomarse como cierto.

1

Estar incardinado no es formar parte de una estructura, ser contenido de un continente, como el líquido en el frasco. Es *estar enfrascado*, inmerso, en el sentido de un *habitar*. No se sabrá qué es, por ejemplo, una *peña* andaluza de flamenco —permítanos el lector el ejemplo en apariencia simple— si la aproximación es externa y distante. La posición de un espectador puede dar por resultado un amplio y riguroso cuadro de características diferenciales respecto a otro tipo de *hábitat urbano*, pero reseñará sólo la superficie monda de la *cosa misma*. La cosa misma de la peña no se deja aprehender más que sumergiéndose en el *mundo* que la constituye. Hay que descender a su nervadura. La vivencia de las manos huesudas del tabernero que allí atiende, empuñando un descolorido trapo mientras posa vacilante un vaso sobre madera desgastada; la captación del *tempo* lánguido, que hace esperar a la guitarra de una forma que sería irritante para el que *no tiene tiempo*, su súbita irrupción en un momento no calculado, la solemnidad sencilla, silenciosa, que se apodera de los asistentes; esas experiencias u otras similares, y todas las que la rodean en ese espacio, no son accidentales al conocimiento. Abren, más bien, la rendija por la que se ilumina todo un mundo. Y ello tendrá lugar si el que comprende se *deja ser* en el medio de su vivencia, es decir, justo en la medida en que alcanza la desposesión de sí y ajusta su mirada a aquello que, en ese abandono productivo, *le acontece*. Esto es lo que quería decir Heidegger cuando comenzó a utilizar el término *Dasein*, *ser-ahí*, para referirse al hombre. Significa que estamos *situados*, no simplemente, como pregona el pragmatista y el empirista, en circunstancias sociales, históricas o culturales que cabe describir y están *ante los ojos* (*Vorhandensein*), sino, más profundamente, en la urdimbre de sentido que las moviliza desde sí. Situados, más que en *hechos*, en acontecimientos.

El acontecimiento, en efecto, no es el hecho. Atraviesa verticalmente a este último y, empleando el lenguaje de Deleuze, es incorporal. Si se lo aprehende es *empuñándolo*. Cuando lo dejamos ser, las cosas que ilumina ya no aparecen como mudos *objetos*; se convierten en interlocutores que nos afectan —nos *tocan*— y que tocamos: seres *a-la-mano* (*Zuhandensein*). Por eso, el acontecimiento no es construible. En el lugar en el que nos encontramos, *tiene lugar*, hace acto de presencia, se nos presenta. Siendo *nuestro* acontecimiento, ni lo hemos comenzado ni nos pertenece. Nos sorprende y se nos puede ir de las manos. Inscrita en griego, en una corteza de árbol, la sentencia *El rayo lo guía todo* presidía la entrada a la cabaña de Heidegger en Todtnauberg[1]. De ella dice Gadamer que constituye un apretado compendio de toda la filosofía del maestro: lo que de verdad acontece vive en el instante iluminador de la comprensión, amenazantemente escurridizo, amenazando con sustraerse, ocultarse definitivamente. «Está claro —dice— que la ingente tarea del pensamiento consiste en hacer que esa iluminación instantánea del rayo, que en un momento genera claridad, pase a ser algo permanente, refugiándose en la palabra y deviniendo discurso que alcanza a todos»[2]. De un modo análogo y más extensivo, podría decirse que la inmensa tarea de la vida consiste en lograr que ésta no sólo *suceda*, sino que acontezca a cada instante y pueda ser caudal que alcance a todos nuestros actos.

Somos en el acontecimiento. Y cuando la vida se agota, hasta el punto de que ya no ocurre nada en medio de los hechos, nos acontece, a pesar de todo, que *nada* acontece.

— *Lo que usted afirma se parece mucho a algo así como que «el acontecimiento acontece». Tiene gracia.*

— *Eso es sacar las palabras de su contexto y, luego mofarse de ellas como si fuesen un muñeco. Lo hizo ya Carnap. Pero la historia*

se mofa de Carnap. El acontecimiento no es un sujeto al que usted pueda ponerle un verbo así.
— Entonces, ¿qué se puede decir de él?, ¿qué se le puede atribuir?
— El acontecimiento permite atribuir. Se injerta en el verbo mismo. En la frase «voy al mercado» es el «ir». Un varón puede ir a la compra por cortesía con su señora y otro porque cree que es lo mismo que vaya él o ella. En ambos casos se está yendo, pero en cada uno se «va» de una manera y se «es» de un modo. Lo que acontece es muy distinto. Y cualifica al que le acontece.
— *Es como si le confiriese usted al acontecimiento el carácter de algo que se mueve por sí mismo, que viene de una profundidad remota y... ¿No le parece que esto es propio de una metafísica trasnochada? Mire, yo no he visto ningún acontecimiento con vida propia, que hable y se exprese.*
— Yo tampoco he visto ningún acontecimiento. No se ofrece a la vista, al gusto, al tacto, al oído o al olfato. Pero dígame lo que en su vida es susceptible de acontecer, lo que está usted dispuesto a dejar que le acontezca, y le diré hasta dónde alcanza su «vista», qué «gusto» tiene por las cosas, qué «tacto» es esperable de usted en determinadas situaciones, qué capacidad de «escucha» posee y cuánto «olfato» le acompaña en la percepción de los problemas. Esto no significa que el acontecimiento tenga vida propia como la tiene una persona. Lo que quiero señalar con ello es que ocurre quiera usted o no quiera. No depende de su decisión. Es indisponible para usted. Haga cualquier cosa y habrá un acontecimiento. Quizás el que menos se espera. Tal vez está deseando entenderme y le está aconteciendo que no quiere en absoluto. La vida es algo que ocurre mientras hacemos otras cosas. Esto es metafísica, en efecto, ¿qué había pensado? Hablo sobre algo que rebasa (meta) la física. No porque esté más allá, en un fondo, como dice, remoto. Sino porque no se toca como se tocaría un asteroide. Trasnochada no, sino practicada desde hace muchísimo tiempo. Usted mismo la practica en este momento, pues no está haciendo ciencia ahora mismo. La practica, sí, al hablar sobre «lo que hay», «lo que es» y «cómo es».
— *No sé. Sigo sospechando que tales afirmaciones tienen la forma de círculos viciosos, de proposiciones analíticas sin contenido.*
— No son «proposiciones». En cuanto tales, carecerían de sentido. Son actos de habla en un juego lingüístico. Usted tiene que comprender el juego. Entonces comprenderá lo que se afirma y queda en la letra.
—*¿Se trata de un juego. De un juego de palabras y nada más?*
— Sí, es un juego. Acuérdese de Wittgenstein, al que tiene muy olvidado. O de Gadamer, si le ha echado un vistazo a Verdad y método.

SER ERRÁTICO, SER DISCORDE

Es un juego, pero muy serio. En él nos la jugamos. ¿Ha jugado usted con niños? ¿Ha sido ajedrecista alguna vez? Si es así, quizás haya experimentado que por muchas reglas que conozca teóricamente, no por eso jugará mejor. Cuando una jugada acontece en el juego se ajusta a las reglas, pero no surge de ellas. Saber jugar significa movilizar al juego entero, dejar que discurra por ciertos caminos o intentar forzarlo a que lo haga. Esto lo hace a cada paso. Mueva una torre y se moverá todo el tablero. Quizás estaba venciendo a su contrario y ahora se le ha vuelto todo en contra. Lo que acontece no es lo que usted quiere o hace intencionadamente. Le viene sin pedirle permiso. Ni al oponente. Emerge en el «entre». El acontecimiento, visto así, acontece. A sus espaldas. A espaldas de todos. No le pertenece, ni a usted ni a nadie.

— Tengo la sensación de que diga yo lo que diga, se sale siempre con la suya. Con la excusa de que habla de algo superior a nosotros, se parapeta en afirmaciones que no hay modo ni de confirmar ni de refutar.

— En absoluto. Usted mismo está hablando conmigo y está experimentando lo que acontece en la conversación. Esto es lo que se llama experiencia hermenéutica. Si quería un nombre para el método, ya lo tiene. Por otra parte, no se trata de algo superior, de un dios escondido o una potencia sublime fuera de nosotros. Que no nos pertenezca no quiere decir, se lo repito, que venga de otro sitio allende el nuestro. Su presentación está unida a la de nuestros actos. Los acompaña, y sin embargo, no se identifica con ellos. Si asesinara usted a alguien, sería por algún motivo o, tal vez, por un impulso ciego. En cualquier caso, habría abierto un acontecimiento mucho más importante que su acto concreto y que sus móviles: el de la muerte de un hombre a manos de otro. Si pensáramos dicho acontecimiento estaríamos analizando su comportamiento, pero no sólo eso. Comprender el acontecimiento implicaría interpretar muchas cosas al mismo tiempo: de qué forma se mata hoy en día, qué fuerzas intervienen en ello, qué ha pasado en nuestra época para que esto pueda ocurrir en el modo en que ocurre... Respecto a todo eso, lo que tuviera usted en la conciencia sería interesante conocerlo, pero en la medida en que informase de la «manera» de dar muerte que habría puesto en obra. Esta manera no sería en absoluto su invención. Su acto, por el contrario, sería una invención del acontecimiento, de ese acontecimiento del dar muerte como lo hacemos actualmente, en el estilo de hoy; o mejor: una respuesta a la provocación de éste.

— *Lo que el hombre concreto hace es, pues, insignificante, comparado con su «acontecimiento». Me enerva esa abstracción del hombre de carne y hueso.*

— *El de carne y hueso es el hombre que vislumbra el acontecimiento en lo que hace. El que no repara en ello es el de hojalata o la abstracción con aspecto humano. Por eso puede llegar a quitarle la vida a otro, por ejemplo, a sangre fría y en nombre de la libertad. El acontecimiento lo posee, pero él no lo sabe ni lo quiere saber. Se cree que él manda en lo que hace, que tiene una voluntad clara y distinta. Y es un espantajo en manos de un acontecer que no comprende en absoluto.*
— *Imagínese que tuviese sentido lo que dice. Aun así, ¿no podría ser expresado esto de un modo más sencillo? Lo que no se puede decir con claridad es mejor no decirlo.*
— *Por claridad se pueden entender varias cosas. Está la claridad de una fórmula matemática pero también la que muestra un rostro, la que destella en una simple frase balbuceante, emitida en el momento oportuno, o la que desprende el silencio. No entiendo por qué al físico o al jurista se les permite un lenguaje propio, debido a que los problemas que trata se consideran muy serios, mientras que a la filosofía se le niega continuamente. Se le piden cosas contradictorias: que se mueva en lo complejo y que hable con una sencillez de andar por casa. El pensamiento encuentra cosas que no han sido dichas jamás. Tiene que darles palabra. Su oscuridad depende muchas veces de la falta de costumbre. Muchos jóvenes, por ejemplo, acostumbran a entenderse, en su cándida sencillez, en un argot que me parece poco menos que oracular. Y lo que pasa es que frecuento muy poco sus círculos. Tal vez ocurra que a la filosofía se la frecuenta muy poquito. De todas formas, si usted lo desea, intente conducir todo esto a una lengua más clara. Colaborará conmigo en vez de andar siempre reclamando y recriminando. Pero tenga cuidado con no perder el contenido en el camino, la cosa misma. Eso es lo difícil.*
— *La «cosa misma». Otra expresión extraña...*
— *Sí, como cualquier otra. Piense en una cualquiera del lenguaje cotidiano. Haga la prueba.*

Lo que le acontece al *Dasein* no es elaborado por él. Él no empieza a querer. Lo que quiere se ha iniciado ya en el horizonte mundano e interpretativo al que pertenece. A este fenómeno se le llama *facticidad*, estar *arrojado*. Y es lo que obvia o desconoce Scheler, pues reduce la condición céntrica del hombre a lo que proviene de los impulsos, las sensaciones o las inclinaciones, frente a las cuales se rebela el *espíritu* (excéntrico), «un principio que se opone a toda vida en general»[3]. Para él, como para toda la fenomenología *eidética*, la verdadera vivencia no se injerta en la profundidad de la existencia fáctica, sino que se modela en el espacio monádico de la subjetividad trascendental, en la esfera interior del yo. Además, supone que la reflexión, al volver su mirada sobre dicha esfera, puede captar *in actu* al sentido experimentado. La facticidad existencial impide ambas cosas. En primer lugar, porque coloca al sujeto *fuera de sí*, en la exterioridad de lo abierto. Existir (*ek-sistere*) significa *ser-fuera*. Estar inmerso en el mundo no es incompatible con lo que se acaba de afirmar. Lo que se quiere decir es que, sumergidos en la existencia, somos lo que efectivamente hacemos, que no podemos separar el «quién» al que nos referimos cuando nos identificamos del «quién» que actúa, se expresa y camina. Suponer lo contrario equivale a considerar que nos pertenece una naturaleza por esencia, un núcleo de identidad inconmovible que se mantiene en reserva o en potencia y que actualizamos de diversos modos en la praxis. Sería como dar por sentado que alguien es un gran músico, pero escondidamente, sin saber nada de armonía y sin haber ensayado nunca una partitura o hecho resonar un instrumento. No hay algo así como una interioridad blindada a la que podemos, si queremos, abrirle ventanas o cerrárselas. Lo interior ya está expuesto en el curso de los acontecimientos a los que nos entregamos. Y el estar a solas, junto a sí, no es un replegarse desde la existencia a otra parte, sino volcarse en la marea de lo que ahí está sucediendo: flujo de pensamiento, de ensoñación, de deseo o lo que sea el caso. Estar de este modo, fuera, nos complica la vida, no cabe duda. Significa que somos aquello en lo que nos ponemos, a cada instante, que nuestro ser coincide con la escena misma en la que estamos presentes y actuamos. Se es sólo en el camino del *estar siendo*. Pero con ello, hemos pisado desde siempre el terreno de nuestra propia responsabilidad. Pues ¿no se desprende de todo esto que existir consiste en vivir comprometido con la tarea de lanzarse a ser? No le valen las intenciones al hombre cabal, sino su real intervención en el mundo, su *estar-siendo* de un modo tangible, dinamizando un *modo de ser*. «El 'ser-ahí' es un ente que no se limita a ponerse delante entre otros entes. Es, antes bien, un ente ónticamente señalado porque en su ser *le va* este su ser»[4].

La facticidad impide, en segundo lugar, una autorreferencialidad capaz de envolvernos por completo. Ésta es la cuestión más sutil y difícil. También la más arriesgada, pues si la anterior incita a no bajar nunca la guardia en la responsabilidad, ésta produce, además, cierto temblor y hace palidecer el rostro:

> Y el «ser ahí» es mío en cada caso, a su vez, en uno u otro modo de ser. Se ha decidido ya siempre de alguna manera en qué modo es el

«ser-ahí» mío en cada caso [...]⁵. La «facticidad» no es la «efectividad» del *factum brutum* de algo «ante los ojos», sino un carácter del ser del «ser ahí» acogido en la existencia, aunque inmediatamente repelido. Ante el «que es» de la «facticidad» no podemos encontrarnos nunca en una intuición⁶.

Imaginemos un mundo sin espejos. En él cada ojo permite ver, pero no puede verse a sí mismo. En el seno de la facticidad ésta abre la claridad desde la que comprendemos, interpretamos, contemplamos. Y hay que insistir en que su trama no es la de un *factum brutum*: no se agota en las circunstancias observables, sino que es un horizonte de sentido, de comprensión, fondo cualitativo que subtiende la mirada y que está siendo. La facticidad no está. Es. No reposa. Acontece. Es el acontecimiento más básico y primordial. Ahora bien, ella misma, permitiendo una dirección de la mirada, no puede ser aprehendida. Allí donde hay un juicio, hay una interpretación. Y donde hay una interpretación hay un horizonte abierto, previo, desde el cual ésta se mueve, como si fuese su gozne. Toda comprensión se yergue sobre una pre-comprensión. Si intentamos «comprender la pre-comprensión», ¿desde dónde lo hacemos? ¿Puede volverse el ojo sobre sí mismo? Añadamos a la situación imaginaria de más arriba los espejos. El ojo se contempla en uno de ellos. ¿Acaso con esto se ha visto? De ninguna manera. Ha captado su imagen externa, su forma, color y, en general, su aspecto. En cuanto fuente de visión, el ojo no se ve en el espejo. ¿Desde dónde puede, entonces, esforzarse la comprensión por asir su pre-comprensión? Desde otra precomprensión. En cada instante, pues, lo que somos nos precede. En términos heideggerianos, el *Dasein se pre-es*⁷. Esto es lo que genera pavor.

2

Se diría que Heidegger reduce toda excentricidad, la condición errática del hombre, al comportamiento *temeroso*. De la *angustia* que se experimenta ante la facticidad, ante el existir arrojado y comenzado, y del miedo que provoca la responsabilidad que *ahí* yace, hace surgir el vagar sin rumbo, que es una huida. Pues bien, esta perspectiva expresa sólo una verdad parcial, como se intentará mostrar, pero acierta dentro de sus límites.

Siguiendo el hilo del análisis heideggeriano se toma nota, ante todo, de la delicada verdad que desenmascara, hoy aplicable prácticamente sin reparos. Las diferentes máscaras de la huida —las expresiones de lo que llama *caída*⁸ y que son formas de la existencia *impropia*, *inauténtica*— describen un espectáculo que es el nuestro. En primer lugar, todo ese «flotar en el aire» de las *habladurías*[9] constituye, ciertamente, una errancia ciega y huera, tristemente adherida a la cultura contemporánea. Es un síntoma muy extendido el de atenerse a lo que *se* habla y *se* dice, logrando así la impresión de que se comprende todo, cuando en el fondo no ha habido apropiación de la cosa en cuestión. Hoy los medios de comunicación forjan una imagen espuria de lo que ocurre. No se trata sólo de que deformen la realidad y sitúen apropiadamente la interpretación que conviene, pues eso ocurrirá mientras haya comunicación. Se trata de algo más sigilosamente grave: de que obligan a vivir en el medio de esa transmisión, en el inter-mundo irreal del *contar* y *presentar* lo que pasa como si ésa fuese la realidad más real. Pues si, por un lado, el alma se cae al suelo cuando oímos o leemos la noticia de la matanza, de la hambruna o de la catástrofe natural, pronto ésta se levanta anestesiada por la ingente cantidad de lo que se dice y su indiferenciación interna. Junto al estallido de una guerra, la *tremenda* caída de un equipo de fútbol; junto al hundimiento de una barcaza con desarrapados, el descenso de los valores bursátiles. Tan falto de grados y escalas está el espacio de la comunicación universalizada, tan ajetreado, tan extendido y manoseado, que genera indolencia. A lo sumo, una efímera indignación, ofuscada al instante por el impacto de otro suceso. De alguna manera, tarde o temprano nos descubrimos *hablando* y *repitiendo* en tono grave lo que debía conmovernos, y sabemos oscuramente que lo hacemos porque ya no nos afecta o porque así lo alejamos. Es una impostura mediante la cual tomamos posición en todo. El despotismo del «hablar sobre» es todo un acontecimiento que alcanza al presente. Sustituye a la realidad misma y es bálsamo en que se deposita el desasosiego. Vemos una película y, antes de que nos transforme, diluimos su impacto en el comentario infinito sobre actores, autores, escenas brillantes o flojas. Caen las Torres Gemelas y al día siguiente estamos consolados en el tráfago de las informaciones, de los repasos, de las imágenes que vuelven una y otra vez, hasta que llegamos incluso a excitarnos por un placer invisible. Lo sospechamos: nuestra vida necesita del rumor incesante. Así parece que palpamos lo real y nos ocultamos el carácter ficcional de la existencia en la sociedad estacionaria. En las aulas no se escucha la palabra del pensador. Alguien la narra. Se imponen los *métodos de calidad* sobre las cosas. En el regreso al infinito de lo que *hay que hacer* un *debe* se nos escapa. La *palabra hablante* —esa que, según Merleau-Ponty— porta su sentido *in status nascendi*— es ocultada por la *palabra hablada*, gastada[10]. Al cabo, vagamos *sin mundo* y la aparente vivacidad del vagar, urgida por una multitud de tareas, nos oculta incluso su «inhospitalidad».

LA ERRANCIA EN SU IMPOSTURA: DESARRAIGO

— *¿Acaso el que escribe sobre esto hace otra cosa?*
— *Un problema muy bien planteado. Por la impotencia del pensamiento en la sociedad estacionaria, arrecia la lluvia de libros que advierten y señalan. Libros sobre globalización, capitalismo vandálico, conflicto de civilizaciones, y muchas cosas más, a veces rozando el tono apocalíptico... Y sí, caen uno tras otro, aunque ellos no tengan la culpa, en el fragor de lo dicho y lo transmitido.*
—*¿Cómo romper el círculo?*
— *Me deja sin palabras. Hay que pensarlo. Hay que pensar el «salto».*

Desde otro ángulo, lo que Heidegger llama *avidez de novedades*[11] desenmascara el errar como «disipación» y «falta de paradero». Éstos provienen de un impulso que hace de lo nuevo lo mejor, en cuya búsqueda se pierde el arraigo mientras se alcanza un vivo placer: el de «ver». La técnica impone un recambio continuo de los objetos. Cualquiera de ellos tiene una vida efímera y declina ante su inminente superlativo. En el fondo, lo *nuevo* del que toma su lugar no es que responda mejor a una necesidad, sino que la galona con trofeos no vistos hasta el momento. Lo nuevo de lo nuevo se agota en su novedad. Lo mismo le ocurre a lo que puede ampliar los márgenes de la experiencia por su extrañeza y diferencia. Lo propio sería que el individuo se instalara provisionalmente en él y permitiese que lo invadiera, colocando las mimbres para una mixtura real. Pero no suele ser el caso. Más bien ocurre que se trae lo extraño «en su aspecto». El monótono estrépito de la sociedad estacionaria genera, por ejemplo, multitudes de un turismo que anhela frecuentar otros espacios. Al hacerlo, el ávido contemporáneo no se demora en lo que descubre, sino que se entrega a una compulsiva necesidad de retener en imagen el mundo que visita, rápidamente, con el fin de que a su mirada no escape nada. Importamos lo extraño y lo normalizamos en lo propio, de forma que no altere sustancialmente el modo de vida. Orientalismos, sea el caso, de salón, en una franja horaria precisa, en la que *lo otro* ha sido domesticado. Como señala con agudeza el texto heideggeriano, en la avidez de novedades no nos aproximamos a lo ajeno. Nos lo apropiamos *des-alejándolo*, procurándole una cercanía pulcra, desinfectada, en la que no ha sido capturado lo que de verdad podría *extrañarnos*. En el trepidante buscar lo nuevo se apila con montacargas lo vacío. Hemerotecas, bibliotecas y librerías no encuentran ya espacio para tanto papel y cada vez cuesta más trabajo hallar al clásico con sabiduría, que por viejo ya no apetece. El niño crece hoy, en nuestras sociedades avanzadas, sin respiro para el juguete. No puede demorarse, pues una ingente cantidad de novedades lo apremia. Cada gobierno entrante toma por motivo rector de su política introducir cuantas nuevas disposiciones le sea posible, compitiendo con el adversario como un coleccionista. El sistema educativo en España padece, al albur de la alternancia de partidos, una transformación sin cese que lo estremece y lo deja, paradójicamente, en el mismo sitio (o en otro peor). Ya no se es militante de ideas, pues han sido cribadas por un olvido selectivo, adocenadas por la impaciencia del presente. El emblema general, al que nadie quiere renunciar, en nombre de cualquier bandera, es ser *progresista*. Y parece más oportuno, por acabar aquí, emplear el presupuesto excedente en conquistar el espacio, buscándole lo nuevo al universo, en vez de erradicar pandemias más que consabidas en África y otros lugares, que retornan sin esperanza. Es cierto, por la avidez de novedades el hombre de hoy anda *sin paradero*, en la ilusión de que en ese viaje encuentra una auténtica vida, llena de acontecimientos. Mientras tanto, la posibilidad del genuino acontecimiento se disipa.

Finalmente, bajo el término de *ambigüedad*[12] queda desvelado el sentido de la errancia como el de un inauténtico «estar sobre el rastro». Si el sujeto disuelto en las *habladurías* y en la *avidez de novedades* resolviese detener su vagabundeo insípido, tendría que volverse sobre sí mismo y entonces éstas perderían la ocasión de continuar su trabajo. Por eso, la situación errante lo seduce hacia la indefinición que se autopropulsa y retroalimenta. La indefinición misma se convierte en un valor. Lo que parece dar ímpetus a la existencia, entonces, es precisamente el no estar en ninguna parte, el no pertenecer a nada en particular, extendiéndose así en la red social una repulsa silenciosa a ese arraigo que permite dar forma firme a un propósito específico. Se lo tiene por sospechoso. Todo ello sería imposible, por otra parte, si el desarraigo no encontrase justificaciones para que su improductividad cause la impresión de que conduce a alguna parte y de que es *el* camino. Ser *ambiguo* se convierte, al fin, en signo de excelencia. Pues bien, ¿no es adecuado el análisis heideggeriano si se lo aplica a la sociedad estacionaria? En ella, el estar en tránsito cosecha para sí muchos frutos cuando se trata de no adherirse a un valor o cauce de acción determinados. En la finitud humana escoger una posibilidad implica renunciar a otras, lo cual no conduce, si surge en libertad, al confinamiento, sino a la hondura que da franquía y permite inaugurar. Expresado en términos del psicoanálisis freudiano, el *principio de realidad* forja el paso desde la ensoñación infantil, en cuya omnipotencia imaginaria no hay necesidad de optar, a la madurez del individuo resuelto. Tal vez se le pueda disculpar al adolescente que no aterrice en ninguna parte por querer estar en todas al mismo tiempo y que viva con fruición el equívoco y la anfibología. Pero es grave que en nuestra democracia de partidos, cada líder adopte de vez en cuando parte de las consignas del contrario, con el fin de lograr la mayor y más genérica aquiescencia; que la cultura de la centrada sabiduría —que se expande hacia los márgenes a medida que crece— ceda ante la del amasijo fatuo de referencias extraídas de aquí y de allá, como jirones cosidos sobre la marcha y precipitadamente[13]; que el lenguaje del «ni esto ni aquello» amenace con anegar la opinión pública, muchas veces atrincherada en la pura negación. El espíritu mefistofélico, *que todo lo niega*, hace nupcias con el sentimiento oceánico que *todo lo allana*. En ese caldo de cultivo, al hombre estacionario no le queda otra opción que confeccionar una aureola cintilante para su «estar sobre el rastro», corona áulica del «estar en ello», mientras no se está en nada y la responsabilidad humana del realizarse y *ponerse en obra* pierde, diciéndolo con Benjamin, su aura.

— Esto es una generalización ofensiva para muchos.
— Es la descripción de una tendencia que conmina y coacciona en la cultura contemporánea, de un impulso ciego cargado de historia y que acecha al individuo. Pero éste no es sólo afectado sino también afectante. En términos de Foucault, donde hay poder hay resistencia.

Todas estas formas de errancia, las del «flotar en el aire» en las *habladurías*, de la «disipación» y la «falta de paradero» en la *avidez de novedades*, del «estar sobre el rastro» en la *ambigüedad*, encuentran su confirmación en la sociedad estacionaria. Ahora bien, han sido concebidas desde un punto de vista peculiar que las convierte en un *modo deficiente* del *ser-en-el-mundo*. Acontecen en la medida en que el *Dasein no* responde a la responsabilidad de su existencia. Con ello, la condición errática del hombre queda reducida a la forma de una existencia inauténtica y convertida en una dimensión *carencial*. Heidegger se equivoca en este punto. Vincula con excesiva precipitación la realidad humana a su centricidad, comprendiendo la excentricidad como una expresión derivada respecto a aquélla, como su modulación en superficie, una modulación a la que concede sólo dos alternativas: o tomar por medida de su movimiento la demanda céntrica que surge de la facticidad, o degenerar en la impropiedad. Al ser errático no se le reconoce, así, un poder propio, una existencia *de suyo*. Su fuerza excéntrica es rebajada a la condición de una *ex*udación. Al hacerlo, el filósofo alemán dejó sin resolver un problema de gran alcance. No supo desplegar de forma adecuada la íntima conexión entre la *pertenencia* a una *comprensión del mundo* y la *expulsión* en la que el hombre se encuentra respecto a cualquier forma concreta de mundo, entre *apropiación* y *expropiación*. Hizo depender los segundos elementos de estas disyunciones de los primeros. Cualquier forma de *ex*posición fue pensada como la cara externa de la posición humana en el seno de su hábitat fáctico, como una *ex*hibición desde lo oculto de su facticidad. No llegó a pensar la condición errática del hombre como la de un ser *expósito*, es decir, abandonado al nacer y expuesto sin hogar en el mundo.

Es cierto que no sabemos cuándo hemos empezado a querer, que siempre hemos sido iniciados en lo que queremos o nos proponemos. Pero también que, en términos de Arendt, podemos iniciar y estamos destinados a ello. Heidegger propende a disipar el sentido del extravío humano en la niebla de lo disparatado, lo absurdo, lo advenedizo o lo sin rumbo, no llegando a tocar esa otra cara noble del *extravío* que es el estar desencajado de cualquier *vía* en particular. Si no se piensa esta otra faz de la existencia, la comprensión de lo humano corre el riesgo de exacerbar el vínculo con la tierra, con el suelo sobre el que camina, hasta convertirlo en un enemigo de lo extraordinario. La cuestión no parece baladí. Augura consecuencias de mucho alcance. La fuerza de la condición errática es la que urge, por ejemplo, a experimentar la pertenencia a un terruño trascendiendo la reverencia entusiasta, es decir, con la humildad del que se sabe fuera de todo lugar y no concede a su origen y a su idiosincrasia más importancia de la que merece; impele a reconocer la pertenencia a una tierra cualquiera también como un accidente o un azar y nunca como un nexo por el cual hay que dar la vida, la propia y la ajena; impulsa a rebajar el cuidado del propio lugar en beneficio del extraño; a ver en el amigo al extranjero que es; a situarse en una institución como un mero lugar de paso, que hay que habitar pero no venerar; a sentirse partícipe de un tiempo y de una generación pero no a protegerla a costa de las futuras; a vivir, en el fervor merecido de una tradición, también la extradición que empuja a ponerle freno; a aprehender la resolución por un hacerse determinado como si tuviese el ímpetu de un destino, pero, al mismo tiempo, a saber reírse irónicamente de ella para no hacer profesión de fe; a hacer filosofía reconociendo su nexo con el pasado y, al mismo tiempo, su inherente voluntad de hundirse en él hasta abrir una brecha; y, por terminar aquí, a sacrificar la propia tarea si el rostro del otro lo hiciese necesario.

Podría pensarse que todo ello está garantizado ya por la convicción heideggeriana de que el *Dasein* es un proyecto hacia el futuro y que en él se autotrasciende. Pero se verá que no es así, que una genuina autotrascendencia presupone la actividad silenciosa de un *testigo* distanciado en el mismo acontecimiento de incardinación en el mundo, un problema medular que, por su complejidad, deberá esperar el momento oportuno, después de que se haya explorado con mayor rigor este primer envite, todavía superficial. Pues Heidegger no es un pensador que se deje intimidar por meras sugerencias. Es obligado tener paciencia, entrar en su lenguaje y convulsionarlo progresivamente *desde dentro*.

NOTAS

1. La expresión es de Heráclito: Diels-Kranz (*Die Fragmente der Vorsokratiker*), 22 B 64.
2. H.-G. Gadamer, «Heidegger y el final de la filosofía» [1984], en *Acotaciones hermenéuticas* [2000], Trotta, Madrid, 2002, p. 254; cf. pp. 252-255. Sobre esta problemática, L. Sáez Rueda, «La palabra naciente. La comprensión gadameriana del lenguaje en diálogo con la filosofía analítica»: *Éndoxa* 20 (2005), pp. 221-243.
3. M. Scheler, *El puesto del hombre en el cosmos* [1928], Buenos Aires, Losada, 1938, p. 54; cf. pp. 54 ss.
4. M. Heidegger, *El ser y el tiempo* [1927], México, FCE, 1982, § 4.
5. *Ibid.*, § 9, p. 54.
6. *Ibid.*, § 29, p. 152.
7. *Ibid.*, § 41.
8. *Ibid.*, § 38.
9. *Ibid.*, § 35.
10. M. Merleau-Ponty, *Fenomenología de la percepción* [1945], Barcelona, Península, 1975, primera parte, cap. VI.
11. M. Heidegger, *El ser y el tiempo*, cit., § 36.
12. *Ibid.*, § 37.
13. Esto pertenece al sesgo que adopta la configuración de los estudios universitarios en el actual marco de integración en el Espacio Europeo de Educación Superior. No sólo se reduce la duración de las licenciaturas, sino que, además, se las obliga a comenzar, desde abajo, por una indefinida mixtura de saberes (lo cual no debe confundirse con los genuinos objetivos de la interdisciplinariedad, sólo posible desde la fortaleza de lo que se vincula). Llueve sobre mojado. Desde hace tiempo, al investigador que persevera en un problema durante un periodo muy prolongado se lo mira de reojo. Es mejor que *se actualice*, que no se detenga en esto o aquello, sino que invierta su tiempo en cambiar, tanto de problemática como de estilo. No se distingue entonces entre el que está como esculpido en el frontispicio de una escuela y el que revisa una y otra vez, obsesivamente, sus papeles porque vislumbra la pobreza de lo logrado y se dispone a avanzar en intensidad. El que forma parte hoy de la vida universitaria lo sabe: no debe pararse, se lo acosa con la necesidad de extender su *currículo*, con el imperativo de entablar continuamente nuevas relaciones con proyectos y grupos. Y no es que ampliar el acervo productivo y la riqueza de los vínculos sean destructivos por sí mismos. Al contrario, poseen un valor en sí incontestable. Pero cuando la extensión está al servicio de la profundidad intensiva y cuando la relación viene requerida por la cosa misma. Y en la actualidad parece estar de crecida el proceso inverso: es el mantenerse *en curso de*, en el *medio de* la productividad y de la relación, lo que dicta a los problemas su pertinencia.

4

ELOGIO DE LA CONDICIÓN ERRÁTICA,
EN DISCUSIÓN CON HEIDEGGER

1. El nihilismo y la experiencia «técnica» del mundo. 2. Tesis heideggeriana: errancia, figura del «máximo peligro»; respuesta «quijotesca», preámbulo a la discusión con el autor: el errar productivo; colapso del tiempo en la sociedad estacionaria y resistencia pensada a la quijana. 3. Discusión con Heidegger. 3a: La experiencia del extrañamiento pertenece a la existencia «en su propiedad». 3b: El nuevo dios heideggeriano: «lo propio en su clausura». 3c: Clausura de lo propio como «eterno retorno de la apelación»: objeciones a Gadamer. 3d: La condición errática, reverso subrepresentativo del ser-en-el-mundo.

La comprensión deficitaria, negativa, que posee Heidegger de la condición errática arraiga en su concepción más nuclear. La errancia constituye para él la consecuencia directa del *olvido del ser*. Para alcanzar este momento álgido se hace necesario un rodeo a través de la filosofía del autor.

1

La preocupación fundamental de Heidegger es la que atañe al ser, término que espanta como si hiciese retraer nuestro admirado progreso a la edad de la caverna. Pero lo cierto para el filósofo alemán es lo inverso. Nuestro aparente progreso no es más que decadencia, precisamente porque ha olvidado el ser. El ser es el acontecimiento que anida en todo acontecer, el acontecimiento de y en los acontecimientos. Allí donde tiene lugar la inmersión en un mundo y el habitar en él se mora en una *apertura de sentido*. La apertura no es meramente la residencia en la que se está; es la fundación de la residencia, de la misma manera que no se vive tan sólo en la casa de campo, sino, más profundamente, en la experiencia que permitió su llegada a nuestra vida. Semejante experiencia es nuestra sólo porque ella nos posee. A la apertura de sentido *pertenecemos*. Lo que se acaba de decir reclama una comprensión desde sí, pero el escéptico puede de llegar al umbral de esa comprensión por reducción *ad absurdum*:

si no fuese así, habríamos tenido que construir no sólo la casa, sino el deseo de construirla, el deseo de ese deseo y así sucesivamente, lo cual resulta, además de arrogante, imposible. La apertura del mundo en el que se habita no está a disposición del sujeto. Es indisponible. Llegamos a percatarnos de ello demasiado tarde, una vez que ha ocurrido. El abrir un mundo es un acontecimiento al que *ya* nos hemos entregado. En él estamos *arrojados*.

Si la apertura de un mundo de sentido es indisponible, ¿qué resorte *abre*? La pregunta conduce a un sinsentido. Si es un «que», un fundamento, no puede fundar una experiencia del mundo, lo cual se desprende de todas las consideraciones anteriores. En efecto, para que constituya el suelo de la experiencia del mundo en la que se está inserto ha tenido ya que conformar el *modo de ser* de dicha experiencia, su forma de comprender. Un «que» sólo funda otro «que», transfiriendo su sólida estructura a manifestaciones externas. Así, por ejemplo, *que* poseamos una determinada organización genética podrá fundar *que* dispongamos de ciertas capacidades, pero nunca *cómo* se ejercen en cada caso. Se podría replicar que este *ejercicio* está condicionado por costumbres, hábitos adquiridos o tal vez por luchas intestinas del inconsciente. Y es obvio que sucede así. Ahora bien, tales condiciones, consideradas en cuanto mero *dato*, puro contenido (es decir, como un «que») no son causas suficientes o fundamento del modo *como* nos *conducimos* en medio de ellas. De otro modo: no hay regla que prescriba su propio uso. ¿Qué regla podría prescribir, en último término, el modo como experimentamos que «estamos a la altura de nosotros mismos» en una circunstancia concreta? La interpretación de las cosas, el habitar de un determinado modo la circunstancia, reviste un *como* en virtud del cual estamos abiertos al mundo y a nosotros mismos.

— *Aun así tendríamos que distinguir entre lo que es el mundo, «objetivamente», y cómo se lo experimenta. La «apertura de sentido» de la que habla forma parte de la perspectiva humana sobre una realidad que es independiente de la interpretación.*
— Volvemos de otra forma a un problema ya debatido. Pero no se preocupe, se hablará sobre ello mientras haga falta. *¿De dónde extrae la distinción entre lo «objetivo» y lo «subjetivo»?*
— *Es una distinción de Perogrullo, entre lo que es y cómo lo vemos.*
— *La filosofía conmueve a menudo las verdades más sólidamente asentadas en el sentido común.* Carece de sentido hablar de un «mundo en sí» independiente de nuestra perspectiva. Siempre que decimos

«realidad» estamos refiriéndonos a la realidad que el hombre capta y comprende y no a la que se podría acceder fuera de la existencia humana, desde la perspectiva que viene llamándose «del ojo divino». Se coloca usted en una situación premoderna, creyéndose sin embargo en la cúspide de la historia. Es incluso, y perdone, teológica.

— Luego todo es subjetivo. Entonces todo da igual. No hay criterio.

— El mito de lo subjetivo depende, precisamente, de la perspectiva metafísico-teológica a la que me acabo de referir. Si se afirma que lo real pertenece a Dios, se concede que el hombre vive en la quimera. Entre «juicio» y «mundo» siempre podemos establecer una correspondencia a partir de las confirmaciones de la experiencia. El mundo afirma o niega una proposición realizada sobre él. No es subjetiva nuestra interpretación. Ahora bien, la validez de la correspondencia entre sujeto y objeto, afirmación humana y estructura de la realidad, depende de un «criterio de correspondencia». Ese criterio, la norma que establece cómo y en qué medida la correspondencia es justa, ¿de dónde viene, del mundo o del hombre?

— Obviamente, el criterio de correspondencia viene del mundo. Si dijese que lo establece el hombre estaría sucumbiendo al subjetivismo.

— ¿De qué mundo, del mundo en sí accesible al ojo de Dios? Me está usted volviendo de nuevo a la teología y yo lo tenía ahora por naturalista.

— No lo podemos conocer, pero «informa», como usted ha admitido, y «refuta».

— «Informa» y «refuta». No le niego que lo haga, pero le repito que lo hace de acuerdo con el criterio de correspondencia del que partimos. Si no, ¿cómo identificaríamos una aprobación o una refutación por parte del mundo? El criterio de correspondencia entre lo que pensamos y aquello «objetivo» a lo que el pensamiento remite está ya dado. No depende ni del mundo «objetivo» ni de la «subjetividad». Está dado por una comprensión del ser de lo real en la que ya nos encontramos previamente, una comprensión que ha sido abierta en la historia de nuestras comprensiones del ser.

— Me confunde y se confunde, pues si está dado por precomprensiones, entonces es subjetivo.

— No. Las comprensiones del mundo se forjan en el trato con las cosas, no desde el arbitrio subjetivo. En esa medida, portan «objetividad» y no son sólo ficciones al servicio de la pura invención o fantasía. Ahora bien, en ese trato con las cosas el hombre no «ve» la «realidad», sino que la experimenta de un modo o de otro. No hay, *propiamente, «sujeto que contempla» y «realidad contemplada». Hay, en el seno del trato, «hombre que es interpelado» y «mundo que interpela». En este caso no hablamos de «correspondencia» entre «juicio» y «hechos objetivos», sino de una «correlación», más allá del objetivismo y del subjetivismo, entre «aprehensión de sentido (modo de ser del mundo)» y «comparecencia del mundo en cuanto sentido (cosa misma)». A esto le ha llamado la fenomenología desde principios de siglo «apriori de correlación». Situándonos en la reflexión heideggeriana que perseguimos, hay que insistir en que semejante «acuerdo» se forja en una experiencia hermenéutica, es decir, comprensiva. Se forja: emana en el trato con las cosas y desde él; no la forjamos a voluntad. Por eso, la apertura de sentido nos precede siempre y no remite a una «realidad» absoluta objetiva.*

De lo abierto no es responsable más que el abrir mismo. Pues bien, el ser es el acontecimiento del abrir y no una voluntad incógnita, un dios arquitecto o un principio cualquiera con contenido. Todo contenido es *ahí* porque ha llegado a presentarse. Así que el abrir, el ser, es el *venir a presencia* algo: un *acontecer* que acompaña a todo lo que está presente y permite comprenderlo como *acontecido*. Si este intento de aclaración ha tenido éxito, se ha captado el corazón del pensamiento heideggeriano: la *diferencia óntico-ontológica*, es decir, la simultaneidad de dos ingredientes heterogéneos en un mismo proceso, el abrir y lo abierto, el acontecer y lo acontecido, el venir a presencia y lo presente. El ente está a la vista, reviste una presentación. Pero posee en cualquier caso un *modo de ser*, éste o aquél. El ser es siempre el ser de un ente, su modo de ser. Pero no es el ente. Es el acontecer en virtud del cual el ente se presenta de este modo y no de otro.

¿Por qué decíamos que nuestro progreso es declive por el *olvido del ser*? Porque el hombre no repara hoy en que el ente es un *modo de ser*. Es, para él, sólo lo presente, lo que está ahí como si reposase desde siempre en el lugar que ocupa y conservase desde tiempos ancestrales el aspecto que tiene. Olvida, así, que ha llegado a *ser* de ese modo, se instala en el presente junto a lo presente y pierde la mirada de su condición histórica. Con un *modo de ser* entramos en relación, pero lo meramente presente es mudo y se hace susceptible de apropiación, se convierte en *nuestro* ente. Sea, por ejemplo, la naturaleza. Ella no está ahí como una cosa útil o un objeto. Le concierne siempre un modo de ser y de relación determinados. El de aquello que nos da cobijo, el de lo que nos inquieta por su carácter impredecible, el de lo más conocido y lo más misterioso, el lugar que da cuerpo y vida a los rituales orgiásticos del culto a Dioniso, el que garantiza el carácter terrenal de los sacrificios a los dioses, el que ofrece intimidad y recogimiento al eremita, el que pone el escenario para los cuentos de *meigas*, el que espera en la trastienda de nuestra dolida conciencia urbana y permite soportarla... Pero para el hombre contemporáneo, la naturaleza está dejando de poseer toda esa prolífica variedad de rostros. Adquiere, cada vez con mayor ímpetu, la forma de ser de los objetos. Un mero objeto es lo *representado* por el sujeto; es un ente sin ser propio, un ente *para-el-sujeto*. Tomada como objeto, ya no pertenecemos a la naturaleza; más bien, ella nos pertenece. De ahí a expoliar la selva del Amazonas sólo hay un paso, una simple derivación. Y no ocurre tan sólo con este espacio abierto. A la política no pertenecemos, en su modo de ser no entramos. Es una herramienta. Al saber no le dejamos *ser*, sino que anhelamos poseerlo y transportarlo, como si fuese un rico bocado oculto en la mochila. Por este camino nos hemos instalado en la *era de la técnica*, cuya esencia no es técnica. Esto quiere decir que no debe confundirse con el uso de instrumentos. El pensar esencial, que ha de minar la Metafísica nihilista de la Técnica desde su interior y promover un nuevo comienzo, no puede ser entendido como reivindicación de un mundo sin instrumentos sino como descripción de un modo de posicionarse el hombre ante las cosas. Hay que tener en cuenta que la concepción heideggeriana de la técnica no es «antropológica», no se dirige al *hecho* de fabricar instrumentos y usarlos[1]. Es el *modo de ser* de nuestra época, en virtud del cual nos vemos impelidos compulsivamente, como ya se ha dicho de pasada, a convertir todo *lo existente* en *existencias*, en recurso acumulable y disponible. La técnica es la *usura* de todo lo existente y el oscuro motor de la guerra que el hombre entabla contra el mundo y contra sí mismo:

> El consumo del ente, como tal y en su decurso, está determinado por el equipamiento en el sentido metafísico, algo por medio de lo cual el hombre se hace «señor» de lo «elemental». El consumo incluye el uso reglado del ente, que se convierte en oportunidad y materia prima para realizaciones y para la intensificación de éstas. Este uso se utiliza en beneficio del equipamiento. Pero en la medida en que éste va a parar a la incondicionalidad de la intensificación y del aseguramiento de sí y tiene realmente como meta la ausencia de metas, este uso es usura. Las «guerras mundiales» y su «totalidad» son ya consecuencia del estado de abandono del Ser. Se abren paso para poner a seguro, como existencias, una forma permanente de usura. En este proceso está implicado el hombre, que no oculta por más tiempo su carácter de ser la materia prima más importante. [...] La uniformidad no es la

consecuencia sino el fundamento de la confrontación bélica de cada
una de las expectativas de una dirección decisiva en el interior de la
usura del ente encaminada al aseguramiento del orden, [...] seguridad
calculable del ordenamiento del ente, un ordenamiento que somete
al ente a la voluntad de voluntad. [...] Como la realidad consiste en
la uniformidad de la cuenta planificable, también el hombre, para
estar a la altura de lo real, tiene que entrar en esta uniformidad. Hoy
en día, un hombre sin uni-forme da ya la impresión de irrealidad, de
cuerpo extraño[2].

— *Pero parece que el mismo Heidegger no puso muchos reparos a
la segunda Gran Guerra. Algún noviazgo mantuvo con el nazismo.*
— *No se habla aquí del señor Heidegger, sino de la obra heideggeriana. Si las obras en las que los hombres se expresan no contuviesen
expectativas más grandes de lo que éstos, de hecho, hacen, no habría
porvenir. Los que no reparan en esto, andan sin paradero en la filosofía, no ven la cosa misma, porque han sido capturados por el afán de
novedades, de la noticia, de lo que puede resultar espectacular y de lo
que pueden, además, sacar pingües rentas. Otra forma de usura con
máscara de gallardía.*

El *olvido del ser* es, pues, la obcecación en lo puramente presente,
como si estuviese desnudo de ser, una cosa inane y apropiable. Ahora
bien, el ser es lo inapropiable, lo indisponible. Pues *en su acontecer
se oculta*. No como si procediendo de un lugar volviese a él después
de haber logrado su obra. Pues no hay un lugar iniciático, un origen
desde y *hacia el cual* se dirija. Si lo pensamos así lo hacemos desde
la misma perspectiva que empleamos al contemplar el movimiento
físico de una cosa material. De modo análogo a como un acto toma
forma en lo efectuado al mismo tiempo que se *retira* en él, como si
hubiese desaparecido, o como la fuerza que mueve a la ola se ha ma-
terializado en el movimiento de ésta haciéndose imperceptible desde
ella, el acontecimiento en que consiste el ser se oculta en el aparecer
mismo del ente en un *modo de ser*, se retira *en* lo presente, lo óntico,
ya que es cualitativamente heterogéneo respecto a éste. Siendo la
condición de lo presente, no puede ser presentado. El venir a presencia se oculta en la presencia de lo acontecido, el *presentarse como*
se hurta en el *como* de lo presente, el *abrir* por el que algo queda
expuesto a la mirada *rehúsa* la exposición *ocular* en lo abierto. No se
trata, pues, de algo parecido al oscurecimiento del *resto* del mundo
cuando se ilumina una *parte*, ni de la supuesta negación de un número contable de posibilidades al *actualizarse* una en particular. El ser
no es la *totalidad* de lo que está presente ni un misterioso submundo

que yace en potencia y luego pasa a la actualización en el mundo humano. Es la médula del mundo humano mismo, en la medida en que todo lo que ocurre en él no es una asignificante adición de meros hechos, sino acontecimientos con sentido.

Asimismo, el ser es el fenómeno de descubrimiento del mundo. Ello no significa que el mundo espere, agazapado en alguna parte, a que se le arrebate el velo. Es de ese modo como lo comprende la ciencia, que busca, bajo la apariencia sensible, lo auténticamente *real*. Lo que queremos decir es menos extraño y menos *metafísico*, en el sentido peyorativo en que el cientificista emplea este término. Dado que vivimos siempre en un horizonte de sentido concreto, el mundo es para nosotros en cada caso el *ser así*, de un modo o de otro. Pero, en virtud de ello, el *venir a presencia*, el acontecer del *ser como* en cuanto tal, permanece oculto. Lanzarse a una nueva comprensión de las cosas significa dejar que lo que acontece se muestre a una nueva luz, es decir, que el ser de las cosas quede *al descubierto* de otro modo. Ahora bien, en semejante estado de descubierto, una presencia del mundo ha tomado ya forma, de tal modo que el fenómeno vertical del des-cubrimiento se oculta. El ser es ese simultáneo acontecimiento de desocultamiento y de encubrimiento.

— ¿Y esto le resulta más simple y menos «metafísico» que lo que ocurre en la investigación científica?

— *Sí. Como se ha sugerido antes, la ciencia, si se toma como paradigma de la verdad, comienza a cabalgar a lomos de una metafísica muy rudimentaria. Su fe metafísica reza: «el ser de lo que acontece es sólo 'de un modo': articulación legaliforme». Ya se va dando cuenta de que ese «modo» ha cambiado muchas veces desde la revolución científica: modo galileano, modo newtoniano, modo einsteiniano...*

— *Pero en ello hay un progreso hacia la verdad. No son modos que se suceden arbitrariamente.*

— *No está claro que el progreso científico tenga lugar por acumulación. Tal vez ocurre por «revolución». Pero, dejando a un lado la sospecha de Kuhn (expuesta en su* Estructura de las revoluciones científicas), *hay que decir que los modos de comprender, es decir, de acontecimiento del ser, no son arbitrarios. No se interpreta lo real de diferente forma de un día para otro y por efecto de una voluntad indeterminada. De un modo semejante a lo que le ocurre al individuo, que no cambia su visión básica acerca de algo hasta que no desciende a la profundidad de la misma y la hace girar, una época se transforma cuando ha consumado la posibilidad en la que se mueve su experiencia y se ve arrastrada a operar un giro y ser trascendida.*

— *Pero por lo menos, en la ciencia no es necesario recurrir a entidades tan místicas como la del descubrimiento-encubrimiento de la que habla.*

— *Si lo «místico» no es lo esotérico, sino, hablando con el Wittgenstein del Tractatus, «lo que se muestra», le acepto el término. Pero, por el mismo motivo, se podría decir entonces que en la ciencia lo místico se da en abundancia y tiene un gran porvenir. Desde el siglo XVII, al menos, viene diciendo, por ejemplo, que lo que aparece, lo que está presente, está configurado en su interior por «fuerzas». ¿Ha tocado u olido usted alguna vez una fuerza? Hasta se le podría responder, si no tuviese uno la precaución de no caer en un «filosofismo» tan vanidoso como el «cientificismo», que la ciencia dice: «el acontecimiento de la fuerza hace presente un hecho y se oculta en él». Haga también la prueba respecto a, por poner otro caso, la teoría de cuerdas. No podría reprimir la risa si me dice que ha visto alguna.*

La comprensión técnica del mundo es la consumación del *nihilismo*, de la conversión del ser en un espejismo, en una pura y vacía *nada*. Ahora bien, ese modo de habitar el mundo constituye el *máximo peligro* para el hombre. En la era de la técnica el hombre mismo es sojuzgado como un objeto más y como materia prima. Pero esto es sólo una manifestación de algo más sustancial: en ella se siente *complacido*. No sólo ha olvidado el ser, sino que existe como si no lo necesitase en absoluto. Esto es lo que significa, en términos heideggerianos, el *abandono del ser* (*Seinverlassenheit*). En su autosuficiencia, pavoneándose como el señor de lo real, el hombre no experimenta su penuria[3]. Imaginemos, para aclarar este sutil problema, que estamos en conversación. Si no nos dejamos seducir y conducir por la *cosa misma* que en ella acontece y que se ramifica como una red en su devenir inmanente, cualquier cosa que digamos, por muy verdadera y fundada que parezca, permanecerá fuera como *nuestra verdad*. A la conversación no le afectará más que como algo inoportuno y hasta coactivo, porque oscurece su trama. Utilicemos las expresiones «dejarse interpelar» o «responder a la demanda (o apelación)» de esa situación dialogante para expresar que no nos hemos quedado fuera, sino que nos hemos dejado afectar desde el interior. Pues bien, la técnica es el máximo peligro porque amenaza con negarle al hombre la posibilidad misma de experimentarse alguna vez como interpelado por el ser, lo que constituiría una completa narcosis, un *olvido del olvido* mismo. Pedro Cerezo aclara de una guisa difícilmente superable el sentido de este *abandono del ser* en cuanto *penuria*. La penuria indica tanto la necesidad que el *Dasein* tiene del ser en cuanto ek-sistencia o apertura a su verdad, como la que el ser mismo tiene del *Dasein* como su medio de revelación. La penuria es, pues, la experiencia de «lo que hace falta» y lo que se echa en falta, del mutuo necesitar (*brauchen*) de la apropiación (*Er-eignis*) [...] Su penuria (*Not*) [la del hombre en la técnica] es precisamente su «ausencia de penuria» (*Not-losigkeit*), el encubrimiento de su propio vacío-de-ser en la exuberancia de lo disponible y lo ya dispuesto, y la invasión de lo nuevo y lo por llegar. No se advierte entonces «lo que hace falta» (*Brauch*), a saber, el reconocimiento del hombre como medio indispensable en el destino (*Ge-schick*) de la des-ocultación (*Un-verborgenheit*)[4].

La técnica es, finalmente, el *máximo peligro* porque el abandono del ser que opera en su decurso coloca al hombre frente a su esencia y en liza con ella. El espíritu técnico, al querer hacer disponible todo lo existente, lo fuerza a presentarse como aquello que está siempre *presente, desocultado*. Prescindir del ser en cuanto ocultamiento va *contra* la esencia misma del ser. Pero esto es querer lo imposible:

> El abedul no va nunca más allá de aquello que para él es posible. El pueblo de las abejas habita en lo que le es posible. Sólo la voluntad, que por todos lados se instala en la técnica, zamarrea a la tierra, estragándola, usándola abusivamente y cambiándola en lo artificial. Obliga a la tierra a ir más allá del círculo de lo posible, tal y como ha crecido en torno a ella, la obliga a aquello que ya no es lo posible y por tanto es lo imposible[5].

2

Si hemos seguido este tortuoso camino no es sólo para intentar esclarecer la elevación del pensar heideggeriano, sino también para poder otear, desde esta altura, la radicalidad con que condena la condición errática del hombre, una condición que Heidegger sólo pudo ver en su figura contrahecha. Aunque no se puede negar que la descripción que hace de esta faz de la errancia, de su faz negativa y perversa, es completamente correcta; tan acertada que es aconsejable oírla una y otra vez para que nos alcance su profundo sentido. Para Heidegger, esta errancia es la expresión misma del olvido del ser, de la penuria a la que en la era de la técnica sucumbe el hombre. Desarraigado, sin mundo, obsesionado en sí mismo, navega en esta época a la deriva, trazando círculos en torno al mismo eje, organizando y administrando laboriosamente su carencia, para distraer su vacío. Sin meta, anda errante y, al mismo tiempo, somete el mundo a ese vagabundeo, haciéndolo girar sempiternamente en torno a él y su voluntad de dominio, nivelando todas las diferencias, amalgamando todas las cosas en el único molde de lo calculable, administrable, disponible. Sólo un ser que ya no se siente *en* el mundo, sino frente, sobre y contra él, podría adoptar esta esperpéntica perspectiva. Pero si no se siente en el mundo resulta que ni llega a ser lo que puede ser, ni deja al mundo ser en su posibilidad abierta. El errante *sin mundo* hace del mundo lo *in-mundo*:

> Más allá de la guerra y de la paz está la mera errancia de la usura del ente en el autoaseguramiento del ordenar desde este vacío del estado de abandono del ser [...]; errancia, en la que se expande el vacío que exige un único ordenamiento y un único aseguramiento del ente. Allí está exigida la necesidad del «dirigismo», es decir, del cálculo planificador del aseguramiento de la totalidad del ente. Para ello hay que instalar y equipar este tipo de hombres que sirven al dirigismo [...] y de este modo dominan la errancia en su calculabilidad. El modo de abarcar con la vista todo este círculo es la capacidad de prever por medio del cálculo, una capacidad que de antemano se ha desatado librándose a las exigencias que plantea la necesidad de estar asegurándose constantemente, y de un modo creciente, los ordenamientos que están al servicio de las siguientes posibilidades del ordenar. [...] El ente, al que sólo se le admite en la voluntad de voluntad, se expande en una indiferencia que sólo es dominada por un proceder y un organizar que está bajo el «principio del rendimiento». [...] Esta in-diferencia da testimonio de las existencias ya aseguradas del in-mundo de la errancia. La tierra aparece como el in-mundo de la errancia. Desde el punto de vista de la historia del ser es la estrella de la errancia[6].

El desafío de Heidegger a la era moderna pone de manifiesto que en la sociedad que hemos llamado «estacionaria» el sentido de la actividad humana se ha estabilizado, al anclarse en un único y omnipresente modo de comportamiento, ése que está dinamizado por el cálculo anticipado y la administración de todo lo que toca y que tiene por horizonte último la construcción de una realidad siempre susceptible de ser puesta al servicio de la estrategia, del uso, del dominio. En tal situación se produce la *apariencia* de que el hombre está hoy en movimiento, haciendo historia, ampliando el curso del tiempo, creando sin cese algo nuevo. En realidad sucede, como se sugirió desde un principio, que da vueltas ajetreadamente en torno a un lugar que se mantiene inmóvil. Si hay novedad sólo es desde el punto de vista empírico, pues cualitativamente nada nuevo acontece. La historia, en definitiva, se ha detenido. Acertó Fukuyama, pero sólo en la luminosa denominación del fenómeno —«fin de la historia»[7]—, no en el diagnóstico de ese final. Pues en modo alguno se trata de un remate completo en el curso positivo del progreso, como si hubiésemos alcanzado, mediante el maridaje entre democracia liberal y capitalismo, la conquista definitiva de la libertad y ya no quedase más que expandir en variedad y perfección ese territorio por fin adquirido tras infinidad de luchas. La sociedad administrada por la lógica instrumental, por la *dýnamis* técnico-nihilista y toda la cohorte de fenómenos que se vienen diagnosticando y que se irán sumando en el curso de estas páginas, funda su realidad en una detención de la historia humana.

Dejamos a un lado aquí la cuestión de si el *fin de la historia* a la que asistimos puede entenderse en un lenguaje procesual acerca del decurso histórico, como quiere el autor de *El final de la filosofía y la tarea del pensar*[8]. Ahora bien, es insostenible ese procesualismo tenaz y de clausura que vitaliza Heidegger al comprender el devenir occidental como una consumación en intensidad de la decadencia occidental en cuanto historia del nihilismo. Pues hay razones para poner en tela de juicio esa propensión heideggeriana a insertar todas las épocas en un proceso temporal unidimensional, como si cada una, en su declive, llevase a cumplimiento el de la anterior y preparase otro más grande en la siguiente[9]. Es necesario corregir este hegelianismo invertido[10] de Heidegger. No se puede reducir la historia a un *continuum* —ni siquiera cualitativo— más que construyendo la lógica de éste de antemano, lo cual no encaja en la propia concepción heideggeriana. No está claro que las fases de la metafísica sean reductibles a la ceñida interpretación que de ellas ofrece el autor[11]. Pero, además, cabe objetar que un pensamiento cualquiera posee contradicciones internas, rostros incomposibles y posibilidades no desplegadas aún, muchas veces incluso *contra* el *corpus* explícito que las genera, posibilidades que permanecen ocultas, a menudo como un enemigo en su propio seno. Si es cierto, como ha mostrado su discípulo Gadamer, que la transmisión de sentido acontece inevitablemente por medio de un *círculo hermenéutico* en el que la *fusión de horizontes* entre lo aprehendido y la aprehensión interpretativa producen, en su encuentro, un horizonte nuevo, no cabe comprender el dinamismo histórico sin admitirle la disrupción interna y la fragilidad lógica de los nexos. Incluso, la sociedad estacionaria, como se ha sugerido, no puede entenderse sin esa incursión de la resistencia en su propio territorio que actúa como ensenada o reflujo erosivo y hasta corrosivo.

Lo característico de nuestra época, por otro lado, no reside en que ella haya llegado a través de un despliegue lineal en el tiempo y exprese la cerrada consumación de éste. Es más adecuado reparar en que se trata, ante todo, de un *colapso del tiempo histórico* en su sentido *esencial*. Si la temporalidad de la existencia humana pone en marcha un presente dinámico, arraigado en el pasado y creador de porvenir, puede decirse que en la sociedad estacionaria esta temporalidad ha sido arrancada de sus goznes y canjeada por un presente cuyo movimiento tiene el signo de una repetición de sí, de un tránsito ficticio en el seno de lo *idéntico a sí mismo* y que, por ello, bloquea la memoria y se cierra a la llamada del futuro. En el *tiempo* monótono del *colapso del tiempo* todas las épocas pasadas se reducen a una y todo advenir posible se sumerge en la iteración de una única posibilidad. Por eso, el hombre occidental contemporáneo experimenta cada vez con mayor intensidad la paradoja de que *siempre* —y al *mismo tiempo*— *le falta tiempo* y *pierde el tiempo*. Frente a esta propensión esencial, y en cada nudo de la red por la que se propaga, crece también la resistencia. Los movimientos de protesta de los últimos años —como los de carácter anti-globalización, los que se rebelan contra el imperialismo belicista o contra el neoliberalismo omnímodo— son manifestación de un malestar de la cultura[12] que arrecia y cuyas pústulas se dejan cada vez menos cauterizar con el linimento de la mera reforma de lo existente. En la época del *colapso del tiempo*, el tiempo en cuanto tal se resiste a ser embutido y *hace su trabajo*. En la sociedad estacionaria la insatisfacción crece a la par que la satisfacción, y ello indica que tiende a hacerse ingobernable e insobornable. En su indefinición, en su negatividad, en su falta de contenido determinable, el deseo de lo genuinamente nuevo patentiza que no pide un tiempo concreto, sino la reanudación del tiempo mismo.

Si Heidegger se equivoca en su comprensión de la historia y si el colapso del tiempo en la sociedad estacionaria no puede entenderse en el sentido de un encapsulamiento holista e indiferenciado internamente, es porque la condición errática del hombre es inerradicable. Como factor de dispersión, impide que el devenir histórico adopte la forma de un compendio. Como resistencia excéntrica, inyecta en cada época concreta la contradicción y la guerra intestina. Esto será objeto en breve de una justificación más rigurosa. Antes de ello, es conveniente señalar, como preámbulo necesario, que la reducción heideggeriana de la errancia al estatuto de un acontecimiento deforme, impropio, extraviado, es monocular. Siendo plausible el diagnóstico de sus síntomas negativos, no alcanza a ver la otra cara: su productividad. Heidegger se hace merecedor de las mismas palabras que dirigió en cierta ocasión don Quijote a Sancho Panza, cuando este último, invadido por la desesperación, olvidó el goce de esa aventura errática que ambos emprendieron y exacerbó obsesivamente la falta de conquistas concretas: «¿Que es posible —le dice el de la Triste

Figura— que en cuanto ha que andas conmigo no has echado de ver que todas las cosas de los caballeros andantes parecen quimeras, necedades y desatinos, y que son todas hechas al revés?» (Primera parte, cap. XXV). El caballero de la Mancha, que tiene en su haber más desastres y vapuleos que aciertos y que es consciente de ello, echa en falta en la recriminación de su escudero la visión iluminadora capaz de captar el *ser-andante* mismo como valor sin condiciones. Hay una lúgubre locura en la errancia que comprende Heidegger. Pero hay errancia clarividente en la lúcida locura del hidalgo manchego. Su *errar* no es un *error*; es el *acierto*; su destino en la inhospitalidad es la hospitalidad del azar y del estar en ninguna parte.

En el *ser-en-el-mundo* que anhela Heidegger emerge la responsabilidad de responder a una íntima llamada inmanente, a lo que solicita el arraigo desde sí. Ésa es la condición primera de todo avance, según el espíritu heideggeriano. Para el genio manchego, todo comienza con el desarraigo. Un desarraigo muy productivo pues encuentra su propia responsabilidad. En la condición errática de don Quijote, este hombre *sin-mundo*, aflora la llamada del otro sea cual sea su mundo, como cuando responde a los reproches que se le hacen por haber liberado a los encadenados galeotes con estas palabras:

> Majadero, a los caballeros andantes no les toca ni atañe averiguar si los afligidos, encadenados y opresos que encuentran por los caminos van de aquella manera o están en aquella angustia, por sus culpas o por sus desgracias; sólo le toca ayudarles como a menesterosos, poniendo los ojos en sus penas, y no en sus bellaquerías (Parte primera, cap. XXX).

No es casual que tales pensamientos caractericen al de la Triste Figura, pues su *mundo errático* es aquel que, por no tener *paradero*, se convierte en el intersticio entre todos los mundos. *Falta de paradero*, pues, que en la *disipación* de toda forma concreta de pertenencia no conduce ni al huero *estar sobre el rastro*, ni a un *flotar en el aire* despegado de los asuntos humanos. El viaje de don Quijote se sostiene sobre sí mismo, no porque haya rehusado el mundo, sino porque su mundanidad consiste precisamente en la *excentricidad* respecto a cualquier forma particular de mundo, motivo por el cual el propio personaje aparece como una figura *excéntrica* allí donde se detiene y es observado por el resto de los hombres. Su loca andadura simboliza, contra todo lo sólido y establecido, el destino del excluido, estigmatizado como un ser inmundo por el mundo del que procede y escapa. Sin embargo, y al mismo tiempo, pone de manifiesto los límites de la sociedad en la que se hace un extraño: sus zafios criterios, sus dogmas oscuros, su miseria encubierta. En el *horizonte de sentido* en el que nace, el excéntrico *pierde el sentido* dejando al descubierto el *sin-sentido* de lo que lo envuelve. Tiene razón Foucault al reservar para Cervantes, junto con Shakespeare, el mérito de haber protegido la experiencia trágica de la locura que ya se desvanecía en su época[13]. Es la experiencia —en el quicio de la Edad Media y la Modernidad— de la errancia del loco como la otra cara de cualquier época, sociedad o ámbito racional, como el reverso inherente a toda forma de existencia. Por eso, por aquel tiempo todavía no se encerraba sistemáticamente al «insensato». Siendo reconocido como «el otro» que habita en cada uno de nosotros, como «lo otro» interior a «lo mismo», el hombre sedentario convivía con su errancia; al loco se le dejaba recorrer los campos apartados, o se lo confiaba a un grupo de mercaderes o peregrinos. No se le llamaba al orden porque se presentía que su desorden era signo del caos productivo, de la errancia lúcida que atraviesa verticalmente a toda estancia en la tierra. De tal modo que la necesidad de apartarla y el reparo a excluirla se conciliaron en esa extravagante figura de la *nave de los locos*. Para que no merodeasen indefinidamente intramuros de la ciudad, se los encomendaba a los marineros, que los conducían a cualquier parte (y a ninguna en particular), en la cual se iniciaba, llegado su momento, otra vez el viaje acuático. Con ello, sin embargo, se afirmaba, paradójicamente, el valor intrínseco de la falta de pertenencia y de la falta de paradero:

> Encerrado en el navío de donde no se puede escapar, el loco es entregado al río de mil brazos, al mar de mil caminos, a esa gran incertidumbre exterior a todo. Está prisionero en medio de la más libre y abierta de las rutas: está sólidamente encadenado a la encrucijada infinita. Es el Pasajero por excelencia, o sea, el prisionero del viaje[14].

Al desconocer esta *virtus* creativa de la errancia, Heidegger deformó el sentido de la aventura humana. Es cierto que su concepción del *ser-en-el-mundo* posee un carácter dinámico, que la pertenencia al acontecer constituye un cambio sin fin. Pero en el viaje que ellos propician encontró sólo una parte de lo que hay que introducir en la mochila: la *entrega* a la *demanda* del estar radicado en la tierra, la *escucha* de lo que *interpela* desde el fondo y permite un vínculo con el mundo. No se percató de que en el corazón mismo de la *pertenencia*, de la *entrega*, late una oscura resistencia, un *espíritu de distancia*, un *extrañamiento* concomitante. De ese modo, segregó la locura productiva del errar e inyectó en el arraigo, de un modo que no imaginaba, una pereza que retiene y adormece su apertura a lo otro. Subrayó lo heroico del temerario, que se lanza al abismo, pero le dibujó un rostro excesivamente adusto: olvidó esa heroicidad de superficie del antihéroe quijano, capaz de hermanar proeza y risa, grandeza y levedad, estar a la altura y andar a ras de tierra, tragedia y alegría vital[15]. Introdujo en la comprensión de sentido, en ese abrigo que cobija al hombre cuando habita un espacio abierto, un deseo de paz, de serenidad, que excluye la locura del que se extraña respecto a lo propio y del que encuentra la paz sólo en el curso de la guerra —con sus entrañas y con el mundo.

La excentricidad es la locura de la centricidad, sin la cual ésta conduciría al reposo. El *ser-errático* es la locura del *ser-radicado en-el-mundo*, una locura sin la cual el mundo devoraría al hombre. En la sociedad estacionaria, es el pulmón del que escapa el deseo de iniciar una nueva tierra, como un huracán contenido que espera su momento y lo prepara a través del malestar y el desasosiego. Esa errancia productiva no es la del movimiento incesante en torno a un centro inmóvil. Es excéntrica a todo centro, como le aclara don Quijote al ama que intenta mantenerlo en su hacienda, so pretexto de que puede llegar a ser caballero de la Corte:

> No todos los caballeros pueden ser cortesanos, ni todos los cortesanos pueden ni deben ser caballeros andantes: de todos ha de haber en el mundo; y aunque todos seamos caballeros, va mucha diferencia de los unos a los otros; porque los cortesanos, sin salir de sus aposentos ni de los umbrales de la Corte, se pasean por todo el mundo, mirando un mapa, sin costarles blanca, ni padecer calor ni frío, hambre ni sed; pero nosotros, los caballeros andantes verdaderos, al sol, al frío, al aire, a las inclemencias del cielo, de noche y de día, a pie y a caballo, medimos toda la tierra con nuestros mismos pies, y no solamente conocemos los enemigos pintados, sino en su mismo ser, y en todo trance y en toda ocasión los acometemos, sin mirar en niñerías, ni en las leyes de los desafíos. [...] Todo esto he dicho, Ama mía, porque veas la diferencia que hay de unos caballeros a otros; y sería razón que no hubiese príncipe que no estimase en más esta segunda, o, por mejor decir, primera especie de caballeros andantes, que, según leemos en sus historias, tal ha habido entre ellos, que ha sido la salud no sólo de un reino, sino de muchos (Parte segunda, capítulo VI).

El extravío que Heidegger esclarece, muy adecuadamente, bajo los emblemas del «flotar en el aire» de las *habladurías*, la «falta de paradero» en la *avidez de novedades*, el «estar sobre el rastro» por la *ambigüedad* y, de una forma más profunda y englobante, esa «organización de la carencia» y ese vagar sin rumbo en la era de la técnica, todas estas formas de disipación en el vacío, son ejemplares de lo que podríamos llamar «errancia cortesana», por contraste con la «errancia quijana». A la primera, en suma, pertenece la totalidad de las aventuras ficticias, de recorrido centrípeto, en las que se oculta la centralidad inmóvil de una estancia cualquiera, la veneración a un punto de anclaje entitativo —por decirlo en lenguaje heideggeriano—, la sombra alargada de un dios pétreo al que se le hacen sacrificios —si se quiere evocar a Nietzsche— o el espectro de un rey cuyo gobierno resbala como un efluvio desde el ápice piramidal hasta el limo inferior en el que viven los humildes —en espíritu foucaultiano—. La zancada ilusoria de la errancia cortesana deja hoy su inútil rastro allí donde la ilusión del dinamismo sustituye al paso real: en el espectáculo de los media que reemplaza al mundo (el medio convertido en mensaje); en el discurso del *mundo libre* como sucedáneo de la liberación; en la racionalización procedimental en cuanto sustituto de la imaginación; en la judicialización de la *calidad investigadora*, que suplanta al estímulo de la libertad creadora; en la escenificación afectada del sufrimiento del otro, triste remedo de la escucha activa. Todo ello conforma una *existencia ficcional* en la cordura de la sociedad estacionaria, muy distinta de la exigida por la errancia quijana, inalcanzable, tal vez, sin una buena dosis de locura.

3

Desenmascarar el error de Heidegger no implica ponerle un infranqueable dique a su pensamiento, sino introducir en él lo extraño. Se trata aquí de hablar «con Heidegger contra Heidegger».

3a

Sigue en pie que la humana es una existencia en el *acontecimiento*. En la lengua alemana, tal y como el autor la hace suya, el sentido del «acontecimiento» incluye una premisa: éste es, en su forma genuina, «apropiador». Es *Er-eignis*, acontecimiento en virtud del cual el *Dasein* aprehende, y se hace cargo de lo propio de su existencia y en el que adviene el ser en su propiedad. Ocurre en la profundidad de la historia humana y en la sencillez de una historia cualquiera del mundo cotidiano. Un ciclista asciende por la ladera hacia la cumbre nevada. Que se ajuste a la propiedad de lo que le acontece significa que se deje conducir por la fuerza de aquello que constituye el sentido genuino de su ascenso. ¿Cuál? Él lo sabe. Hay, al menos, dos formas en que se le pone en claro. Por un lado, ese sentido se debe a sí mismo. No es esclavo de otra cosa, no sirve a otro menester, se resiste a convertirse en un mero suceso impelido por una coacción. Posee, por así decirlo, su *propia autonomía*, pero no la de la ley moral, sino la que pide su existencia en la coyuntura en la que se *encuentra*. Por otro lado, se ve envuelto en la experiencia de que en semejante sentido del ascenso él se autotrasciende: de algún modo experimenta que su acción no obedece a un capricho; comprende, ciertamente, que, al seguirla, se ajusta a sí mismo, a su deseo; pero encuentra también, a través de ella, la frescura de un arraigo en el mundo y, al mismo tiempo, saborea el valor del arraigo *en cuanto tal*, se lo plantee explícitamente o no. A través de semejante experiencia rebasa su subjetividad y encuentra el mundo humano. En ese sentido y en esa *enérgeia* ha pensado él muchas veces, quizás vagamente. O mejor: en ellos se ha dejado estar alguna vez, experimentando su necesidad apelativa. Además, no sabe decir cuándo ha empezado a querer lo que quiere con ello. Cuando tomó conciencia de su deseo, el querer estaba ya allí. Bien. Hoy emprende la marcha, pero por ciertas circunstancias está en guerra consigo mismo, aunque no en la forma noble en que expresa esto el poeta, sino de un modo peculiar: algo lo ha *sacado de sí*; desdoblado o perdido, no se *encuentra en sí*. La batalla que mantiene no lo hace ni más fuerte ni más libre; lo tiene maniatado. Una contrariedad le ha *quitado* el tácito nexo con las cosas en su mundo y se ve arrastrado a *des-quitarse* del mundo. Sube ahora hacia la cumbre *sobre ruedas*, enfurecido y beligerante: a la curva no se ajusta con pericia, la *esquiva* con una alevosía que se traduce en una especie de satisfacción altanera; no *supera* la cuesta, la deja atrás; no *adelanta* a otro ciclista, lo persigue y lo deja sin aliento; cuando alcanza la cumbre no está en ella, la *tiene, por fin, en sus manos*. Éste es el acontecimiento *impropio*. Un poquito más y empuñamos un elemento medular del pensar heideggeriano. ¿Qué le acontece a este ciclista? ¿Todo lo que hemos señalado en segundo lugar? No. Al ascender de esa manera *impropia* está, al mismo tiempo, abandonando la primera forma de subida. ¿«Abandonando», en qué sentido? ¿Desalojándola de su *interior*? Tampoco, pues forma parte de él igualmente. Ese sentido primero de su ascenso sigue estando con él, no ha dejado de asistirle: lo que ha hecho posee el significado, más profundo, de una impostura respecto al modo genuino en que experimenta y comprende el elevarse en bicicleta. El modo genuino no ha dejado de apelarlo en ningún momento. Digamos que en él *habita* más radical y originariamente. Lo que le acontece no es sólo lo que hace expresamente y a la vista de todos, sino, de un modo más complejo, una paradoja: le acontece lo *propio* del ascender *en la forma de su impropiedad*. Puede abrir oídos a esa paradoja o cerrárselos. De ello depende que reconduzca o no su comportamiento. Sólo porque existe en la posibilidad de lo propio en su vida puede sucumbir en la impropiedad o debatirse en duelo consigo mismo buscando la propiedad.

Esta figura de pensamiento articula una gran parte de la filosofía heideggeriana. Su cifra y modelo aparecen a propósito de la interpretación de la historia occidental como historia del nihilismo. En ese devenir, concluye Heidegger, el *nihilismo propio* acontece en su *impropiedad*. Conviene detenerse en este punto durante un pequeño trecho. El *nihilismo propio* designa la cualidad misma del acontecimiento del ser y apunta a la comprensión de que *ser* y *nada* se copertenecen esencialmente. La *nada* no es *algo*, un ente. Si pensásemos lo contrario, es decir, que es una cosa, el pensamiento de la nada carecería de sentido. Brevemente: si la nada es algo, ya no es una nada. La nada es, más bien, un *fenómeno*, un *acontecimiento* que *se pone en obra*. Se han ofrecido ya anteriormente diversas aclaraciones sobre la *falta de fundamento* que acompaña a todo acontecimiento, así como del fenómeno de *ocultamiento* que tiene lugar en la apertura de un mundo de sentido. Este carácter del acontecer es su *nihil*. Lo que nos acontece, decíamos, no actualiza un fundamento o una razón escondida de la cual procede, es decir, no trae desde lo profundo hacia la superficie de la vida una *presencia* oculta, un suelo *presentable* en potencia. Más bien, el *venir a presencia* un *mundo de sentido* es la dimensión *vertical* que permite cualquier *presencia* ante nosotros, cualquier *fundamento* con forma y contenido. Al acontecer en el que existimos y al que pertenecemos, pues, no se lo puede hacer derivar de un suelo firme anterior. Él es el movimiento mismo por el cual aparece en nuestro mundo un suelo. Ese *ser-sin-fondo* —«fondo» significa también fundamento, razón estable, intemporal e inmaculada: *Grund*— de nuestra existencia es lo que Heidegger llama *nada* —en la falta de fundamento, es decir, en el *Ab-grund*, abismo—. Al mismo tiempo, cualquier acontecer se oculta en aquello *acontecido*, como decíamos, en que aparece. Esta *sustracción* o *retiro* del acontecimiento de *ser* es otra cara de la nada. El sentido de lo que le acontece a nuestro ciclista del ejemplo no procede de una razón calculada o calculable (recuérdese: cuando toma conciencia de su querer, éste ya lo ha invadido a él). No se quiere decir que el ciclismo constituya un fenómeno nihilista, en el sentido habitual del término, es decir, negativo, desesperado, punzantemente escéptico, conducente a una negación de todas las creencias, principios religiosos, políticos o sociales. Lo que se afirma es que el ciclista carece de una razón última para lo que hace y que no obedece en su curso a las deducciones posibles que cabría realizar desde una supuesta estructura legaliforme del mundo.

No es tampoco un nihilista en sentido agónico, como si se hundiese en la angustia y en el repudio de la vida. Simplemente, existe en un mundo que carece de un fundamento capaz de determinarlo y fijarlo como una cosa o una pieza en un engranaje. Es *sin-divinidad*, sea ésta la de un dios celeste o la de una ley telúrica. Es un ser cuyo *destino* consiste en *carecer de destino*. Ésa es su *nada* en sentido heideggeriano. Semejante nada no es, tampoco, un vacío, como ocurre en alguna versión del *nirvana* oriental. Es un *nihil productivo*, en la medida en que gracias a él hay mundo y libertad.

Por su parte, el *nihilismo impropio* califica a lo que se ha denominado con las expresiones «olvido del ser», «metafísica de la presencia» y «técnica». Consiste en el olvido del *nihilismo propio*, en una relegación de lo que éste dolorosamente esconde: la existencia en el abismo. Y también en una reducción al silencio de lo que ese dolor tiene de libertador del espíritu, de su impulso tonificante, de ese reto estremecedor que hace levantar de su letargo a la audacia en el hombre. La huida de todo ello obliga a fijar la mirada en *lo que hay*, en lo que está ahí de modo *presente* y seguro, asequible sin gran esfuerzo: al *ente*. La deriva de este nihilismo, en el caso de nuestro deportista, conduce a una situación en la que *ya no se lo toma en serio*. Un observador imaginario, expresión del que actúa conforme al nihilismo impropio, contempla lo que está dado como entidad limitable y toma las razones o fundamentos contingentes que nuestro personaje pueda ofrecer, de modo claro y preciso y en varias de sus aventuras ciclísticas, como el sentido mismo, el ser entero, de lo que le acontece. No se lo toma en serio, porque esas razones no agotan el *sentido* del ascender a la cumbre. A decir verdad, ni siquiera lo rozan. Pues el planteamiento invierte la génesis de lo que sucede: si ofrece un fundamento de su salida a la montaña es porque el *sentido* de dicha subida, experimentado por él, está ya previamente seleccionando las aclaraciones, las justificaciones y la nervadura por la que todas ellas caminan y se organizan en un conjunto coherente. No tomarlo en serio, más adelante, equivaldría a escudriñar las razones habituales que los ciclistas de una época ofrecen como motivo de su actividad y convertirlas en fundamento del ciclismo en sí, de tal manera que la razón de ser de este deporte quedase *explicado* como expresión de una razón ideal o de un principio profundo inserto en las leyes de la naturaleza o de la historia. Equivaldría, finalmente, a tomar la representación (*Vor-stellung*) óptica del ascenso, y a su presunto suelo de principios, como la realidad de éste.

El nihilismo impropio comienza ahí donde el ser humano no se toma ya en serio la nada que actúa en el acontecimiento de ser.

Discurre invalidando la fuerza creadora de esa privación de fundamento y de presencia, lo cual tiene lugar por obra de una obcecada inmersión en todo lo que se nos presenta de modo inmediato. Crece entonces un oscuro sentimiento de vacío, como un rumor de fondo en medio de la plenitud de lo que envuelve. Luego se emprende una huida de ese *presentimiento* de lo vano y lo huero, que amenaza con desvelar el desierto. Finalmente, la fuga se afana en enmantar la oquedad con el telar de seguridades, cálculos, representaciones, explicaciones compactas y cuantas especies de productos siguen la lógica del sepulturero, por haber sido empleados con el ánimo de clausurar la apertura de mundo.

Pues bien, la estructura aporética del nihilismo radica en que si hablamos del *impropio* tenemos que entenderlo en los términos de un acontecer del *nihilismo propio en su impropiedad*, ya que siempre que hace su trabajo está desfigurando la propiedad inherente a *ser*[16]. Así, cuando Heidegger acomete el análisis de la era técnica como época en la que el nihilismo (impropio) alcanza su consumación, tiene que reconocer que dicha era es, irremediablemente, una apertura de sentido determinada, una comprensión concreta del mundo y, por tanto, un modo de acontecimiento del ser[17]. En su trama histórica, el nihilismo propio se ve conducido a una comparecencia que adopta la forma de su impropiedad. Del mismo modo podríamos decir, en espíritu heideggeriano, que la penuria del hombre de la técnica (su arrogante carecer de penuria) es la penuria propia (radicar en el sin-fondo de la existencia) en su impropiedad. A esta figura de pensamiento, que atraviesa la obra de Heidegger, la llamaremos «clausura de lo propio», pues adopta la forma de una obstinada protección de la propiedad del acontecer respecto a todo aquello que pudiese perturbarla.

La mayor amenaza contra esa clausura es la condición errática del hombre, pues con ésta se pone en juego el paso y el tránsito de una escena de la existencia a otra, la vida fronteriza y, con ello, la distancia respecto a cualquier mundo, la ausencia de pertenencia, de residencia en una esfera cualquiera de propiedad. ¿Podría admitir Heidegger que la errancia de la existencia inauténtica y de la técnica, ésa que hemos ligado a la errancia «cortesana», es el aparecer *impropio* de una errancia *propia*? No, y sin embargo debería poder afirmarlo. Ciertamente, se aproxima a ello, pero al final evade el problema. Con mucho tino, nos invita a reconocer que, siendo el des-cubrimiento de un mundo la apertura en la que es generada toda *verdad*, podemos entender el encubrimiento (u ocultamiento del ser) como la *no-verdad* esencial perteneciente a todo acontecer. Esta *no-verdad* no es, por supuesto, el error o la falsedad tal y como se podría entender desde la ciencia. Es la retirada del acontecimiento de sentido en la presencia de cualquier «verdad». Pues una verdad cualquiera se elabora sobre el suelo de una comprensión del ser de lo real, una comprensión que *toma cuerpo* en verdades concretas y se camufla en ellas. A continuación señala que semejante retirada es el «misterio». Al repelerlo —quizás porque le angustie—, el hombre se instala en la verdad presente, en lo accesible metódicamente, y como este instalarse persigue la seguridad, se ve conducido al «sedentarismo»[18]. Ahora bien, al mismo tiempo, en el seno de tal sedentarismo, se toma a sí mismo como medida de todas las cosas y se ve empujado por la elaboración de nuevos propósitos y planes de acuerdo con sus necesidades, de tal forma que, paradójicamente y sin salir del campo de lo accesible y controlable, se ajetrea insistentemente, *«insiste*, esto es, se pone terco y persiste en aquello que le ofrece el ente»[19]. Finalmente, muestra —y en esto lleva razón— que es así como el existir degenera en la *errancia*:

> Ese insistente entregarse a lo accesible y ese ex-sistente apartarse del misterio son inseparables. Son una y la misma cosa. Ahora bien, tales entregarse a... y apartarse de... siguen la orientación de un giro [*Wende*] propio del dar vueltas de aquí para allá del Dasein. Esta inquietud del hombre, que se aparta del misterio para volcarse en lo accesible, y que le hace ir pasando de una cosa accesible a otra, pasando de largo ante el misterio, es lo que llamamos el *errar*. El hombre anda errante[20].

— ¿Lo ve? Ya le había dicho yo que esta filosofía del acontecimiento remite a un origen misterioso, a una especie de oráculo que ya, por cierto, visitaban los griegos en los cultos délficos. No sólo es misteriosa en su lenguaje. Es mistérica en sus contenidos.

— El misterio del acontecimiento es la experiencia de su carácter indisponible. Se lo digo una vez más: no se sabe cuándo hemos empezado a querer algo. Es la experiencia de que lo que nos acontece no es construible, de que, si tiene lugar, es porque uno lo ha merecido en el curso de sus actos. El acontecimiento, claro está, siempre nos acompaña, pero si lo queremos digno, grande o productivo, hay que merecerlo. En ese sentido, el misterio no es algo misterioso. Es tan cotidiano como la experiencia del ciclista, comentada más arriba, que, al ascender a la cumbre, sale de sí mismo y se encuentra en el mundo, sin que ese encuentro haya sido programado y calculado. No se alcanza con facilidad este arraigo. Como le digo, sólo ocurre si uno lo merece. Se trata también de la experiencia de que, cuando se hace algo, el sentido de lo que se hace queda oculto en el delgado surco

que se va trazando. Pensar el misterio significa lanzarse a horadar la corteza de los hechos para adentrarse en aquello que éstos ocultan y lo conforman en su propio devenir en cuanto acontecimiento. Para ello, de nuevo, no basta con racionalizar y pretender conscientemente; es necesario vivir efectivamente de forma que uno merezca semejante lanzarse. Esa forma de situarse ante el misterio no nos lleva a otro mundo. Nos conduce, por ejemplo, a pensar el acontecimiento radical que tiene lugar cuando se invade Irak. ¿Qué se oculta en el aparecer mismo de esa guerra? Quizás la tecnificación de la política; tal vez un movimiento tectónico en la tierra del imperio; o la liberación «en su impropiedad». Pero parece que ahora lo misterioso sólo se busca «en lo que aparece», de tal manera —perdone de nuevo el enredo, pero es necesario— que el encuentro de lo que «se oculta» permanece dentro y en el mismo plano de «lo que aparece». Lo misterioso que se persigue engloba cosas como por qué el político x ocultó tal información, de qué modo se ha llegado a convencer a la Casa Blanca, dónde se esconden la armas letales y por qué razón se mintió al respecto, cuál es la causa de que un avión americano atacase a un convoy inglés...

— ¿Es que no son importantes esas cosas? ¡Pero si es lo que exige el conocimiento de lo que ocurre y la transparencia de lo que tenemos derecho a saber! Hasta empiezo a presumir que, sumergido en su metafísica tan alambicada, desprecie usted leer los periódicos.

— Déjeme terminar. «Insiste» demasiado en la misma cosa y anda, como errante, de aquí para allá, en el mismo plano. Este tipo de preguntas y de investigaciones son completamente imprescindibles y de importancia capital. Pero constituyen sólo un punto de partida o un índice para pensar, más allá de ello, el sentido de ese acontecimiento en cuanto tal, mediante planteamientos como los que le he señalado. Lo grave de la situación actual es que esa «captura del misterio» de «lo presente» no trascienda a lo esencial, al misterio de «nuestro presente» tomado por sí mismo. Es más, semejante «ir tras el rastro» tiende a ocupar todo el espacio y a dejar ahíto el estómago de la clientela cortesana, de manera que le «encubre» su apetito por lo fundamental. Por cierto, hay que leer el periódico, por supuesto, pero, al mismo tiempo, escapar al círculo carcelario del «periodismo de investigación». Vea qué es lo que pasa: que como a éste se le encargan ya todos los «misterios», la vocación genuina por indagar el misterio de nuestro tiempo corre en retirada, dejando como único recurso para colmar la sed esa otra búsqueda de «misterios» en que consiste la curiosidad por la vida íntima del otro (generalmente el famoso, este héroe de los tiempos de desencanto), por los móviles tenebrosos del asesino en serie y, en su extremo, la pregunta necia por el destino astral, los objetos volantes

no identificados y, en general, los así llamados «misterios sin resolver» que tanto hechicero o encantador aprovecha para medrar en la sociedad estacionaria. Por lo menos, los encantamientos que perseguían a don Quijote lo colocaban ante empresas que necesitaban coraje. Por lo menos, en los cultos délficos germinaba una sabiduría que infundió vida al pensamiento[21]. En el culto contemporáneo de lo misterioso, mucho más denso e «insistente» del que usted presupone (erróneamente) en la filosofía, ocurre al revés: que se bloquean tanto el valor como el pensamiento.

La genealogía del errar que nos presenta Heidegger es muy convincente. Ahora bien, es unilateral, pues sólo examina su cara negativa. La errancia tiene para Heidegger el sentido de un acontecimiento impropio: constituye, ni más ni menos, la expresión del nihilismo negativo, destructivo, que viene sumiendo a la historia occidental en el olvido de lo esencial y en el desprecio del misterio. Esta conclusión parece ser desmentida cuando el autor, empleando la *figura de pensamiento* que se ha descrito, comprende el errar en la forma de un *acontecer de lo propio en su impropiedad*. Se abre aquí la puerta para una visión menos lacerante del fenómeno que nos ocupa. ¿Qué es lo propio del errar? He aquí la respuesta. Errante está el hombre en cualquier caso, quiera o no, en la medida en que el ocultamiento del ser lo sitúa siempre en un campo de juego que *lo confunde*. Puesto que la apertura de una verdad lleva inexorablemente aparejada la no-verdad consistente en la falta de fundamento último, el *Dasein* queda expuesto necesariamente a la confusión. «El errar domina por completo al hombre en la medida en que lo confunde [...]. El errar, como confusión, siempre oprime a su manera»[22]. Esto no significa que esté siempre *confuso*, sino que vive constantemente ex-puesto en esa posibilidad. Se trata de una posibilidad más acá de la errancia concreta en el sentido peyorativo ya examinado. Pues, siendo la condición de ésta, también lo es de lo contrario, a saber, de que el hombre se percate de su errar y vuelva su mirada a lo esencial: «En cuanto confusión, el errar también contribuye a esa posibilidad, que el hombre es capaz de extraer de la ex-sistencia, de *no* dejarse confundir, desde el momento en que experimenta el propio errar y no deja de ver el misterio del ser-aquí»[23].

Se vislumbra ya el gesto habitual de Heidegger: el errar entra dentro de *lo propio* del hombre y puede acontecer en su *impropiedad* —si conduce al desarraigo (a través de la técnica, del vagar en el aire, del andar sin paradero, etc.)— o en su propiedad —si estimula la recuperación de la pregunta por lo esencial—. Pero este análisis del problema confirma la sospecha: el autor minusvalora la potencia de la condición errática, la sitúa en el ámbito de lo extraviado, a lo que *hay que resistir*. ¿Dónde reside el truco? En que, al utilizar la *figura de pensamiento* que lo socorre cuando desea señalar *lo esencial*, parecería que con ello introduce la errancia en ese ámbito. Pero realmente no lo hace, porque la *esencia* del fenómeno en cuestión, su propiedad, está pensada ya en la forma de una *impropiedad necesaria*. Necesaria en cuanto siempre e inexorablemente acechante. La condición errática, en suma, es el espacio, *ya siempre abierto*, del andar sin rumbo y del apartarse de lo realmente importante. Es el rostro paradigmático del desarraigo y del nihilismo impropio. De otro modo: lo propio del errar es la impropiedad misma. Contra Heidegger, es preciso mostrar ahora que la condición errática pertenece *de suyo* al acontecer en la existencia, en un sentido elevado y noble que hace estallar la *clausura de lo propio*.

— *¿Y qué quiere conseguir con esto? Se está usted introduciendo ahora, y cada vez más, en un discurso academicista. Corregir en un punto a un autor no es más que trabajo en el interior del discurso filosófico. No le veo la relevancia vital.*

— *La tiene. Si la excentricidad errática posee un sentido no peyorativo, sino productivo, se pueden derivar muchas consecuencias. Por ejemplo (y no deseo aburrirle ahora, pues es cosa que se va aclarando desde el inicio y que deberá ser desplegada poco a poco en lo sucesivo): que al imperialista, al nacionalista extremo y violento, al fanático de cualquier fe, al pragmatista impenitente, al estratega, entre otros, se le pueda decir, no sólo que debe «corregir» las consecuencias de su acción, «compensar» las deficiencias de su posicionamiento, sino que el culto al «lugar» en el que se encuentra paraliza la eficacia posible de la «falta de lugar» de los hombres en el mundo, es decir, que debería «claudicar» en la totalidad de su empeño si desea atenerse a la dignidad humana; que se le pueda decir al hombre estacionario: «se pierde lo mejor» o «es necesario 'salir' de este lugar en el que nos encontramos para hacer una nueva tierra». Se trata de pensar el presente y la necesidad de un advenir diferente.*

— *Pues podría decirlo de un modo directo y punto. Tanta vuelta y recodo lo vuelven loco a uno.*

— *Se podría decir así, efectivamente. Pero ya le dije que eso es demasiado fácil y hasta irresponsable. Hay otros que han pensado y no se puede pensar sin entrar en liza con ellos. De lo contrario se muestra muy poca capacidad de escucha, además de poco valor. Como en el querer, no se sabe cuándo se ha empezado a hablar. Hablar es siempre responder, de algún modo, y co-responder.* Heidegger, por lo demás, es de los grandes. Por eso, en una época en la que muchos piensan que su filosofía es un puro juego de lenguaje al servicio del sinsentido, es conveniente demorarse en intentar poner al descubierto su fuerza, su gran penetración y su pertinencia en el presente. De este modo, se muestra también respeto a quien merece admiración. Si, además, uno tiene suerte y corrige a Heidegger en un «pequeño punto», está rozando un «punto crucial», pues pocos como él han realizado un diagnóstico tan lúcido y radical de nuestro tiempo y nos han convocado a estar a la altura de las circunstancias. Si se fracasa en el intento, por lo menos no se ha sustraído uno a esa responsabilidad. La filosofía pide paciencia; camina, como sentenció en algún lugar Nietzsche, con patas de paloma.

La esencia de la condición errática no se reduce a una experiencia, pero comienza siéndolo. Para abrir su sentido será muy provechoso descubrirla en el fondo del pensamiento heideggeriano, el maestro contemporáneo del experimentar. Pensar «con Heidegger, contra Heidegger»: éste debe ser el primer paso.

Muy tempranamente abordó el autor la experiencia de la *angustia* como aquella que nos revela la de *ser*[24]. Mucho más tarde reafirmó el valor de este nexo y tránsito entre una y otra[25]. La angustia no es el temor. Este último se produce en el encuentro con algo en particular. Aparece ante una circunstancia amenazante, una institución, un amago de violencia en el entorno, por ejemplo. Cuando nos invade, lo hace siempre mientras estamos sumergidos en el mundo y en las relaciones que esta zambullida habitual y persistente depara: siempre es un *ente* determinado el que atemoriza. A diferencia del *temeroso*, el *temerario* se sitúa ante un abismo cuando le asalta la angustia. Se trata entonces de una serena tempestad. Puede haber sido precedida por una tácita incubación de crisálida, pero cuando aparece lo hace de súbito, como el rayo, y si permanece durante un tiempo es en la forma de una renovada subitaneidad. En el fulgor de su oscuridad, *todo* aparece extraño. No esto o lo otro en particular, sino el mundo en su totalidad. Se diría que la inmersión misma en el mundo hubiese perdido de pronto su encubierta evidencia, su obviedad, su apacible naturalidad. Ya no nos vincula y envuelve. O mejor: de hecho, lo hace, pero ahora estamos sorprendidos de que ello *ocurra*. La totalidad de lo que hay —el ente en cuanto tal, en su totalidad—, el amplio y diverso campo de lo que *es*, comparece entonces ante un extrañamiento radical, de manera que se aleja de nosotros. No nos habla. *Nada* habla. Nos retira la palabra, no algo en su singularidad, sino *todo*. No nos queda asidero ninguno y, como dice Hamlet cuando un ser espectral lo visita, *lo demás es silencio*[26]. Experiencia de que no hay *nada* que ya nos acoja. Ahora bien, precisamente porque la *nada* arroja su aliento estremecedor, una pregunta nos ha apresado: «¿Por qué el ser y no más bien la nada?». ¿Por qué hay algo en vez de ninguna cosa? Al unísono se produce la «maravilla de las maravillas»: la experiencia de que el mundo «*es*»[27].

— *Pues no le veo el interés. Tanta solemnidad para llegar a la consecuencia de que lo que es es... Le aplaudo por su enorme descubrimiento. Por ayudarle un poco en su desasosiego, le animo a que repare en que también un botijo es un botijo.*

— No se trata de una experiencia lógica. La lógica aquí no llega ¿Tiene usted hijos?

— *No sé a qué viene esto, pero no tengo inconveniente en decírselo: dos.*

— *Mientras estamos con los hijos en el curso de la vida cotidiana nos comportamos respecto a ellos en particular. Retroceda: ¿no es extraño tener hijos? Se tiene ojos, trabajo, hijos... es algo trivial en apariencia. Pero ¿cómo es que el mundo es así, de esta forma, en la que existe algo como «tener hijos»? Si esa pregunta lo mantuviese en vilo, despertaría a la experiencia misma de que «hay hijos». Es así como se alcanza la experiencia de la paternidad o de la maternidad en cuanto tal. La actitud de perplejidad por la que ha vagado durante un instante no lo extrae fuera de su mundo. Lo devuelve a él con una nueva lucidez. Y ciertamente, no la de que su hijo X sea su hijo X, ni la de que sea una maravilla de personita, sino la de que el «tener hijos» «es». Aunque sea la primera vez que lo experimente, reconocerá que esa experiencia estaba ya ahí, siempre, en estado de letargo. Olvidada. Al mismo tiempo, se le revela que el hecho de ser progenitor es asombroso y una «maravilla». Se ve reconducido al mundo de sus hijos con un nuevo pathos y un arraigo más intenso y más proveedor. Me atrevería a decir que, sin esta experiencia, más habitual de lo que cree, nunca se llega a tratar al hijo como alguien que «es» y no sólo en cuanto «se tiene».*

La experiencia de la angustia revela *que* cada cosa y todo en general *es*. Rescata de su olvido al ser. Ser de un modo o de otro, pero ser. Y, además, en el abismo de la nada: nuestra primera y última palabra murmura «es» y no «esto». No nombra un fundamento, sino un acontecimiento sin premisa previa.

— *Un momento. Suponiendo que llevase razón, ¿por qué insistir en la angustia? Es éste un estado de ánimo terrible y pesado como el plomo. Si vuelve a la vida a su través, la encontrará triste y desencantada.*

— Hay muchos que han argumentado de forma semejante[28], oponiendo a esta «sobria» actitud la jovialidad, la alegría, la risa. Estas otras pasiones, hay que reconocerlo, fueron muy poco ensalzadas explícitamente por Heidegger y pueden conducir, de otro modo, a una inserción de enérgica vitalidad en el mundo. Sin embargo, me parece que, independientemente de su valor intrínseco, no pueden ser comprendidas como alternativas a la «angustia» heideggeriana, pues no están en el mismo plano. No son opuestos suyos, lo cual conduce a una confusión. La angustia del temerario, me parece, no coincide con lo opuesto a la risa, la alegría o la fruición. No contiene, en primer lugar, el espanto que podemos apreciar en El grito de E. Munch. Es una serena lejanía, penetrada por la perplejidad o la extrañeza. No devuelve al mundo gravedad y pesadez. Es como si supusiéramos que porque Nietzsche haya pensado que es un gran dolor el que incita al pensar genuino y a la vida exuberante[29], este dolor se transmitiera al pensar y a la vida y los empapase de desconfianza o languidez. Esta lejanía serena de la angustia no transmite al mundo más que el beneficio del destello. Lo ilumina, lo coloca al relumbre de su aprehensión, como si se lo empuñase más decidida y resueltamente, tanto en la alegría como en el sufrimiento, en la sobriedad como en la jovialidad, en la vivencia heroica que barrunta tormenta como en la sencilla profundidad del trato cotidiano con las cosas. La risa, por cierto, es inimaginable sin presuponer una escondida lejanía que, paradójicamente, nos acerca a las cosas. Sólo un ser excéntrico como el hombre puede reír. Reír es ya «colocarse dentro» porque al mismo tiempo se ha mirado, de pronto, «como desde fuera». Un ser completamente «inserto en el mundo» no puede reír, cosa que tal vez no apreció Nietzsche en su justa medida. Es de esto de lo que estamos hablando en el fondo. La angustia no es el «talante angustiado». Es anterior a él. Y yo diría que a la verdadera alegría, a ésa que no se puede confundir con el «contentamiento» o con el «alborozo». Afirmaría también que esta experiencia está en el corazón de Nietzsche. Cuando dijo «No hay bella superficie sin una terrible profundidad» expresó con toda crudeza la relación interna entre jovialidad y tormenta. Por lo demás, la vida de este gran hombre ya la contenía. El dolor era para él el umbral de la afirmación y de la alegría. Se suele subrayar este vínculo, pero se olvida otro: que el más profundo dolor le vino porque era intempestivo, porque estaba «fuera de su tiempo» y de su mundo. Heidegger no inventó la experiencia de lejanía que yace en la angustia, la encontró personalizada en su maestro.

Hay que decir que el núcleo de lo que Heidegger abordó a través de su análisis de la angustia es la experiencia del *extrañamiento* e, incluso, que la primera es sólo uno de los muchos rostros en que esta última puede aparecer[30]. No hay que enjuiciar el tema heideggeriano de la angustia remitiéndolo sólo a su sentido «pasional». Sobre ello se pueden elaborar justas reflexiones, en el marco de una teoría de las pasiones. Y ahí tal vez quepa comparar la angustia con la «fruición» o con la «alegría». Ahora bien, el verdadero núcleo de esta problemática radica en que la «pasión» a la que recurre Heidegger es sólo un motivo o pretexto que expresa la excentricidad extrañante del hombre en el mundo. Por el extrañamiento, el mundo aparece en la lejanía del hombre, como si acabase de nacer o como si se percibiese a sí mismo representando a un personaje en un escenario que él no ha creado y del que sólo se puede decir que «es». Pues bien, en el *extrañamiento ontológico* al que apuntamos se pone en obra el *arte de la excentricidad*, de la *distancia existencial* que permite el re-descubrimiento del mundo. Sin ella, éste permanecería en su *insistente* secreto. Por ella se alcanzan la *existencia y el mundo recobrados*[31].

— ¿*Se le arranca de su secreto? ¿Pero no decía que el acontecimiento es indisponible?*

— *Se me está poniendo usted derridiano. Este problema tendrá su turno. Habrá que pensar más adelante cuál es el secreto de ese secreto —muy sospechoso y hasta artificioso, por cierto— del que habla Derrida. Por el momento le digo que no se le arranca su secreto, sino que éste, sin dejar de serlo y hacer su trabajo, queda iluminado en cuanto tal secreto.*

El extrañamiento, curiosamente, es la condición de que se capte el mundo como aquello a lo que pertenecemos inexorablemente. Es la condición de que la existencia sea *empuñada*. Ahora bien, a su vez, la experiencia del extrañamiento es el pulmón de la condición errática del hombre. Sólo un ser capaz de extrañarse respecto a sí y a su mundo puede tomar distancia, aprehenderse y aprehender lo que lo envuelve «como algo» y así, como aquello con lo que, a pesar de todo, no mantiene un nexo de esencia. Sólo así puede asir lo extraordinario en lo ordinario, el azar en su necesidad, la contingencia y eventualidad de su *destinación* y, en suma, ex-ponerse en *lo otro* de sí y de su mundo. El extrañamiento es la fuente, tanto de la *radicación* como de la errancia.

Esta faz de lo que se esconde en la experiencia de la angustia como caso del extrañamiento es un impensado en el pensamiento de Heidegger. En él ha sido expulsada la errancia hacia la superficie, lejos de *lo esencial*, que es *ser*; y se ha alojado en la piel de la inautenticidad y del extravío. Pero esto constituye una contradicción interna. Heidegger coloca, por un lado, el extrañamiento en el lugar más alto: el que permite «descubrir» que todo es *ser*. Pero, por otro, no ha trasladado lo presupuesto en el descubrimiento del ser —este extrañamiento— a la existencia, al ser mismo, y no ha comprendido, por ello, la in-sistencia de la excentricidad y de la condición errática en el corazón mismo del acontecer.

3b

Por este *olvido de la errancia* Heidegger se ha visto obligado a preservar la propiedad del acontecimiento en una pureza que no da cuenta de la real existencia del hombre. Lo propio de la existencia puede acontecer, para él, en su impropiedad, pero a la propiedad misma y en cuanto tal no le admite la inherencia de lo que respecto a ella sería su extraño: la excentricidad de la condición errática. Si hubiese tomado esto último en cuenta, su figura de pensamiento nuclear, *el acontecer como acontecer de lo propio, bien en su propiedad, bien en su impropiedad*[32], se hubiese visto profundamente alterada. Pues entonces se habría podido comprobar que no hay propiedad, en sentido estricto, para el hombre, es decir que en su *pertenencia* a la entraña del mundo, en su radicación mundana que lo vincula a la tierra, se yergue al unísono la lejanía o distancia respecto a esa misma inserción. Y ello en virtud del extrañamiento excéntrico, que desliga al hombre de toda estancia particular, de cualquier forma de arraigo, y lo sitúa en el quicio de dos exigencias contrapuestas y, sin embargo, coligadas como haz y envés de su aventura: la *apropiación* de lo que vibra, en estado naciente, en el suelo que pisa, por un lado, y el saberse *expropiado* de cada territorio en el que habita, por otro. Lo que en el hombre se ofrece con el rostro de lo propio está, al mismo tiempo, amenazado desde su interior por su ex-propiación errática. En el acto por el que *implora* una residencia genuina y acogedora se esconde la llamada a *explorar* lo desconocido y lo ajeno. Por eso, esta figura de pensamiento que atraviesa la filosofía heideggeriana ha surgido de la necesidad de una autoprotección en ese recogimiento que produce el *ser-en-el-mundo*. Emana de un afán de cobijo en el orbe que rodea a la apelación del ser, tal y como el primer hombre buscaba desesperadamente, en el frío de su errancia, el cálido hospedaje del fuego. En el alma heideggeriana resuena el pavor del *homo sapiens* a lo extraño y amenazante de la naturaleza. Su transmutación ontológica es este cuidado de la propiedad del acontecer, a la que hay que preservar de todo peligro. Al anhelo que gobierna este motivo oculto del pensar en Heidegger lo llamaremos «la clausura de lo propio» o «lo propio en su clausura».

Esta clausura se pone de manifiesto en la interpretación que hace Heidegger de Hegel. En la filosofía hegeliana la noción de *extrañamiento* posee dos sentidos que se vienen confundiendo a menudo[33]: los que recogen, respectivamente, los términos *Entäusserung* y *Entfremdung*. Ambos, en virtud de la raíz común del prefijo «ent», portan el sentido de un movimiento de *salida de sí*, de *ex-posición*. En esa medida, refieren también a un fenómeno de *ex-propiación* o de *desposesión*. Ahora bien, en el primer caso, en el de la *Entäusserung*, se piensa el movimiento —excéntrico, habría que señalar— de salida de sí en un sentido realizativo. Es una *exteriorización* en virtud de la cual la interioridad del yo es abandonada en beneficio de una *puesta en obra* enriquecedora a través de lo exterior, es decir, de la praxis efectiva. Este movimiento encierra la fuerza y el riesgo de ex-ponerse en la realidad, al precio, claro está, de ex-trañarse, es decir, de salir de sí y ponerse ante lo *otro de sí*. Por eso se trata de una *exteriorización extrañante*, en un sentido que el español puede verter con profundidad expresiva: es un «des-entrañarse o salida de lo entraño»[34] en el afuera, en lo diferente. Por el contrario, el término *Entfremdung* acarrea la connotación de un *extrañamiento enajenante*, de un extravío y pérdida de sí, de un abandono alienante en el que se pierde, literal y radicalmente, lo propio. Es una pérdida del *sí mismo* (*Selbst*).

Heidegger está en lo cierto cuando reprocha a Hegel, en general, que el *salir de sí exponiéndose* está pensado en la dialéctica como el movimiento que parte de un sujeto-*esencia* y no como lo característico de la *existencia*. Al pensar al sujeto como la razón intemporal en su forma prístina, el sistema hegeliano convierte al movimiento de salir de sí en el *despliegue* de un sujeto que contiene en potencia y en su interior todo lo que de él, en su realización, se exterioriza. A ello hay que oponer, con Heidegger, que el sujeto no es *a priori* algo eterno, un *eidos* desplegable. Pues, en cuanto *ek-sistencia*, es su exposición misma en la facticidad del mundo, en cada aquí y ahora[35]. De ahí que esté justificada la tesis de que en Hegel el tiempo, el devenir, el acontecer, en suma, aparezcan tergiversadamente, deformadamente, como *enajenación*[36], en el sentido de un curso que, visto desde la existencia, no es más que una *alienación* del verdadero significado de ésta. Al someter el curso del tiempo bajo el yugo de un ser intemporal que se despliega, el complejo sistema de Hegel lleva a su total y extremo *cumplimiento* la tradición occidental onto-teológica que hace depender el devenir de un Absoluto, rebajándolo a la condición de un espejismo[37].

Sin embargo, es preciso decir que Heidegger no ha rebasado a Hegel en lo que concierne a la conservación y preservación de una *intimidad* innegociable, resistente e *in*sistente *en* la exterioridad. Para percatarse de ello es conveniente, en primer lugar, reparar en la homología existente entre la figura de pensamiento, ya mencionada, del *claustro de lo propio* y la relación hegeliana entre *exteriorización extrañante* (*Entäusserung*) y *extrañamiento enajenante* (*Entfremdung*). En la relación hegeliana, la enajenación o alienación sólo puede darse —lo señala acertadamente P. Cerezo— como un modo de la exteriorización productiva. Sólo dando por supuesto esta última puede ser pensada: (*i*) una *exteriorización alienante* en sentido negativo (como pérdida de sí) o (*ii*) una *exteriorización alienante* en un sentido positivo: no-enajenadora *a la larga* (es decir, como el paso necesario para una ulterior y más rica autorrecuperación de sí)[38].

En el curso de nuestras reflexiones, la analogía podría ser expresada del modo siguiente. Del *mismo* modo que en Heidegger el acontecimiento del ser *en su propiedad* es la condición de su acaecer, tanto *propiamente* como *en su impropiedad*, en Hegel, el extrañamiento *en su propiedad* (como exteriorización) es la condición tanto de su realización *propia* (autorrecuperación de sí a través de su alienación dinámica) como de su realización *en su impropiedad* (extrañamiento alienante desfigurador)[39].

Ciertamente, en el seno de esta homología subsiste un gran desacuerdo. Éste atañe a lo que se entiende por «propiedad». En ambos casos, se diría, se afirma la actividad de un «extrañamiento» en el curso del acontecer. Y ello en la medida en que dicha propiedad incorpora una negatividad en su seno. En Hegel, la exteriorización extrañante incorpora la *negatividad dialéctica*. Al salir de sí, lo propio encuentra su negación. Heidegger ha señalado rotundamente la diferencia de su posición al respecto. La negatividad de la negación hegeliana afirma un contrario, un opuesto a sí (*Gegen-teil*). En cambio, el elemento negativo del ser se presenta como la nada de la ocultación y de la falta de fundamento, tal y como hemos visto. También a esta forma de *nihil* pertenece un *extrañamiento*, aunque muy distinto. La nada inherente al ser es el lugar de una *apertura de mundo*. Pero entonces se comprueba que en el acontecimiento como *Ereignis* tiene lugar una diferenciación (entre ser y ente), que implica, de suyo, un distanciarse o *lejanía*: la del ser en su encubrimiento. No se trata de una distancia meramente separadora, por cierto, sino vinculante, en la medida en que por mor de ella se da, al mismo tiempo, la ligazón, el «entre» o «pliegue» que une (y separa a un tiempo) el encubrimiento y el des-cubrimiento[40]. Pero se trata, al fin y al cabo, de una distancia que debe ser comprendida como una forma de extrañamiento en el seno mismo del ser: «Sólo de este modo —sentencia Heidegger— el ser [*Seyn*] deviene el extrañamiento [*Befremdung*] mismo, la calma del paso del último dios»[41].

Ahora bien, pese a este desacuerdo, Heidegger sigue la estela hegeliana: vincula, en el fondo, el devenir a la persistencia de una peculiar *mismidad*. Es preciso señalar, en primer lugar, que el extrañamiento al que se refiere es *extático*: tiene lugar, no en la dimensión *horizontal* del devenir, del acontecer en el *curso* del tiempo, sino en la *vertical*, en el fenómeno minimal de todo acontecer temporal. Partiendo de la noción misma de «acontecimiento» en este sentido, hace valer, frente a Hegel, que la *nada* del ser no puede identificarse con una negación u oposición. El «contra» (*Gegen*) del ocultamiento es el de un *contraimpulso* (*Gegenschwung*): el encubrimiento en cuanto tal genera desde sí el des-cubrimiento de un mundo concreto. El acontecimiento de ser no puede confundirse con la presencia que éste abre, *rehúsa* la presencia y, justamente por ello, tiene lugar, como efecto de contragolpe, la donación de un mundo concreto. Es verdad que nos encontramos ante una de las más bellas formas que en la obra de Heidegger revisten la noción de acontecer. El encubrimiento del ser, su rehusarse, es, al mismo tiempo, un *envío*, su retraimiento una apertura, su sustracción un *don*[42]. El extrañamiento en el seno del ser es esta ex-posición donadora simultánea al ocultamiento. Ahora bien, es notorio, en segundo lugar, que este *extático* extrañamiento se hace depender de un *entrañamiento* más originario: el de esa *interioridad* permanente del acontecer al que Heidegger viene asociando el término «Lo Mismo» (*Selbigkeit*).

¿Por qué *interioridad*? Entre el ser como *ocultamiento* y el ser como *apertura donadora* existe un nexo *interno*. Cada uno de los momentos de la diferencia en el ser —diferencia *óntico-ontológica*— se conforma como un fenómeno que atañe al «sentido»: por un lado, acontecimiento, venir a presencia, emergencia... de sentido; por otro lado, «mundo de sentido», abierto, presente, acontecido, en el que habita el hombre. La diferencia reposa sobre una homología entre lo articulado, en cuanto ámbitos de sentido. Ambos son polos indiscernibles de un mismo acontecimiento que vincula por mor de la *filía* entre lo vinculado, por lo que la distancia, la separación, es pensable a condición de presuponer este hermanamiento más originario. La metáfora de la *interioridad* gobierna muchas formas de expresión en la aclaración heideggeriana del acontecer[43] y no puede tomarse con ingenuidad, pues, en el fondo, remite a una problemática de mayor alcance. No podemos pensar el fenómeno de «lo interno» sin vernos remitidos a la idea de una mismidad esencial. No se puede concebir una interioridad sin atribuirle una unidad de esencia. Esta unidad es lo que en Heidegger reúne la diferencia en el ámbito propio de lo *Mismo*. La mismidad del ser consiste en el lazo que une y separa el des-cubrimiento y el encubrimiento, como nexo que está a resguardo de toda injerencia[44]. Ello no quiere decir, por supuesto, que el devenir de semejante mismidad sea indefectiblemente reductible a la *igualdad* de sus momentos. Lo Mismo, advierte Heidegger, no es lo Igual[45]. Ahora bien, en cualquier caso, lo Mismo expulsa a un *Otro*. La otreidad desalojada es, de acuerdo con el horizonte de nuestra pesquisa, el extrañamiento errático.

En efecto, lo Mismo en el acontecer, y aquí radica la cuestión fundamental, es siempre para Heidegger el espacio que otorga al hombre una *morada* o *refugio* en el mundo. El pliegue que liga y diferencia, a un tiempo, el *rehusarse* y su contraimpulso (la presencia del ente en un modo de ser) es la fuente que permite la apertura de un mundo habitable. La sutileza del pensamiento heideggeriano incita una y otra vez a disfrazar esta prevalencia de la mismidad como clave de la protección y el *albergue* en el que reside el hombre, desviando la atención hacia la idea de polemicidad[46], hacia el carácter litigioso del «entre» que conforma al ser en cuanto diferencia. Ahora bien, hay que insistir en que este *litigio* es entendido siempre como el campo de juego en el que se abre lo acogedor del mundo o, de otro modo, la acogida del hombre en el mundo[47].

De todo ello se deriva una consecuencia de gran alcance. La primordialidad de lo Mismo que alberga ha reducido la existencia a la relación de pertenencia respecto al mundo, disolviendo la extrañeza ante lo que *es*. Ser hombre, desde tal perspectiva, significa corresponder a la *llamada* de la radicación y dejarse apropiar por esa fuerza albergadora. De este modo, la lucha, el litigio, entre sustracción y apertura se ha resuelto ya en contra del extrañamiento que irrumpe en la experiencia humana *ante* el «es» mismo. La absolutización de la fuerza apelativa del ser ha introducido en la filosofía el hechizo de una centricidad cautivadora que, como canto de sirena, adormece la condición excéntrica y la abandona en su *arrojamiento*. Por eso, no sorprende que Heidegger remita constantemente el devenir al flujo «apropiador» que se genera en él, lo que quiere decir que el hombre se instala en la propiedad de sí, en su *sí mismo propio*, justo en la medida en que se deja apropiar en y por el acontecimiento[48]. Expulsada la posibilidad de una respuesta *desde sí*, la pertenencia al tiempo y el anhelo de ser se diluyen en un «adquirir la idoneidad», es decir, la cualidad para responder a la llamada del ser[49]. Todo lo susceptible de ser pensado como *respuesta activa* a esa *demanda* es inmediatamente rechazado por el espíritu heideggeriano como impropiedad, extravío, inautenticidad[50]. Pues lo que para él importa es ante todo subrayar la relación de *correspondencia* entre los anhelos del hombre y lo que pide su arraigo. Y también entre el *curso* del pensar y la fuerza *precursora* de su estar arraigado[51]. Una tesis fascinante, si no fuese porque bajo semejante *radicación en-ser* sólo ha sido pensada la paz del hombre y su reposo en lo *entraño de sí*[52] y no, al mismo tiempo, la guerra que sostiene —en términos de A. Machado— con sus entrañas.

El nuevo dios de Heidegger es esta clausura del acontecer en su propiedad entrañante y apropiadora. A su luz, la aventura humana adquiere un sentido vernáculo: una búsqueda de hogar y un tránsito de y hacia lo nativo. Un sentido que fulgura no sólo en su comprensión *extática* del acontecimiento, sino también en la forma en que acomete la dimensión *dinámica* del acontecer en cuanto discurrir a lo largo del tiempo. Es la misma clausura la que lo conduce a pensar cada momento histórico, cada época, como si su impulso se redujera a la invocación del curso anterior.

3c

La autoprotección vigorosa que anima la clausura en lo propio es la causa de que, sobre todo en la época de la *Kehre*, la *demanda* del ser —el signo de la propiedad— se convirtiese en un principio que antecede siempre a la aventura humana y que termina convirtiéndola unilateralmente en una *entrega* y en una *respuesta* a la *interpelación*, perdiendo así lo que en ella hay de *deserción* y *contestación*. Desertar respecto a la *llamada céntrica* de un mundo para librarse a sus márgenes es en el pensar heideggeriano un tipo de fenómeno susceptible de ser reducido en dos direcciones posibles: bien como extravío respecto a la demanda previa de la *tierra* que *cobija*, bien como entrega a una *llamada* diferente. Contestar a la interpelación de lo que acontece es reductible, igualmente, o en cuanto huida que separa y envilece, o en la forma de una escucha atenta y *obediente* de otra interpelación. En el fondo, se trata siempre de poner en movimiento la figura de pensamiento que se viene esclareciendo en reflexiones anteriores: *la propiedad como condición de la propiedad y de la impropiedad*. Este *principio* de clausura, que separa, en todo acontecer, la *propiedad acaeciendo en su propiedad* de la *propiedad acaeciendo en su impropiedad*, ha terminado invadiendo todo el espacio del devenir en el rumbo de la hermenéutica y gravándolo con la nostalgia del paraíso perdido, allí donde estaba *en casa*. El *claustro de lo propio* genera otra figura de pensamiento subsidiaria: «el eterno retorno de la apelación».

Hay que decir, en primer lugar, que no se trata aquí de negar esa dimensión apelativa que surca cada trazo de la acción humana. Cuando se habita un mundo se sigue oscuramente el hilo de Ariadna de una in-vocación. En el laberinto de un proyecto personal de vida o de una empresa colectiva se ha pre-comprendido siempre de antemano el *rumbo*. Como una nervadura previa, éste precede a las intenciones explícitas y a los actos conscientes. El rumbo es una vocación tácita, *in*serta en la acción, y *pide* una dirección, un trazado. Es un silente vector que selecciona lo relevante, lo pertinente, lo importante, lo necesario, lo inevitable. No es necesario que a cada paso la luz de la reflexión decida el curso de los acontecimientos. Se vive *in*curso en ellos y, en esa medida, se ha concitado desde el principio el movimiento propio de aquello a lo que se pertenece, el flujo inmanente al curso, los requerimientos de la «cosa misma» en la que se pone el empeño. Al actuar, siempre nos hemos *empeñado*: hemos comprometido la vida y adquirido una deuda. Ahora bien, esta entrega no clausura la praxis. Si el hombre puede interrogarse por el *sentido de ser*, si puede comprenderse incluso como la forma viviente de esa interrogación, entonces ha interpuesto desde el comienzo una distancia respecto al modo concreto en que discurre su ser. *¿Por qué así y no de otro modo?* En la entrega se ha instalado, *ya siempre*, el extrañamiento, como su otra cara, como un *inversum* discorde. La distancia que éste genera no ha sido elaborada por alguna maquinación de la conciencia técnica, ni surge del extravío. Es un distanciamiento pre-reflexivo e inevitable. En cuanto ex-centricidad sub-representativa, pre-lógica, adopta muchos rostros: es, por ejemplo, el generador del espíritu de *sospecha* que acompaña a toda entrega, el principio de la ironía y de la risa. Si la apelación *in*voca al hombre a *habitar* en una *estancia,* a radicarse en un mundo, el extrañamiento excéntrico le permite romper todo lo estacionario y *ex*ponerse en tierra de nadie. La primera lo inserta en la profundidad de la experiencia; el segundo le concede la posibilidad de reírse de sí mismo, de hacer de sí un experimento, una obra de arte. Si hubiera que decirlo en lenguaje heideggeriano, valdría tal vez lo siguiente. El ocultamiento del ser no sólo abre una morada para el hombre; también, y al mismo tiempo, deja en franquía la falta de morada. Esta *falta* es la *errancia esencial* que penetra la *propiedad* de la demanda y la desgarra. La donación acontece en la misma medida en que inspira sospechas. El misterio reclama una escucha y, al mismo tiempo, encuentra la perplejidad del hombre. La *nada* del ser es su encubrimiento y su falta de fundamento, pero es simultáneamente lo sorprendente de que ello sea así, de que tenga que ser así. El extrañamiento no es la pérdida de arraigo, es el huésped del arraigo. No hace que la existencia humana discurra en el extravío, la ilusión o el error. Convierte al hombre en un extranjero en su propia casa.

Este problema no se puede evadir señalando simplemente que el acontecer, tal y como es pensado por Heidegger, es un devenir sin cese y que, por eso, la pertenencia al mundo es, en su mismo corazón, un cambio permanente. Una réplica así puede hacerse, por ejemplo, invocando la relación interna que existe, en el pensar heideggeriano, entre *pertenencia* y *proyecto*, o entre *arrojamiento* y *futuridad*, como reclama Gadamer[53]. No hay que olvidar —en esto Gadamer lleva razón— que el *ser-en-el-mundo* es, en la obra de su maestro, siempre ser-en-la-posibilidad abierta, en la apertura al ad-venir, al futuro, pues el *Dasein* existe siempre como *proyecto*, en virtud del cual se autotrasciende hacia nuevas posibilidades de ser. Habría que añadir, incluso, que la pertenencia al ser, tal y como la entiende Heidegger, coloca al hombre en una existencia heraclitea, en un devenir permanente. Pero éste no es el problema. La cuestión central reside en cómo entendemos ese devenir y su génesis. Y aquello a lo que la hermenéutica heideggeriano-gadameriana no está dispuesta a renunciar es al principio de que el inicio de una nueva andadura se aclara desde el arraigo en un mundo previo, de que todo nuevo comprender es un comprenderse que toma pie en otro anterior —de un modo más preciso: que el *Dasein* es *proyecto-yecto* y que la *historia efectual* subyace a la apertura de cualquier horizonte novedoso—. Es obvio, y se ha dicho ya, que la excentricidad humana opera en el seno de la centricidad. El ser-errante no se desprende de la radicación en ningún caso, sino que la encuentra y la forja a cada paso. Sin embargo, esta excentricidad no juega un papel secundario en la historia de las interpretaciones, como si fuese meramente la «superficie» o «expresión» de una instancia más profunda. Posee un vigor irreductible y su constante insistencia entra en litigio con la dimensión apelativa de la facticidad. Es esa lucha o guerra intestina entre centricidad y excentricidad lo que queda fuera de la hermenéutica. Lo objetable es, pues, que no se inserte en la historia de las comprensiones del mundo la batalla entre apelación y extrañamiento, radicación y erraticidad. En este punto, Gadamer no hace más que repetir el error de Heidegger. Supone que el viaje del comprender, de una interpretación histórica a otra, es el discurrir de un pertenecer, en el cual éste siempre tiene la prevalencia. Aquella fuerza errática que inserta en la historia la dinámica negativa del no-pertenecer a ningún mundo en particular, esa ex-centricidad dentro de la centricidad, sólo está pensada en la hermenéutica gadameriana como una forma desviada de insertarse en el viaje de la pertenencia, como alienación o extravío. La hermenéutica que impulsó Heidegger transporta y conserva el error tan fuertemente como lo hizo el maestro[54]. El Hermes que rescata es sólo el que hace de mensajero entre los dioses y los humanos, el que *porta* el mensaje del origen, pero no, al mismo tiempo, aquél de los helenos que representaba el espíritu del cruce, de la transferencia, la transgresión, la transición o la travesía.

La lejanía excéntrica de la condición errática no es reductible a la *distancia temporal* que opera en la interpretación del pasado ni a esa que establece el pre-juicio en el que *ya siempre* se encuentra incardinado el intérprete[55]. Pues no consiste en el trecho que separa una inserción de otra, como el cauce profundo y subterráneo que pone en contacto dos vaguadas, sino en el desafío a la inserción, que lleva a transitar por la quebrada vacilante entre montañas. Mucho menos reductible es aún —es preciso advertirlo para no despertar conclusiones prematuras— a la distancia del *juicio* reflexivo que, según Habermas y Apel, es capaz de injertarse en la comprensión, desenmascarando en ella patologías: autoengaños, influjos del poder, etc. No es, ni una distancia que se disuelve en la pertenencia *fáctica* al pasado (Gadamer), ni una distancia, de corte ilustrado, que tendría su fundamento en esa otra *apelación* del *logos* desde un futuro *contrafáctico*[56]. Se trata de un *distanciamiento pre-discursivo, pre-judicativo*, en la medida en que, como vamos viendo, pertenece a la esfera de la *existencia* y no a la de una supuesta *racionalidad universal*.

3d

Pero ¿desde dónde asiste al hombre la posibilidad de una *respuesta activa* a la demanda de su pertenencia al mundo? ¿Cómo podemos escapar a la figura de pensamiento que venimos comentando y que implicaría que toda respuesta activa es ya, más originariamente, pasiva, una respuesta activa que viene demandada por la propia pertenencia? La respuesta es ésta: reconociendo el extrañamiento en el propio pertenecer del hombre al mundo.

Heidegger se niega a admitir esto porque tiene el prejuicio de que toda excentricidad respecto al *ser-en-el-mundo* adopta por fuerza una forma reflexiva que tiene como modelo la metáfora óptica de la metafísica. Él mismo se plantea el problema que aquí estamos abordando y lo pone bajo sospecha. El fenómeno mismo del acontecer se puede prestar al *asombro* cuando la mirada *externa* de la conciencia interroga:

> Con la pregunta sobre qué significa todo esto y cómo puede acontecer y sólo con esta pregunta, empieza el asombro. ¿Cómo somos capaces de llegar aquí? ¿Tal vez prestándonos a un asombro que, como mirada inquisitiva, mira buscando aquello que nosotros llamamos despejamiento y salida de lo oculto?[57].

Señala aquí un tipo de asombro característico de la existencia impropia. Lo explica genealógicamente a partir del hecho de que el hombre permanezca en el olvido del ser y se mantenga en la superficie de lo meramente presente. A través de esa impostura, que coincide con la errancia de la inautenticidad, queda sumergido en la cotidianidad y apresado por ella, de modo que ya todo le parece conocido. Es por eso por lo que le puede resultar extraño. La perplejidad o el asombro emergen del desarraigo, de la falta de escucha respecto a la apelación del ser, es decir, porque el hombre «no ve el callado resplandor (el oro) del misterio que brilla incesantemente en lo simple del despejamiento»[58]. Se entiende que Heidegger concluya remitiéndonos de nuevo al albergue, a la donación, mediante la pregunta retórica

> ¿Cómo es posible que alguien cuya esencia pertenece al despejamiento pueda retirarse alguna vez de la acogida y del cobijo del despejamiento? [...] Lo dorado del brillar inaparente del despejamiento no se deja coger porque no es nada que pueda cogerse sino que es el puro acaecer de un modo propio. [...] [El brillar] irradia del sagrado albergarse[59].

Una vez más muestra su rostro el nuevo dios de Heidegger, la clausura de lo propio, el eterno retorno de la apelación. Frente a ello es preciso señalar que la fuerza de la condición excéntrica no hay que buscarla en lo opuesto al acontecimiento de ser, en una voluntad cartesiana y racionalista, pues pertenece a la existencia. El extrañamiento, habíamos dicho, es para Heidegger, coincidente con ese movimiento por mor del cual el rehusarse del ser con-forma la donación de un mundo. Ahora bien, el filósofo alemán no ha sabido ver la posibilidad, inherente al hombre, de extrañarse respecto a la demanda misma que le apremia en su inserción mundana. El extrañamiento ante el mundo —al que apunta la angustia, como se dijo—

cuenta en el pensar heideggeriano sólo en cuanto *modus cognoscendi* del ser y nunca como parte integrante de su *modus essendi*, lo cual resulta paradójico e incoherente. Pues ¿cómo se puede expulsar del existir a ese impulso que conduce, precisamente, a la aprehensión: «es»? ¿Cómo desalojar del ser, en cuanto des-cubrimiento al rayo extrañante que permite recobrar al ser mismo? Sólo por la intervención en el tiempo de este extrañamiento, por cuya potencia el hombre accede, al unísono, a la condición errática, se puede entender el advenir también en la forma de un iniciar irruptivo y disruptivo. En la erraticidad el hombre *se descubre en el mundo*, pero también pone en juego una *ars inveniendi* en virtud de la cual se lanza a la aventura de *hacer mundo*.

Se deduce de ello que hay en el acontecimiento de ser un contraimpulso (*Gegenschwung*) en virtud del cual la ocultación de dicho acaecer en cuanto tal abre un mundo de sentido concreto, pero también un «contra» (*Gegen*) frente a ese mismo *Gegenschwung*. El litigio no está confinado al pliegue entre el ocultamiento y la apertura. Alcanza al «entre» en el que la apertura apelativa misma y la pleamar de la interrogación extrañante se encuentran conflictivamente. Topamos, en este punto, con un complejo movimiento de la autorreferencialidad: en la auto-afección humana tiene lugar un ex-trañamiento ante su propio en-trañamiento. Una excentricidad prelógica, pre-reflexiva, atraviesa la centricidad del existir y es a una con ella. En el des-entrañamiento vibra una *virtus* activa que saca al hombre de la propiedad del entregarse y lo confronta con esa contra-propiedad del desembarazarse. La condición errática es el reverso sub-representativo del *ser-en-el-mundo*.

NOTAS

1. En ese sentido, el pensar esencial reclama del hombre un modo muy peculiar de *habérnoslas-con* el mundo tecnificado que nos envuelve. Lo ha denominado Heidegger *serenidad*. No podemos reprimir la tentación de transcribir un excelente texto heideggeriano que hoy, a nuestro juicio, debería servir de modelo en la relación con el mundo tecnificado. «El pensamiento meditativo requiere de nosotros que no nos quedemos atrapados unilateralmente en una representación, que no sigamos corriendo por una vía única en una sola dirección. El pensamiento meditativo requiere de nosotros que nos comprometamos en algo (*einlassen*) que, a primera vista, no parece que de suyo nos afecte. Hagamos la prueba. Para todos nosotros, las instalaciones, aparatos y máquinas del mundo técnico son hoy indispensables, para unos en mayor y para otros en menor medida. Sería necio arremeter ciegamente contra el mundo técnico. Sería miope querer condenar el mundo técnico como obra del diablo. Dependemos de los objetos técnicos; nos desafían incluso a su constante perfeccionamiento. Sin darnos cuenta, sin embargo, nos encontramos tan atados a los objetos técnicos, que caemos en relación de servidumbre con ellos. Pero también podemos hacer otra

cosa. Podemos usar los objetos técnicos, servirnos de ellos de forma apropiada, pero manteniéndonos a la vez tan libres de ellos que en todo momento podamos desembarazarnos (*loslassen*) de ellos. Podemos usar los objetos tal como deben ser aceptados. Pero podemos, al mismo tiempo, dejar que estos objetos descansen en sí, como algo que en lo más íntimo y propio de nosotros mismos no nos concierne. Podemos decir 'sí' al inevitable uso de los objetos técnicos y podemos a la vez decirles 'no' en la medida en que rehusamos que nos requieran de modo tan exclusivo, que dobleguen, confundan y, finalmente, devasten nuestra esencia. Pero si decimos simultáneamente 'sí' y 'no' a los objetos técnicos, ¿no se convertirá nuestra relación con el mundo técnico en equívoca e insegura? Todo lo contrario. Nuestra relación con el mundo técnico se hace maravillosamente simple y apacible. Dejamos entrar a los objetos técnicos en nuestro mundo cotidiano y, al mismo tiempo, los mantenemos fuera, o sea, los dejamos descansar en sí mismos como cosas que no son algo absoluto, sino que dependen ellas mismas de algo superior. Quisiera denominar esta actitud que dice simultáneamente 'sí' y 'no' al mundo técnico con una antigua palabra: la Serenidad (*Gelassenheit*) para con las cosas. Con esta actitud dejamos de ver las cosas tan sólo desde una perspectiva técnica. Ahora empezamos a ver claro y a notar que la fabricación y utilización de máquinas requiere de nosotros otra relación con las cosas. [...] De momento, sin embargo, no sabemos por cuánto tiempo el hombre se encuentra en una situación peligrosa. ¿Por qué? ¿Sólo porque podría de pronto estallar una tercera guerra mundial que tuviera como consecuencia la aniquilación completa de la tierra y la destrucción de la humanidad? No. [...] ¡Extraña afirmación! Extraña, sin duda, pero sólo mientras no reflexionemos sobre su sentido. [...] ¿Qué gran peligro se avecinaría entonces? Entonces, junto a la más alta y eficiente sagacidad del cálculo que planifica e inventa, coincidiría la indiferencia hacia el pensar [...], una total ausencia de pensamiento» (*Serenidad* [1959], Barcelona, Serbal, 1989, pp. 24-29).

2. M. Heidegger, «Superación de la metafísica» [1936] en *Conferencias y artículos*, Barcelona, Serbal, 1994, pp. 69-71.

3. Cf. *Ibid.*, XIV y XV.

4. P. Cerezo, «Metafísica, técnica y humanismo», en J. M. Navarro Cordón y R. Rodríguez (eds.), *Heidegger o el final de la filosofía*, Madrid, Complutense, 1993, pp. 59-92, p. 78. Desde estas aclaraciones podemos entender, además, por qué el ser no equivale a un destino que conduce al hombre, aunque Heidegger utilice a menudo expresiones en esa línea. Heidegger comprende el «abandono del ser» como «lo carente de sino» (*das Ungeschickliche*) («Superación de la metafísica», cit., XXIV). La interpelación del ser es *destinación* (*Ge-schick*). Gracias a ella hay historia (*Geschichte*). Pero la *destinación* no extrae su fuerza de una ley inexorable o de una voluntad ciega, no es un destino en el sentido habitual de la palabra. Extrae su fuerza de su poder interpelador, un poder que constituye una especie de pasividad activa: se hace valer en la medida en que es penuria. Repárese en la proximidad de las palabras «necesidad» (*Notwendigkeit*) y penuria (*Not*). El ser no es una instancia mística que obliga; es el acontecer inherente a la existencia humana, que «demanda» en cuanto «necesitante». Y el término *necesitante* no expresa la condición de un ser personal, sino el modo de ser de los acontecimientos en nuestra existencia: nos experimentamos *solicitados* por ellos. La íntima relación entre «destino» y libertad ha sido analizada por Heidegger de un modo magistral en *Vom Wesen der Wahrheit* [1930], trad. cast.: «De la esencia de la verdad», en M. Heidegger, *Hitos*, Madrid, Alianza, 2000, pp. 151-171; cf. pp. 159 ss.

5. M. Heidegger, «Superación de la metafísica», cit., XXVII. De otro modo. La esencia de la técnica, dice Heidegger, es la propensión a convertir todo en disponible. El ser es indisponible porque se oculta. La voluntad de hacer disponible lo indisponible es la esencia de la técnica: hacer salir lo oculto y ponerlo enfrente como objeto.

SER ERRÁTICO, SER DISCORDE

Por eso dice Heidegger que la técnica «empuja hacia un respecto que está dirigido en el sentido opuesto a aquello que es. [...] La esencia de la técnica, como un sino del hacer salir lo oculto, es el peligro» («La pregunta por la técnica» [1954], en *Conferencias y artículos*, cit., p. 29; cf. pp. 26-29).
6. M. Heidegger, «Superación de la metafísica» [1936] , cit., pp. 68-69, 71.
7. F. Fukuyama, *El fin de la Historia y el último hombre* [1992], Barcelona, Planeta, 1992.
8. M. Heidegger, «El final de la filosofía y la tarea del pensar» [1969], en VV.AA., *Kierkegaard vivo*, Madrid, Alianza, 1970, 130-153.
9. Como se sabe, la historia entera del *olvido del ser* coincide, en el pensamiento heideggeriano, con la historia de la *metafísica* (*de la presencia*). La historia compacta y lineal de la metafísica está expuesta con detalle en Heidegger, *Introducción a la metafísica* [1953], Buenos Aires, Nova, 1980. Como compendio y cifra de esta historia, cf. «La superación de la metafísica», cit., donde queda clara la comprensión unidimensional de la que hablamos. La superación de la metafísica —viene a decir ahí Heidegger— implica una experiencia de la *metafísica acontecida*, una *rememoración*, que anuncie y abra el espacio en el que el ser sea experimentado en su sentido propio. Pero lo propio sólo puede ser abierto en la medida en que la metafísica se hace cargo de la máxima impropiedad. La superación de la metafísica implica, así, pensar la metafísica en su consumación y como expresión de una única fatalidad: «La Metafísica, en todas sus figuras y en todos sus niveles históricos es una única fatalidad (*Verhängnis*: horizonte inevitable). [...] Pero esta fatalidad, que debe ser pensada desde el punto de vista de la historia del ser, es necesaria porque el ser mismo sólo puede despejar en su verdad la diferencia entre ser y ente que está resguardada en él, si esta diferencia misma acaece de un modo propio. Pero ¿cómo puede hacer esto sin que antes el ente no haya entrado en el extremo olvido del ser?» («Superación de la metafísica», § VIII, p. 69). Esta consumación de la Metafísica es la Metafísica en cuanto técnica (*Ibid.*, § X, p. 72). La consumación de la Metafísica no hace más que llevar a cumplimiento lo que estaba ya al comienzo de ésta y la recorre como su necesidad inmanente. Pensar la consumación coimplica, en cuanto *paso atrás*, rememorar el comienzo. Este comienzo es el carácter ontoteológico de la metafísica (cf. «La constitución onto-teo-lógica de la metafísica», en *Identidad y diferencia* [1957], Barcelona, Anthropos, 1988, p. 119).
10. En efecto, hegelianismo invertido, a condición de que no entendamos el paso del comienzo a la consumación de modo dialéctico, como la historia de una progresiva *Aufhebung* (cf. *Ibid.*, pp. 109-111). El comienzo de la metafísica ha de ser entendido como el espacio más originario que instaura o inicia la esencia de la metafísica. Como tal, rige, de hecho, en la tradición desde su comienzo histórico y «está siempre por delante de ella» (cf. *Ibid.*, p. 111).
11. Para el caso de Aristóteles, puede consultarse E. Berti, «La interpretación heideggeriana de la metafísica de Aristóteles como *ontoteología*»; para el de Platón, A. Vallejo, «De Nietzsche a Heidegger: Platón y el problema del nihilismo»; para el de Parménides y Gorgias, T. Calvo Martínez, «De Parménides a Gorgias: el mundo verdadero como fábula»; para el de Suárez, O. Barroso Fernández, «De la metafísica creacionista a la ontología objetivista. La interpretación heideggeriana de las *Disputationes Metaphysicae* de F. Suárez», todos ellos en L. Sáez, J. de la Higuera y J. F. Zúñiga (eds.), *Pensar la nada. Ensayos sobre filosofía y nihilismo*, Madrid, Biblioteca Nueva, 2007.
12. Un malestar en la cultura del que hablase Freud y que, por cierto, nos acucia hoy de un modo muy parecido a como acuciaba a la España en la crisis de finales del siglo XIX. Véase el magnífico estudio de Pedro Cerezo, *El mal del siglo. El conflicto entre Ilustración y Romanticismo en la crisis finisecular del siglo XIX*, Madrid, Biblioteca Nueva, 2003, en particular las pp. 44 ss. en el contexto de la Introducción.

13. M. Foucault, *Historia de la locura en la época clásica* [1964], I, México, FCE, ⁴1991, pp. 63 ss.
14. *Ibid.*, p. 26.
15. En este punto, suscribo la crítica que realiza Remedios Ávila a Heidegger desde Nietzsche, aunque no creo, como intentaré mostrar más adelante, que la relación entre estos dos filósofos constituya una alternativa (ser o valor). Cf. R. Ávila Crespo, *El desafío del nihilismo. La reflexión metafísica como piedad del pensar*, Madrid, Trotta, 2007, cap. 7.
16. En un lenguaje más estrictamente próximo al heideggeriano. Lo que llama Heidegger *nihilismo propio* es la dimensión creadora de la *nada*, entendida ésta como el fenómeno del ocultamiento del ser en su mismo desocultamiento, lo que inyecta en el ser una falta de fundamento (*Ab-grund*) en su acontecer: «La esencia del nihilismo propio es el ser mismo en el permanecer fuera (*Ausbleiben*) de su desocultamiento el cual, en cuanto suyo, es Él mismo y determina, en el permanecer fuera, su es» (M. Heidegger, *Nietzsche* [1961], II, Barcelona, Destino, 2000, p. 289). Por su parte, *el nihilismo impropio* consiste en la des-atención o el dejar fuera (*Auslassen*) ese acontecimiento de ocultamiento, es decir, el de la sustracción o del permanecer fuera (*Ausbleiben*). Significa no tomarse en serio la pregunta por la nada, cooriginaria respecto al ser, y declinar en el olvido del ser a través de la *Metafísica de la Presencia* (*Ibid.*, II, p. 50). Ahora bien, la paradoja estriba en que el *nihilismo propio*, en tanto que acontece en la metafísica y como metafísica, «no es lo propio», o lo que es lo mismo, «acontece en la impropiedad de sí mismo» (*Ibid.*, II, p. 293). Acontece deforme e invertido: «Pero en la medida en que en la metafísica acontece este permanecer fuera, esto que es lo propio (*Eigentliche*) no es admitido como lo propio del nihilismo. Por el contrario, precisamente en el pensar de la metafísica se deja fuera el permanecer fuera en cuanto tal, de manera tal que la metafísica deja fuera también este dejar fuera como acción propia suya» (*Ibid.*, II, p. 293). «La plena esencia del nihilismo —concluye Heidegger— es la unidad originaria de lo que le es propio y lo que le es impropio» (*Ibid.*, II, p. 293). La superación del nihilismo requiere así una superación de la metafísica para encontrar el sentido propio del nihilismo como sustracción. Superar el nihilismo implicaría pensar la *nada* como perteneciente al ser y como un fenómeno productivo. «Penetrar expresamente hasta los límites de la nada —al *preguntar* por el ser— e incluirla en la pregunta ontológica es [...] el primer y único fecundo paso para una verdadera superación del nihilismo» (M. Heidegger, *Introducción a la metafísica* [1953], cit. p. 238). Agradezco a P. Cerezo Galán su ayuda en la reconstrucción de este —qué duda cabe— farragoso pero profundo y lúcido problema planteado por Heidegger.
17. M. Heidegger, «La pregunta por la técnica» [1954], cit., pp. 22-24.
18. Cf. M. Heidegger, «De la esencia de la verdad» [1930], cit., pp. 164-165.
19. *Ibid.*, p. 166.
20. *Ibid.*
21. Platón hablaba de un saber relacionado con el mito. Era un saber vinculado con los cultos délficos (a Apolo). En el *Timeo* dice Platón que se experimentaba allí una locura productiva, adivinatoria. El dios proponía un enigma. La sibila lo adivinaba entrando en trance. En este tipo de saber adivinatorio ligado al pensamiento mítico surge la filosofía como dialéctica. A partir de Sócrates, ese saber se racionaliza. Se hace dialéctica. Saber significa aportar razones. El oráculo no es ya el dios, sino el discurso racional, el de los argumentos. El agonismo se transforma: ya no hay porfía entre hombre y Dios, sino entre hombres. «Dialéctica» significa originalmente «discusión entre personas vivas». Cf. G. Colli, *El nacimiento de la filosofía* [1975], Barcelona, Tusquets, ⁵1994, pp. 61-71.
22. M. Heidegger, «De la esencia de la verdad», cit., p. 167.
23. *Ibid.*

24. M. Heidegger, «¿Qué es metafísica?» [1929], en *Hitos*, cit., pp. 93-109.
25. En el epílogo a *¿Qué es metafísica?* en su edición de 1943 y en la posterior Introducción, de 1949, ambos en *Hitos*, cit.
26. W. Shakespeare, *Hamlet*, V, 2.
27. En el Epílogo de 1943 aclara Heidegger: «De entre todos lo entes, el hombre es el único que, siendo interpelado por la voz del ser, experimenta la maravilla de las maravillas: *que* lo ente es. Así pues, el que, en su esencia, es llamado a la verdad del ser está ya siempre y por eso mismo determinado de un modo esencial. El claro valor para la angustia esencial garantiza la misteriosa posibilidad de la experiencia del ser [...]» (*Hitos*, p. 254).
28. Así, se suele oponer el espíritu nietzscheano de jovialidad (fuente del valor que posee la risa, el humor, la ironía) a un supuesto espíritu heideggeriano de seriedad, gravedad, solemnidad que Zaratustra reprocharía en cuanto especie del «espíritu de pesadez» (cf., por ejemplo, R. Ávila, *El desafío del nihilismo*, cit., pp. 257-259).
29. «Cuanto a la enfermedad, tentado estoy a preguntar si podríamos pasarnos sin ella. Un gran dolor es el último libertador del espíritu. [...] El dolor grande, ese lento y largo dolor que se toma tiempo y nos consume cual si con leña verde nos quemaran, ese dolor es quien nos obliga a los filósofos a descender a las profundidades más hondas de nuestro ser y a desprendernos de todo bienestar, de toda media tinta, de toda suavidad, de todo término medio, donde tal vez antes habíamos depositado nuestra humanidad. Dudo mucho que un dolor así nos haga mejores, pero sé que nos vuelve más profundos [...], siempre se vuelve convertido en otro hombre de esos peligrosos ejercicios de dominio de sí, con algunos signos interrogantes más y sobre todo con voluntad formada de interrogar en lo sucesivo mucho más que hasta entonces y con mayor profundidad» (F. Nietzsche, *La gaya ciencia* [1884], Barcelona, 1979, prólogo, § 3).
30. Es aquí, a mi juicio, donde Peter Sloterdijk tendría que haber cifrado el sentido más profundo del extrañamiento. Cf. P. Sloterdijk, *Extrañamiento del mundo* [1998], Valencia, Pre-Textos, 2001. Sloterdijk realiza una «fenomenología del espíritu falto o apartado del mundo». El extañamiento se refiere sobre todo al «gran teatro del mundo bajo el aspecto del estar distante del escenario» (p. 25). Toma, así, la excentricidad o la erraticidad, empleando nuestro lenguaje, como una forma de extravío, al modo deficitario en que lo hace Heidegger.
31. «Recobrar» no significa aquí apresar en su totalidad, sino concederle al acontecimiento, que es un rayo, una permanencia intensiva. Volveremos sobre ello en el capítulo 7, § 1.
32. Esta figura conforma, efectivamente y como se ha venido sugiriendo, un determinado interior del pensamiento heideggeriano. He aquí algunas de sus manifestaciones. Está presente en la comprensión de la era técnica, como cuando dice: «Desde la perspectiva de la historia acontecida del ser, la esencia del nihilismo es el estado de abandono del ser, en tanto que en él se produce el hecho de que el ser se deja ir a las maquinaciones» («Superación de la metafísica» [1936], cit., p. 82). La compleja textura de este fenómeno «aporético» incluye una vuelta de tuerca más. Pues que el ser acontezca en su impropiedad no puede pensarse como mera construcción del hombre. Es necesario que una fuerza apelativa, que sólo puede ser atribuida al ser mismo, abra el campo de juego en que dicho movimiento se hace posible. Muy tempranamente, en *¿Qué es metafísica?* —[1929], cit., pp. 93-109— desliza Heidegger la idea de que el *olvido del ser* viene ya posibilitado por el acontecimiento del ser, es decir, que dicho olvido es la posibilidad seductora, inscrita en el ser, de que su propiedad se ponga en obra bajo la forma de su impropiedad. La concreción de este espinoso e intrincado movimiento adopta la forma de este otro: estamos *ya siempre* solicitados al olvido de la nada (y del ser, consecuentemente) en la medida en que la existencia fáctica empuja

a que nos internemos en lo presente, en lo entitativo, y a que permanezcamos en él. El extrañamiento que conduce a preguntar por el ser exige una cierta violencia contra la dinámica inercial de la cotidianidad. El olvido es algo que puede resultar natural y cotidiano precisamente porque lo «natural» y lo «cotidiano» es efecto del acontecimiento del ser (cf. pp. 103 ss.). De modo análogo, cuando trata el nihilismo de la metafísica, viene a confirmar que es el ser mismo el que suscita la posibilidad de su olvido en el nihilismo impropio: «En la manifestación de lo ente como tal, el propio ser se queda fuera. La verdad del ser no aparece, permanece olvidada. Así pues, el nihilismo sería en su esencia una historia que tiene lugar con el ser mismo. Entonces residiría en la esencia del ser mismo el hecho de que éste permaneciera impensado porque lo propio del ser es sustraerse. El ser mismo se sustrae en su verdad. Se oculta en ella y se cobija en ese refugio. [...] La propia metafísica no sería, según esto, una mera omisión de una pregunta por el ser que aún queda por pensar. No sería ningún error. En cuanto historia de la verdad de lo ente como tal, la metafísica habrá acontecido a partir del destino del propio ser» («La frase de Nietzsche 'Dios ha muerto'» [1943], en *Caminos del bosque*, cit., p. 196). La diferencia óntico-ontológica, dicho de otro modo, contiene en sí la palpitante invocación a su disolución en la identidad: «el olvido forma parte de la diferencia porque ésta le pertenece a aquél. No es que el olvido sólo afecte a la diferencia por lo olvidadizo del pensar humano» («La constitución onto-teo-lógica de la metafísica», en *Identidad y diferencia* [1957], cit., p. 115).

33. Esto lo ha mostrado P. Cerezo muy convincentemente («En torno a la distinción de *Entäusserung* y *Entfremdung* en la *Fenomenología del espíritu*», en *Razón, Libertad y Estado en Hegel*. Actas del I Congreso Internacional sobre Hegel, 5-9 de marzo de 1998, Salamanca, Universidad de Salamanca, 2000, pp. 59-89). En la aclaración de estos dos sentidos nos atenemos a lo fundamental de este trabajo de Cerezo.

34. P. Cerezo, art. cit., p. 64.

35. La idea más penetrante de Heidegger al respecto es que el pensamiento hegeliano contiene un sedentarismo inmovilista en su tejido interno, justamente en la medida en que no llega a comprender que el existir es ser-en-el-tiempo. Para Hegel, el tiempo y, por tanto, el devenir, no llega a ser lo esencial, sino lo marginal y secundario. Lo originario, pensado hegelianamente, es la esencia eterna de la Idea, respecto a lo cual el tiempo del despliegue es el *medio* necesario para que ésta se recobre a sí misma en lo Absoluto. El tiempo y el devenir, para Hegel, son un tránsito de lo eterno a lo eterno, y no la esencia misma de la existencia. El ser en Hegel es «aquello anterior que 'es' totalmente pretemporal y por ello supratemporal. Lo antecedente, lo procedente, lo que descansa en sí, lo pasado que se ha aquietado. [...] Resumiendo, podemos decir, bajo forma de tesis: *Hegel*: el ser (infinitud), es también la esencia del tiempo. *Nosotros*: el tiempo es la originaria esencia del ser» (M. Heidegger, *La Fenomenología del Espíritu de Hegel* [1930-1931], Madrid, Alianza, ³2006, p. 209; cf., sobre todo, pp. 185-211).

36. El tiempo en Hegel, concluye Heidegger, «es lo *enajenado*» (*Ibid.*, p. 208). Para la expresión «enajenación» utiliza el autor el término *Veräusserung*. *Äusserung* significa «manifestación, exteriorización». Al emplear Heidegger el prefijo «Ver» introduce en la ex-posición un sentido peyorativo. La *Ver-äusserung* es una exteriorización que deforma y aliena: enajenación, enajenamiento, alienación. Es fácil deducir de ello que el *ent* (que porta el sentido un movimiento de salida) de la *Entäusserung* hegeliana presupone, contemplado desde el giro hermenéutico heideggeriano, un «salir alienante de sí».

37. Cf. *Ibid.*, pp. 202 ss.

38. «Estructuralmente hablando —señala Cerezo— la *Entfremdung* juega dentro del espacio dialéctico que le abre la *Entäusserung*, en la medida en que no puede darse alienación sino sobre la base de una exteriorización extrañante. Más aun: la alienación

no es más que la forma pervertida, socialmente in-vertida y escindida, inhumana, en suma, en que se realiza o lleva a cabo la posición de coseidad. La *Entäusserung* subyace a la *Entfremdung* como su condición estructural de posibilidad, pues si la autoconciencia no tuviera que pasar por la experiencia de su exteriorización (*Äusserung*) y extravío en lo otro de sí, de su extrañamiento objetivante, de su renuncia a sí para poner la coseidad y recobrarse a sí misma en su obra, no sería posible en general una situación social de pérdida de la propia esencia» («En torno a la distinción de *Entäusserung* y *Entfremdung*...» [2000], cit., p. 81). Pero es que, además, la *Entfremdung*, entendida en su dimensión *dinámica*, puede ser comprendida también como el paso necesario de la realización del Espíritu, es decir, como un movimiento no-enajenante o alienante en sí mismo, como la necesaria puesta en obra del extrañamiento en el sentido productivo de la *Entäusserung*. Hay dos formas, pues, en que puede ser entendida la dependencia de la *alienación* respecto a la *exteriorización*. «A la primera prefiero llamarla alienación extática, como estado de desgarramiento, y la segunda, alienación dinámica o productiva en cuanto lleva a cabo una exteriorización extrañante (*Entäusserung*) que, aunque alienada, no puede menos que producir objetividad» (*Ibid.*, p. 85).

39. La analogía puede ser llevada más lejos, incluso. Hemos mostrado que en el seno del pensar heideggeriano, el olvido del ser sólo puede comprenderse como un acontecimiento mismo del ser, es decir, como un acontecimiento de lo propio del ser *en su impropiedad*. Se puede añadir ahora que esta figura de pensamiento que comentamos articula, además, el modo en que Heidegger piensa la *superación* de la metafísica. En este caso, la idea central adopta la forma siguiente: incluso la *superación* del *olvido del ser* tiene que provenir de una *llamada* del ser mismo. Si el hombre cambia su modo de *ser-en-el-mundo* sólo en la medida en que es interpelado por el ser, resulta que tanto el residir en una existencia impropia, inauténtica, como el salir de ella, son sucesos que ocurren por mor del requerimiento mismo del ser (que es tanto como su *destinación*, *Ge-schick*). Ciertamente, no hay que entender esto como si el ser fuese destino y nos determinase, de forma que nos ahorra toda libertad y toda responsabilidad (esto lo han dicho, por ejemplo, Habermas y Apel, mostrando con ello muy poca osadía intelectual). La *destinación* es de carácter *apelativo* y requiere, no una sumisa quiebra de la libertad, sino el ejercicio de ésta desde la *escucha*. Pero en cualquier caso, esta capacidad de escucha se vuelve retornable en su irrebasabilidad y principialidad. Así, por ejemplo, cuando Heidegger se pregunta cómo será que salgamos del nihilismo (impropio), afirma que tal superación tiene que ocurrir como un *advenimiento del ser mismo* (M. Heidegger, *Nietzsche* [1961], cit., II, p. 298). Junto a ello, señala que semejante advenimiento no tendrá lugar sin que el hombre vaya *al encuentro del ser mismo* (*Ibid.*, p. 299). Ese *ir al encuentro del ser* consiste en ser capaz de escuchar la liberación que él promete: «El ser mismo, en cuanto se retiene y se reserva a sí mismo en el desocultamiento de su esencia, ya se ha anunciado con su palabra [*vorgesprochen*] en la esencia del hombre y ha intercedido [*eingesprochen*] en ella. Por tal de dirige de este modo su palabra, pero que se retiene en el quedar fuera, es *la promesa* [*Versprechen*] *de sí mismo*. Pensar al encuentro del ser en su permanecer fuera quiere decir: penetrar en esa promesa, como la cual 'es' el ser mismo. [...] *La esencia de la metafísica descansa en que es la historia del misterio de la promesa del ser mismo*» (*Ibid.*, p. 300). Llevar al ser a su propiedad, en definitiva, sólo puede pensarse como acontecimiento de la *propiedad* del ser *en su propiedad*. Pues bien, este *acaecer en su propiedad* (que sería la superación de la metafísica en cuanto *Überwindung*) hace necesario el paso por su *acaecer en su impropiedad* (es decir, la metafísica en cuanto *olvido del ser*), de modo análogo a como en Hegel la alienación dinámica es necesaria para la realización reapropiadora (la superación, esta vez como *Aufhebung*). Esta figura está diseminada en multitud de textos heideggerianos. Valga el siguiente: «La Metafísica es fatalidad en el sentido estricto de esta palabra [...] ella, como rasgo fundamental de

la historia acontecida de Europa occidental, deja las cosas del hombre suspendidas en medio del ente, *sin que* el ser del ente pueda jamás ser experienciado, interrogado. [...] Pero esta fatalidad, que debe ser pensada desde el punto de vista de la historia del ser, es necesaria porque el ser mismo sólo puede despejar en su verdad la diferencia entre ser y ente que está resguardada en él, si esta diferencia misma acaece de un modo propio. Pero ¿cómo puede hacer esto sin que antes el ente no haya entrado en el extremo olvido del ser y sin que, al mismo tiempo, el ser no haya tomado sobre sus espaldas su dominio incondicionado, metafísicamente incognoscible, como voluntad de voluntad, como voluntad que se hace valer desde el principio ante el ser por la preeminencia única del ente (de lo objetualmente real)?» (M. Heidegger, «Superación de la metafísica» [1936], cit., p. 56).

40. Heidegger ha descrito el ser (que es diferencia) como *pliegue*. La apertura de sentido (*Lichtung*), que funda todo horizonte de comprensión en la historia, incorpora dos momentos cooriginarios. En cuanto acontecimiento de *descubrimiento*, constituye un *sobrevenir* o *autotrascenderse* emergente del ser; pero en la medida en que éste es siempre *ser del ente*, hay que concebirlo, al mismo tiempo, como un *arribo, advenimiento* o *llegada*, que ilumina al ente en su presencia y que se oculta al unísono (por su carácter de acontecimiento, heterogéneo respecto a lo configurado ónticamente en la presencia). El ser *qua* diferencia es ese *entre* que reúne y separa, como si de un pliegue se tratase, los dos momentos (M. Heidegger, «La constitución onto-teo-lógica de la metafísica», en *Identidad y diferencia* [1957], cit. pp. 139-141).

41. M. Heidegger, *Aportes a la filosofía. Acerca del evento* [1936-1938], Buenos Aires, Almagesto, 2003, § 254, p. 325 (406 del original).

42. La nada del ser, en cuanto encubrimiento y falta de fundamento (*Ab-grund*) es el movimiento o acontecimiento de un *rehusar* (*Verweigern*). El acontecer, en la medida en que se oculta en lo acontecido, puede ser entendido como un *rehusarse originario* respecto a la presencia. Este fenómeno no se identifica, como se viene insistiendo, con la evanescencia del acontecimiento, con su desaparición; es, más bien, una *potencia positiva y productiva* del ser *en virtud de la cual y sólo por mor de la cual*, hay mundo para el hombre, presencia concreta. No habría mundo presente para el hombre si su comprensión alcanzase una «transparencia total». No habría *apertura* interpretativa si ésta fuese claro absoluto. Como una sombra que acompaña a la luz proyectada, el encubrimiento del ser es la condición de la comprensión humana, siempre radicada en la circunstancia. El *rehusarse* del ser es la clave de la existencia en cuanto inherentemente finita y yecta. Hay un litigio en el *acontecimiento de ser*: por abismarse en la falta de fundamento, funda. La donación es el *contraimpulso* (*Gegenschwung*) de la *sustracción* (*Aportes a la filosofía. Acerca del evento* [1936-1938], cit., §§ 145 y 146). Debo la incursión en esta obra a las inestimables indicaciones del profesor Juan Luis Vermal. Sobre el modo especialmente lúcido en que Heidegger presenta la *nada* del ser en este escrito, cf. el profundo y riguroso trabajo de J. L. Vermal, «El origen negativo. Acerca de la nada y la negación en los *Beiträge* y la concepción heideggeriana del nihilismo», en L. Sáez, J. de la Higuera y J. F. Zúñiga (eds.), *Pensar la nada*, cit., cap. 9; especialmente relevantes son los §§ 47, 129, 130, 144-147, 245, 254-256.

43. Repare el lector en que, por poner un ejemplo, incluso el «estar fuera» de la existencia (*Dasein*) es interpretado por Heidegger como *instancia* (*Inständigkeit*): un *estar dentro* del horizonte del ser (M. Heidegger, Introducción a *¿Qué es metafísica?* [1949], en *Hitos*, cit., pp. 299-312, p. 306).

44. En el acontecimiento del ser permanece éste como lo *Mismo* articulador, copertenencia recíproca de lo diferente. «El ser, en el sentido de la sobrevenida [*Überkommnis*] que desencubre, y lo ente como tal, en el sentido de la llegada [*Ankunft*] que se encubre, se muestran como diferentes gracias a lo mismo, gracias a la inter-cisión [*Unter-schied*]. La inter-cisión da lugar y mantiene separado a ese Entre [*Zwis-*

chen] dentro del cual la sobrevenida y la llegada entran en relación, se separan y se reúnen. La diferencia de ser y ente, en tanto que inter-cisión entre la sobrevenida y la llegada, es la resolución [*Austrag*] desencubridora y encubridora de ambas. En la resolución reina el claro [*Lichtung*] de lo que se cierra velándose y da lugar a la separación y la reunión de la sobrevenida y la llegada» («La constitución onto-teo-lógica de la metafísica», en *Identidad y diferencia*, cit., pp. 139-140).

45. Lo *Mismo*, en efecto, no es lo *Igual* (*das Gleiche*) o lo *Idéntico*. Estos últimos sumen la diferencia en una unidad indiferenciada o la equilibran en una generalidad vacía; el primero posee las propiedades del pliegue: *coliga* lo diferente. «Lo mismo no coincide nunca con lo igual, tampoco con la vacía indiferencia de lo meramente idéntico. Lo igual se está trasladando continuamente a lo indiferenciado, para que allí concuerde todo. En cambio lo mismo es la copertenencia de lo diferente desde la coligación que tiene lugar por la diferencia. Lo Mismo sólo se deja decir cuando se piensa la diferencia. En el portar a término decisivo de lo diferenciado adviene a la luz la esencia coligante de lo mismo. Lo mismo aleja todo afán de limitarse sólo a equilibrar lo diferente en lo igual. Lo mismo coliga lo diferente en una unión originaria. Lo igual, en cambio, dispersa en la insulsa unidad de lo que es uno sólo por ser uniforme» («... poéticamente habita el hombre...» [1954], en *Conferencias y artículos*, Barcelona, Serbal, 2001, pp. 139-152; p. 143).

46. Así, la diferencia en cuanto pliegue, se nos presenta como contienda (*Streit*) originaria en la que la sustracción se está trocando continuamente en don (*Ibid.*, § 144), como lucha entre *mundo* y *tierra* («El origen de la obra de arte», en *Caminos del bosque*, cit.), como *disparidad litigiosa* («La constitución onto-teo-lógica de la metafísica», en *Identidad y diferencia* [1950], cit., p. 105) o como lucha entre claridad y sombra en la apertura (*Lichtung*) («El final de la filosofía y la tarea del pensar» [1969] en VV.AA., *Kierkegaard vivo*, Madrid, Alianza, 1970, pp. 142 ss.).

47. Lo que se juega en este «entre» es la *instancia abrigadora* (*bergende Inständigkeit*) (*Aportes a la filosofía. Acerca del evento*, cit., § 144, p. 218 [265 del original]); el *refugio* o *abrigo* (*Die Bleibe*) (*Ibid.*, §§ 243-247) o la *morada* («El final de la filosofía y la tarea del pensar», cit., p. 144).

48. Véase *Aportes a la filosofía. Acerca del evento*, cit., §§ 195-200. El ser, en relación con el *Dasein* es «apropiador» (§ 195). Sobre el modo en que el *Dasein* es «apropiado» en el acontecimiento resulta especialmente significativo el § 197, en el que el verbo raíz «eignen» (*ser apropiado, ser adecuado para*) juega de diferentes modos. El origen del «sí mismo» es la «propiedad» (*Eigen-tum*). Mediante ella adquiere el *Dasein* «aptitud» (*Eignung*) y esta aptitud, este *ser-apto-para*, tiene lugar cuando al *Dasein* se lo coloca ante una *ad-judicación* (*Zu-eignung*) y una *transferencia* (*Über-eignung*).

49. Heidegger evita —consciente o inconscientemente— el sentido de «sumisión» que acompaña al verbo raíz *eignen*. *Eignung* significa también idoneidad y calificación respecto a una prueba previa a la que es sometido el sujeto. *Eignungsprüfung* es una prueba, un examen o test de aptitud e idoneidad.

50. Si hay una retro-acción del *Dasein* respecto a la pertenencia es, para Heidegger, siempre en virtud de la demanda: «la *retrorreferencia*, que es nombrada en el 'sí', a 'sí', en 'sí', para 'sí' tiene su esencia en la *aptitud* [*Eignung*]» (*Ibid.*, p. 260 [320 del original]). Al «partir de sí», el *Dasein* incurre en la «obstinación» (*Eigensinn*) (*Ibid.*). Involuntariamente, Heidegger subraya el sentido negativo del *Eigensinn*, del sentido que proviene del *Dasein*. Pues el término significa, no sólo «obstinación», sino también «porfía». La porfía no es mera obstinación, sino reto. Y este reto a la demanda, que sitúa al hombre en su respuesta a la llamada de la pertenencia, es lo que Heidegger no quiere admitir.

51. «[H]emos establecido la mismidad [*Selbigkeit*] de pensar y ser como la mutua pertenencia de ambos [...]». «El acontecimiento [*Ereignis*] es el ámbito en sí mismo

oscilante mediante el cual el hombre y el ser se alcanzan el uno al otro en su esencia» («El principio de identidad», en *Identidad y diferencia*, cit., pp. 71 y 89). «Al entender el pensar como lo distintivo del hombre, estamos recordando una mutua *pertenencia* que atañe al hombre y al ser. [...] Pero lo distintivo del hombre reside en que, como ser que piensa y que está abierto al ser, se encuentra ante éste, permanece relacionado con él y de este modo le corresponde. El hombre *es* propiamente esta relación de correspondencia y sólo eso» (*Ibid.*, pp. 73-77).

52. «Debemos pensar la '*alethéia*', el estado de no encubrimiento, como lo abierto mismo del claro, que permite al ser y al pensar advenir a su presencia, a su presencia uno a otro y uno para otro. El corazón en paz que es la *Lichtung*, claro de lo abierto, es el asilo en cuyo seno encuentra su sitio el acorde de ambos en la unidad de lo Mismo» («El final de la filosofía y la tarea del pensar», cit., p. 146).

53. Cf. H.-G. Gadamer, *Verdad y método* [⁴1975], cit., pp. 325-330.

54. De un modo más preciso. Cuando Gadamer afirma que «el estar ahí que se proyecta hacia su poder ser es ya siempre 'sido'» (*Ibid.*, p. 330), es decir, que en la realización de las posibilidades de futuro son operantes ya las vinculaciones concretas del pasado, utiliza la misma figura de pensamiento a la que se atuvo siempre su maestro. Pues lo que se esconde bajo esta idea del devenir es que hay *un ámbito de propiedad*, la historia de la *cosa misma*, que se expande en el juego hermenéutico de apelación e interpretación apropiadora y que precede a toda propiedad o impropiedad específicas. La *propiedad* de la apelación que emana de la *cosa misma* a través de todas sus reinterpretaciones puede darse *en su propiedad* —si en el *círculo hermenéutico* de la comprensión la interpretación parte de la *escucha*— o *en su impropiedad* —si, por el contrario, la escucha queda obturada por la voluntad metódica de la modernidad en cualquiera de sus formas, que es siempre una voluntad de *construcción*. Lo que es preciso señalar, en este caso, es que la *propiedad* de la *apelación* está penetrada por aquello que la convulsiona y que *desde ella* merecería el calificativo de lo *impropio*: la *distancia excéntrica* supuesta en el saberse *fuera* de toda pertenencia, el impulso activo que ese extrañamiento introduce en la historia.

55. Cf. *Ibid.*, § 9, en general.

56. Mostrar esto último necesitará un espacio específico que no puede ser emprendido en este lugar. Queda, pues, pendiente.

57. «Aletheia», en *Conferencias y artículos*, cit., p. 192.

58. *Ibid.*, p. 208.

59. *Ibid.*

5

EL CONFLICTO ERRÁTICO

1. La unidad radicación-ser errático: «discordancia real». 2. Mundo e inteligencia «en estado naciente»: la discordancia «descubrir-crear».

Radicación y ser-errático, por lo que se ha visto, mantienen entre sí una relación compleja en la que vínculo y litigio se dan cita. La relación entre estas dos potencias de la condición humana no puede ser entendida como juego entre dos polos separables, preexistentes con anterioridad al enlace. Tampoco bajo una perspectiva más englobante que los reuniese en una síntesis. Su textura es tal que escapa a los criptoanálisis dualista y dialéctico, oposicional e identitario.

1

Es posible mostrar, en primer lugar, que radicación y ser errático remiten el uno al otro, de modo que comprenderlos en su independencia o autonomía conduce a un sinsentido. Frente a la hermenéutica de origen heideggeriano, se pone de manifiesto que *ser-en-el-mundo* significa habitar un horizonte comprensivo y comprehensivo, pero al unísono mantener una distancia excéntrica respecto a él. Estar incardinado en un «mundo» no implica exclusivamente *pertenecer* a su campo de juego, si ello quiere decir corresponderle en la forma de un *experimentarse interpelado*. A esa *nervadura* del mundo, de la que emana la fuerza apelativa que invita y convoca a un *modo de ser*, le es inherente un carácter extrañante. Nos resulta extraño ser partícipes de un curso mundano de existencia. Y ello ocurre tan originariamente y de modo tan radical como, por otra parte, acontece que nos sintamos vinculados a él, alojados en su entraña. Quizás sea el extrañamiento una posibilidad cuya aparición es más inusitada o extraordinaria que la de sentirse *incurso*. Pero hay que presuponer que está ahí, siempre acechante, pues pertenece a la relación sub-representativa hombre-mundo. Si hay, para este ser, algo así como «mundo» es porque puede experimentar-se involucrado en él. Y no es posible esta experiencia sin que, al mismo tiempo, lo que involucra y concierne quede destacado en cuanto tal, extraído de una ciega uniformidad. Si el hombre puede decir «*es*» no es sólo porque se experimente incardinado. Es necesario para ello que aprehenda, al mismo tiempo, la incardinación misma. Ahora bien, semejante acto de aprehensión no es posible sin presuponer una capacidad de distanciamiento respecto a la realidad. Sólo un distanciamiento excéntrico en el seno mismo de la centricidad mundana puede *recobrar* la muda existencia en la palabra «es» y la ciega pertenencia en la palabra «soy». Expresado en el lenguaje de la fenomenología: que algo pueda tener «significatividad» para el hombre presupone que éste lo haya elevado ya *ante sí*, negando, de algún modo, la *a-significatividad* posible del mundo.

Al mismo tiempo, resulta insostenible la presuposición de un *origen* eterno e inmutable de la excentricidad, como si perteneciese a la esfera de un Yo Trascendental y fuese su *expresión*. Pues si el hombre puede distanciarse de lo que lo envuelve es porque, *in actu*, se experimenta «envuelto» por aquello de lo que se distancia. ¿Cómo podría ex-trañarse ante algo que no estuviese ya *en* él, *junto* a él y, más profundamente, que no lo constituyese ya desde su propia entraña? Extrañamiento es autoextrañamiento o no lo es. Pero en el «auto» de esta autorrefencialidad el hombre no se separa del mundo, no se experimenta «fuera de» o «al margen de» lo real. Más bien, accede, por su medio, a la comprensión de que *es-en-el-mundo*. Sólo un ser *radicado* puede quedar perplejo ante lo que lo rodea. «Extrañarse de» y «ser-en» se generan recíprocamente.

Más allá de Heidegger, habría que afirmar que el *comprenderse-en* situación conserva aquel extrañamiento y la distancia excéntrica que posibilita, precisamente, aprehender que algo, el mundo o lo que nos rodea, «es». Más allá de Husserl, sería necesario señalar que la *puesta entre paréntesis*, la *epojé* respecto a la existencia, sólo es posible desde y en ésta. La excentricidad que permite al *cogito* colocarse en la posición de un espectador tiene su fundamento en la posibilidad del extrañamiento y, por ello, en un fenómeno existencial, el de la fuerza errática. Hay un déficit existencial en la siguiente fórmula del cartesianismo: «pienso» —es decir, me capto y me reconozco *en la distancia* respecto al mundo—, luego soy un ser pensante supratemporal o supra-corporal —es decir, soy la fuente no condicionada del acto reflexivo de la distancia—. Más bien ocurre que «me puedo distanciar *sólo en la medida* en que pertenezco, aquí y ahora, al acontecimiento de *ser*», «me puedo extrañar respecto al mundo porque *soy-en-el-mundo* (un ángel no podría extrañarse de nada)», luego *pienso ya, de alguna manera, en la existencia*, que está siempre situada temporal y corporalmente. El movimiento experiencial no es: «me distancio y me extraño *porque* soy un ser pensante», sino «soy un ser pensante *porque* puedo distanciarme y extrañarme».

Ello quiere decir que entre «ser» y «pensar» no hay, como cree Heidegger, una relación vertical de respectividad del segundo respecto al primero. El pensar no constituye un acontecimiento *vernáculo*: no *se entrega* al ser como si éste fuese su «casa» y de forma tal que co-responde a ella en cuanto respuesta a su llamada o apelación. El pensamiento no *proviene* del acto de ser sino que forma parte de él, en el sentido de que el hombre no puede experimentarse como «ser» ni puede aprehender lo real como «ser» si no está ya situado bajo el signo del extrañamiento. Y éste presupone la posición ex-céntrica. Ahora bien, ésta debe ser supuesta en todo acto de pensamiento, en la medida en que todo pensar es un interrogar y éste resulta incomprensible si no tiene lugar ya, en el posicionamiento mismo del hombre *en ser*, la experiencia de la ex-propiación, de la *falta* de fusión con el suelo que habita. En definitiva, hemos de reconocer, en primer lugar, que «pensar» es, ante todo, un acontecimiento pre-discursivo, pre-lógico, pre-reflexivo y, en segundo lugar, que entre ser y pensar hay una relación discorde de recíproca generación. Merleau-Ponty comenzó a perseguir una idea semejante en su última época, y ese reto nos habla todavía:

> Si es verdad que la filosofía, desde el momento en que se declara reflexión o coincidencia, prejuzga lo que encontrará, necesita empezar de nuevo una vez más, rechazar los instrumentos que se han apropiado la reflexión y la intuición, instalarse en un lugar en el que no se distingan aún éstas, en experiencias que no hayan sido «trabajadas» todavía, que nos ofrezcan, a un tiempo y mezclados, «sujeto» y «objeto» existencia y esencia y le faciliten, por tanto, los medios para volver a definirlos. Ver, hablar, pensar incluso [...] son experiencias de este tipo, a la vez indiscutibles y enigmáticas. [...] Mi cuerpo como cosa visible está contenido en el gran espectáculo. Pero mi cuerpo vidente subtiende este cuerpo visible y con él todos los seres visibles. Hay inserción recíproca y entrelazamiento entre uno y otro. O, más bien, si renunciamos, como hay que renunciar, a un pensamiento por planos y perspectivas, hay dos círculos o dos torbellinos o dos esferas, concéntricas mientras vivo ingenuamente, y, en cuanto empiezo a hacerme preguntas, algo descentradas una respecto a la otra[1].

A este lazo entre «dos círculos o dos esferas» lo llamó Merleau-Ponty *quiasma*. El camino que emprendía habría conducido más allá de Heidegger y de la hermenéutica contemporánea. En nuestra terminología, se trata de aprehender la ligazón entre centricidad y excentricidad, radicación y condición errática, justamente buscando el mutuo alcance de uno respecto al otro, el doble movimiento que los hace recíprocamente afectantes y afectados ya en una esfera pre-lógica o sub-representativa. G. Deleuze también ha discurrido por esta senda, al colocar el pensar y el ser en la relación de una «síntesis disyunta», es decir, de dos fuerzas que se deben la una a la otra, que se afectan entre sí y que conforman, en el curso del devenir, una diferencia productiva, un curso litigioso en el que ambas son continuamente transformadas en virtud del encuentro mismo, dando lugar a una especie de «*historia embrollada*»[2]. Es éste un problema que necesita un análisis más riguroso. Cuando lo intentemos más adelante, nos gustaría mostrar que los puntos de vista de Merleau-Ponty y de Deleuze son muy provechosos pero insuficientes. El del primero porque piensa el ser exclusivamente desde un prisma fenomenológico y no ha dado el paso que permite incluir la noción nietzscheana de «fuerza» en el análisis del «ser-en-el-mundo». El del segundo, porque ha conducido a una nueva articulación vernácula entre otros dos elementos: el mundo sub-representativo (o molecular) y el de la representación (o molar).

Se hace ahora más claro que la relación entre centricidad y excentricidad, radicación en el mundo y condición errática, elude todo tipo de pensamiento, como hemos avanzado, criptodualista o criptoidentitario. Un dualismo escondido gobierna allí donde se hace depender cada uno de estos elementos de un origen diferente: intuición-razón, sensibilidad-racionalidad, *mundo de la vida*-reflexión, pasión-acción, etc. Al pensarlos, por ejemplo, como «polos opuestos» se incurre en este error, pues la «tensión» entre ambos se hace dependiente, furtiva o insospechadamente, de *dos* principios inmiscibles, contrarios, aunque reunidos de forma inexorable[3]. En su *Ensayo sobre las magnitudes negativas*, Kant impulsó con gran finura una concepción del mundo que no segrega el litigio heracliteo, al intentar describirlo como un «conflicto de causas reales y opuestas» y como una «lucha de fuerzas»[4]. Parte de la gran lucidez de la reflexión kantiana consiste en poner de manifiesto la diferencia entre la *oposición* (o *negación*) *lógica*, que es una contradicción impensable, y la *oposición real*, un conflicto entre dos principios o fuerzas que se dan en la realidad. Esta distinción, utilizada con amplitud, permite reconocerle al mundo fáctico un carácter conflictivo irredimible, un ser discordante que, tal y como Th. W. Adorno reclamó más tarde, no puede ser disuelto en la pulcritud y consistencia interna de los conceptos[5]. Ahora bien, independientemente de las interpretaciones que se hagan de la noción que vislumbrara el filósofo de Königsberg, es obvio que el verdadero conflicto que se da en la existencia no puede ser pensado en términos oposicionales. La noción misma de un conflicto oposicional presupone dos posibles planteamientos. O bien uno dualista, que hace depender, al final, cada «polo» de un principio «contrario» (moral y mal radical, razón e inclinación, por ejemplo). O bien uno identitario, en virtud del cual uno de los «polos» es entendido como la negación del otro (la deuda, por ejemplo, respecto al ingreso), pero dentro de una jerarquía entre ellos que los remite a la preeminencia de uno (el frío, sea el caso, como calor negativo o el vicio como virtud negativa). En la existencia los conflictos no son oposiciones entre contrarios o relaciones entre magnitudes positivas y sus correspondientes magnitudes negativas (el amor, tal vez, frente al odio, pensado éste bien como principio opuesto, bien como «falta de amor»). La relación «Amor»-«Odio» —si tomamos este hilo conductor ilustrativo— es, en cuanto oposición, una ficción, una «ficción necesaria» a la que nos fuerza nuestro lenguaje. Pues no se movilizan en ella dos principios extremos que ordenan las relaciones como si pusiesen en obra un oscuro motor. Tomando en cuenta las realidades a las que esa relación se refiere, cabe decir que ocurre, más bien, un proceso de génesis. Entre los seres humanos hay relaciones de recíproca afección; muchas conducen, en su curso, a lo que podríamos llamar una «afección adherente» y otra gran cantidad, quizás más amplia, a una «afección destructiva». Estas afecciones *cursan*, se generan en un proceso de encuentro, *in fieri*; emergen *en estado naciente* de la relación en su de-curso y poseen una gran diversidad de rostros, una pluralidad de formas, no susceptibles de ser remitidas a una *regla* de fondo que las impulsase a todas o a un *concepto* universal que las englobase como «casos» concretos. Sólo más tarde, situados en la atalaya de un nivel de abstracción que reduce la riqueza de lo real, les damos el nombre genérico de «amor» o el de «odio». En el lenguaje oposicional hemos olvidado —emulando aquí un pensamiento de Nietzsche— esta opresión reductiva del concepto, la noción o la representación: las oposiciones son «mentiras necesarias» cuyo origen pragmático y utilitario en el sistema de la comunicación humana hemos olvidado[6].

Una «oposición» es sólo la imagen abstracta de un litigio real. El conflicto real hace aparecer *distinciones* en su propio devenir. Le podríamos llamar al conflicto, en este sentido y siguiendo una expresión de G. Deleuze, «distinción real»[7]. Las oposiciones son distinciones «de perfil grueso», siempre secundarias, *a posteriori* o *ex post factum* respecto a una multitud de distinciones reales. Por lo mismo, la relación entre centricidad y excentricidad, radicación y condición errática, no puede tomarse como oposición. En su carácter «general» o «universal» estas nociones *sirven como escalera que hay que tirar después de haber subido*. Por su vocación de concreción, son conceptos plásticos que remiten, en último término, a una variedad de fenómenos *reales* que el pensamiento desea apresar y que tal vez no puedan ser clausurados en una idea. Ellos mismos, estos conceptos, están sometidos a un proceso de génesis. Es más: son en dicho proceso, *en estado naciente*.

A pesar de todo, las nociones deleuzeanas de «distinción» real o «síntesis disyunta» poseen un campo de juego restringido en el que se hacen fecundas. Su limitación consiste en que se aplican sobre la base de la existencia de una pluralidad de fuerzas o singularidades. Si damos por supuesto, como en el caso de un análisis del ámbito social, que se *da* una multiplicidad de fuerzas en relación, entonces es posible extraer la riqueza de estas ideas, orientadas a mostrar cómo es posible que lo diferente en su multiplicidad pueda coligarse sin necesidad de hacer derivar la relación de un principio externo e incontrovertible. Se trata ahí de pensar en qué medida puede la diferencia misma entre diversos elementos sustituir explicativamente al tradicional principio de la Identidad, previa a lo diverso. Pero ante un planteamiento así se puede siempre inquirir cómo surge el plexo de lo diferente, cómo damos cuenta de la diferencia sin tomarla como lo *dado*. Nos encontramos entonces con un problema de muy difícil resolución. Pues está sujeto a dos exigencias cuya compatibilización coloca al pensamiento en una tesitura paradójica o aporética: por un lado, la de pensar la diferencia sin recurrir a un principio explicativo identitario que la envuelva; por otro, pensar la diferencia como un fenómeno en sí mismo sorprendente, necesitado de una comprensión que exceda la mera aceptación de un *factum*. Bajo la noción de *discordancia real* queremos expresar, no la solución a este enigma, sino el enigma mismo. El enigma consistente en que, más allá de las presuposiciones contrapuestas (*i*) de que lo diferente sea expresión de lo idéntico y (*ii*) de que lo idéntico sea una construcción derivada y generada desde el juego entre lo diferente, ambos, identidad y diferencia, lo uno y lo múltiple, se deban el uno al otro constituyéndose recíprocamente. Es el misterio de una discordancia inherente a «*ser*». La *discordancia real* no presupone, en primer lugar, dos términos preexistentes. Ambos son en virtud del otro. Y no como negación que surge de una afirmación previa, fáctica o lógicamente. Uno es *al unísono con* el otro. Tampoco presupone la identidad de fondo entre ellos. Son al unísono, pero discordantemente, es decir, discrepando. Finalmente, no da por sentado la diferencia entre los elementos, sino que la mantiene en vilo, como una interrogación. Tal vez sea éste un *concepto límite* que rebasa los límites de la razón y del discurso. En cualquier caso, se impone por sí mismo desde la experiencia.

En efecto, en el caso de las inexorables experiencias de la radicación y del ser-errático, de la centricidad y la excentricidad, es la discordancia misma la que los pone en relación. La experiencia «mundo» implica la simultaneidad y la discordancia entre radicación y experiencia errática. No nos experimentamos *en-el-mundo*, radicados, sin la *experiencia* excéntrica que posibilita la comprensión «es» y que nos moviliza hacia «fuera» de todo «mundo». Y no podríamos adoptar esta última posibilidad de afección si no nos experimentásemos ya «en» el mundo. Decir «radicación y experiencia errática» es intentar expresar una *discordancia real*.

Podría haberse empleado otro término. Pero nos dejamos llevar aquí por la fuerza de su origen latino. «Discordar» proviene de *discordare*, que significa «ser diferente» y también «disentir». Su origen se encuentra en *cor-cordis*, corazón o afecto, por un lado, inteligencia-espíritu-talento, por otro. Esta idiosincrasia del término sugiere una falta de armonía (como en música) en el corazón mismo de algo. Se da la circunstancia, coherente con esta idea, de que «ser-errático» posee una riqueza en su sentido latino que conduce a pensarlo discordantemente, en la medida en que se puede vincular, tanto a la noción de «carecer de lugar» como a la de «estar en curso» desde una radicación concreta y saliendo continuamente de ella[8]. En este sentido cabe tomar la noción de ser-errático como compendio de la discordancia que analizamos. En él se recoge la dimensión de radicación, como su anverso necesario y, de un modo más esencial, el carácter discordante del acontecimiento de *ser*: en la fibra de lo errático vibra tanto el pertenecer al mundo como el fenómeno, inseparable de éste, del extrañamiento. A la condición humana le es inherente esta discordia, si no tomamos la expresión en su sentido marcial, sino en el de una disarmonía productiva.

— *¿No le parece que, subrepticiamente, está repitiendo la concepción deleuzeana de acontecer en cuanto «nómada»?*
— *Vaya, hace tiempo que no aparecía usted por aquí. Se ha ausentado durante un trecho muy largo.*
— *No, he estado esperando a que saliera del embrollo en el que se introdujo a propósito de Heidegger: Que si lo propio en su propiedad, que si lo es en su impropiedad... demasiado pesado y académico para mi gusto.*
— *Fue un paso ineludible, como le avisé. El embrollo no está en la filosofía sino en los problemas mismos que toca. Pero dejémoslo a*

un lado. Puede prescindir de ello si lo desea. En cuanto a su sospecha le contesto que no. El nomadismo, pensado deleuzeanamente, no toma en cuenta este carácter extrañante del existir errático. La noción de Deleuze se refiere a una condición fundida en la centricidad; es, en el fondo, una expresión del arraigo, aunque muy distinta a la heideggeriana: como raigambre, «conjunto de raíces, unidas y trabadas entre sí». El ser rizomático es todavía un ser radicado. En el extrañamiento que acompaña a todo andar errático, como se verá, toma asiento no sólo la inserción en la tierra, aunque ésta esté siempre por hacer, sino, al mismo tiempo, la distancia excéntrica que descubrimos en muchos requerimientos de la modernidad, desacreditada en su totalidad por el pensamiento de la diferencia, y recuperables desde un nuevo ángulo, tales como la génesis del discurso y del carácter universalizante característico de ciertas normas intersubjetivas, sin que tengamos, por ello, que vernos conducidos a las formas emancipadas de excentricidad que intentan hacer valer hoy los ilustrados de nuevo cuño, Habermas, por ejemplo.

— *Vale, veremos. Por otro lado, me sorprende su recurso a la etimología. ¿No hay en ello un deseo de «origen» que antes le había reprochado a Heidegger?*

— *Este recurso tiene aquí el único sentido de justificar el uso de una determinada terminología. A Heidegger le gustaba realzar las lenguas griega y alemana como las más filosóficas. A menudo comenzaba un discurso señalando: «en nuestra lengua...». Yo me expreso en mi lengua. Y me molesta ese encubierto desprecio por lo latino. Es más, creo que el mundo latino puede despertar de su letargo y decir lo que desde sí puede y debe.*

— *Un nuevo chovinismo.*

— *No, hombre, no me malentienda. No sería congruente, pues al ser errático no le va la defensa a ultranza de ninguna tierra en particular, no toma lo propio como bandera, pues no santifica la propiedad. De lo que se trata es de una exigencia de diversidad. Los que, por azar de nacimiento hablamos en esta lengua, no debemos sentirnos avergonzados de hacerlo. No está mal darle la palabra a nuestras voces y significados, si lo hacemos con la debida conciencia de que es por quitarles la mordaza y no por amordazar a nadie.*

2

Es un tópico extendido que el pensamiento surge de la capacidad de admiración o asombro ante la realidad. Este lugar común no carece de sentido. Pero nos quedamos a medio camino si constatamos este *factum* sin interrogar por su génesis. Y un principio de aclaración se nos ofrece en el fenómeno que venimos persiguiendo, el de la simultaneidad discorde entre comprenderse en el mundo y extrañamiento. No se puede entender, se ha dicho, que el hombre posea «mundo» sin este último posicionamiento. Ahora bien, al extrañarse de sí mismo y de lo que lo rodea, el ser humano ha puesto en obra, desde el comienzo de su andadura, una fuerza excéntrica que moviliza y articula lo que llamamos inteligencia. Más acá del razonamiento complejo y reglado, del argumento, del juicio explícito, la excentricidad sub-representativa inherente al ser-errático se muestra caudal de una organización inteligente de la experiencia. Para un ser que se inserta en su medio precisamente en la medida en que se sustrae a él, *rehusando* la ciega fusión, el mundo nunca está inmediatamente dado. Es lo completamente próximo y también lo más alejado. Cercano, en cuanto el «es» que se encuentra *ahí*, como estancia albergante. Distante, porque sólo el desgarro excéntrico de la pertenencia desmayada e invidente produce el destello «es». Y como ese temblor extrañante persiste e insiste en la existencia en la forma de un acontecimiento nunca rescindible, el «mundo» humano no está nunca ni dado ni consumado. Es en estado naciente. El mundo *in fieri* no ha tenido nunca un «sido» estacionario y nunca tendrá un «será» inmarcesible. Él mismo es errático. Si ha adoptado a menudo la forma de un *cosmos* ordenado e inamovible, ello se debe al artificio, construido para silenciar los inquietantes amagos de desasosiego que, una vez tras otra, exigen su bálsamo. Si se lo piensa como una meta de plenitud o un ideal pacificado, es por obra de una voluntad estacionaria invertida, lanzada hacia el futuro. En ambos casos se expresa un temor arcaico del hombre al acontecimiento, que es siempre un «estar siendo» sin fondo y una promesa siempre naciente. El temor colapsa la fruición de vivir en ciernes.

Ahora bien, en la medida en que el extrañamiento excéntrico atraviesa toda centricidad, el mundo se juega en la discorde alianza entre pertenecer y hacer. Ésta es la infancia del pensamiento que, en cuanto extendida a cualquier experiencia, precede a sus expresiones filosóficas, científicas y, en general, a la praxis reflexiva autoconsciente. En ausencia de un suelo articulado desde sí y por sí, el hombre *articula* su mundo. Tal y como mostraba Merleau-Ponty, el cuerpo mismo «piensa» desde su contacto salvaje con el entorno. La más nimia forma de existencia humana se yergue ya a partir de una organización inteligentemente pre-lógica de la experiencia. «Lo que es» aparece en la medida en que se incorpora en la nervadura de una escena mundana, en la que los ingredientes de lo que llamamos «real» forjan un paisaje de experiencia en devenir: primer plano, fondo, elevación y hondonada... Y todo él recorrido por invisibles caminos que se cruzan o se pierden en el horizonte. Cuando el trato inteligente con las cosas ha trazado su nervadura de mundo, ésta es habitada y recorrida por razones explícitas, propósitos conscientes, convicciones y juicios reflexivos.

Ser es ya pensar. Pero pensar no significa originariamente poner en movimiento, y a voluntad, las formas alambicadas del raciocinio: lógicas, argumentativas, planificadoras, etc. El pensar es, antes de nada, una *dýnamis* pre-consciente; su ser es el de un *estar en curso* de existencia, dándole forma significativa, labrándola de acuerdo con cauces de acción, horizontes orientativos, gradaciones soterradas de valor, anticipaciones furtivas, posicionamientos silenciosos, tareas sin nombre y sin concepto..., toda una actividad de trastienda que resulta *co*nfiguradora de mundo. Es una *inteligencia naciente*.

El problema aquí planteado supone, como punto de partida, analizar la discordancia que toma cuerpo en la reunión «descubrir»-«crear», un par en conflicto latente en gran parte de la historia de la filosofía contemporánea. ¿En qué radica la lógica práctica de la inteligencia? ¿Se puede decir que en el *descubrimiento* de realidades? ¿Ocurrirá que no las descubre, sino que las *crea*? Identificar esta alternativa con la que distingue, en trazo grueso, entre *realismo* e *idealismo* conduciría a simplificar el problema. Estos conceptos son excesivamente genéricos y cada uno de ellos tiene un significado polisémico, por lo que sólo poseen una operatividad orientativa. Tomados como índice —muy abstracto— de la distancia que media entre el mundo clásico y del medievo, por un lado, y del carácter central atribuido a la modernidad, por otro, refieren a la opción entre la forja del conocimiento a partir de una realidad sustancial y esa comprensión cartesiana según la cual el objeto es «puesto» (elaborado y fijado) por el sujeto. Ahora bien, en la situación presente de la que partimos, este principio «idealista» moderno ha sido convulsionado por la fenomenología, de tal modo que no se puede ya hablar de un sujeto en relación *pro-ductiva* con el objeto, sino de un *campo de experiencia* en el que la activa «proyección» y la pasiva «aprehensión» del ente (como modo de presentación o sentido) se interpenetran. La fenomenología husserliana partió del *apriori de correlación*, según el cual la *constitución del objeto* y la *autodonación de* éste forman parte del mismo acto: en un único movimiento el ente es proyectado desde la vivencia y aprehendido desde sí, debido a que la realidad que se presenta al *mundo de la vida* es un ámbito de significación que reclama, en su propio «aparecer», una dirección adecuada de la experiencia proyectiva. Esta correlación se expande a través de la fenomenología postidealista y la hermenéutica[9] y se podría decir que trasciende y rebasa la oposición realismo-idealismo, pues ya no cabe admitir ni que lo real es construido ni que es el suelo adherente y absorbente del saber. Pues bien, si nos situamos en esta superación y rebasamiento (correspondientes a una *Überwindung* y una *Verwindung* en terminología heideggeriana), del litigio realismo-idealismo, nos desplazamos a un escenario diferente, en el que la clásica alternativa adopta otras formas. Entre ellas resulta crucial ésta a la que volvemos la mirada ahora, de la escisión o decisión entre las experiencias «descubrimiento» y «creación». En ambos casos se presupone un campo de juego en el que polemizan el *ser afectado* y el *afectar* experiencialmente, pero mientras en el *descubrir* prima la dimensión *paciente* del *in-citar* al mundo en su lenguaje, en el *crear* prevalece la activa del *ex-citar* un nuevo mundo, una alternativa que suscita la relación entre la céntrica radicación y el ex-céntrico ser errático.

Una mínima prueba de esta latente controversia contemporánea la encontramos en la circunstancia de que tendemos a impregnar con estas categorías la opción realismo-idealismo cuando miramos al pasado, replanteándola desde su interior. Así, por ejemplo, toda la crítica a la tradición que emana de la fenomenología existencial y se prolonga en el pensamiento de la diferencia (Foucault, Deleuze, Derrida) o en el pensamiento débil (Vattimo) subsume los términos de esa opción en el complejo global del pensamiento *identitario* o *de la presencia*, cuyo nervio común consistiría en la mirada al mundo como algo que hay que descubrir y captar *en imagen*, oponiendo a esa *metáfora óptica* la fuerza de ruptura y la dimensión creativamente indisponible de las fuerzas en relación o de la escritura. Sus enemigos ilustrados (Habermas, Apel) no dudan, por su parte, en oponer a la razón kantiana, apriórica y huraña con lo sensible, esa otra de la acción comunicativa, una racionalidad *inserta* ya en el *mundo de la vida* y que, si bien se *descubre* mediante un procedimiento reconstructivo, es identificada como *generadora* de procesos intersubjetivos de entendimiento. «Generador» no significa tanto, obviamente, como «creador», pero guarda un aire de familia con este último término por cuanto dicho movimiento generador *se pone en obra* a través de *actos* de habla que contienen una fuerza performativa, pragmática (pretensiones de verdad, de corrección, de sentido, de veracidad) no susceptibles de objetivación y dinamizadores de la novedad fáctica: fuerza *in actu* responsable de la creación dinámica de vinculaciones interpersonales. Por cierto que el recurso frecuente a estructuras o condiciones generativas inherentes a la unidad lenguaje-mundo (tanto en teoría de la acción dialógica —Habermas-Apel— como en lingüística —Chomsky—, en las múltiples direcciones de la inicial teoría de los actos de habla —Austin, Searle— etc.) lleva consigo la idea de *performance*, es decir, de una realización innovadora de reglas en la praxis. Por otro lado, al mirar al pasado más lejano, las categorías de descubrimiento/creación hacen hoy su trabajo. Resulta difícil imaginar un realismo griego en el que lo real se considere «creado» desde el sujeto. Pero son muy distintos, por ejemplo, los rostros realistas que se nos ofrecen en los escenarios platónico y aristotélico. En el primer caso, la realidad de las Ideas es descubierta a través de un proceso de depuración de la particularidad hacia la captación de lo universal. En el segundo se supone, más bien, como ha señalado Gadamer, una organización de impresiones en unidades generales conceptuales de un modo tal que el *descubrimiento* incorpora un poder al que, desde nuestro presente, podríamos calificar de «creador», en la medida en que el paso de la multiplicidad de la experiencia concreta a la captación de ésta en una *regla* abarcante no está precisamente sujeta a una reglamentación lógica[10].

De un modo especialmente claro, el conflicto entre descubrir y crear aparece en el escenario de nuestro presente a través del tamiz de la confrontación entre Heidegger y Nietzsche. Por su actualidad y dificultad ocupará un lugar específico en los análisis ulteriores. En cualquier caso, se trata de afirmar la ineludible discordia vinculante entre descubrir y crear. No es posible, por un lado, crear *realmente* si la realidad misma no está presente en el movimiento emergente de la innovación, si no comparece en cuanto la «cosa misma» que apela a su trascendimiento. En caso contrario, *la creación es vacía*: a su través no aparece el *novum* desde el mundo, sino la mera *novedad* desde la altura evanescente de la *decadencia*, desde el lugar de un vacío que se organiza a sí mismo y necesita encubrir su penuria. Genealogía, ésta, del artificio construido, de la *maquinación* autonomizada, un fenómeno que penetra cada vez con mayor fuerza al presente. Pero, por otro lado, la interpelación que inspira lo nuevo, lo «otro», y que se des-cubre en el proceso creativo, sería *ciega* si no la acogiese la experiencia del *extrañamiento*. Ésta opera como un *testigo tácito*, aquende la reflexión explícita, reconduciendo discordantemente toda *donación* en una hiriente punzada que incita al salto en el vacío y al anhelo de una nueva tierra. La riqueza de una llamada al *novum* no se consuma sin una *mirada excéntrica* y dolorosa al desierto del *será*. No basta en ese quicio *entregarse* a la posibilidad de un *otro* nacimiento. Ello debe ir acompañado del temblor y del impacto que genera el *saberse* destinado al nacimiento. En las palabras de Neruda que penetran en esa oscura *apercepción existencial*, conviene subrayar la primera frase: *Para nacer he nacido, para encerrar el paso de cuanto se aproxima, de cuanto a mi pecho golpea como un nuevo corazón tembloroso.* Descubrimiento y creación, pertenecer al mundo y hacerlo, son dos caras de un mismo acontecimiento discorde. El mundo es *en estado naciente*. Su «ser» y su «hacerse» van de consuno. Para el hombre que lo habita es una morada en ciernes, en la que radicación y ser errático se alcanzan el uno al otro, se interpenetran. Al mismo tiempo, el pensamiento, en su infancia, se sostiene también en germen. No responde simplemente al mundo. No lo inventa tampoco sin-mundo. Podríamos decir que la *inteligencia naciente* fermenta en la coyuntura discorde del *pertenecer* mundano y de la extradición que el ser errático experimenta respecto a todo mundo.

NOTAS

1. M. Merleau-Ponty, *Lo visible y lo invisible* [1964], Barcelona, Seix Barral, 1970, pp. 163 y 173.
2. He tratado este tema en «Ser, nada y diferencia. El nihilismo nómada de G. Deleuze, más allá de Nietzsche y Heidegger», en L. Sáez Rueda *et al.* (coeds.), *Pensar la nada. Ensayos sobre filosofía y nihilismo*, Madrid, Biblioteca Nueva, 2007, cap. 15.
3. El autor corrige así el modo de expresión utilizado en, al menos, dos trabajos anteriores que perseguían este problema: L. Sáez Rueda, «¿Es posible una razón crítica sin recurso a Ideas Regulativas? El nexo entre las dimensiones reflexiva y existencial de la crítica de patologías»: *Isegoría*, 26 (2002), pp. 257-275 y «Die Spannung zwischen existenzieller und reflexiver Pathologiekritik»: *Deutsche Zeitschrift für Philosophie* (Berlin), 51/6 (2003), pp. 903-1072.
4. I. Kant, *Ensayo para introducir las magnitudes negativas en filosofía* [1763], en *Opúsculos de filosofía natural*, Madrid, Alianza, 1992, pp. 115-164, p. 156 (Ak 198/24-27).
5. Para Kant, por supuesto, la *oposición real* no pone en entredicho la incondicionalidad y autoconsistencia de los principios de la racionalidad. Así, por ejemplo, que haya conflictos reales entre deberes no resta validez a la determinación apriórica de la validez de éstos. Adorno es más ambicioso al admitir un conflicto real que pone en tela de juicio la validez misma del razonamiento conceptual. Éste está sujeto a un principio de Identidad que segrega siempre lo particular-real como lo No-Idéntico y que termina disolviendo la contradicción fáctica, la lucha real, en una armonía ilusoria. «Hay contradicciones irreductibles a unidad de no ser manipulándolas, interponiendo miserables conceptos genéricos, que hacen desaparecer las diferencias esenciales. Por ejemplo, la que media entre la determinación que el individuo sabe que es suya, y la que le impone la sociedad si quiere ganarse la vida: su 'papel'. [...] Los conceptos aporéticos de la filosofía son jalones de lo irresuelto objetiva, no sólo mentalmente. Echar la culpa de las contradicciones a la cazurra tozudez especulativa sería desplazar el problema» («Objetividad de la contradicción», en Th. W. Adorno, *Dialéctica negativa* [1966], Madrid, Taurus, 1975, pp. 155-156).
6. Nos referimos a la doctrina nietzscheana expuesta en F. Nietzsche, *Sobre verdad y mentira en sentido extramoral* [1873], Madrid, Tecnos, 1990.

7. Deleuze se refiere a una reunión entre fuerzas o singularidades múltiples que «*funcionan juntas en tanto que realmente distintas* (ligadas por la ausencia de lazo)» (G. Deleuze y F. Guattari, *El Antiedipo. Capitalismo y esquizofrenia* [1972], Barcelona, Paidós, 1995, pp. 404-405; cf. pp. 404-406 y 411). Esta idea de juego conjunto entre lo diferente, en el que la reunión y vinculación se forja en virtud de la distancia o diferencia, está en la base de la mencionada noción de *síntesis disyunta* y posee en la obra de Deleuze muy diversas adaptaciones de acuerdo con el contexto de problemas que aborda. Por mencionar un contexto relevante, la *distinción real* se da entre la dimensión pragmática de un curso de acción y su dimensión expresiva o enunciativa (G. Deleuze y F. Guattari, *Mil mesetas. Capitalismo y esquizofrenia* [1980], Valencia, Pre-Textos, [4]2000, cap. 15, pp. 513-515).

8. Desde un primer punto de vista, el término «errático» rondaría la noción de «carecer de lugar». Así, «errático», según la RAE, posee los siguientes significados: 1. «Vagabundo, ambulante, sin domicilio cierto»; 2. Errante, en un sentido vinculado a la noción de *estrella errante*, que significa tanto como *planeta*. Éste viene del latín *plançta* y éste del griego πλανήτας (errante, moviéndose de un lado a otro); 3. En medicina se emplea también, referido a un dolor crónico, con la significación de que va de una parte a otra sin tener asiento fijo, de forma que se siente ya en una, ya en otra parte del cuerpo. En su origen latino, *erraticus*, se aplica a la idea, también, de estar sin un lugar determinado, a un ser errante, *errans-ntis*, como el de los planetas, que son *errantes stellæ*. De un modo muy próximo tiene los sentidos usuales de *recorrer a la ventura*. Ahora bien, desde otro punto de vista, la significación de este «ser errante» está ligada a la idea de *andar discurriendo* (como, por ejemplo, en el campo, *erro in agris*). Este segundo sentido implica que estar errático no es simplemente estar fuera. Se está, al mismo tiempo, en un curso, incurso, recorriendo, pero al mismo tiempo, como saliendo excéntricamente de un modo constante.

9. He intentado reconstruir la historia de las transformaciones de dicha correlación en el curso del siglo XX en *Movimientos filosóficos actuales*, Madrid, Trotta, [2]2003, pp. 38-50 (Husserl), 160-170, 257 ss. y 284 (naturalismo analítico), 22-23 y 77 (fenomenología postidealista), 82-83 (fenomenología francesa de la carne), 122-123 y 136 (desplazamiento heideggeriano), 218-219 (hermenéutica gadameriana). Me he esforzado en mostrar los modos diferenciales en que esta correlación surcan la tradición continental y la analítica, en *El conflicto entre continentales y analíticos*, Barcelona, Crítica, 2002, pp. 248 ss. y 187-192.

10. Gadamer compara la noción de experiencia aristotélica con la aprehensión hermenéutico-lingüística de casos diversos en una organización global. Sucede, en el momento experiencial en el que piensa Aristóteles —dice Gadamer— que partimos de un cambiante flujo de impresiones y las organizamos en unidades, mediante un *continuum* procesual sin comienzo, tal y como ocurre en la detención de un ejército que huye, según el ejemplo que utiliza el Estagirita para aclarar la adquisición de conceptos generales a partir de impresiones cambiantes (Aristóteles, *An. Post.* B 19, 99 b 35 s.). ¿Cómo se produce en esa fuga heraclitea un orden? ¿Cómo se restablece el *arché*, la unidad de mando? Un soldado se detiene, al cerciorarse de la lejanía del enemigo, y a él le siguen otros. Nadie en particular controla el proceso, y éste no es explicable como la suma de acciones individuales. «Cuando uno se detiene, todavía no ha terminado la huida, ni tampoco cuando se detiene el segundo o el tercero. Y, a fin de cuentas, nunca se sabe cómo llega a detenerse el ejército. [...] Ésta es la descripción de un comienzo sin comienzo» (H.-G. Gadamer, *Arte y verdad de la palabra*, Paidós, Barcelona, 1998, p. 137).

III

DIMENSIONES DEL ACONTECIMIENTO

Hasta ahora, nuestro análisis ontológico se ha limitado a considerar la dimensión del ser como sentido. Sin embargo, quisiéramos mostrar que sentido y fuerza están vinculados internamente. Esa unidad es una dimensión del acontecer, a la que sumaremos la de la síntesis de la apercepción subrepresentativa y la locura.

6

SENTIDO Y FUERZA

1. Comprender y actuar. 2. Ficcionalización del mundo y resentimiento generalizado; la fuerza del «salto». 3. Esplendor y ocaso de la noción de «fuerza». De la *phýsis* griega a la «potencia» de ser en el Barroco; la distensión científico-técnica del *operari* en la operatividad. 4. El arco tendido de la existencia. 5. Más allá de Heidegger y Nietzsche o de las dos reducciones inversas entre «sentido» y «fuerza». 6. Unidad discorde y distinción real entre sentido y fuerza. 7. La unidad entre «gesta» y «potencia operante»: objeciones a Foucault y Deleuze. El domino como banalidad.

1

Si la errancia se muestra en pertenecer a un mundo y, al mismo tiempo, en experimentar su extrañeza, sentirse expropiado y convertirse en rehén del impulso que lleva a trascenderlo excéntricamente, si descubrir el suelo de acogida en el que se habita mantiene un lazo indisoluble con el destino de la creación, de la forja de una nueva tierra, es porque ser errático consiste, ante todo, en un dinamismo procesual. Su ser es acontecer apátrida e itinerante. Quiere decir esto que siempre está en obra, operando en estado naciente, sin consumarse en un término, sin recuperar una paz originaria. Los parajes en los que se encuentra el solaz y se aquieta el paso son en el fondo, si no han sido buscados como un narcótico, espacios para una calma en la tormenta.

¿Qué es lo que pone en marcha este movimiento? ¿Hay conceptos para aclarar el *devenir* mismo de lo errático? Cuando se transita, como se vio, nos internamos en el acaecer de comprensiones. Pasamos de una manera de asir comprensivamente lo que nos rodea a otra que se inicia, lentamente o de forma imperceptible. De la solicitación que sumerge en un modo de interpretar escapa un furtivo cauce y, tarde o temprano, la mirada ha sido transformada. ¿Puede provocar semejante devenir la comprensión misma? Estaría uno tentado a responder afirmativamente. No hay aprehensión de mundo si éste no se revela al mismo tiempo. Las cosas mismas apelan ya a la mirada del que se ve empujado a entender, lanzan sus signos enigmáticos y movilizan, como si atrajesen desde su alteridad interrogante e iniciasen en nosotros una persecución. No parece completamente rebatible que ello sea así. ¿Quién puede decir con seriedad que cuando ha trazado un camino no ha tensado desde el principio un hilo invisible, un hilo de Ariadna fuera de él y atado a lo lejos en algún oscuro pre-sentimiento, en una informe pre-ocupación? Andar y ser interpelado no son separables. En caso contrario, ¿podríamos hablar precisamente de ello, de caminar? Sin la impronta de las cosas mismas, la resolución para el viraje, la superación, la mudanza, permanecerían atadas, desde atrás, a la tranca de lo que hay a las espaldas: a la inercia de lo ya sido o de lo que está siendo. La mera voluntad de trascender no basta para provocar la irrupción de lo nuevo. Hacer un mundo no es algo que se preste al puro deseo. Hay que llegar a merecerlo, que significa tanto «ser digno» de ello como «hacerse acreedor» suyo.

Sin embargo, el buen comprender, es decir, el que es atizado por la interpelación de las cosas, no es suficiente resorte para el acontecimiento real. Siempre cabe la posibilidad de que se mantenga en un estatismo impávido, yermo en el campo de la praxis efectiva. Siempre puede quedar reducido a una *contemplatio* sin vigor, desprendida de su potencia convulsiva, a una visión extasiada que encuentra contento en ella misma y se sustrae, de alguna forma, a la tarea que le es inherente y le pide cuentas. Esto puede ocurrir de muchas formas. Así, la comprensión puede injertarse en otro tejido experiencial y servirle como un vasallo. A veces, la impotencia y el temor para dar un paso hacia adelante se extienden hasta los confines de una vida, de manera que ésta, para ocultarse a sí misma en su banalidad, atrae hacia sí con vigor el ejercicio del comprender. El espíritu se tuerce y retuerce entonces en una mirada al mundo y puede llegar incluso a escuchar. En el impulso contemplativo, ayudado por ese tiempo de detención, se deja hacer al asombro su obra. «¡Extraño que lo que ocurre ocurra, y precisamente así, no de otro modo!». Poco a poco, la emoción y el pensamiento, llamados aquí a hurtadillas por un enemigo, comienzan a recibir un espacio y un tiempo que la rutina o el ajetreo de la existencia cotidiana le han negado. Embelesados por el favor que se les concede, emprenden progresivamente una aventura hasta que se hallan en medio de un vuelo magnífico. Es falso que en estas situaciones se piense o se comprenda mal. La capacidad del hombre para admirar lo que lo rodea y su anhelo de descifrar enigmas son tan profundos en él que, liberados de su guarida, no pueden dejar de des-cubrir perlas preciosas, hasta dejarse apelar por los ocultos signos de aquello en lo que nunca se ha reparado. Las cosas mismas convocan y llaman al tránsito, pero la interpelación por sí misma no puede evitar que, mientras tanto, sea capturada por la necesidad del narcótico y retenida: la aprehensión se vuelve sobre el conato mismo de tránsito, cuyo palpitar iluminador fascina... Al final, su degustación inmóvil es investida de un sentido en sí, de un valor propio, y se convierte en mudanza contemplada. En ciertas ocasiones esto sólo tiene lugar en la forma de un paréntesis benefactor que sirve para recuperar el aliento que falta. Pero muchas otras se convierte en una tregua de la que el hombre ya no sale jamás.

Desde Freud, Marx y Nietzsche tenemos derecho a sospechar acerca de las formas de esta silenciosa emboscada a la comprensión de sentido, realizada desde alguna ciénaga que se nos oculta: procesos de racionalización o sublimación; líneas oscuras del capital y su hemorragia de justificaciones simbólicas; miedos espectrales al crecimiento tejiendo un segundo mundo que sirve de bálsamo. Para que al ser errático le sea dado el beneficio del acontecimiento real es preciso que, junto a la comprensión, se despierte otro poder, de manera que curse *in actu*.

En nuestra lengua, cuando algo cursa en acto decimos que actúa. Pero un engaño, una huida o una ilusión también lo hacen. Hay que interrogarse por lo que en la acción conduce a actuar creando y expandiendo, por lo que en el *agere* —como hacer y operar— lleva al *augere* —aumentar, hacer crecer—. No todo *agere* es un *augere*. El que realiza su acción pro-moviendo es el actor, el *auctor*, literalmente el que crea y aumenta lo que existe. Le es así permitida la autoridad (*auctoritas*) en su praxis, cuyo más profundo sentido no radica en el dominio. La genuina autoridad del que es autor en lo que hace no proviene de su necesidad de imponerse y obligar, sino de su capacidad para responder de sí, haciéndose cargo de aquello que en él se ha puesto en obra y le reclama un compromiso. En su errático hacer mundo experimenta un peso que lo arraiga y le confiere el valor de la *gravitas*, la energía para llevar una carga[1].

Vista así, desde su sentido inmanente, la acción desliza en su curso una *enérgeia*: potencia. Ciertamente, lo que incita a la acción y le da ocasión es un conjunto de muchas figuras posibles: la determinación por la autonomía, el rostro del otro, la resistencia a la injusticia... Pero en cualquier caso, estos resortes, y cualquiera otros que se puedan aducir, sólo se hacen valer si pueden conjurar aquello que, desde su propio tejido, dinamiza en la acción: la actividad misma, es decir, lo que recibe el nombre de *vis*: «fuerza», en cuanto vigor e ímpetu. Se pronuncia con ello una palabra muchas veces maldita. Para el ilustrado, el agente oscuro que se opone a la razón desde fuera y convoca los deseos e impulsos ciegos, habitantes de mazmorra; para el hermeneuta, lo que paraliza los nexos internos del diálogo histórico y conduce a la voluntad de control e imposición; para la sana cordura, el estigma del loco que la aproxima al animal. De alguna manera, renace aquí y allá ese terror sagrado que experimentó el hombre, en su alborada, ante las inhospitalarias fuerzas de la naturaleza, convertidas de inmediato en divinidades de desafuero: pura acción impredecible e indomeñable, puro querer invisible que si se ofrece benefactor es sólo a cambio de sacrificios.

Y sin embargo, la fuerza es la cualidad intensiva de cualquier forma de praxis. En el extremo más aparentemente etéreo, la contemplación actúa en el hombre e imprime al mundo otro rostro sólo si esa *vis* de la admiración la transporta al estremecimiento. En el extremo más tangible, da vida a los actos, envolviéndolos en la actitud: *habitus* y *gestus*. Pues toda praxis está encarnada en el cuerpo, que es, además de lo que supuso Merleau-Ponty, a saber, campo de significaciones, un escenario de fuerzas[2]. Lo que se llama temple o modo de estar no refiere sólo a un sentido comprensible que expresa, sino, al mismo tiempo, a un submundo de intensidades efectivas. La pura expresión no explica la puesta en escena del hombre en el mundo: lleva conjugada una fuerza que le imprime más o menos fulgor, más o menos poder de impacto, y que se encarna de continuo en la materia del comportamiento: en la vivacidad de un gesto, en la reciedumbre de la pose, en el disparo de la mirada, en la tensión entera del hacer corporal entre las cosas y los hombres. La fuerza con-forma, desde el fondo, la forma en que se es «de un modo», pues éste es siempre un modo de significar y de expresión, pero no sólo eso. Es, al unísono, un *operari*, un pro-ceder que gravita en la intensidad: pálido, seco, hirviente, abrupto, lánguido, paciente, precipitado, tosco, delicado, huraño, abierto, fútil, imprecador. Todo esto no se declina en el lenguaje del sentido comprensible, sino en el de la fuerza afectante.

— *Me parece que, sin darse cuenta, se está usted refiriendo a algo más simple, a la pasión, sustituyéndola por un término más oscuro. Es cuestión harto difícil decir qué es una pasión, pero al menos, el sentido común nos ofrece ya una primera impresión de su sentido. Todo el mundo sabe a qué nos referimos, por ejemplo, con «compasión» o con «envidia». ¿No es mejor partir de estos fenómenos, tomarlos como reales e interrogar en qué consiste y cómo actúa cada uno de ellos? Me parece cosa de artificio filosófico intentar explicar algo ya en sí mismo oscuro en términos más oscuros todavía, como el de fuerza.*

— *Claro que sabemos distinguir la compasión de la envidia, según su ejemplo. Pero, en primer lugar, hay muchas formas en las que se*

SENTIDO Y FUERZA

ejerce eso que se llama «compasión» o «envidia». Corremos el riesgo de sustantivar las pasiones cada vez que hablamos de ellas. ¿Cree usted que existe, sustancialmente, algo así como «envidia»? Quiero decir si realmente cree que hay un «órgano» de la envidia y una sustancia en nosotros llamada así, de manera que cuando la experimentamos ocurriese que se pusiera en activo. No creo que sea necesario renunciar a estos términos, a los que refieren a una pasión, como ya le dije una vez. Es ineludible, por lo demás. Pero si «existen» las pasiones no es como «formas» o «arquetipos», sino como expresiones diversas de fuerzas. Lo que llamamos «resentimiento» puede referir a algo muy cotidiano y pasajero; o bien puede ser el nombre, como pensaba Nietzsche, para un conjunto de fuerzas en movimiento, cuya dýnamis *es la negación de la vida, la huida de lo que asusta. Pero un «psicólogo» como él utilizaba esta noción en la forma de un emblemático punto de partida que exigía análisis concretos, de acuerdo con sus diversificadas formas a lo largo de la historia de Occidente. Remite a acciones más simples y reunidas de alguna manera en una constelación viviente. El resentimiento es su «cara externa». Hay, pues, que ser nominalistas en este asunto si no queremos olvidar lo importante: qué tipo de fuerzas configuran desde dentro una determinada «pasión», qué dirección le imprimen, etc. ¿Es difícil? ¿Nos introduce en callejuelas oscuras? Bien, ¿y qué le vamos a hacer? Por lo demás, el término «fuerza» no se reduce al ámbito de la pasión. Pertenece a todo acontecer, se interprete como pasión o no.*

La fuerza es la potencia en el operar. Se la confunde a menudo con la pasión, sin reparar en que la alegría, la tristeza, el consuelo o la compasión no serían nada en sí mismos, se convertirían en meros constructos, sin referirlos a la dirección y la intensidad que les otorga una fuerza. Alegría, por ejemplo, ¿en virtud de qué?, ¿en pro de qué? ¿De la armonía en las relaciones humanas o de la lucha productiva? ¿Del acto victorioso o de la promesa de una acción? ¿Por la belleza, por la profundidad, por el noble olvido?; sobre todo: ¿En qué figura intensiva? ¿En la de la serenidad o la del éxtasis, por ejemplo? Y ya que ha salido al paso, ¿en qué potencia del éxtasis, si es el caso: en el del arrobo melifluo o tal vez como fruto después de haberse colocado a la altura de sí mismo? Preguntar de esta manera lleva, en último término, a analizar la cualidad de ciertas *enérgeias* y cómo se componen, agregan o descomponen en un movimiento (*dýnamis*). Una teoría de las pasiones no carece de sentido, pero permanecería abstracta e incompleta si no se la empuja hacia una micro-ontología de las fuerzas. El propio Nietzsche, en cuyo pensamiento se fundan muchos de los estudios en esta línea, descalificó la idea de «pasión» como un constructo ficticio, tal y como hizo con las ideas de «alma» o «sujeto»[3]. La fuerza, por otro lado, no remite exclusivamente a la pasión. Está presupuesta también, por ejemplo, en las nociones de voluntad y libertad en cualquier contexto en que aparezcan. Así, un kantiano, después de haber separado el imperativo de la razón respecto a las pasiones, todavía tendría, en caso de lograrlo, un problema, el de aclarar el *modus operandi* del primero en cuanto fuerza que impulsa a un hacer o un actuar, observarlo no como un *factum*, un principio, norma o regla, sino como *acontecimiento operante*. Su respuesta recurriría a la idea de voluntad. Hay una voluntad racional y otra empírica, diría. La primera es movilizada, de suyo, por lo que ella no puede dejar de querer, es decir, el mandato de la razón. Pero, incluso suponiendo por un momento que estuviese en lo cierto, no quedarían resueltas muchas cosas. ¿En virtud de qué ocurre *de hecho* que esa noble voluntad se encuentre a sí misma, en su vocación inexorable? ¿Cómo podría volverse sobre sí si no fuese ya potencia, impulso? ¿Qué latido empuja al hombre «recto» a lanzarse, sobre el suelo de su libertad, hacia su rectitud? ¿Qué vigor le permite sobreponerse, en contextos reales y concretos, a la inclinación innoble? No podemos pensar eso que el ilustrado llama «voluntad» sin subrayar la in-sistencia de la fuerza. No por otra cosa decimos *«fuerza* de voluntad». ¿Por qué la ejerce una persona y otra no? ¿Acaso se nace bueno o malo?

La pregunta no está referida a la «causa eficiente» de la acción, pues en tal caso habría que ser determinista y entonces no entenderíamos nada acerca del drama humano. La fuerza no se posee como se tiene un objeto. Sabemos de su presencia y de su marchitamiento, de su abrupta aparición y de su retirada insólita. Le preparamos sin saberlo su compañía, le negamos a veces su insurrección. Y esto último ¿no implica de nuevo y a su vez una fuerza? No hay línea de continuidad, cadena limpia y unidimensional causa-efecto. Se trata de encuentros y desencuentros, lucha, *agón*.

Pero no es necesario razonar alambicadamente para darse cuenta de que estamos ante una dimensión cualitativa. Experiméntese como se quiera, o se pueda, la elevación y la bajeza. Ahí, en la vivencia, encontramos inexorablemente una intensidad irreductible al número. Se actúe de un modo o de otro, *se es* en lo intensivo. Este ser de la acción que es la fuerza constituye una dimensión ontológica en todo lo que acontece. Puesto que afecta en la experiencia y no se deja atrapar en el concepto, es una noción límite, una metáfora necesaria. Al bordearla, en lo que sigue, e intentar captar indirectamente la forma en que se *da*, no queda saldado el problema que se planteaba al inicio. Por el contrario, éste se hace más complejo. La pregunta «¿Cómo se relacionan la comprensión y la acción?» conduce a esta otra, más precisa: «¿Qué nexo vincula la aprehensión de *sentido* y la afección (y acción) de la *fuerza*? Sólo después de algunos ensayos de rodeo, podremos aventurar una respuesta.

2

Hay otro sentido de «pasión» que sí concierne de suyo a la fuerza: el de padecer o ser afectado. Donde hay potencia ha tenido lugar ya la irrupción de una alteridad afectante. Actuar no consiste en hacer arbitrariamente, a no ser que la acción se remonte sobre la existencia y se desarraigue, cada vez más impasible: praxis ficcional o letárgica. En el curso de ser, la acción siempre supone una pasividad receptiva. Responde, por decirlo así, a su «cosa misma» *qua* afección e impacto. Por eso, el devenir de la fuerza no es asimilable al del dominio o la im-posición.

— *¿Por qué insiste tanto en esto? ¿Por qué ese énfasis en la diferencia con el dominio?*
— *Porque la noción que barajamos se presta a muchas confusiones. Ya le he mencionado la típica ilustrada: la fuerza como una instancia «exterior» respecto al «interior» de la «razón», tramando astutamente una trampa. Esto habrá que analizarlo más adelante con un poco de detenimiento. Y también esa insistencia heideggeriana que equipara la «voluntad de poder» nietzscheana con el dominio técnico del mundo. Con todo, son éstas formas dignas de entrar en diálogo y de pensar. El mayor peligro surge allí donde ni siquiera hay verdadero pensamiento. Hay que soportar la lectura de engendros como* El hombre entre ruinas *(1913) o* Cabalgar el tigre *(1961), de Julius Evola, para aprender justamente hacia dónde no se puede llevar la noción de «fuerza». Ya ve, una metáfora tan bella, de origen oriental, como la de saltar a lomos de un tigre, que no puede abalanzarse sobre quien lo cabalga, manteniéndose en sí, hasta que éste termine agotado, idea del coraje y de lo que se puede hacer para domeñar a un enemigo en extremo peligroso, cual es la imagen técnica del mundo, una metáfora así, ¡puesta al servicio de un burdo fascismo! ¡Qué abigarramiento huero de lenguaje sobre la fuerza!: «fuerzas vitales», «primordiales» puestas en obra en el Hombre de Acción, que «no espera ni pregunta», sino que actúa, para restituirle a la civilización occidental su liderazgo en el mundo, para recomponer las ruinas del «poder romano» en los*

«nobles valores» del «fuerte», es decir y según este tipo, el «iluminado», el que ha «despertado» de la ficción técnico-industrial y material de nuestra época y se coloca en la cresta de la corriente para «dirigir» a los demás hacia la altura de espíritu, que consiste, fíjese, de acuerdo con él, en el dominio de la raza indo-aria. La democracia como victoria de los que son incapaces de cabalgar el tigre... ¡Cuánta cháchara idiota, en la que la «fuerza» y la «acción» son sustantivadas, la primera como nombre de un «origen» inmutable que condensa en su semilla la sustancia del universo, la segunda como emblema de un Fin imperecedero que restituye el origen! Hay que temerle a quien escribe con mayúscula el agere *y el* augere: *«Comité de Acción», al servicio del UR (origen), en el caso de Evola; «Acción Católica», en nuestras tierras y no hace tanto. En tiempos de crisis, de desconcierto, aparecen movimientos de vorágine —el Príncipe de Maquiavelo como personaje arquetípico— que buscan romper la parálisis mediante una Acción de resonancia cósmica y milagrosa. No extrañaría que en la sociedad estacionaria reapareciese más pronto que tarde esta vuelta de la Derecha sin fuero y milagrera, tahúr de tiempos sombríos.*

El *augere*, fuerza creciente, fortaleza, no necesita tan sólo de la afección como de un complemento; se revela en medio de ella; a su través adquiere un perfil, siempre en ciernes. Cuanto más ajena a su otreidad se forja, más petrificada queda en un escorzo, paralizada por la mirada de Medusa[4]. En el fondo de toda genuina *co-acción* arbitra la *co-operación*.

Puesto que el operar es siempre co-operar, el ponerse en obra de las fuerzas acontece en el «entre» o «intersticio»[5] de intensidades. Es por ello por lo que la acción se despliega en un campo de juego interpersonal. A ras de suelo, por debajo de la argumentación y el juicio, acontece el espacio del encuentro *cara a cara*, en el que las fuerzas se encarnan en una escena viviente de corporalidad. Los griegos, que generaron la democracia, estaban ya experimentados en este ejercicio. Desde la religión homérica, los hombres aspiraban a hacerse a sí mismos en la medida en que con-parecían unos respecto a otros. El que actúa allí admira a los dioses y alberga el deseo de convertirse en una divinidad en la tierra, algo que no coincide con el logro del poder ni con la producción de eficacia pragmática. Inmortalizarse significaba alcanzar la intensidad suficiente en el obrar como para que éste se hiciese perdurable, y por ningún otro motivo que por el valor intrínseco de la acción en obra. Es así como llegaron a experimentar el mundo de las relaciones humanas como el de una auto-presentación en acto, en el que cada uno, Aquiles, Ulises o Héctor, ponía en juego su propia vida en carne y hueso. Esta escena, espacial, corporal, intensiva, lanzada a la obra digna, perduró como una nervadura en la democracia ateniense, muy por encima de la nuestra, formalizada, descarnada, casi virtual e invisible.

Surge en este punto un problema. El actor, situado en el *agere* público, puede degenerar en un histrión, en el más espurio sentido de los que adquiere en la modernidad y el mundo contemporáneo: hombre de farándula, prestidigitador, acróbata insulso de la acción. De hecho, ésta es la tendencia en la sociedad estacionaria, en la que importa más revestir de color la repetición variada de lo mismo que hacer emerger un inicio. Lo que Heidegger llamó, como se ha visto, *organización de la carencia*, el frenesí activo en el desierto de la nada vacía, que no conduce a lo cualitativamente diferente, que apacigua la falta de novedad en el bálsamo del estar ocupado sin cese, encuentra un refrendo político en esa conformación del hacer público en la actual situación que Deleuze calificó con el término de *geometría de Estado*, puro *despliegue* ordenado desde premisas fijas y sacrosantas[6]. En cuanto sistematización orgánica y estática de la auto-presentación, este erial vallado se expresa en la forma de una *organización social de las apariencias*, noción lúcida donde las haya que tomamos prestada a Guy Debord[7]. Cada vez es más patente la conversión de la vida en *espectáculo*, lo que significa que lo real es suplantado a todos los niveles por la representación, por la imagen, por la puesta en escena. Auto-ex-posición autonomizada, volcada sobre sí misma y sus propias inferencias inmanentes, sustituyendo al movimiento propio de la praxis social. Lo espectacular no es lo que posee grandeza, lo valioso desde sí, sino la vida misma de la imagen, separada de la existencia: grandiosidad, gigantismo; en la esfera de la palabra, un dis-curso autoenvolvente, cerrado sobre sí, monólogo autoelogioso e ininterrumpido: grandilocuencia. En el fondo, formas de un nihilismo estacionario, negación de lo que es y afirmación de lo que no-es, en el que las vueltas y revueltas en torno a un mismo epicentro degluten todo lo itinerante.

De un modo general, en la diversidad de estratos de la praxis se extiende, como una sombra, la *ficcionalización del mundo*. La existencia en lo que Heidegger llama *ambigüedad* no es sólo la evanescencia del estar «sobre el rastro», sino al mismo tiempo la autoprotección de esa evanescencia, remolcada por el deseo de evitar la acción real y de justificar la aparente. Quien duerme en la quietud del falso movimiento siempre está expuesto a la sospecha que lo conduciría a despertar. El mismo desasosiego sin motivo aparente es ya una voz de alarma que llama a la acción. Pero el *estar sobre el rastro*, que mantiene en la pasividad, posee su propio placer. Se sueña que uno hace, se degusta la praxis venidera en su mera anticipación imaginativa, se vislumbra el comienzo de lo nuevo. Y ese destello queda retenido en la embriaguez que produce. Es así como la imaginería de lo posible «rehúsa la realización de lo sospechado»[8]. El actor, se diría, se ve empujado hoy a realizar su obra oníricamente. El innovador, el que añora el hacer revolucionario, el intempestivo, el pensador veraz y todas las figuras del actor, experimentan, tarde o temprano, la angustia de su impotencia. La coacción invisible al histrionismo es el oscuro presentimiento que lo pone en guerra silenciosa con sus entrañas. Pues sabe, quizás sin poderlo formular con claridad, que en las circunstancias presentes un Morfeo espectral le está arrancando la fuerza del operar, envolviéndola en una realización virtual, ficticia. El que se expresa con intención crítica también padece a solas el sentimiento premonitorio de la inanidad de su obra. Barrunta que ésta puede caer, de alguna manera, en la organización del vacío y de la apariencia y que él mismo tal vez sea tan sólo un histrión que todavía no ha tomado conciencia de ello. Quién sabe si la sociedad estacionaria se alimenta también de todo esto. Tal vez le venga como anillo al dedo que la denuncia y el anhelo de una nueva tierra sean libremente cacareados al viento, divulgados, expuestos en reuniones, manifestados con tesón en público, metamorfoseados en obras de arte, expandidos en temarios educativos. Es posible que éste sea el mejor modo en que la invocación a la acción entra en la espesura del espectáculo y, afirmando su irrealidad, le confiera sin embargo, y en provecho suyo, mayor apariencia de realidad.

Esta conformación de la sociedad estacionaria necesitaría todo un tratado que explicitara sus variopintos síntomas. En lo que aquí concierne, de pasada, digamos que hace verosímil la hipótesis de que en ella está creciendo un modo de ser que podríamos llamar *resentimiento generalizado*. Pues el *pathos* resentido surge de la impotencia y del sentimiento de vacuidad. Entre las expresiones del resentimiento Nietzsche incluye dos bastante interesantes. La primera es la incapacidad para admirar. Mientras la fortaleza inclina, incluso en el álgido momento del encuentro con el «enemigo», a sopesar «que no hay nada que despreciar y sí *muchísimo* que honrar» en él, el hombre del resentimiento, «y justamente en ello reside su acción, su creación», «ha concebido el 'enemigo malvado'», frente al cual imagina «como antítesis, un 'bueno' —¡él mismo!»[9]. No le faltaba razón. La capacidad de admirar está en retroceso palpable[10]. La admiración recíproca —siempre hay en el otro algo que asombra y merece reconocimiento por sí mismo— está en la base de las relaciones humanas fecundas y no puede faltar ni siquiera en la relación erótica. Afirma la alteridad y la diferencia de los que conviven, lo cual es premisa de cualquier verdadero encuentro. En lugar de ello, se tolera, se venera impúdicamente para despreciar lo opuesto o se imita sin más. Es fácil comprobar, por ejemplo, como el «oponente» de un político se convierte de inmediato en el *malvado*, al que nada hay que reconocer admirativamente. Y así también en las esferas del «trabajo» y la «comunicación». Lo valioso del otro, si se lo llega a percibir, se oculta con mucha discreción, se mantiene en silencio, mientras se está, al mismo tiempo, *al acecho*, esperando un signo que permita la reacción. Si el verdadero hacer emana de la fuerza excéntrica es porque el ser errático, tanto en la actividad del pensar como en la praxis inmediata, es capaz de sostener erguido y mantener en vilo el poder del extrañamiento. Y éste no puede dejar de propiciar la admiración allí donde ella es llamada por las cosas mismas. Pero hoy parece que esa fuente de expropiación se angosta y declina en una palidez cadavérica. Es lógico que en tales circunstancias lo admirado sea precisamente lo que menos extrañeza suscita. No es lo extraordinario en lo ordinario, sino lo ordinario en su menguante lo que excita, es decir, lo que carece de valor y asegura la continuidad del espectáculo. «Los personajes admirados —señala Debord— [...] son bien conocidos por no ser lo que son; se han convertido en grandes hombres a fuerza de descender»[11]. Por este medio, el resentimiento expande sutilmente su venganza. A mayor organización de la apariencia, más posibilidades de éxito para el que no tiene nada que ofrecer y menos para los que, a pesar de todo, forjan en torno a sí una escena en la que pugna el deseo de realidad. Si estos últimos llegan a ser admirados, no es por la vinculación de dicha escena con la existencia, sino por el espectáculo que son capaces de despertar si se los sitúa en el lugar adecuado. El riesgo de convertirse en víctimas de la escenificación autonomizada amenaza a los hombres de solidez, a los que se los obsequia con los esplendores del espectáculo, domesticándolos con el premio grandilocuente y con la promoción de su *imagen*. Por el contrario, cuanto más nimia es la obra que se ha podido hacer germinar, con mayor vehemencia y ansiedad se busca el premio propio y la derrota ajena: él, el *malo*; yo, el *bueno*; hasta que se llega a no poder afirmar nada más que por la vía indirecta de negar a un oponente, real o ficticio. Todo ello lo había descrito genialmente Robert Musil a principios de siglo como una enfermedad del *hombre sin atributos* que avanzaría con el curso del tiempo y a la que, irónicamente, relacionaba a veces[12] con la ley que rige el crecimiento de una gran O redonda cuyo contenido es constante: cuanto más voluminosa, más se diluye su esencia en la dilatada superficilidad. Tal vez este espíritu se apodere pronto de los procesos de aprendizaje en el mundo de la vida. La sociedad estacionaria es esa O expansiva, cada vez más globalizada, en la que un nimio interior se mantiene invariable mientras su envoltura cobra dimensiones gigantescas.

La ficcionalización del mundo posee mayor flexibilidad para extenderse que el trato con la problematicidad real. A su paso, transforma el agonismo luminoso y vinculante de la diferencia entre fuerzas en la oposición umbría entre lo semejante. Y este rasgo se las aviene muy bien con el segundo síntoma del resentimiento que señala Nietzsche: la búsqueda de una felicidad que «aparece esencialmente como narcosis, aturdimiento, quietud, paz, 'sábado', distensión de ánimo y relajamiento de los miembros, esto es, dicho en una palabra, como algo *pasivo*»[13]. No se trata de esa sana jovialidad cuyo anverso es la clara percepción de lo sombrío: el dolor, la fugacidad, la punzada de lo problemático. Es, más bien, justo lo que la ficcionalización necesita: un refrendo afectivo de su vacuidad, una corroboración ensimismada que atrae hacia sí las figuras de la felicidad aparentemente real y en el fondo animada por alguna impasibilidad. La sociedad estacionaria es una potente máquina que se emplea a fondo en la fabricación diversificada de este producto: los alivios del *estado de bienestar* (que ocultan la miseria lejana), la excitación en la *competición por el reconocimiento* (ayuna de escucha), el alborozo del trepidante andar a la brega (asténico de demora activa), el gozo del recambio tecnológico... Sobre todo el armonicismo cortical, signo de estimación mecánica, que sirve de pátina para ocultar la indiferencia recíproca: rituales de tolerancia, de indulgencia, de permisividad, en los que la condescendencia de fondo segrega hacia la superficie una simpatía obligada. Todo este tipo de felicidad procede como por decreto de la ficcionalización, hasta el punto de que hoy un ser humano taciturno se toma por débil o enajenado.

¿Cómo romper el círculo en que se mueve esta parálisis, la rueda en la que gira la organización del vacío y de la apariencia? Es imposible, desde luego, sin *comprender* la situación, manteniéndose a la escucha de lo que hará posible su desguace. Pero si esta *aprehensión de sentido* es realmente operativa, si se convierte en acción, es porque posee *fuerza* de transformación o transgresión. Dejamos en suspenso, por el momento, la confrontación entre Heidegger y Nietzsche que en este punto se adivina, así como las formas en que ambos son articulados en pensadores como Foucault o Deleuze. Baste por el momento adelantar que si hay un encuentro entre comprender y actuar, éste debe incluir el ingrediente disruptivo del *salto*. En el paso a la acción queda siempre abierto un hiato. Se sabe desde antiguo: la praxis tangible no se puede pasar sin la *phrónesis* (Aristóteles), ese *medio* justo para el cual no hay medida previa porque emerge en el caso y sobre la marcha. Lo sabía uno de los modernos más adictos a la norma, Kant: se podrá captar el trazado del recto camino moral, pero seguirlo en serio, no *conforme-a* sino *por mor* de él, es algo que nunca podrá ser activado por una legalidad; exige la voluntad y el ejercicio de la libertad. En el encuentro con el mundo, la *capacidad de juicio* excede toda generalidad normativa al lanzarse hacia lo particular y ha de tener, por ello, su propio *modus operandi*. El hombre de fe lo sabe también: se necesita para ella, desde la paradoja y el riesgo, un «salto» entre la nada y el todo (Kierkegaard).

En lo que aquí concierne, rasgar el velo, diluir el círculo, quebrantar la rueda y desorbitarla, exige del *pensar en estado naciente*, a un tiempo invocador y operante, escucha e ingenio, un pensar que no se eleva abstracto sobre la existencia, sino que la acompaña porque *es* en su *curso*[14]. Si este pensar puede hacer saltar la narcosis estacionaria, si es capaz de impulsar el *agere* hacia el *augere*, no será posible sin la *fuerza* del *salto*. Ahora bien, ¿qué es eso que llamamos «fuerza»?

3

La percepción de la fuerza como nervadura del ser se remonta al comienzo mismo de la filosofía. Resuena ya como un eco en el término *phýsis* (φύσις), fundamental en el mundo griego desde la época más remota. Aunque se suele traducir como «naturaleza», hay diversidad de opiniones entre los especialistas en cuanto a los matices de su significado. En cualquier caso, la noción parece poseer un sentido ontológico muy amplio, de tal manera que no resulta descabellado entender que en los presocráticos la *phýsis* se refiere a la naturaleza misma de las cosas, es decir, al tejido de toda la realidad o a la realidad fundamental. Este perfil fuerte permite presumir un nexo entre la comprensión más temprana del ser y la *intensio* de la potencia. La *phýsis* es aquello que porta en sí mismo la *fuerza* por la cual algo llega a ser lo que es y, a un tiempo, el proceso de este llegar a ser como un «emerger» o «nacer». El verbo del que proviene (φύω) significa «producir», «hacer crecer», «engendrar».

Entre las nociones dinámicas que Aristóteles introdujo en su concepción del ser interesan aquí fundamentalmente las de *enérgeia* (ἐνέργεια) y *dýnamis* (δύναμις), ligadas al antiguo término de *phýsis*. La primera se suele traducir como «acto» o «actualidad». La segunda como «potencia». Ambas están involucradas en el complejo entero de su filosofía, que hace del movimiento un rasgo ontológico definitorio de toda realidad. Como se sabe, el movimiento implica para el Estagirita una relación entre «potencia» y «acto». Es un acto que presupone una potencia de cambiar. Ésta, la *dýnamis*, es la potencialidad que posee algo para cambiar a otro estado, para devenir desde sí. Ahora bien, el tópico según el cual el ser como movimiento constituye el «paso» o tránsito de algo que está primero «en potencia», en el estado de pura posibilidad, a su ulterior y paulatina actualización es muy discutible. Más allá de ello, Aristóteles rebasa una concepción estática del ser: la *potencia* no se destruye en su actualización, como si fuese una reserva contenida, sino que se sostiene en el proceso mismo del ser en *acto*. El cambio sería, así, el incesante movimiento hacia sí mismo. El dinamismo del ser se cifra en el acto continuo de la potencia, la *enérgeia* en curso[15].

Pues bien, ¿qué alcance posee la noción de potencia? En la historia de la filosofía se ha mantenido una alternativa o vaivén entre su interpretación como «posibilidad» y una acepción que subraya el carácter *operativo*, relacionándola con la exuberancia en la manifestación del ser y con el *poder* o *fuerza* que posee una cosa, tanto para mantenerse en sí como para producir un cambio en otra. Es esta concepción la que aquí nos concierne. En la tradición, tal comprensión se distribuye según dos líneas: una teológico-metafísica que, como en Nicolás de Cusa, atribuye la potencia (siempre en acto) a la realidad primera, Dios. Por otro lado, una trayectoria física y materialista, que alcanza una expresión muy culminada en Hobbes y que afirmaba el carácter actual de toda potencia en las realidades creadas. En Spinoza se reúnen[16], una remitiendo a Dios en cuanto naturaleza y otra a sus expresiones o modos, siendo la potencia siempre actual, siempre efectuada.

Pocos textos como la *Ética* de Spinoza[17] han fascinado con tanta intensidad en esta línea. La realidad pensada como una única sustancia, Dios o Naturaleza, infinita y con infinitos atributos. En semejante visión del mundo yace una concepción del ser como fuerza. Lo real es la *potencia*, caudal en acto, *natura naturans* (I, prop. XXXIV), que no es sólo la esencia de la naturaleza en sentido fundamental, sino la de cualquier realidad, pues todas las cosas se caracterizan por aquello a lo que el filósofo dio el impresionante nombre de *conatus*: esfuerzo por perseverar en su ser, esfuerzo que es actualidad viviente (III, props. VI-VII). En ese marco, el hombre aparece ante todo como pasión y *potencia de obrar* (III, props. IX ss.): unidad corpóreo-anímica en cuanto *apetitio* y deseo. «Así, pues, queda claro, en virtud de todo esto, que nosotros no intentamos, queremos, apetecemos ni deseamos algo porque lo juzguemos bueno, sino que, al contrario, juzgamos que algo es bueno porque lo intentamos, queremos, apetecemos y deseamos» (III, prop. IX, escolio). Conviene subrayar que esta conformación intensiva en el ser humano es, a un tiempo, capacidad de afectar y de ser afectado, pues es ésta una idea que inspiró más arriba la ligazón entre fuerza y alteridad impactante y será piedra angular en reflexiones ulteriores. Dicho en términos de Spinoza:

> Según es afectado cada uno, en virtud de causas exteriores, por tal o cual clase de alegría, tristeza, amor, odio, etc., es decir, según su naturaleza está constituida de esta o aquella manera, así su deseo será de una manera o de otra, y la naturaleza de un deseo diferirá necesariamente de la naturaleza de otro, tanto cuanto difieren entre sí los afectos de que surgen cada uno de esos deseos (III, prop. LVI, escolio).

Todo en el hombre es expresión de esta esencia deseante, raíz de toda voluntad o impulso. Y el deseo es tematizado en términos de fuerza y operación afectante-afectable: «El deseo es la esencia misma del hombre en cuanto es concebida como determinada a hacer algo en virtud de una afección cualquiera que se da en ella» (III, definición de los afectos, I). El eco aristotélico de la potencia en acto destella aquí de modo completo: el deseo posee dos orientaciones operantes, la alegría, paso del hombre de una menor a mayor perfección, y la tristeza, paso de una mayor a menor perfección (*Ibid.*, II y III); pero ese «paso» no es tránsito de una potencialidad a una realización, sino siempre acto, acto en movimiento. Por eso, la tristeza no se puede considerar como «privación», sino como «el acto por el que resulta disminuida o reprimida la potencia de obrar del hombre» (*Ibid.*, III), como si éste pudiese ser comparado con un arco tendido.

Más influido por Spinoza de lo que él creía[18], Leibniz introduce en su filosofía una fascinante ontología de la potencia y de la fuerza, sustituyendo el monismo cósmico spinoziano por un pluralismo de unidades, al mismo tiempo cualitativas y cuantitativas, fuerza y materia. En ese marco, subrayó vehementemente el aspecto operativo del ser. La potencia, inherente a todo lo existente, más que posibilidad, es «tendencia» y «acción», de manera tal que el término «fuerza» encuentra en su obra un espacio explícito que no habíamos hallado hasta este momento. Se pone de manifiesto en su concepción de la física, que se opuso a la cartesiana. En ella niega que la esencia de un cuerpo sea sólo la extensión. Hay en él algo más que lo puramente geométrico: «acción» y «fuerza». De esta manera, aunque Leibniz creyese que todo en la naturaleza tiene una explicación matematizante, no reduce lo real al puro mecanismo. Introduce en él, a la par, esta noción dinámica y cualitativa. Y, en consonancia con lo que hemos puesto de relieve a propósito de Spinoza, la entiende de dos formas complementarias: como *facultad* activa sobre otra cosa y como *capacidad o receptividad*, una tesis que, para los fines del presente texto, conviene retener en la memoria.

Merece la pena que nos demoremos un poco en esta compleja visión que del mundo posee Leibniz. De acuerdo con él, no se puede pensar el movimiento simplemente como un «cambio de posición», asequible tan sólo al análisis geometrizante. Ha de ser referido a la *fuerza*. Ésta es algo diferente de la magnitud y enteramente real, pues remite, en último término, a la *potencia para actuar* que posee todo ser. Esta potencia es lo que llama *fuerza viva*, siempre presente en la realidad, dimensión intensiva en su profundidad, como si todo ser fuese comparable en su textura interna —de nuevo la metáfora— con un arco tendido. De ahí que la física presuponga los conceptos metafísicos que Leibniz atribuye a la sustancia en general[19]. Hay en los cuerpos, analizados desde su dinámica, una fuerza pasiva en cuanto *vis patiendi* que es ya acción, puesto que consiste, al mismo tiempo, en una *vis resistendi*[20]. Y su metafísica piensa las sustancias concretas, las mónadas, en cuanto regidas por un «principio interno» de acción y pasión, una tendencia interna a la actividad y al autodespliegue que se puede caracterizar también como *vis*, fuerza[21].

Como en el caso de Spinoza, podemos decir que Leibniz transforma las nociones aristotélicas de potencia y acto conservando o intensificando —según se mire— la unidad entre ambos: lo potencial es siempre en acto, en curso, in *fieri*. En ese contexto los seres se definen simultáneamente por su carácter material y por su dimensión intensiva, con lo cual Leibniz supera, al mismo tiempo, el dualismo entre materia y espíritu, cuerpo y alma, que había predominado en la interpretación que la Edad Media hizo del pensamiento aristotélico[22]. Partiendo de la concepción monadológica se arriba a un *vitalismo sustancial*: el universo entero está poblado de mónadas que, en cuanto verdaderas unidades autosuficientes son *entelequias*, alma, vida[23].

En este punto el planteamiento leibnizeano sigue una singladura muy peculiar, que roza la paradoja pero que ha constituido un verdadero estímulo para el pensamiento actual. Y es que, a pesar de la afirmación de la multiplicidad monádica, la fuerza es considerada, al unísono, como el elemento que unifica lo diverso. El pluralismo, según el cual lo existente es siempre particular, conteniendo en sí su propio dinamismo activo, se conjuga con la idea de que todas las cosas están enlazadas en un continuo, un *plenum* en el que no cabe

concebir el vacío y en el que no hay ni principio ni fin, generando
secuencias infinitas. Es la dimensión intensiva de la fuerza la que sirve
de nexo. La continuidad real no sería posible sin que ésta estable-
ciese un vínculo cualitativo interno[24]. La realidad, pues, adopta la
forma de multiplicidades ligadas entre sí de forma inmanente y sin
clausura y en ella los enlaces entre acontecimientos forman parte de
un proceso abierto[25].

Esta impresionante visión leibnizeana la caracteriza Deleuze como
prototípica del Barroco, cuyo motivo central es el «pliegue»[26]. Lo real
considerado como pliegue posee, al menos, dos características. En
primer lugar, su continuidad intensiva y plástica. El movimiento, la
dýnamis, adopta la forma, no de una conexión entre «cosas». Si todo
lo real es un *plenum* continuo, las unidades del mundo se enlazan
plásticamente, en el curso de una continuidad de flujo que experimenta inflexiones y se torsiona dando lugar a formas variopintas. El
devenir y el cambio, si no hay vacío, no puede ser pensado más que
como relaciones de tensar-destensar, contraer-dilatar, comprimir-ex-
plotar. Frente a las hipótesis opuestas del atomismo y de la existencia
de una fluidez absoluta, la imagen del mundo que ofrece Leibniz sería
intermedia. Hay realmente unidades físicas y vivientes, pero en la
forma de repliegues dentro de un continuo pliegue, como ocurre en
una hoja de papel o en una túnica[27]. La realidad constituye un continuo plástico, una textura que, por tener el principio (la fuerza) en
todas partes, es como una gigantesca musculatura[28]. El segundo rasgo
incide en la unidad entre profundidad intensiva, cualitativa, por un
lado, y exterioridad palpable, por otro, como anverso y reverso. El
pliegue, en efecto, en todo su sinuoso decurso posee dos caras. Una
es la de la fuerza, principio activo o alma vital; la otra es su conformación material o corporal. O de otro modo: una es el operar —que
más que aspecto posee textura legible—; la otra es la expresión del
operar. De esta manera, «lo visible y lo legible, lo exterior y lo interior, la fachada y la cámara, no son, sin embargo, dos mundos, pues
lo visible tiene su lectura y lo legible tiene su teatro»[29].

Esta caracterización del motivo «barroco» es, pues, en primer
lugar, la del ser como permanente *operari*, potencia que sólo es en
la medida en que está exteriorizado o corporeizado en aquello en
que se expone o representa. Tal motivo tiene su correspondencia española en la obra de Gracián[30]. Para el pensador hispano lo real es
primeramente activo y operante, potencia, *dýnamis* inmanente a los
modos o maneras en que se concreta su operación. De ahí que en su
concepción antropológico-existencial, el hombre alcance su excelencia sólo en la medida en que su potencia, es decir, su fondo activo o

caudal se pone en obra en la originalidad práctica del «universo» de una vida, en el curso perpetuo de sus acciones y *maneras*, mediante las cuales su praxis se convierte en *acontecimiento* que *se hace valer* y logra incidir en el mundo.

«No hay más cera que la que arde», dice un dicho popular español, que podría verterse en términos ontológicos: no hay más sustancia que la que se muestra operativamente —comenta Pedro Cerezo sobre Gracián—. [...] Todo lo interior del caudal tiene que actualizarse o exteriorizarse, devenir forma y figura al circunstanciarse, hacerse en una palabra acontecimiento, y todo lo exterior ha de ser interiorizado o reapropiado, so pena de permanecer como un índice de pasividad y negatividad del propio poder[31].

Paralelamente a esta tradición, en la que la comprensión del ser como *operari* realza la exuberancia de la potencia, fuerza dinámica de carácter intensivo e irreductiblemente cualitativa, otra línea se desarrolla a contrapelo. Se trata de aquella que, desde la revolución científica que va del siglo XVI al XVIII, no puede dejar de recurrir a la noción de «fuerza» pero pretendiendo reducirla en favor de la *cantidad*. El *operari*, en este caso, adopta la forma del mecanismo.

La génesis de esta concepción posee un inicio en la ambigüedad del problema. La naturaleza tiende a ser concebida como un mecanismo articulado por leyes. En ese contexto, la idea de «fuerza» ocupa un lugar central. Se hace necesaria para entender el dinamismo de la naturaleza a partir de las relaciones de causalidad entre los fenómenos. La «fuerza» es el reverso de la «ley natural». La ley de la gravedad, por ejemplo, expresa matemáticamente el modo reglado en que actúa una «fuerza» (la gravitatoria). De este modo, se inicia una ambigüedad que llega hasta nuestros días. Pues, por un lado, el universo entero se concibe como un gigantesco mecanismo gobernado por procesos *cuantificables*. Pero, por otro, perdura como problema la dimensión *cualitativa* de este universo, toda vez que la noción de «fuerza» incorpora una textura *intensiva*, irreductible a la *extensio* y presupuesta en ésta.

Por mucho que el cientificismo intente más tarde humillar a la «metafísica», atribuyéndole un discurso sin sentido, lo cierto es que la nueva noción surge de la metafísica moderna y es reapropiada y diluida en la magnitud por la filosofía de la ciencia como si hubiese visto en ella la luz primera. Con la modernidad se había iniciado una comprensión más errática del mundo que la que gobierna en el medievo, pero sustentada aún en una perspectiva cualitativa. La idea de lo real como *Kosmos* es conmovida y desplazada a la de *Mundo*. Ello implica que no se concibe ya como *unidad absoluta*, fundada en sí misma y compacta en su jerarquía, sino en cuanto conjunto *heteróclito*, diverso[32]; no como una *totalidad cerrada* en lo que es, sino *abierta* a lo nuevo. En tales circunstancias, en el Renacimiento se abre paso una concepción *dinámica* del mundo. Así, por ejemplo, a la idea de G. Bruno de un infinito ilimitable se une, en la praxis, la llamada a la vida exuberante del devenir, que tiene expresiones tan típicas como la valoración del curso presente en el *carpe diem* o una nueva actitud respecto al viaje, que ya no es experimentado como tránsito de un lugar a otro en una escena prefijada y estable, sino como una aventura hacia nuevos márgenes. Se podría decir que el hombre renacentista que abre la modernidad se interroga por su ser en cuanto *potencia*: ¿qué soy capaz de hacer?[33]. La noción de «fuerza» surge de este entramado ontológico, sin el cual no habría sido posible su inserción en la nueva revolución científica. Así, para que la naturaleza se presente como un problema independiente y sustantivo ha sido necesario antes que el movimiento neoplatónico del Renacimiento introduzca la visión de lo real como un *organismo* cuyo ser es actividad y que está atravesado por «fuerzas». Sin esa premisa, no se hace comprensible el postulado de la absoluta causalidad en el orden natural[34]. En el todo del organismo, todo lo existente se extiende y multiplica sobre la base de «capacidades». De tal modo que aquella *dýnamis* que Aristóteles atribuía al movimiento se hace ahora más nítidamente presente en todas las cosas y alienta ya la concepción fundamental de lo que más tarde se generalizará como «vida»[35].

Este curso de la idea de ser como potencia es el humus en el que crecen las grandes concepciones de Spinoza y Leibniz que hemos examinado. Ahora bien, en la revolución científica todo marcha hacia otro lado. Con mucho tino, la acción en el universo de factores «mágicos» es descartada con virulencia. Pero ello requirió un precio: el de condenar toda dimensión cualitativa en lo real como si fuese obra del diablo.

— *¡Hombre, no se pase! Tomarse la licencia de una metáfora así...*
— *¿Metáfora? ¡Genealogía! Acuérdese de la regla que enunciaba Nietzsche: «él, el malo; yo, el bueno». Además, los que se podrían enfadar entrarían en autocontradicción: este mismo discurso no es para ellos más que metáfora literaria, ¿por qué lo iban a tomar en serio?*
— *Pero esa genealogía podría estar afectándole a usted.*
— *Tiene razón. Tengo una vida para pensarlo. A propósito, ¿quiere eso decir que cree usted en la metafísica de esa genealogía?*

Lo que ahora forma parte de la «naturaleza» es el conjunto de procesos operativizables en el orden de la *res extensa*. Descartes rechaza por oscura la noción de una fuerza o potencia en las cosas y reduce el «trabajo» al efecto geométricamente expresable: la cantidad de movimiento, que es lo que se conserva como constante[36]. Todos los fenómenos estarían entrelazados y conectados por una regla fija, coincidente con una *relación entre magnitudes*. En dicha relación, es decir, en el concepto de *función*, queda atrapado el *operari* de la *natura*. La *intensio* se hace derivada respecto a la *extensio*. Aunque a veces vacilante, esta reducción ha tenido su camino obsesivo. Ocurre en Képler, que quiere hacer derivar la fuerza del movimiento planetario como función de elementos numéricos dados en su órbita y que, en general, se guía por la analogía según la cual el universo debe concebirse como un *mecanismo de relojería*. Experimenta una fuerte crecida en Galileo, que no duda en identificar lo real mismo con la operación matemática y las relaciones geométricas[37]. Y, entre idas y venidas, la historia de esta reducción llega hasta nuestros días, a través del proyecto de formalización del lenguaje y el más reciente dominio de la teoría computacionalista en filosofía de la mente, que explota aquella primera idea de función a través de una noción funcionalista de la estructura mental y uno de cuyos «propósitos» es precisamente mostrar la reductibilidad de fenómenos cualitativos, como el de la intencionalidad mental o el de la autoaprehensión comprensiva, a reglas conexionistas de una computacionalidad general basada en algoritmos[38]. Es ésta la *dýnamis* que se le reconoce al mundo en la línea cientificista: su *funcion*amiento. La potencia (*enérgeia*) es reducida, al mismo tiempo, a *eficacia*, el poder para producir efectos a partir de una causa eficiente. El acontecimiento del *operar*, en suma, es diluido en su realización lisa y llana, en la presencia del hacer reglado, calculable: operación.

4

Al rescatar los dos frentes históricos en los que se conjuga el ser como *operari* nos situamos en una de las tesituras de fondo de la actual situación de la cultura. La tradición que va, al menos, del pensamiento griego de la *phýsis* al barroco estimula una concepción *intensiva* del ser como *operar*. A su luz podemos entender la *fuerza de ser* como dimensión del acontecimiento, es decir, en su *verticalidad*: potencia *operante*, por cuanto se sostiene en emergencia, en estado siempre naciente. La reducción de la *intensio* a la *extensio* olvida este *ser-en-germinación* de la fuerza. La potencia se devalúa en esa otra tradición en la forma de lo presentemente operativo, es decir, en la operatividad de una conexión horizontal entre una instancia «operador» y un producto «operacionalizado».

En la multiplicidad de manifestaciones en que la cultura se nos presenta *en cuanto acción* encontramos inevitablemente la disyuntiva entre *intensio y extensio*; no por azar, sino porque se trata de una encrucijada en la que nos coloca nuestro ser histórico. Si fijamos la mirada en las relaciones sociales, por ejemplo, emerge al instante la necesidad de optar por una consideración que escruta la dimensión intensiva (*fuerzas* productivas, *tendencias* deseantes e inconscientes, *propensiones* de ese *ethos* de la identidad colectiva, etc.) o por otra que prefiere analizar relaciones o proporciones mensurables (estudio estadístico, ley de los grandes números, búsqueda del máximo de utilidad global, cálculo estratégico de consecuencias derivables, etc.). El litigio entre estas dos posibilidades se oculta en cualquier *resolución* impelida por las circunstancias presentes. ¿Unión Europea? O en la fortaleza de las actitudes y de los valores compartidos, o en la operatividad del vínculo (de la que el rendimiento monetario es sólo una posibilidad). ¿Globalización? Como mundialización de la vida y de los proyectos humanos o como extensión ilimitada de las fabricaciones, sean pragmáticas o simbólicas. ¿Reformas educativas? Para estimular la cultura del esfuerzo, intensificar las «capacidades», o en pro de una adaptación «habilidosa» y más rotunda a las demandas de la eficacia, se entienda ésta de un modo o de otro.

Esta dualidad conforma continuamente conflictos reales en la sociedad estacionaria. Mientras ésta sea la opción caben pocas expectativas para que el ser errático recobre su libertad. En primer lugar, porque es patente que nuestra civilización está obstinada en sobredimensionar la prueba de la *extensio*, de forma que agrava la estática *ficcionalización del mundo* con el crecimiento de un *homo duplex* en riña consigo mismo: una parte de él sueña que el crecimiento en operaciones con medida alumbrará una nueva claridad cualitativa; la otra, impotente aunque lúcidamente escéptica, se ve destinada a rumiar su insatisfacción para acabar sublimándola o proyectándola en el resentimiento generalizado. Pero fundamentalmente, y en segundo lugar, esta dualidad no es viable porque no es una opción *real*. La fuerza o potencia no es sin encarnación, la dinamicidad cualitativa sería humo si no roturara un espacio. El operar de la existencia es caudal en cauce.

Nadie como G. Deleuze ha sabido mostrarlo en la actualidad con tanta profundidad y estilo, al entender la *intensio* del mundo como *virtualidad real* que in-siste en la *extensio*, efectuación o actualización de la primera, siempre en obra[39]. Cabe decir que la experiencia de nuestro propio cuerpo nos revela esta unidad. Podemos observar las acciones corporales desde el punto de vista de su representación, tal y como se hacen presentes los objetos y los movimientos de los cuerpos en el espacio, o vivenciarlas internamente en cuanto cualidad de una fuerza, un carácter, un modo de estar en el mundo. Schopenhauer, apelando a estas dos caras de un mismo fenómeno, llamó «voluntad» a lo aprehendido cualitativamente. Al hacerlo utilizaba ciertamente el término sólo de un modo analógico, en la forma de un índice para pensar la realidad vertical del mundo, pero esta terminología se presta a deformaciones interpretativas que podrían vincularla a la subjetividad volitiva, una tergiversación por la que Nietzsche, como se verá, tuvo que pagar un precio bastante alto. No se insistirá lo suficiente en que este lenguaje responde a la experiencia de un límite, que es el de la fuerza o la potencia. Si al contenido al que apunta esta experiencia se lo toma por real no es porque la falta de una suficiente naturalización dejara aletear el pensamiento en el aire y le hiciese sucumbir al mito. Ocurre más bien al revés. Enraizados en el mundo, éste se nos presenta *aconteciendo* de manera operante; empuñamos, no el semblante mudo de las cosas en su devenir, sino, más allá, su profundidad intensiva. Como señala Schopenhauer con sagacidad, es precisamente el desarraigo del cientificista lo que lo mantiene en la grotesca situación de aquel que, «para entrar en una fortaleza, diese vueltas alrededor de ella buscando en vano una puerta y de vez en cuando dibujase las fachadas», pues «pudiéramos comparar la sabiduría científica al corte de un mármol que nos muestra muchas vetas unas al lado de otras, pero no nos deja seguir el curso de éstas, desde el interior a la superficie de la piedra»[40].

Si volvemos la mirada a la praxis humana, reparamos en que lo crucial en este punto, además de la inseparabilidad de las dos dimensiones, es la jerarquía de nivel entre ambas: la potencia intensiva es profundidad insobornable. Un hombre puede esforzarse con mil argucias en provocar desde la *cara externa* estados en el *rostro interno* de su ánimo; nos lo podemos imaginar parajismero, realizando muecas y chanzas con el fin de lograr una ardiente y festiva alegría en sí mismo o en los demás, pero con ello sólo logrará hacer honor a la estulticia; o accionando su musculatura facial en dirección al gesto adusto, profundo, gallardo: si no posee esa fuerza, sólo conseguirá ponerse bermejo y aparecer como un guerrero con deslumbrante armadura y a horcajadas, sobre un caballo de cartón. La potencia no se presta a una construcción desde la esfera de la extensión o la representación. Pero en la sociedad estacionaria este artificio se convierte en un sucedáneo muy tentador de la falta de proyectos capaces de autotrascenderla. La *ficcionalización del mundo*, la *organización de la apariencia*, se nutren de él y lo favorecen a un tiempo, en un proceso circular autorregulado.

Así, nuestra democracia espectacular genera continuamente medidas basadas en la ilusión de que «desde arriba» puede ser reconfigurado el suelo de la vida pública: inflación metódico-pedagógica en lugar de un reconocimiento de la palabra viva en el aula; invasión de países soberanos para imponer la justicia en vez de una promoción de las fuerzas vivas que, desde el interior de éstos, esperan apoyo para una revolución autóctona; ayudas esporádicas y puntuales contra los efectos de la pobreza y muy pocos impulsos para una reconfiguración estructural de sus condiciones inmanentes... La ferviente fe en la organización argumentativa de las relaciones humanas responde, en realidad, al imperativo que emana de esta micro-logía política, pues cuando lo que se llama «justificación discursiva de pretensiones de validez» no se toma como medio de resolución de conflictos *in extremis*, sino como fin de la comunicación y paradigma normativo de la praxis, se está dando carta de naturaleza en teoría al espectador impasible que opera en la práctica.

El ensayo de elaboración de la *intensio* a manos de la *extensio* conduce a la fabulación de la praxis. Ocurriría lo contrario si la jerarquía se invirtiese, si la meditación esperable de un pensamiento en estado naciente vigorizase fuerzas allí donde se extiende el desierto. Para ello, ninguna construcción resulta oportuna. Se trata de dejar en libertad la potencia de ser como algo que *no puede no ser* en el hombre. Pues permanece e in-siste, aunque lo haga en estado de adormecimiento, en la existencia humana, sea cual sea la constelación de contextos en la que quede arrojada. El arrojo de la fuerza no es una mera posibilidad que esté esperando su ulterior realización. Es absurdo pensar una dimensión intensiva que no esté en marcha permanente. Es en acto, en distintos grados de firmeza, radicalidad, corporeizada en formas diversas de entereza, tesón, diligencia..., pero nunca es una nada vacía. Ese *conatus* no se disipa, habita en todo instante la vida, como si ésta fuese comparable con un arco tendido[41]. La paz o armonía no es más que un estado de esa tensión. *No comprenden cómo lo que está en lucha consigo mismo puede estar de acuerdo: unión de [fuerzas] contrarias, como el arco y la lira*[42]. Y en las situaciones más trágicas o desesperadas, es esa tensión la que enerva la dignidad pisoteada, permitiendo aun decir

> Eso somos: las flechas
> en un arco tendido, la despreciable indiada;
> las leñas que han de arder en los fogones
> del blanco en La Misión, los hijos de la intemperie,
> del vasto infierno de los desiertos,
> definitivamente condenados[43].

O bien, la que mantiene atirantada la esperanza, como aquella que para los poetas españoles era deber recordar después de la última guerra, pero que cabe tomar como una constante espuela: «la verdad española está en el corazón del pueblo como un arco tendido hacia el mañana»[44].

La potencia operante, arco tendido, posee su propio modo de presentación. Se la malentiende bajo la acepción del *funcionamiento* o la *operatividad* eficiente. Entre ella, en cuanto invisible estado naciente, y su forma visible, su apariencia activa, existe una unidad irrescindible en la que se mantiene, sin embargo, la diferencia. El impulso anímico, por ejemplo, no es el gesto, pero sólo vive corporeizado en él. Por un lado, la intensidad en profundidad, por otro, su rostro en superficie: la fortaleza de un emprender materializada en las acciones que son emprendidas; la altura de espíritu ante el dolor vibrando en el tejido entero del comportamiento; la bajeza de una actitud enturbiando la mirada y hasta los movimientos corporales; la imperiosa voluntad de dominio de Estados Unidos de América encarnada en los cadáveres de las víctimas. La tensión del arco, en suma, se lee en la figura de la cuerda y la madera.

Observada desde esta perspectiva, se puede decir que la sociedad estacionaria adolece de *agenesia*, incapacidad para engendrar. La depotenciación que ahí acontece podría recibir el nombre de *agiotaje* —acción de negocio, estratégica, coagulada en estratagema— si no fuese porque tuviese un uso poco frecuente. Valga el término «maquinación» en su lugar. El acontecimiento deviene maquinación cuando falta la potencia.

5

Nuestro presente, época del nihilismo, incluye tanto la devaluación del comprender, tal y como vimos a propósito de la comprensión técnica del mundo, como la *depotenciación* de la existencia. Esta tesitura obliga a interrogar por aquello que más profundamente late en la actual confrontación entre las perspectivas de Heidegger y de Nietzsche, maestros incuestionables en el desenmascaramiento del fenómeno nihilista: mientras el primero reduce la potencia, la fuerza, al sentido y, con ello, el actuar al comprender, el segundo lleva a cabo la reducción opuesta.

—¿*Otra vez con el detalle historiográfico?*
—*Se lo dije una vez. ¿Cómo se lo haría entender? Oteamos el horizonte a hombros de gigantes. Mala cosa si las nuevas generaciones, por*

una reacción desmedida a nuestra tradición española, excesivamente pegada al texto y la nota, cae en la ingenuidad opuesta de suponer que lo realmente creador consiste en pensar ex nihilo. *Así procedió la filosofía analítica en sus comienzos y hoy vuelve, a través de la ciencia cognitiva (H. L. Dreyfus, A. Clark, A. Brooks, J. McDowell, y otros), incluso a Heidegger. Podrían haberse ahorrado mucho camino.*

Heidegger no supo distinguir adecuadamente entre —en nuestra terminología— *potencia operante* y *maquinación*. Denunció con razón la segunda, pues la era de la técnica, en la que todo lo existente es convertido en *existencias*, es «la esencia del nihilismo, [...] el estado de abandono del ser, en tanto que en él se produce el hecho de que el ser se deja ir a las maquinaciones»[45]. Sin embargo, no dio espacio a la primera como parte del acontecimiento. Tan intensa fue la resistencia que opuso —justamente— a la *producción* técnica de la existencia, a esa impostura que convierte al mundo en *obra* del sujeto, disponible para él, objeto de usura, que se vio conducido a purificar —equivocadamente— la noción de ser de todo *operari*. No reparó en que la potencia operante debe ser distinguida de aquella distensión del operar que, en la tradición científico-técnica, diluyó la potencia en *operatividad* eficaz, operación mensurable. Tal unilateralidad no le permitió consumar la profunda convulsión de la fenomenología que emprendió, conducirla al punto en que perdiese el miedo a la noción de *fuerza*. Ésta siguió siendo enemiga del acontecimiento *en su propiedad*, cuyo fruto es siempre «apertura de *sentido*». La *fuerza*, expulsada del ser *en cuanto tal*, fue condenada a convertirse en el rasgo característico de un modo determinado en que se puede dar la aprehensión del sentido del ente, un modo, por lo demás, deficiente, impropio, inauténtico. Siguiendo la consigna fenomenológica según la cual «ser» equivale a «sentido» —autopresentación «en cuanto» esto o aquello—, redujo el acontecer a su dimensión expresiva o manifestativa; lo que «es» vibra en la elocuencia de su significatividad comprensible, pero no en la potencia de su acción.

Ciertamente, cuando vuelve la mirada al mundo presocrático griego, intentando recobrar la impronta de lo que se llamó *phýsis*, ese primer nombre del ser, da cabida a la potencia: reconoce con claridad que la *phýsis* es la «fuerza» del acontecer, en cuanto lo que brota, nace, se yergue[46]. Pero la cualidad de esta fuerza, el modo en que tiene lugar y la obra que de ella se desprende, los entiende Heidegger de inmediato en términos fenomenológico-hermenéuticos: no consiste primariamente en la *intensio* creadora, sino en el des-cubrimiento, en el aparecer auto-manifestativo de un mundo de sentido[47]. La dinamicidad en acto, la potencia que se *pone en obra*, se hacen derivados, cuando estudia este concepto en la *Física* aristotélica, respecto al surgimiento de una comprensión del mundo y de la apelación que éste lleva consigo[48], con lo cual, por lo demás, reproduce lo que hemos llamado «clausura en lo propio» y «eterno retorno de la apelación».

El lector de Heidegger se siente tentado una y otra vez a negar que en la obra de éste el «olvido del ser en cuanto potencia» sea tan patente. Así, por ejemplo, podría insinuarse que esta dimensión del operar está inscrita en la concepción que se desprende de los análisis realizados por el autor a propósito de la obra de arte. En ella encontramos una descripción del acontecimiento en los términos de un «estar en obra», el cual posee, además, tintes telúricos, al aparecer vinculado a la lucha entre *tierra* y *mundo*[49]. Ahora bien, en este «movimiento» destella ante todo el sentido fenomenológico del «aparecer», de manera que la dimensión operativa de la potencia queda subyugada, de nuevo, a la esfera iluminadora del sentido. Esta reducción se pone de manifiesto a propósito del papel que le otorga al acontecer en cuanto fundación (*Stiftung*). La obra de arte «pone en obra» el descubrimiento de un mundo. La cuestión fundamental reside en que, junto a esto, Heidegger le reconoce aquí al acontecimiento una especie de *potencia* operante: en todo acontecer tiene lugar, al mismo tiempo, «una tendencia hacia la obra», no en el ámbito exclusivo del arte, sino en todo devenir. La «tendencia» significa que en la apertura de sentido tiene lugar el «erigirse» de una «resolución» que produce efectos en el mundo. Junto al arte, Heidegger menciona otros ámbitos en el que esta *apertura* que *pone en obra* acontece, entre ellas la «acción» que funda un Estado[50].

La impresión de que «apertura de sentido» y «operar» están en cierta vinculación de fondo se intensifica cuando leemos que la «resolución» moviliza un «querer» no subjetivo, sino ontológicamente activo en la forja de un nuevo mundo: «Querer es la lúcida resolución de un ir más allá de sí mismo en la existencia» y, además, «funda el ser para los otros y con los otros»[51]. Pues bien, ¿en qué consiste más exactamente este «operar»? Desde luego, no en ese producir que tiene su punto de partida en la «voluntad» de un sujeto supuestamente soberano. En cuanto movimiento de «fundación», que se abre camino desde el pasado y nos arroja hacia delante, el acontecer es, al mismo tiempo, el suelo de una «fijación» o «establecimiento» de las líneas de acción fundamentales que gobiernan la praxis entera. Por eso —dice Heidegger— «*un mundo hace mundo*», pone en movimiento «las vías del nacimiento y la muerte, la bendición y la maldición». Más concisamente: «Donde se toman las decisiones más esenciales de nuestra historia, que nosotros aceptamos o desechamos, que no tenemos en cuenta o que volvemos a replantear, allí, el mundo hace mundo»[52]. Con esta incursión en el problema de la «fundación» reaparece, además, la problemática de la «creación». En el «poner en obra», en cuanto tiene lugar en una acción, acontece al mismo tiempo la creación. ¿Y qué es la creación? Es un producir, un «traer ahí delante» cuyo «impulso» desoculta un modo de ser y lo destaca como *siendo* en vez de no ser, hace que lo abierto sea destacado en su «es» —de un modo irruptivo e innovador, podríamos inferir—, en la medida en que rompe la comprensión habitual del hombre en su mundo, que le proporcionaba seguridad, colocándolo así en lo in-seguro[53]. En este sentido, al crear le pertenece ese sentido aludido del «fundar», como un erigir y establecer que abre el campo de un actuar. El fundar, el *Stiften*, adopta, pues, incluso la forma de aquello que da «inicio», de aquello por lo cual «la historia experimenta un impulso, de tal modo que empieza por vez primera o vuelve a comenzar»[54].

Ahora bien, sería ingenuo deducir de todo ello que Heidegger incorpora la dimensión del operar, la fuerza o potencia, en el ser en cuanto tal. Pues, de todas formas, vuelve a subsumir la creación en la respuesta a una interpelación significante. En efecto, la creación fundadora se realiza en virtud de un «salto» (*Sprung*), pero de un salto originario (*Ur-sprung*), en el que la «fundación es algo que viene dado por añadidura: un don»[55]. Quiere esto decir que la fuerza o potencia de la fundación proviene de, o es, el acto mismo de comprensión. El acontecimiento por el cual es abierto un *mundo de sentido* es —para Heidegger— el suelo nutricio sobre el cual se forja, como un resultado o efecto de superficie, la acción, el *augere*[56].

Que Heidegger, además, no distingue entre las dos tradiciones, ya esbozadas, en la interpretación del «operar» se pone de manifiesto cuando aborda el pensamiento de Leibniz, arraigándolo de nuevo, y como si fuera *de suyo*, en el acontecer descubridor y reduciéndolo posteriormente a la simple significación técnica o pragmática del «hacer cosas»[57]. En este olvido del genuino sentido del «operar» y en la falta de distinción entre *potencia operante* y *operación* científico-técnica, toma asiento el desprecio que Heidegger manifiesta ante la tradición latina, a cuya lengua atribuye deformaciones enteramente punibles. Preguntándose, expresamente, por el significado del término «operar», distingue entre el sentido que posee en Grecia y el romano. Frente al griego, que interpreta fenomenológicamente en la misma línea de las consideraciones anteriores, en el sentido romano tiene lugar una devaluación. La obra, el *ergon*, se transforma, según el autor, en *operatio* como *actio*, y la *enérgeia* en *actus*, un término que vincula directamente con «lo producido» exitosamente y lo real en cuanto producto de una *causa efficiens*[58]. De esta devaluación hace derivar Heidegger los caracteres que, con el tiempo, darán lugar a la consumación de la metafísica en la comprensión del ser: proceder interventor, método, etc.[59]. Esta crítica reaparece en multitud de lugares de la obra heideggeriana[60].

Frente a este declive latino, Heidegger reclama la preeminencia de la comprensión, que separa con filo de chuchillo del actuar en cuanto *agere* y *augere*. El sentido genuino del pensar capaz de movilizar la historia lo radica en la meditación (*Bessinung*): «prestarse al sentido (*Sinn*)» y «preparar un estado de disponibilidad para la exhortación»[61]. En su tardía conferencia *Tiempo y ser* (1962) esta convicción reaparece con nitidez. El pensar es «el pensar *que comprende*»[62]. Esto no quiere decir, por supuesto, que le asigne una virtualidad puramente pasiva. Por medio de la comprensión, se convierte en «precursor»[63], anticipador y transformador. Por eso, conviene advertir, frente a la tosca crítica del movimiento re-ilustrado habermasiano, que el meditar aprehensivo y responsivo que Heidegger descubrió para la posteridad no es insensible a la fuerza transformadora de la acción en su sentido genuino. La cuestión fundamental se cifra, más bien, en el modo en que esta fuerza es ahí pensada: si la acción como puro hacer técnico o pragmático es desalojada y separada del comprender, otra genuina actividad resulta, al unísono, supuesta en el pensar, a saber, la comprensión misma. El operar del pensamiento que comprende consiste en su propio ejercicio *in actu*, nunca reductible a un contenido. Lo digno de ser pensado, el decir del pensar, «no es la expresión del pensar, sino él mismo, su paso y cántico»[64]. Lo que en ello se genera es el desocultamiento de un modo de ser y de comprender, que «por analogía con el método de una teología negativa», es invocado por Heidegger como un acontecimiento que destruye el modo de presencia anterior y permite, en ese mismo movimiento, un «dar» que pre-cursa. No es esta afirmación de la dinamicidad emergente lo que venimos poniendo en cuestión, sino que la potencia supuesta en el *hacer mundo* que ella promociona se identifique con el comprender. Afirmar semejante equivalencia posee exactamente el mismo significado que negar la inherencia de la *potencia operante* en el acontecimiento y su especificidad intensiva. «El desocultar ha sido fijado sólo como rasgo fundamental, siéndole así sustraído el carácter operativo al dejar de estar presente»[65]. En definitiva: la genuina acción transformadora y su potencia son reconocidas en cuanto efectos de sentido y comprensión.

Ésta es la primera forma típica de reducción que atraviesa la filosofía contemporánea. Su sombra se extiende a toda la fenomenología y, por supuesto, a los caminos de la hermenéutica. La segunda, inversa, es la reducción nietzscheana del sentido a la fuerza, cuyo influjo se extiende a través de los movimientos post-hermenéuticos, en particular resurgiendo en pensadores de la diferencia tan influyentes como Foucault y Deleuze.

No sólo por el complejo espectro reticular de efectos que estos dos grandes filósofos han ocasionado en el mundo contemporáneo, sino sobre todo por la sutil intrincación y desencuentro que los pone en relación, resulta imposible situarse en el pensamiento actual sin experimentar el litigio productivo que en esa con-frontación queda liberado. En el fondo de Heidegger sigue hablando ese *Réquiem aeternam Deo* de Nietzsche que marca el final de una época. La *muerte de dios* constituye la ruptura con todo lo eterno y fijo que se oferta como devaluadora alternativa a la vida. Es el quicio de un espanto y una promesa: la asunción de la definitiva soledad del hombre y la conquista de sí en la *fidelidad a la tierra*. Sin este desafío, la comprensión heideggeriana del ser como acontecer intra-mundano no habría sido posible. Pero el acontecimiento que en él es pensado congrega en sí lo que Heidegger reduce. La tradición del ser como *operari* y potencia respira en el interior de la mundanidad nietzscheana y es profundizada a su través con una radicalidad desconocida hasta entonces. En la concepción de lo real (vida) como *voluntad de poder*, es decir, impulso de crecimiento —no de dominio—, lo esencial es el curso de la potencia, como si de la *intensio* de un *augere* claramente pre-subjetivo y telúrico se tratase, lo cual se escucha en las conocidas palabras de Zaratustra: «En todos los lugares donde encontré seres vivos encontré voluntad de poder [...]. Y este misterio me ha confiado la vida misma. 'Mira, dijo, *yo soy lo que tiene que superarse siempre a sí mismo*'»[66]. Inclinación que se arriesga en crecer, expandiendo y aumentando lo que hace a la vida más elevada y exuberante; anterior a toda aspiración, pues la conforma pre-intencionalmente en cuanto fuerza. «Algo vivo quiere, antes que nada, dar libre curso a su fuerza —la vida misma es voluntad de poder»[67].

El devenir[68] incesante de la fuerza no es, en cuanto vocación de acrecentamiento, átono o ciego. Muy lejana a la diferencia entre acontecimiento *propio* e *impropio* y, sin embargo, consonante con ella en su carácter dinámico y subrepresentativo, la distancia que media entre fortaleza y debilidad es la que, en este pensamiento nietzscheano de la *intensio*, coloca al hombre en la encrucijada. Esta vez girando, no en torno al destino del des-cubrimiento, sino del de la creación.

La vida hastiada, fatigada, convertida en enemiga de sí mima, ha sido doblegada por las *fuerzas reactivas*, que responden a una experiencia del fluir como caos anonadante y asfixiante y que hacen de toda afirmación una consecuencia de la negación. Por el contrario, la vida ascendente *se deja llevar* por las *fuerzas activas*, afirmadoras desde su germinación. Hacen de la soledad del hombre en el mundo la experiencia de una *nada activa*, de una ausencia que emancipa la voluntad y la libera para su tarea de creación. Por eso distingue Nietzsche entre un nihilismo negativo, *voluntad de nada*, y un *nihilismo activo*, voluntad creativa.

La creación, desde la perspectiva nietzscheana, es la empresa fecunda en la que se juega el *hacer mundo*. Actúa en el *pólemos* del encuentro plural entre fuerzas, afirma lo más vivificador, pero no es, como algunos han pensado, el principio de un aristocratismo ensañado. Se podría ilustrar de muchas formas; no se trata de eliminar al débil social o económicamente, sino la debilidad en el hombre, es decir, su *espíritu de pesadez*, su necesidad del narcótico para huir de los retos presentes; no de que impere el poderoso, sino el poderío en todas partes: la fuerza para convertir el obstáculo en empuje, el dolor en aguijón y acicate; no del dominio de una raza, ni de una clase, ni de un señor cualquiera, sino del super-hombre *en* el hombre, es decir, simplemente la plenitud de vida; no de la superioridad supuestamente dada, sino de la altura que hay que conseguir para *bailar sobre las ciénagas como si fuesen prados*. Pero la mejor prueba es que la tarea destructiva está dirigida fundamentalmente contra aquello cuya aniquilación es condición de posibilidad del encuentro genuino entre los hombres y que en nuestra sociedad estacionaria se extiende como una mancha de aceite: el espíritu de venganza. «Pues *que el hombre sea redimido de la venganza*: ése es para mí el puente hacia la suprema esperanza y un arco iris después de prolongadas tempestades»[69].

Pero Nietzsche reduce el sentido a la fuerza. Su genealogía desconstruye todo acto de comprensión formulándolo en la forma de un *síntoma* de ésta. *Cómo* se comprenda una época o un individuo, *cómo* aprehenda el ser de lo que lo envuelve, es para él sólo la máscara de su tácita voluntad de poder, posee el significado de un *valor* en el que la vida es afirmada o negada.

Estas dos reducciones, la heideggeriana y la nietzscheana, no constituyen un mero fenómeno interno a la historia de la filosofía. Las alternativas, «ser o valor», «comprender o efectuar», «descubrir o crear», están insertas en la corriente de la cultura actual. Han forjado un estilo y un modo de mirar. Tal vez no sea descabellada la hipótesis de que la vocación de «escucha» hacia las «cosas mismas» y el *espíritu de sospecha* andan hoy a la greña. Ahí donde la primera se demora en empuñar el «sentido» de un problema, el segundo desmorona ese *pathos* atribuyéndole la vana búsqueda de un «origen» y se apresura a desenmascarar una genealogía. Allí donde el segundo *eventualiza* lo ocurrido, remitiéndolo a su génesis efectiva y su basamento en la fuerza, la primera se enerva presintiendo en ello un historicismo taimado, e incluso un amago excesivamente *positivista*. Allí donde la primera encuentra *gravedad*, el segundo busca liberarla en la *jovialidad*.

Si es posible establecer una relación distinta entre ser y fuerza, más allá de ambas reducciones, se hace necesario corregir tanto a Heidegger como a Nietzsche. En cuanto a este último, habría que reconsiderar su tajante repudio a la noción de ser. La *fidelidad a la tierra* implica desenmascarar al «ser» como «el último humo de la realidad evaporada». ¿Es convincente este punto de vista? Por sí mismo no. Pues con el término «ser» Nietzsche se refiere al mundo ideal o *verdadero* que, en todos los disfraces del platonismo, adopta la forma de un extra-mundo inmaculado, eterno e inmutable en el que se proyectan la Realidad, la Verdad y los Valores supremos, mediante lo cual, *este* mundo, el sensible, el del devenir y del juego de la apariencia, es desvalorizado, sometido a juicio, condenado. Y por más que en esto se le dé la razón a Nietzsche, ello no significa que todo *pensar el ser* haya de discurrir precisamente por ese camino. Se lo puede encontrar, por el contrario, en el acontecer intra-mundano, y así fue como lo pensó Heidegger. La alternativa «ser o valor» es falaz. ¿Tiene razón entonces Heidegger? Sí, cuando le reprocha a Nietzsche no haber planteado la pregunta por el ser, debido a que ya ha dado de antemano una respuesta (ser = vida y valor)[70]. Por eso, lleva también razón en que hay que tomarse en serio la *nada*, en la medida en que el *nihil* afecta al ser mismo[71]. Menos consistente resulta deducir de ello que su maestro piensa el ser como *ente*[72]. Pues cuando Nietzsche da el nombre de voluntad de poder a lo que rige el devenir, está pensando la potencia, la fuerza. Y ésta no puede confundirse con lo que está «presente», no es lo «aparecido» o «acontecido». En cuanto dimensión irrepresentable, la potencia *acontece*; es lo no-presente que cursa en lo presente. Aquello que posee la cualidad intensiva de la fuerza *tiene lugar* corporeizado en una escena mundana: acciones concretas, valoraciones, interpretaciones...; es en el espesor de lo potenciado y, sin embargo, no se identifica con él. Si se mira heideggerianamente, la relación entre *fuerza* operante y actualidad investida por ella se pliega con facilidad en la figura de la diferencia óntico-ontológica, de la diferencia entre el acontecer y su puesta en escena en lo acontecido, entre el movimiento de generación y lo generado en el que éste esencializa. Pero Heidegger no incorporó en su concepto de diferencia este vínculo porque estaba limitado por su reducción de la fuerza al sentido. Esto mismo fue lo que desplazó su interés con excesiva premura a la noción de «valor». Interpretó la voluntad de poder exclusivamente como «fuente de valoraciones» y a los valores como el medio por el cual la voluntad se expresa y se afirma, modo de su autoaseguramiento[73]. La crítica sería acertada *sólo si* se estrecha la potencia a *uno* de los modos en que puede comprenderse el ser: sólo así adopta la forma de una apertura determinada de sentido cuyo nervio interpretativo consiste en *valorar* el ser de todo cuanto acontece en función de su *valor para la vida*. Pero la crítica no sería acertada si se inscribe la potencia en el acontecimiento mismo de ser, cualquiera sea su forma, y esto es lo que olvida Heidegger.

Ahora bien, entender así la potencia implica ir por detrás de Nietzsche y rescatar lo impensado en él o, tal vez, aquello que llegó a pensar oscuramente. Con este objetivo, y antes de nada, es preciso preguntar si es adecuado remitir el devenir a la *vida* en vez de al *acontecimiento* de ser. Que la realidad del hombre sea «vida» es, a las alturas de este siglo, verdad de perogrullo y vacía. La cuestión aquí radica en qué es eso que llamamos «vida». A menos que el pensamiento nietzscheano se restrinja al de una antropología biologicista y a un pensamiento de la *extensio* —lo cual significa honrar muy poco su memoria— hay que admitir en el concepto de vida la dimensión *intensiva*. Quiere decir esto que el vivir *acontece* como potencia, materializada en lo que deviene y heterogénea respecto a él. Pero además, si este acontecimiento no es ciego, porque se reconoce a sí mismo en la altura de espíritu que es la fortaleza, entonces es vida que se experimenta a sí misma, es decir, *existencia*. En efecto, *pertenecer* a la vida, ser céntrico en ella, no basta para aprehenderla en su acontecimiento. Es necesario que el extrañamiento, esa excentricidad experiencial por la cual el hombre *tiene mundo*, esté también, justo allí y desde un comienzo, *en obra*. Por el extrañamiento la vida deja de ser un *dato* asignificativo y se convierte en experiencia de estar en ella, ahí fuera, *ek-sistiendo*. Un ser humano no *vive* más que *viviendo* simultáneamente su impulso de *vida* y el enigma que esto mismo comporta. Si se reconoce viviente es a condición de saberse *ser en vida*. Por eso, puede dar la vida queriendo ser. El acontecimiento de ser no cesa en su murmullo en este viviente extranjero que es el hombre.

Entender «vida» como un concepto límite porque —como afirmó Nietzsche— es la fuente de toda tasación, de toda valoración y, por tanto, no puede ser, ella misma, tasada[74] supondría, no sólo sortear la consideración anterior, sino aceptar la reducción del sentido a la fuerza —de toda aprehensión significativa a la fuerza valorativa—. Y esto constituye también un error. A la voluntad de poder, si es *pertinentemente* selectiva y no mera afirmación ciega, tiene que serle inherente un momento *comprensivo* capaz de colocarla en el camino del crecimiento. Decir «afirmar la vida» es formular un principio general al que le falta el aguijón que la espolea en el trance concreto. ¿Qué significa «crecer» aquí y ahora, elevarse en esta tesitura, sobreponerse ante este preciso embate? ¿Acaso se basta a sí mismo el *sentimiento de potencia* como testimonio del aumento de la misma? La *ficcionalización del mundo* afecta también al de la intensidad de vida. Podemos pasar pletóricos por la banalidad y la penuria de valor. Es necesario presuponer en la voluntad de poder, si se le desea sustraer su abstracción, su vacío, un acontecimiento de interpelación —que es, no sólo un apelar, sino también un pedir cuentas—, un acontecimiento *al que* y *del que* el impulso de crecimiento *responde*: en el devenir noble y valeroso, siendo sostenido y conducido hacia sí en la fortaleza; en el actuar vil y bajo, siendo humillado o silenciado. Si a esta interpelación le diésemos el nombre, a su vez, de *voluntad de poder*, incurriríamos en un círculo vicioso, *petitio principii*, y Heidegger tendría razón: estaríamos hablando de *voluntad de voluntad*. La interpelación reside en el *problema* mismo ante el que nos encontramos *hic et nunc*, insoslayable: exige un curso de acción y requiere un posicionamiento. La potencia de una fuerza iniciadora no es pura actividad. Está en proporción directa con su capacidad para *ser-afectada*. La intensidad de un movimiento creador es mayor cuanto más incisiva es la afección a la que responde y en la que toma pie, como mostraron Spinoza y Leibniz y ha sabido recobrar Deleuze[75]. Y si eso es así, el *novum* lleva ya la impronta de una *demanda* que ha surgido *in media res*, en la entera retícula de fuerzas que subtiende la vida, pero no puede identificarse con la fuerza misma. Vincular, por otro lado, el crecimiento o la fuerza de vida a una *pasión* es desplazar el problema a otro lugar sin darle solución. Sea, por ejemplo, la *piedad* —en su sentido latino: respeto, veneración, gratitud, por un lado; solidaridad, disponibilidad hacia todo lo que vive, por otro—. Ofértese incluso como paliativo del nihilismo, en cuanto espíritu de venganza[76]. Sin que esta posición constituya un sinsentido, es vacía si no se remite la pasión a la interpelación. ¿En virtud de qué despierta *aquí y ahora* esa veneración o gratitud? ¿En qué dirección se aplica la disposición? En general, la *acción* de una pasión, si no es indiferente al contexto, si adopta un curso *definido*, es decir, si ha de ser real y no ficcional, es porque parte de la punzada de la situación. Y a ésta o se la deja ser o se la pasa por alto. La pasión que cambia el mundo no juega a los dados ni se mantiene en una disposición general. Cobra un contorno preciso y se adueña de los problemas reales sólo si mantiene abierta la escucha de la «cosa misma» por cuya irrupción ella es suscitada. Se deforma el problema en la alternativa excluyente Nietzsche-Heidegger. En particular, se malinterpreta a este último si se cree que sostenerse en la pregunta que deja en libertad a la apelación «presupone algo preexistente, algo que está ahí y que es preciso encontrar», tanto como se rebaja a Nietzsche si se interpreta la potencia como pura actividad, «posición de sentido al servicio de la voluntad de poder»[77].

La unidimensionalidad heideggeriana, de la que depende la «clausura de lo propio» y el «retorno de la apelación», no ha de impedir reconocer la parcial verdad que en ella se expresa. Ha sido la *postmodernidad débil* (de la que está excluido el *pensamiento francés de la diferencia*) la que más ha favorecido esta repulsa, sobre todo Vattimo y Rorty[78]. Este último, con un desconocimiento del problema rayano en la ceguera, ha opuesto, desde el comienzo de su trayectoria intelectual, a la idea del pensamiento como «espejo» de la realidad —en la que incluye la noción de «descubrimiento»— el principio de la invención y de la creación. Y no repara, al hacerlo, en la trampa que supone este planteamiento maniqueo. Pues atribuirle, en el marco del hacer humano, el rango de potencia primera a la capacidad de «inventar» el mundo e «inventarse a sí mismo» significa colocar al hombre en la posición de un prócer sin-mundo y, además, ratificar inconscientemente la altanería del sujeto moderno, su voluntad de construcción de lo real. Este prurito no es casual. Emana de una época en la que la impotencia para el acontecimiento cualitativamente novedoso se sublima en la aparente potencia de la novedad permanente. El «afán de novedades» seduce hoy al «gozador sin corazón» de la sociedad estacionaria a engalanar su desarraigada residencia con los esplendores del paritorio. Hay que evaluar la posición contraria con más rigor. Cuando un hermeneuta afirma la originariedad del descubrir no se está refiriendo, en modo alguno, a una capacidad «especular» que encuentre en lo real un «en sí» autosuficiente o algo «preexistente» y se limite a reflejarlo. El pensar, en el escenario de la hermenéutica, constituye un ejercicio en el abismo, en la falta de fundamento. Si «descubre» no es porque «contempla» lo que es, sino porque *permite* a lo que puede llegar a ser, en el acto de su interpretación, *presentarse o «mostrarse» de otro modo*, a una nueva luz. Esa posibilidad estaba *encubierta*, y no porque yaciese en potencia en un inframundo y esperase a que una voz la actualizara desde la altura, sino porque la comprensión anterior de dicha realidad había triunfado afirmándose en *su concreción*, abriendo y expandiendo un «modo de ser» específico de lo ente, con lo cual ocultaba al mismo tiempo y de forma inevitable el prolífico acontecimiento del «comprender», insobornable y siempre abierto. La alternativa a la posición fenomenológico-hermenéutica no es la de Rorty. Otra cosa es la creación concebida al modo nietzscheano. En ella no se expresa la impotencia del desarraigo, sino la voluntad de crecimiento que procede de la afirmación de la vida, del paso intra-mundano a través de todo lo que en ésta ya está vivazmente en juego y que el creador, antes de *trascender*, primero *encuentra*: *esta* constelación de fuerzas, aquí y ahora, *este* obstáculo, *esta* abulia precisa que es necesario descifrar, *este* rostro concreto del espíritu de pesadez y del cansancio. El que hace lo nuevo se sumerge en la entraña de lo presente, convulsionándola y empujándose desde sí más allá de sí. Por eso decía Nietzsche que pensando y actuando se da a luz con dolor. Pero para ello se habrá hecho necesario, de antemano, tener oídos. El «olfato» nietzscheano mantiene una relación interna, en el fondo, con la capacidad de escucha.

En el quicio entre Heidegger y Nietzsche emerge la necesidad de pensar la relación discordante entre sentido y fuerza, apelación e invención, descubrir y crear.

6

El ser errático «tiene mundo» en la medida en que lo *habita* y lo experimenta en el *extrañamiento*. Su situación en el cosmos es la encrucijada en la que lo coloca la *distinción real* o *unidad discordante* entre centricidad y excentricidad, radicación y erradicación, pertenencia y ex-pedición. Respondiendo a la llamada del «lugar» o del «hogar», es, al mismo tiempo, *ex-ótico*. ¿No lo confronta esa misma condición con la doble y simultánea tarea de *escuchar* en su estado de arrojamiento y de *operar* en el arrojo? ¿No lo conduce, por un acontecimiento único pero desgarrado, tanto hacia la *cosa misma* en cuya *órbita* de sentido *es* como hacia lo *des-orbitante* que nace en una potencia? Entre sentido y fuerza existe una *unidad discordante*, lo que quiere decir, tanto que tienen lugar inseparablemente y al unísono en todo acontecimiento, como que son irreductibles, en su diferencia, el uno al otro: su vínculo es el de una *distinción real*.

Hemos llamado *potencia operante* a la dimensión intensiva de la fuerza en cuanto profundidad cualitativa y subrepresentativa. La potencia de una acción posee el carácter de un «siendo» en acto, heterogéneo respecto a la forma y presencia *extensa* en la que se encarna y en la que adquiere, por así decirlo, una somatología o musculatura propia. Al rostro vivo y presente de la potencia operante lo llamaremos *agenciamiento*, en honor a G. Deleuze, acuñador del término[79]. La expresión encaja perfectamente en nuestra lengua: actividad del *augere*. Decimos que «nos las agenciamos» para designar el modo en que se pone en obra un hacer que tiende al crecimiento y la generación. Agenciárselas es siempre la figura proteica de una potencia, la visible vicisitud de su invisibilidad. A ella se debe y por ella *es*. Por esa razón, no debe entenderse de modo subjetivista. En el agenciamiento la acción ha sido ya zarandeada por el impacto del juego entre fuerzas, responde a la imprecación intensiva que éstas generan como un reto que coloca al hombre en la situación de responder activamente. Constituye, por otra parte, todo lo contrario de un aparecer estático o apolíneo: faz en curso de la intensidad operante a cada paso. Desde el punto de vista corporal, es la *con-postura* en medio de las cosas y los hombres, el *porte* y el *temple* en los que quedan signados el gobierno de sí, en virtud de la fuerza que se es capaz de aportar y de su elasticidad plástica. Considerando la acción en su decurso, es la *maña*, *destreza* o *manera* en que aquélla cursa. En términos heideggerianos esto quiere decir que la fuerza no es algo que meramente se extiende en la dimensión horizontal —si se nos permite la metáfora— de la secuencia genética en la que los sucesos enlazan con su *procedencia* y en la que da lugar, en cadena, a producciones pragmáticas (*Herstellen*)[80]; es una génesis (*Entstehung*) que no puede ser depurada de la dimensión —vertical— de «surgimiento»[81]. En nuestra lengua queda claro que hablar así no debe llevar a confusión suscitando la imagen de un movimiento que tiene su «abajo» y alcanza su «arriba». Tomemos aquí como modelo la acepción connotada, no en la expresión «el agua surge de un pozo», sino en esta otra que se pone de manifiesto cuando decimos que «surgen dificultades». En este último sentido, no se trata de que algo nos alcance desde un fondo preexistente. En su surgimiento, las dificultades no estaban antes; tampoco se deducen lógicamente de la cadena lineal de sucesos anteriores, pues entonces serían sólo «consecuencias absolutamente necesarias», lo que nos llevaría a rebajar la acción humana a la condición de un mecanismo de relojería. Se trata de un *presentarse* en acto que no es derivable, ni de un «origen» subterráneo ni de una «procedencia» en superficie. Análogamente, el *surgir* de la potencia tiene aquel «sin principio» y este «sin enlace necesario». Semejante «sin» uno y otro es su ausencia de fundamento y determinación: su *nada activa* que imprime en la acción el vértigo del inicio y el *desenlace* imprevisible. Por lo mismo, el surgir de la potencia es indisponible: arco tendido que no está en nuestra mano. Se pueden desear el grado de su tensión y el alcance del lanzamiento, pero no por ello sucederá según lo deseado. La fuerza de la intervención, de la palabra viva, del compromiso, del retiro o la tregua, del estar presente, del alejamiento, de la insinuación, de la insurrección y, en suma, del paso del hombre en su acción, es insobornable. Si es *potencia operante*, no se somete al arbitrio constructivo o al fingimiento: es lo que se resiste a la ficcionalización. Sólo la *maquinación* es arbitrada de acuerdo con el capricho. En la intemperie de la acción humana la intensidad *in-siste*, pero *se sustrae* al artificio. Quiere esto decir que la forma en que *asiste* depende del modo en que se la *deja en libertad*, es decir, del decurso y el grado en que el hombre se deja afectar.

En este punto comienza a cobrar perfil el vínculo entre fuerza y sentido en la unidad del acontecimiento que hace mundo. En el actuar que acrecienta, en el *augere*, y por lo dicho, cursa la enérgica penuria humana: la fortaleza rehúsa la presencia inopinada. Es lo que *hace falta*; se la echa en falta en el desaliento; se la espera en la esperanza; en la extrema soledad se la *solicita*. No está presente, se oculta; y precisamente por esta ausencia *impacta*, tal y como irrumpe la actividad del silencio o la espesura del desierto. En su retraimiento se hace valer como aquello que *im-pulsa* y exige efectuación. El operar del acontecimiento necesita la audacia para responder a este impacto y arrancarle su movimiento, para que el arco tendido *se deje ir* en el lanzamiento. Ahora bien, la audacia se ejerce en la acción a condición de poner en juego la comprensión, exige la adquisición de fuerza pero apela a la aprehensión de sentido. Sacar a un amigo del atolladero significa tanto operar poniendo en obra un empuje o *in-flujo*, como comprender la «cosa misma» que articula significativamente el problema. El rumbo que toma una tarea exige la asistencia de una fuerza que la convierte en desafío, pero también la precomprensión, oscura o vacilante, de lo que en ella está en juego. El *operari* es ciego sin la comprensión; la comprensión es vacía, inoperante, sin la fuerza. De este modo, el acontecimiento *real* presupone, por un lado, la «cosa misma» que interpela al oído y la potencia operante que reclama nervadura. En su emergencia abre un devenir sensible que es a la vez apertura de sentido y agenciamiento. El acontecimiento no ficcional se abstiene de separar la comprensión respecto a su virtual o posible puesta en obra. Reúne la escucha en el arrojamiento y el valor en el arrojo. Es a la vez *comprensión operante* y *fortaleza concipiente*. Sólo allí donde el esplendor comprensivo y la exuberancia de la fuerza concurren en un mismo acto tiene lugar la abundancia más alta: la excelencia. El curso del acontecer genuino es una auroral musculatura.

Ahora bien, estos dos dinamismos, anverso y reverso de todo inicio, son heterogéneos. En la comprensión no se da *per se* la fuerza y esta última no es *de suyo* comprensiva. La cualidad del claro y la *intensio* de la hendidura, indiscernibles en el *abrir brecha*, mantienen sin embargo su diferencia, tal y como en el rayo el resplandor que esclarece lo oscuro y el latigazo que conmueve el cielo. No hay oposición, sino *distinción real* entre ellos. Esta unidad discordante no sólo hace referencia a la condición céntrica del hombre, a su radicación. Por el extrañamiento, cada inicio revela su concreción y se ve forzado a continuar renaciendo erráticamente. En este punto reaparece la unidad discordante bajo el aspecto de la relación entre des-cubrimiento y creación. El extrañamiento es una posición irreductible sin la cual no podría tener lugar la experiencia «mundo». Sin su concurso, una demanda o un impacto del presente quedarían reducidos a meros estímulos. Si el *estar-en-situación* «pide» autotrascenderse no es sólo porque reclame desde sí su transformación. Es necesario que, al unísono, quede realzado «como algo» trascendible, experimentado como aquello que se habita y como aquello, también, a lo que no se pertenece *propiamente*, porque no hay propiedad posible para el ser errático. Es esta intrincación del extrañamiento en el corazón de lo entraño lo que genera *ontológicamente* esa *capacidad de iniciar* que Kant vinculaba, de un modo dualista, al postulado de una libertad allende el mundo de la *experiencia*, una libertad nouménica, y que H. Arendt, excesivamente ligada a su herencia heideggeriana, sólo pudo fundar, a pesar de todo, en un fenómeno que, en realidad, no disloca la «clausura de lo propio» y el «eterno retorno de la demanda» que confundió a su maestro, sino que simplemente los transforma: la *natividad*[82]. Pues el *factum* de que en la historia humana se produzca continuamente el *nacimiento* de nuevos individuos o generaciones, e incluso la luminosa apreciación de que cada hombre nazca una y otra vez en su vida, quiere decir, en el fondo, que si hay novedad en el mundo es porque el curso de esa demanda que procede de la inmersión es interrumpido de continuo por otra demanda naciente, de forma que la *existencia propia* se renueva una y otra vez. El problema que no resuelve Arendt es el de la relación entre *la natividad* y el *novum*. Ni una presunta libertad que irrumpe en la cadena causal de los hechos y la transforma, ni un «nacer» que abre acontecimientos garantizan la creación de novedad en el mundo. Un encadenamiento disruptivo de hechos o un acontecimiento *nacido* súbitamente no son *per se* novedosos. De hecho, en la sociedad estacionaria se están produciendo ininterrumpidamente acontecimientos que presuponen la libertad y, sin embargo, no introducen nada nuevo respecto al quedo vórtice de ésta, que se mantiene en un inquieto reposo. Para que una comprensión del mundo *quiebre* es necesario, además, que resplandezca en su extrañeza. El misterio de la libertad no se resuelve con ello, pero adquiere una precisión necesaria: la generación de lo nuevo exige, no sólo una *libertad fundante*, sino, al mismo tiempo —y como su reverso— una *libertad extrañante*. Esta última es el postulado que hace comprensible la posibilidad de una acción en la que el *fundar* no se queda en la mera *re-fundación* sino que alcanza el vigor de una *contra-fundación*. Por el extrañamiento, el «ir hacia» se ve acompañado en su entraña por un «exir desde».

El *paso-atrás* hacia lo olvidado[83], capaz de zarandear el pensamiento hasta que éste, por contra-golpe, *vaya al encuentro*[84] del nuevo inicio, necesita del concurso del *paso hacia delante*, de la fuerza intempestiva que hace mundo. Pues no todo acto creador se mueve en el vacío y está al servicio de la voluntad egoísta, lanzada al aseguramiento de sí misma —voluntad de voluntad—. Hay una creación que se apoya en el abismo de ser arrojado y se arroja, por ello, en lo no acontecido e improbable. ¿Es necesario mantenerse a la escucha y preparar la llamada al salto? Sí, pero a condición de que el escuchar esté acompañado de un silencioso y potente alejamiento de lo que está-siendo y se le opone manifiestamente: «Aprender a callar y aprender a marcharse. En cualquier lugar donde una determinada contradicción toque a la vida y deje sin aire a nuestro ser, hay que marcharse»[85]. ¿Reencontrar la morada? Sí, a condición de minar la presente y de no confiar en ninguna, pues: «el peor enemigo con que puedes encontrarte serás siempre tú mismo; a ti mismo te acechas tú en las cavernas y en los bosques. [...] Tienes que querer quemarte a ti mismo en tu propia llama: ¡¿cómo te renovarías si antes no te hubieses convertido en ceniza?!»[86].

En la erraticidad del iniciar, por lo demás, el vínculo que une no puede ser confiado a la *interioridad* que hila las interpretaciones encadenadas (por el círculo hermenéutico) ni a esa otra intimidad que puede conectar inferencialmente una acción con la siguiente. La *libertad extrañante* exige el *salto*. Desafiar la ficcionalización del mundo en la sociedad estacionaria, liberar al ser errático del guante que lo prende, significa tanto como anhelar el testimonio necesario para que el hacer se presente en la forma de un genuino operar y el comprender se traduzca en creación. No hay regla, ley o estrategia capaces de conducir a este testimonio de realidad, pues es inútil intentar derivarlo al final de una sucesión y no resulta construible. Es el premio involuntario de un salto querido, su fecundidad indisponible, el golpe en los pies tras una zancada, el ruido del risco si uno se lanza por un derrumbadero. El pase al inicio y su continuación es de aquellos acontecimientos que sólo se muestran. Carece de demostración. «¿No es acaso la más extravagante de todas las cosas la mejor demostrada?»[87]. En cuanto acto de un ser inserto en el mundo, arrojado en la facticidad, no puede volcarse hacia delante sin reconocer primero el suelo sobre el que se pisa. Y esto implica, tanto iluminar la pre-comprensión concreta que nos envuelve —un substrato que se inviste de solidez y firmeza—, como aguantar con fortaleza la definitiva ausencia de plataforma firme a la que está entregado todo *ser-en-el-mundo*, hundirse en el vértigo de la indisponibilidad última de la existencia. Desde el punto de vista del comprender, es un salto (*Sprung*) en el abismo (*Ab-grund*), siempre y cuando no lo representemos, sino que por su medio *nos dejemos ir*, desde lo seguro hacia el acontecimiento incalculable, cuya inseguridad es, sin embargo, el hogar del hombre: una *transpropiación*[88]. Desde el punto de vista de la potencia operante, implica, al mismo tiempo, liberar el *arrojo* necesario para que el *dejarse ir* llegue realmente a ponerse en obra y se convierta en creación. El ser errático *discurre* por el pensamiento naciente, situado en el sentido, expuesto en el operar, en toda parada sintiéndose prisionero[89], en la insegura quebrada entre pertenencia y erradicación, apropiación y expropiación. Su salto hunde el pie en el mundo pero es excéntrico a todo mundo. Si genera una transpropiación también da lugar a una expropiación, porque su lugar es el no-lugar del paso mismo. En palabras del poeta: «todo pasa y todo queda, / pero lo nuestro es pasar». Hace falta demorarse y responder a la solicitación del mundo:

> Muy cerca está, romero,
> la tierra verde y santa y florecida
> de tus sueños; muy cerca, peregrino
> que desdeñas la sombra del sendero
> y el agua del mesón en tu camino[90].

Pero también querer el crepúsculo:

> La gloria del ocaso era un purpúreo espejo,
> era un cristal de llamas, que al infinito viejo
> iba arrojando el grave soñar en la llanura...
> Y yo sentí la espuela sonora de mi paso
> repercutir lejana en el sangriento ocaso,
> y más allá, la alegre canción de un alba pura[91].

7

Foucault, heredero de la tradición que comprendió el ser como operar, condujo el pensamiento de la potencia a una *microfísica del poder* y a una *eventualización ontológica del acontecimiento*. Sus magníficos estudios genealógicos muestran en qué medida es constituido el presente a partir de una ingobernable retícula de fuerzas en pugna y emergentes ya en los movimientos minúsculos de la praxis social: acontecimientos singulares trenzados por la recíproca afección en su diferencia, generando desde la base social coagulaciones de espesor ínfimo (comportamientos, hábitos, conductas), luego formaciones institucionales micrológicas (escuela, hospital, familia...), de manera que la presunta cúspide macrológica del poder (gobierno, legalidad estatal...) es al final desenmascarada como una expresión cortical de una móvil y filamentosa red de potencias. Esta perspectiva se confirma en la idea de que la potencia sólo es en la pluralidad y diferencia de fuerzas. Como aclaró expresamente G. Deleuze, carece de sentido pensar la fuerza en singular, pues su ser intensivo y afectante sólo se deja pensar en la relación de unas con otras[92]. En el pensamiento deleuzeano, la relación diferencial entre fuerzas toma forma en los conceptos, al menos, de «rizoma» y «nomadismo»[93].

Debido a la profunda inspiración que las presentes páginas poseen en estos dos grandes pensadores, la discusión con ellos ha sido desplazada a los lugares precisos, más adelante, en que su incidencia se hace más concisa. No obstante, se hace ineludible anticipar, en el contexto de nuestra problemática, la objeción central que les hacemos, como uno de los correctivos necesarios de esta línea postestructuralista. Como se adivina, se trata de la reducción que ambos realizan del sentido respecto a la fuerza. Para Foucault, el sentido es la forma en que se ejerce una fuerza, la interpretación convertida, por la fuerza que lo produce, en un «sistema de reglas» con existencia histórica efectiva[94]. Por su parte, aunque Deleuze admite la irrebasabilidad del sentido, confirmando que en él estamos instalados[95], lo deriva de las fuerzas en su encuentro disyunto[96].

La idea común y de fondo que subtiende estas posiciones es, por una parte, completamente convincente y constituye una de las grandes aportaciones al pensamiento actual. Se trata del poder vinculante de la diferencia. Dos fuerzas, tomando abstractamente la unidad mínima de la retícula completa, son cada una por mor de la otra. La tesis spinozista y leibniziana sobre la unidad entre acción y pasión en la sustancia queda aquí recogida a otro nivel, no sustancialista. Su aclaración necesita, en primer lugar, que reparemos en que la capacidad para afectar que posee una fuerza es proporcional a su *poder de ser afectada*. Así, la intensidad real que gobierna una indignación depende de la apertura al mundo, del *dejarse-impactar* por aquello que, en su curso, lleva impresa una *falta* de dignidad. La indignación ficcional del *hombre informado* es hoy notable. Crece bajo los auspicios de una satisfacción *fundada en* el conocimiento mismo de los problemas reales, y no en la sólida conmoción del *afuera*. En segundo lugar, queda al descubierto que lo que une dos fuerzas es, precisamente, su distancia, en la que se mantiene la diferencia. He aquí un tosco ejemplo, aunque quizás útil. Se piensa, a menudo, que dos individuos hacen «buena pareja» porque son parecidos o porque, siendo muy distintos, «se complementan». En ambos casos presuponemos la identidad *a priori* de cada uno de ellos. Esto constituye una fe falaz en la unidad pétrea de lo singular. Ser es hacerse. Y hacerse acontece en el encuentro recíprocamente afectante. En lo que se llama «pareja» tiene lugar un flujo perpetuo en el que uno afecta al otro y éste, transformado, vuelve a afectar al primero, modificándolo. Hay rupturas reales, en las que este curso conduce a una oposición ineludible. Hay rupturas ficcionales, producidas por la ausencia de curso, por la autoafirmación en paralelo blindada ante el ser-afectado. A este poder vinculante *por* la diferencia y en curso de *diferenciación recíproca* lo ha llamado Deleuze *síntesis disyunta*[97]. La intensidad de una fuerza, al «apoderarse» de otros fenómenos, abre el cauce a nuevos acontecimientos, tal y como la fuerza del viento, vivificando la ola, produce todo un espectáculo móvil, metamorfoseándose al seguir la ruta invisible de crestas y quebraduras cambiantes. Pero ello ocurre siempre en un encuentro disyunto, como si imaginásemos ahora, junto a la ola, la serie constituida por el movimiento de un nadador. Cada gesto de éste y cada impulso de la ola se afectan recíprocamente, al tiempo que producen un cambio, una diferencia, en el encuentro mismo, encuentro que es creado y que, al unísono, los envuelve a ambos. El *movimiento forzado* que ahí surge no viene determinado de antemano por una ley o un principio aprióricos y externos a la relación. No es una Ley, sino devenir. Es generado *en el encuentro mismo*, en esta «historia embrollada», como una diferencia que engendra diferencia. Este poder de la distancia es lo que conforma en profundidad la *physis* del mundo humano y en su textura se lee el abismo sobre el que éste se forja: la distancia es tan real como los cursos intensivos vinculados por ella. Pero esa distancia no es «algo» en sentido objetivo, sino un vacío operante, una *nada activa*. Foucault la llamó *intersticio*[98]; Deleuze, *precursor oscuro* o *instan-*

cia paradójica[99]. En cualquier caso, quiere ello decir que el acontecimiento se genera en el *entre* de los encuentros y litigios. Ahora bien, Foucault y Deleuze se han dejado llevar excesivamente por el prejuicio estructuralista, según el cual el *sentido* surge, como una pátina, de las relaciones. Están convencidos de que es un *producto* que emana del encuentro entre fuerzas. Y esto no es consistente con la condición errática del ser humano. Como venimos señalando, sin la ex-centricidad del extrañamiento no habría aprehensión de «algo» en tanto que tal. Si un objeto, una praxis, un mundo, «son», en vez de subsistir ciegamente, es porque adquieren significatividad en esta otra distancia ineluctable que hace del hombre un ser *en paso*. Para que pudiéramos decir que la fuerza *produce* comprensión del mundo, interpretación de sucesos, es decir, sentido, tendríamos que admitir primero que la fuerza misma ha sido *empuñada* ya en el actuar. En caso contrario, no es una fuerza, sino un estímulo, una causa, un resorte mecánico. La fuerza es potencia en el mundo humano en cuanto aprehendida, experimentada. Pero esta experiencia no es, ella misma, la comprensión que supuran las cosas. La *significatividad* en el operar no es *sentido*, sino *potencia operante*, una significatividad propia de la *intensio* que se pone en obra en gestos, conductas, *arrojos* concretos. Su producto no es la comprensión, sino el *operari* auto-afectante y pre-simbólico. De la relación entre fuerzas no surge la luminosidad de un «esto es así», «de este modo»: surge un luminoso «soy en curso de», «lanzado a», «envuelto en»... este movimiento intensivo. La aprensión «esto es de este modo, así, tiene este modo de ser, este *como*» no se deduce de la fuerza: la acompaña, como su envés adherido, co-herente y co-adyuvante. El primer encuentro con las cosas es, a la vez, aprehensor de sentido y afectante de fuerza. El «rostro» del otro, por ejemplo: al unísono un «modo de ser» y un impacto que moviliza corporalmente. Una acción admirable o despreciable: al mismo tiempo «en cuanto es así» y «en cuanto influjo». Hay una unidad entre ambas, una indiscernibilidad, y una heterogeneidad o diferencia irreductible. Llamaremos a cada flujo fuerza-sentido, para simplificar, «curso práctico». Un curso así debe ser considerado, globalmente, *intensidad afectante*. Hasta ahora hemos ligado la *intensio* a la fuerza. Pero el sentido, en su nivel primordial, es primero un *gesto* del mundo, en estado naciente. Sólo más tarde, en la elaborada forma de una comprensión o interpretación, se convierte en sentido expreso. El sentido naciente, en cuanto *gesto* que interpela, es una emergente *fuerza significante*, *intensidad gestual* ligada a los eventos, como el rostro al cuerpo. La comprensión de sentido tiene su inicio también en un impacto desde el mundo. Cualquier acontecimiento se presenta ya en la forma de esta intensidad gestual. Cuando comprendemos el mundo de una conversación, por ejemplo, hemos palpado, antes de nada, no el «sentido» en cuanto «unidad aprehensible», sino el circuito por el que transita y que rotura *difiriendo* de un punto a otro, de una *zona* conversacional a otra. Esa nervadura de cursos es inseparable del sentido pero no se puede decir que sea él *mismo*. Más bien es su envés necesario, en el que *toma cuerpo*. Ocurre como cuando experimentamos un sentido viviente en la naturaleza. En el inicio acontece una captura corporal de formas y caminos; la experiencia *recorre* un espacio, lo surca. Sólo en la forja de esta singladura telúrica el sentido va emanando y desplazándose. Todo acontecimiento se nos presenta en este movimiento, que es como su *gesticulación* en acto. De ahí que podamos hablar del impacto de una fuerza significante o intensidad gestual en el corazón de toda interpelación del mundo. Dicho impacto del acontecimiento nos alcanza como su *gesta*. Es la *gesta* del mundo en nosotros, que nos atraviesa, conmociona y transforma. Todo comienza en nosotros afectando, como interpelación gestual a la escucha de sentido y como potencia que impacta e inclina a la acción operante. En una síntesis disyunta se encuentran y se afectan recíprocamente *cursos prácticos*, cada uno de los cuales *ya es* unidad discorde fuerza-sentido, unidad en la que *gesta* y *potencia operante* se vinculan como anverso y reverso, manteniendo, no obstante, su *distinción real*.

En el acontecimiento ficcional tiene lugar una ruptura o velamiento de este devenir en dos formas. En primer lugar, en la sociedad estacionaria el «entre» mismo del encuentro está constantemente sujeto a la amenaza de ser invadido. Es objeto de ambición entre los que tendrían que encontrarse. En las relaciones interpersonales, *uno* quiere coger el timón en solitario: anhela convertirse en el que *media* y *dirige*, ocupar el lugar de la distancia, obliterarla con su pre-potencia. En las relaciones entre instituciones hay competición más que encuentro y lo mismo ocurre respecto al *inter*, cuyo nihil productivo debería mantenerse a salvo, de la democracia, de la lucha entre partidos, de la articulación inter-nacional. Allí donde hay un *intersticio* pugna hoy una estrategia para ocuparlo, llenarlo, saturarlo. De ese modo, la articulación degenera en encadenamiento de mando y el encuentro —litigioso y productivo— en dominio. Pero, junto a ello y en segundo lugar, cuando el *inter* es anegado, la *distinción real* entre sentido y fuerza se convierte en oposición. La ficcionalización del mundo vinculada al dominio no es enemiga ni de la inteligencia ni de la acción, sino de la *unidad discordante* entre ambas. Cuando es activa ha cegado la comprensión. Cuando es lúcida ha saturado la acción con la mera comprensión y se exime del operar real. El entramado, en ambos casos, es la banalidad. Lo que impresiona a H. Arendt del juicio de Eichmann[100], es la *posibilidad* de una acción monstruosa realizada por una persona superficial y carente de convicciones. He aquí una acción en la que falta la suficiente escucha al sentido, no-comprensiva, in-comprensible. Este tipo de oposición es hoy usual y para ello basta con mirar en torno y darse cuenta de que, por ejemplo, el que alcanza mayor estatus para ser activo suele ser el más superficial. Pero el caso contrario es igualmente escandaloso: la comprensión inactiva, inoperante, que se cierra sobre sí y le da la espalda al mundo. Otra forma de banalidad. La banalidad tiene su fuente en la impotencia, bien de la fuerza, bien de la comprensión. Es un presupuesto de la nueva forma de dominio en la sociedad estacionaria globalizada, en la que la *prepotencia* del capital, de la política autoprotectora o invasiva, de la relación técnica con todo lo que existe, hunde sus raíces en la *impotencia* para operar realmente. El *resentimiento generalizado* es clara expresión de esta deflación en la intensidad de ser. Tiende a convertirse en un estado normalizado de vida, siempre al acecho de un punto de presa para darle espacio a una venganza. En la sociedad estacionaria, el *curso* real queda rebajado en la forma de una libertad impotente: un querer que no puede.

— *¡Jaaa..., ja, ja! ¡Un quiero y no puedo! Me recuerda al sonsonete irónico de ciertos humoristas.*
— *¡Je! Pues ahora que lo dice...¡Juaaa, ja ja!... Es verdad... lo que decían... ¡juuu, ju, ju! ¡Qué agudeza la hispana! ¡Je...! Ay, que me está sacando de mi papel...*
— No se preocupe, el sentido del humor es salvífico.
— *Sí... ija, ja! Y hasta... ija, ja!... se me está ocurriendo un...¡juuu, ju, ju!, un.. un imperativo categórico para el actor valiente, el de augere. ¡Jua, jua...! Más vale parar aquí y que se dé un paseo.*
— *¡No, no! Dígalo, hombre, si ya puestos, va a ser un momento... Ándele....*
— Pues... verá, algo así como: «Debes querer 'poder' que el 'sentido' que reclama tu acción se convierta en ley singular de incidencia en el mundo»
— *¡Jiiiii!... pero si parece el reverso del imperativo kantiano... está como una cabra.*
— Lo más probable, olvidémoslo.

Para el que *quiere* merecer el acontecimiento, a este nivel subrepresentativo, no existe, ciertamente, un deber que ha germinado en la autoconciencia, pero sí un doloroso aguijón: el que lo impele a estar a la altura de sí mismo, de modo que lo que comprende se convierta en potencia real, inmiscuida en el mundo.

NOTAS

1. Allí donde acaba la autoridad empieza el dominio. Quien tiene *auctoritas*, como dice Arendt, posee *gravitas*, capacidad para llevar una carga. Se comprende así que para Plutarco el Senado romano debía funcionar como carga o lastre, que es lo que mantiene en equilibrio a un barco. Cf. H. Arendt, *Entre el pasado y el presente* [1968], Península, Barcelona, 2003, cap. III.
2. En su *Fenomenología de la percepción* [1945] (Barcelona, Península, 1975) no extrajo el autor consecuencias que incorporasen esta dimensión del acontecimiento. El acento está puesto, como en el caso de Heidegger y de Gadamer, en el «sentido». Descubre con gran talento que la «significación intelectual» es letra muerta para el cuerpo si no fuese porque éste pone en movimiento una «potencia motriz», un «proyecto motor», una «intencionalidad motriz» (p. 127). Ahora bien, lo que en ello hay de «potencia», de fuerza, se hace derivar del enraizamiento en la experiencia de sentido. Y «esta revelación de un sentido inmanente o naciente en el cuerpo vivo se extiende [...] a todo el mundo sensible, y nuestra mirada, advertida por la experiencia del propio cuerpo, reencontrará en todos los demás 'objetos' el milagro de la expresión» (p. 214).
3. «*El hombre como una multiplicidad de 'voluntades de poder': cada una con una multiplicidad de medios expresivos y formas*. Las presuntas 'pasiones' singulares (por ejemplo, el hombre es cruel) son sólo *unidades ficticias*, en la medida en que aquello que, proveniente de los diferentes impulsos básicos, entra en la conciencia como algo *homogéneo* es imaginariamente unificado de modo sintético en un 'ser' o una 'facultad', en una pasión. De la misma manera pues en que el 'alma' es una *expresión* de todos los fenómenos de la conciencia: a la que nosotros, sin embargo, *interpretamos como causa de todos esos fenómenos* (¡la 'autoconciencia' es ficticia!)» (F. Nietzsche, *Fragmentos póstumos IV. 1885-1889*, Madrid, Tecnos, 2006, 1 [58]).
4. Como se sabe, el nombre de este monstruo que convertía a quien lo miraba en piedra, proviene de μέδω, mandar.
5. Este tema ha sido estupendamente tratado por J.-L. Nancy, *La creación del mundo o la mundialización* [2002], Barcelona, Paidós, 2003. Véanse las interesantes reflexiones realizadas desde esa perspectiva en J. de la Higuera, «La deconstrucción de la globalización»: *Anales de la Cátedra Francisco Suárez*, 37 (2003), pp. 401-409.
6. Se trata de una sobrecodificación rígida del orden que nos segmenta mediante miríadas de pares que hacen de nosotros seres poliédricamente demediados: público-privado, trabajo-ocio, cordura-locura..., de tal forma que éstos «parecen haber perdido su capacidad de brotar, su relación dinámica con segmentaciones en acto, haciéndose y deshaciéndose» (G. Deleuze y F. Guattari, *Mil mesetas. Capitalismo y esquizofrenia* [1980], Valencia, Pre-Textos, ⁴2000, pp. 216-217). Sobrecodificación unívoca en un espacio geométrico, en el que los segmentos están homogeneizados en sus relaciones por un principio que, al desplazare en el despliegue de la acción, está en todas partes: «el ojo central tiene como correlato un espacio en el que se desplaza, y permanece invariable con relación a su desplazamiento». (*Ibid.*, p. 216), «sustituye las formaciones morfológicas flexibles por esencias ideales. [...] La geometría y la aritmética adquieren la potencia de un escalpelo» (*Ibid.*, p. 217).

7. G. Debord, *La sociedad del espectáculo* [1967], Valencia, Pre-Textos, 1999, p. 160. Cf. §§ 14, 24, 195.
8. Adaptamos aquí a nuestro modo el análisis de la ambigüedad en M. Heidegger, *Ser y tiempo*, cit., § 37, p. 193.
9. F. Nietzsche, *La genealogía de la moral*, I, § 10, p. 44.
10. Como muestra en detalle y con gran lucidez A. Arteta en *La virtud en la mirada. Ensayo sobre la admiración moral*, Valencia, Pre-Textos, 2002.
11. G. Debord, *La sociedad del espectáculo*, cit., § 62, p. 66.
12. R. Musil, *El hombre sin atributos*, vol. I, narración 88. En la 17 se anticipa: «¿Qué es, pues, lo que se ha extraviado? Algo inamovible. Un semáforo. Una ilusión. [...] Ideas que antes parecían de escasa validez adquirían consistencia [...] y una nueva e indescriptible tendencia a aparentar animaba a gente nueva e inspiraba nuevos conceptos. Éstos no eran malos, de seguro; era solamente que se había mezclado demasiado lo malo con lo bueno, el error con la verdad, la acomodación con el convencimiento. [...] No existe ninguna idea importante de la que la necedad no haya sabido servirse; ésta es universal y versátil, y puede ponerse todos los vestidos de la verdad. La verdad, en cambio, tiene un solo traje y un único camino, y acarrea siempre desventaja».
13. F. Nietzsche, *op. cit.*, p. 46.
14. Véase *supra*, Primera parte, cap. 2, § 3.2.
15. En la *Metafísica* (por ejemplo, Ω 6) el acto es precisamente lo que hace ser a lo que es, porque sólo en base a lo actual puede entenderse lo potencial. Esto se confirma en lo que dice Aristóteles en relevantes pasajes: «El movimiento no reside en la forma, sino en lo movido, o sea, en lo móvil considerado en acto» (*Física* [Madrid, Gredos], V, 1, 224b, 25-26); «afirmo que *el movimiento es la actualización [enérgeia] de lo que está en potencia en tanto que tal*» (*Metafísica* [Madrid, Gredos, trad. de T. Calvo], Κ, 9, 1065b, 16). De este modo, como concluye Aubenque, «El movimiento no es tanto la actualización de la potencia como el acto de la potencia, la potencia en cuanto acto, es decir, en cuanto que su acto es estar en potencia» (P. Aubenque, *El problema del ser en Aristóteles* [1962], Madrid, Taurus, ²1984, p. 433).
16. Cf. G. Deleuze, *Spinoza y el problema de la expresión* [1968], Barcelona, Muchnik, 1996, pp. 86 ss.
17. B. Spinoza, *Ética demostrada según el orden geométrico* [1677], Madrid, Editora Nacional, 1984.
18. Leibniz fue injusto con Spinoza, al incluir su pensamiento en la línea cartesiana, según la cual la materia es inerte y pasiva. Piensa que Spinoza niega la dimensión de fuerza a las cosas finitas y que es así como todo lo concreto y específico se puede convertir en mera modificación de una sustancia única, potencia infinita (G. W. Leibniz, *De la naturaleza en sí misma, o sea, de la fuerza inherente y de las acciones de las criaturas. En confirmación e ilustración de su dinámica*, en *Methodus vitae. Escritos de Leibniz* I. *Naturaleza o fuerza*, Valencia, Universidad Politécnica de Valencia, 2000, § 15). Con ello olvida que Spinoza atribuye *conatus* también a los modos (*Etica*, III, props. VI-VII). Sobre la relación entre ambos autores, cf. G. Friedmann, *Leibniz et Spinoza*, Paris, Gallimard, 1962.
19. La noción de «fuerza» en Leibniz aparece fundamentalmente en la teoría física, en todo lo que concierne a la dinámica. Couturat y Russell niegan tanto el carácter y el origen metafísicos de la idea leibniziana de fuerza (L. Couturat, *La logique de Leibniz*, Olms, Hildesheim, 1961; B. Russell, «Exposición crítica de la filosofía de Leibniz», en *Obras completas* II, Aguilar, Madrid, 1973, §§ 7-10, 17, 21). Sin embargo, hay un gran acuerdo entre los especialistas en que esta opinión es reductiva y en que la concepción de fuerza es inseparable de la metafísica leibnizeana (cf., por ejemplo, M. Gueroult, *Leibniz: dynamique et métaphysique*, Paris, Aubier-Montaigne, ²1962; F. León Florido, «Orígenes y génesis del concepto de 'Fuerza viva' en la

dinámica leibniziana», en G. W. Leibniz. *Analogía y expresión*, ed. de Q. Racionero y C. Roldán, Madrid, Complutense, 1995, pp. 326 ss.; A. Pérez Quintana, *Física y metafísica en Leibniz*, Universidad de la Laguna). En la dinámica de Leibniz este nexo se pone de manifiesto a propósito de varias temáticas. Por un lado, a través de su discusión con Descartes, que se coloca en la línea de la reducción cuantitativa de la revolución científica que abordaremos en breve. Piensa Leibniz que es necesario retrotraer la expresión geométrica de las relaciones causa-efecto a la fuerza como *potencia*, que sólo puede ser medida por el efecto total, el cual comprende una dimensión de efecto futuro que aún no es actual (*Espécimen dinámico* [1695], en *Escritos de dinámica*, Madrid, Tecnos, 1991, parte I, §§ 11 y 12). Frente a la reducción de la «fuerza» a la cantidad de movimiento, habla Leibniz de la *fuerza viva*, una dimensión intensiva y cualitativa que no puede ser reducida a cantidad y que es inseparable de la realidad material (*Ensayo de dinámica sobre las leyes del movimiento* —1860—, en *Escritos de dinámica*, cit., §§ 5-8 y *El origen de la polémica de las fuerzas vivas* [1686], *ibid.*, pp. 3-8). Por otro lado, y a propósito de problemas tales como el de la elasticidad, Leibniz piensa la fuerza en la forma de una *Acción Motriz*. Ésta es, no sólo el principio del movimiento, sino el ser de lo extenso, que se ex-tiende saliendo fuera de sí (*Ibid.*, §§ 9 y 10). De este modo se puede suponer en la sustancia una *fuerza primitiva* que rige sus alteraciones, fuerza que el autor coloca en el lugar de las expresiones más clásicas y escolásticas de *primera entelequia, alma* o *forma sustancial* (*Espécimen de dinámica*, cit., parte I, §§ 3 y 4) y espontaneidad inherente a la sustancia (*Ibid.*, parte II, §§ 3-5).

20. *Espécimen dinámico*, cit., parte II, § 5.
21. *Monadología*, Madrid, Biblioteca Nueva, 2001, § 11. En el texto latino de este parágrafo, ese principio de acción viene especificado por el término *vis*, fuerza, como un principio metafísico.
22. La fuerza activa corresponde, dice Leibniz, a la *entelequia* o forma de una sustancia y constituye, junto con la materia, una unidad en la sustancia, que no es un mero agregado, sino un *unum per se* (*Die philosophischen Schriften*, IV, p. 395; VI, p. 81). El alma y el cuerpo poseen una relación interna necesaria (*Monadología*, § 62).
23. *Die philosophischen Schriften*, III, pp. 217 ss.
24. Para la noción de la fuerza como «Vínculo sustancial» que da cuenta del continuo (cf. *Die philosophischen Schriften*, II, pp. 517-518). La fuerza, en tanto tendencia a pasar de un estado a otro, conforma la unidad en la sucesión de estados en que se materializa la sustancia. El lugar de la *fuerza* es inequívocamente fundamental en la relación entre mónadas (*Monadología*, § 10). Es el principio que genera la conformación de las cualidades internas (*percepción*) y un principio, también, de expansión que genera cambios de un estado a otro (*apetición* o *apetito*).
25. El enlace entre dinámica y metafísica se pone especialmente de manifiesto a propósito de este problema de la unidad interior a la multiplicidad. Ello es válido tanto para la época pre-monadológica, en la que entiende la sustancia como cuerpo, como para la época en que entiende la sustancia como mónada, lo cual se confirma en la presencia, en ambos casos, del siempre afirmado por Leibniz *principio de continuidad*. En la naturaleza, «todo va por grados», no hay hiatos, sino un *plenum* (*Die philosophischen Schriften*, V, p. 455; VII, pp. 303 ss.). De igual modo, entre las mónadas no hay intervalos, no se pasa de una a otra por saltos (*Die philosophischen Schriften*, II, p. 125, III, pp. 51-55; IV, p. 439; V, p. 286; cf. *Monadología*, §§ 8, 61). Por otro lado, este continuo es infinito. Frente al cartesianismo, que busca siempre principios primeros, Leibniz considera que una secuencia cualquiera de acontecimientos es infinita, carece de principio y fin, pues presuponer lo contrario implicaría un detenimiento o limitación dogmática, de tal manera que se podría decir que el «punto de partida» de una serie, su fuerza, está en todas partes (*Die philosophischen Schriften*, III, p. 581, VI,

p. 604). Véase, respecto a toda esta temática, el estupendo estudio de Julián Velarde Lombraña que hace de introducción a la *Monadología*, cit.

26. G. Deleuze, *El pliegue: Leibniz y el Barroco* [1988], Barcelona, Paidós, 1989; cf. sobre todo caps. 3 (pp. 41-55) y 6 (pp. 101-111).

27. Deleuze cita el magnífico texto leibniziano siguiente: «La división del continuo no debe ser considerada como la de la arena en granos, sino como la de una hoja de papel o la de una túnica en pliegues, de tal manera que puede haber en ella una infinidad de pliegues, unos más pequeños que otros, sin que el cuerpo se disocie nunca en puntos o mínimos» (Leibniz, *Paidius Philalethi*, cit., pp. 614-615; G. Deleuze, *El pliegue*, cit., p. 14). La interpretación de Deleuze es bastante adecuada a lo que sugiere el pensamiento leibnizeano, en el que estas imágenes del flujo o pliegue pululan. Así, por ejemplo, dice que «todos los cuerpos están, como los ríos, en un perpetuo flujo, y unas partes entran en ellos y otras salen de ellos continuamente» (*Monadología*, cit., § 71), que cada porción de materia puede ser concebida como un estanque lleno de peces, un estanque en el que hay un movimiento parecido a un «hormigueo» (*Ibid.*, §§ 67 y 68) o que «lo que llamamos generaciones son desenvolvimientos y crecimientos, así como lo que llamamos muertes son envolvimientos y disminuciones» (*Ibid.*, § 73).

28. G. Deleuze, *El pliegue*, cit., p. 16.

29. *Ibid.*, p. 46.

30. Cf. P. Cerezo Galán, «Homo duplex: el mixto y sus dobles», en J. F. García Casanova (ed.), *El mundo de Baltasar Gracián*, cit., pp. 406-414. García Casanova muestra, con gran lucidez, la honda penetración del barroco en la actualidad, hasta el punto de que se pueda hablar del presente como un *neobarroco*. Véase su trabajo, en el libro citado, «El mundo barroco de Gracián y la actualidad del neobarroco», pp. 9-52.

31. *Ibid.*, pp. 409-410. Confírmese, por ejemplo, en las siguientes palabras de Gracián: «No basta la substancia, requiérese también la circunstacia. Todo lo gasta un mal modo, hasta la justicia y razón» (*Oráculo Manual*, § 14). «Las palabras muestran la entereza, pero mucho más las obras» (*Ibid.*, § 291). «La compostura del hombre es la fachata [fachada] del alma» (*Ibid.*, § 293).

32. La unidad ordenada y jerarquizada del cosmos medieval tiene un referente metafísico (como fundado en el principio de una divinidad), político (mediante la organización del Imperio y la noción de potestad absoluta) y social (una organización feudal en la que se ocupa un rol «por naturaleza»). Frente a ello, aparece ahora una filosofía diversificada en articulaciones divergentes (proliferación de ideas, de artes, de ciencias...) y en la que lo real se hace depender, de un modo cada vez más intenso, del sujeto y los diversos puntos de vista; tiene lugar, al mismo tiempo, una ruptura de la unidad política (aparición de estados nacionales) y religiosa (surgimiento de nuevas confesiones).

33. Es cierto que el concepto renacentista de hombre no es todavía radicalmente el existencialista del ser que «se hace» y consiste en «hacer por ser», pues se piensa en afectos, capacidades y pasiones inmutables, es decir, en el «universal humano» o el «eterno humano» que subyace a cada individuo. Pero, al mismo tiempo, se comprende dicho universal como «operante»: sólo es en la medida en que se pone en obra mediante la afirmación y realización de la individualidad. La realidad, como dijera Bacon, es una esfinge cuyo enigma debe resolverse en la práctica. Véase sobre esta cuestión el espléndido estudio de A. Heller, *El hombre del Renacimiento* [1978], Barcelona, Península, 1980, espec. pp. 432-458.

34. En la doctrina de los neoplatónicos de los siglos XV y XVI se fundían el platonismo y el aristotelismo. Lo real aparece como emanación del absoluto hacia la existencia material. Idea y fenómeno quedan ligados inmanentemente. En ese contexto, como señala Cassirer, «el engarce lógico entre los dos extremos opuestos lo establece,

según esta concepción, el concepto de *fuerzas*: el ser originario es la actividad absoluta y pura que, encuadrada en un sistema de gradaciones y de matices, trasciende al ser derivado, creándolo y haciéndolo posible de este modo» (E. Cassirer, *El problema del conocimiento*, México, FCE, 1986, vol. I., p. 228; cf. pp. 227-246 y 320-335).

35. Las ambigüedades del concepto aristotélico de «potencia» tienden a desvanecerse. La noción aristotélica de acción inmanente chocaba con su idea de que el fundamento último es el «motor inmóvil», modelo de acto perfecto y por tanto, meta final de todo acaecer, pero separado del mundo e independiente. Este elemento había significado en la Edad Media sacrificar la inmanencia respecto al concepto de Dios. Ahora se tiende a eliminar un referente absoluto de la autorrealización de las cosas, situado en el más allá, en beneficio del reconocimiento del *impulso* interno que conduce, en cada ser, a una realización por sí mismo. La fuerza es lo que gobierna en el «entre» del universo y esta unidad en la variedad señala al mismo tiempo el carácter de lo que llamamos «vida»: *vita dicitur a vi* (Campanella).

36. *Principes de philosophie*, II, §§ 4, 11, 23, 41.

37. Lo cual queda manifiesto en las conocidas palabras: «La filosofía está escrita en ese vasto libro que está siempre abierto ante nuestros ojos: me refiero al universo; pero no puede ser leído hasta que no hayamos aprendido el lenguaje y nos hayamos familiarizado con las letras en que está escrito. Está escrito en lenguaje matemático, y las letras son triángulos, círculos y otras figuras geométricas, sin las cuales es humanamente imposible entender una sola palabra» (*Il Saggiatori*). En la jornada segunda de los *Diálogos*, cuando el aristotélico Simplicio se queja de que sus resultados son sólo operativos, de que sólo extrae cuestiones descriptivas de los fenómenos, relativas a la proporción matemática, y de que con eso no contesta a la pregunta sobre qué es esa cosa, por ejemplo, llamada gravedad, dice «yo no te pregunto por el nombre, sino por la esencia de la cosa»; es la esencia expresable matemáticamente lo que le interesa a Galileo. Cf. A. Koyré, *Estudios galileanos* [1966], Madrid, Siglo XXI, 1980.

38. He intentado mostrar los diversos rostros de este reduccionismo, en el marco de la actual filosofía de la mente, en *El conflicto entre continentales y analíticos*, cit., cap. 6.

39. He aquí una lúcida distinción realizada por el pensador francés: lo «posible» se opone a lo «real». Su proceso característico sería una «realización». Pero lo «virtual» es real y el proceso que lo caracteriza es la actualización, que no puede ser pensada como la realización de posibilidades supuestas virtualmente. La profundidad intensiva del acontecer es este mundo virtual-real, mundo subrepresentativo constituido por diferencias entre fuerzas, *spatium* plástico y creador, que adopta una forma extensa en el movimiento. *Natura naturante* que in-siste en la *naturaleza naturata*. Cf. G. Deleuze, *Diferencia y repetición* [1968], Buenos Aires, Amorrortu, 2002, pp. 341 ss.; *El bergsonismo* [1966], Madrid, Cátedra, pp. 93-103.

40. A. Schopenhauer, *El mundo como voluntad y representación* [1918], México, Porrúa, 2003, pp. 114-115.

41. A esto responde la idea spinoziana de *conatus, esfuerzo* constante que ejerce presión desde lo profundo de todo ser. La tesis de Leibniz da en el blanco. Si hay potencia, entonces es en movimiento. ¿Qué sentido podría tener una intensidad que no está «en activo»? La fuerza supuesta en toda sustancia es, así, realidad en proceso nunca plenamente actualizada (*entelequia*) —concluía— y actúa siempre, a no ser que sea impedida por algún obstáculo. A Leibniz le parece claro, por todo ello, que no hay nunca inmovilidad en los cuerpos, sino fuerza tensional que, incluso en su forma más pequeña, es «solicitación» al movimiento (cf. *Espécimen de dinámica*, cit., parte I, §§ 3 y 4). Lo ilustra Leibniz con la viva metáfora de un «arco tendido»: «La fuerza activa comprende cierto acto o entelequia que se sitúa entre la facultad de actuar y la acción

misma, e implica un esfuerzo. De este modo se ve llevada por sí misma a actuar, y para esto no requiere ayuda sino sólo supresión de los obstáculos. Esto puede ilustrarse con los ejemplos de un peso colgado, que mantiene tensa la cuerda que lo sostiene, o de un arco tendido» (*Escritos filosóficos*, cit., p. 457).

42. Heráclito, *Fragmentos*, Diels: 51.
43. E. Romero, «Eso somos», en *Flechas de un arco tendido* (1994).
44. Antonio Machado, Valencia, 12 de septiembre de 1937 (*La Guerra. Escritos: 1936-1939*, ed. de J. Rodríguez Puértolas y G. Pérez Herrero, Valencia).
45. M. Heidegger, «Superación de la metafísica» [1936], en *Conferencias y artículos*, Barcelona, Serbal, 1994, XXV.
46. «φύσις significa un 'erguirse que brota', un desplegarse que permanece en sí. [...] Esta fuerza imperante es la subyugante pre-esencia, todavía no vencida por el pensar, en la cual lo pre-sente esencializa como ente» (*Introducción a la metafísica* [1953], Buenos Aires, Nova, 1980, p. 98).
47. Si hace valer la dimensión de potencia, es en la medida en que la equipara al movimiento mismo por el cual se abre un mundo de sentido: «Esta fuerza imperante, sin embargo, sólo surge de lo oculto, o dicho en griego: acontece la ἀλήθεια (el desocultamiento)». La φύσις se identifica con el fenómeno manifestativo del «aparecer»: el «emergente erguirse del poderío de lo que impera» es el «llegar a ser mundo (*Weltwerden*)», el «aparecer, como la epifanía de un mundo» (*Ibid.*, p. 98).
48. Al hablar de la *phýsis* en relación a Aristóteles, no sólo afirma que dicho concepto se aplica a todo el pensamiento del Estagirita, por estar referido al ser en cuanto tal, sino que le otorga un papel fundamental, declarando que «La *Física* aristotélica es el libro fundamental de la filosofía occidental, un libro indescifrado y que, por eso, nunca ha sido pensado de manera suficiente y profunda» («Sobre la esencia y el concepto de la φύσις. Aristóteles, Física B, 1» [Heidegger, 1939], en *Hitos*, Madrid, Alianza, 2000, pp. 199-249; p. 201). En el análisis, Heidegger depura esa noción de todas las implicaciones que conducirían a una ontología del *operare*. Es la base de una praxis productiva (*techne*), pero su acontecer en cuanto tal equivale a una forma de «entenderse» (*Sichauskennen*) en una actividad, la cual, por lo demás, se deja dirigir por una apelación (*Ansprechung*) desde la cosa misma que está en juego y la conduce a lo que es «propiamente» (cf. pp. 210-212). Atestigua, a propósito de la noción de *enérgeia* (ἐνέργεια), que el movimiento es el fenómeno mismo del «estar en obra» (*Im-Werk-sein*). Pero la identifica con la dimensión, no operativa, sino fenomenológica, del «surgimiento mismo y en cuanto tal», de modo que en el cambio algo «llega a aparecer o manifestarse» (*Ibid.*, p. 235), des-encubriéndose y saliendo de lo oculto (pp. 235-236).
49. Ambas se ponen en juego en la «obra» de arte —y en toda acción creativa, podríamos decir—. La primera posee un carácter dinámico: no es la materia bruta, sino la apertura y encubrimiento mismos del mundo en cuanto dimensión telúrica; no la roca del templo, sino la constelación de significaciones que ella organiza a su alrededor en virtud de su firmeza, del brillar o su soportar. Pues bien, el «mundo» de una obra se yergue en el tejido de la tierra, iluminando un espacio de existencia, una comprensión de los cauces por los que camina la historia y los que afronta el advenir. En el juego y la lucha entre tierra y mundo podríamos aún leer, *mutatis mutandis*, el vigoroso movimiento de la *phýsis* a la que se refiere Aristóteles. ¿No se oye en el «mundo» de la obra el eco de una *enérgeia* que cobra forma material, de manera que éste es elevado como *tierra*? ¿Y no se palpa en la *tierra* la huella de una *dýnamis* telúrica por la cual lo matérico se presenta en acto? («El origen de la obra de arte» [1935/1936], en *Caminos del bosque*, Madrid, Alianza, 1988, p. 35). De hecho, Heidegger identifica su noción de *tierra* con la *phýsis* griega (*Ibid.*, p. 30) y con ello, su reverso, el *mundo*.
50. Cf. *Ibid.*, pp. 44-45.

51. *Ibid.*, p. 49; cf. 48-49.
52. *Ibid.*, p. 35.
53. *Ibid.*, pp. 45-48.
54. *Ibid.*, p. 55; cf. pp. 53-55.
55. *Ibid.*, p. 54. Salto como *Ur-sprung*: p. 56.
56. Como subraya el propio Heidegger en su *Apéndice* a «El origen de la obra de arte» (escrito mucho después, en 1956), el significado de esta expresión, el «poner en obra», es pensado aquí en un sentido fenomenológico-expresivo o mostrativo. Es un «dejar surgir», lo que en alemán es un *Hervorbringen*, un traer (*bringen*) hacia lo no oculto (*her*: hacia aquí), permitiendo que se haga presente (*vor*: ante, delante) (*Ibid.*, p. 59). Este «traer» es dependiente del momento, más originario, del «dejar acontecer». Si hay un *operar* es sólo como fruto del «sumirse extático del hombre existente en el desocultamiento del ser» (*Ibid.*, p. 60).
57. Distingue tres usos del término *fundamentar* (M. Heidegger, «De la esencia del fundamento» [1929], en *Hitos*, cit. pp. 141-145). Uno de ellos, el «tomar suelo» (*Boden-nehmen*), remite al arraigo en un mundo de la vida particular; el segundo, explicar o dar razones (*Begründen*), tiene su base en dicha apertura. En el caso del tercero, el «instituir» o «fundar» (*Stiften*), llegamos al mismo resultado. Por un lado, lo relaciona con el «proyecto de mundo» al que está lanzado el *Dasein* en su praxis existencial, un proyecto que surge del «poder ser» en el que siempre consiste el existir y que inclina hacia el «actuar» en medio de las cosas. Pero, por otro lado, estos tres modos del fundamentar los encuentra Heidegger secundarios respecto a una condición anterior: la del acontecimiento del ser como no-fundamento (Ab-grund), cuyo «poder» es el de la libertad en cuanto «ser-en posibilidades» de comprensión (*Ibid.*, pp. 148-149). De este modo, toda acción queda remitida al más originario des-cubrimiento de «mundo», cuyo carácter ontológico está referido al «cómo del ser», es decir, al *sentido* (*Ibid.*, p. 124). La acción o potencia del «fundar» queda, así, relegada. No forma parte del acontecimiento mismo del ser en su raíz, sino que es entendida como una consecuencia ulterior que, además, posee el estrecho significado del hacer (*Tun*), del «hacer cosas» (*Ibid.*, p. 149, nota 111b). Incluso se toma en un sentido peyorativo: Heidegger desliga completamente la libertad de esa praxis e insiste en que ésta, la libertad, no tiene nada que ver con el «hacer cosas», que, junto con el «dar-razones», y el «tomar suelo», está al servicio (en el plano óntico, se deduce) del «cuidado por la permanencia y la estabilidad» (*Ibid.*, p. 146).
58. «Ciencia y meditación», en *Conferencias y artículos* [1954], Barcelona, Serbal, 2001, pp. 33-50; pp. 35-37.
59. *Ibid.*, pp. 39 y 41 ss.
60. En «El origen de la obra de arte», *loc. cit.*, lo dice muy claro: «El modo de pensar romano toma prestadas las palabras griegas sin la correspondiente experiencia originaria de aquello que dicen, sin la palabra griega. Con esta traducción, el pensamiento occidental empieza a perder suelo bajo sus pies» (pp. 15-16). La obra, el *ergon*; se devalúa en el latín como «actualitas», es decir, como realidad, que luego pasa a ser realidad efectiva y más tarde objetividad (*Ibid.*, Epílogo, p. 58). En el *agere* latino, según Heidegger, el movimiento con el momento fenomenológico de la «venida a presencia» y conduce —dentro del olvido del ser, se infiere— a la noción de realidad como «actualitas», en la que se eleva a primer orden del ser el «hacer», es decir un producir «dirigido» que ya no se deja orientar por el acontecimiento emergente de la *phýsis*. De modo análogo, la potencia (*dýnamis*) se transforma en *potentia* como *capacidad* y *fuerza* contenidas en algo («Sobre la esencia y el concepto de la φυσις. Aristóteles, Física B, 1» [1939], cit., pp. 236-240). No deja de ser una contradicción que en el mismo prólogo de *Conferencias y artículos*, al que pertenece «Ciencia y meditación», dijera Heidegger, en 1954, que si el lector sigue el recorrido del libro «se

vería llevado a un camino por el que ha andado antes un autor que, en caso de tener suerte, pondrá en marcha como *auctor* un *augere*, un hacer prosperar y crecer».
61. «Ciencia y meditación», cit., pp. 49 y 30, respectivamente.
62. Protocolo del seminario, realizado por Alfredo Guzzoni y revisado y completado por Heidegger, en *Tiempo y ser* [1962], Madrid, Tecnos, ^{5}2006, p. 54.
63. *Ibid.*, p. 55.
64. «El final de la filosofía y la tarea del pensar» [1969], en VV.AA., *Kierkegaard vivo*, cit., p. 125.
65. *Tiempo y ser*, cit., p. 67.
66. F. Nietzsche, *Así habló Zaratustra*, cit., «De la superación de sí mismo», p. 176.
67. *Más allá del bien y del mal*, Madrid, Alianza, 1980, I, § 13.
68. «Imprimir al devenir el carácter del ser —ésta es la suprema *voluntad de poder*» (*Fragmentos póstumos* 1885-1889, 7 [54]; Madrid, Tecnos, 2006, vol. IV, p. 221).
69. *Así habló Zaratustra*, cit., «De las tarántulas», p. 155.
70. M. Heidegger, *Nietzsche* [1961], II, p. 273.
71. *Ibid.*, pp. 275-276.
72. *Ibid.*, pp. 285 ss.
73. Cf. «Superación de la metafísica», cit., fundamentalmente §§ IV-VII; *Nietzsche*, cit., II, caps. 5 y 7 y «La frase de Nietzsche 'Dios ha muerto'», en Heidegger, *Caminos del bosque*, cit., espec. pp. 157-159.
74. F. Nietzsche, *Crepúsculo de los ídolos*, Madrid, Alianza, 1975, en § 2 de «El problema de Sócrates», p. 48.
75. «La fuerza no es lo que actúa; es, como sabían Leibniz y Nietzsche, lo que percibe y experimenta» (G. Deleuze y F. Guattari, *¿Qué es la filosofía?* [1991], Barcelona, Anagrama, 1993, p. 131).
76. R. Ávila Crespo, *El desafío del nihilismo*, Madrid, Trotta, 2007, pp. 27 ss.
77. *Ibid.*, p. 255. Cf. cap. 7, § 3 («Nihilismo y metafísica: Nietzsche contra Heidegger»).
78. He intentado realizar una crítica a estos dos autores en L. Sáez Rueda, «Por una diferencia no indiferente. A propósito de las críticas de Rorty y Lyotard a la nueva Ilustración alemana»: *ER. Revista de Filosofía*, 20 (1996), pp. 79-109, y en «Lo indisponible y el discurso. El legado heideggeriano en la polémica 'modernidad-postmodernidad'»: *Revista de Filosofía*, X/18 (1997), pp. 133-158.
79. Deleuze y Guattari lo utilizan para enunciar el movimiento de un rizoma o retícula de fuerzas, el modo en que éste espacializa la intensidad, mediante «territorializaciones» y «desterritorializaciones» (*Mil mesetas* [1980], cit., introducción [«Rizoma»] y pp. 513 ss.).
80. Heidegger repudia la concepción del ser como *operari* limitando el significado de «surgimiento» que en él tiene lugar a la *génesis* (*Entstehung*) que da lugar a un producir en el plano meramente pragmático de la presencia (*Herstellen*). En esa concepción el movimiento y la producción, según él, se mantienen en el plano de lo ente, pierden la diferencia ontológica. Ésta perdura, por el contrario, en la concepción fenomenológica de la que hace gala Heidegger: El surgir es en ella un «venir a estar fuera» (*Ent-stehung*) y el producir un «poner ahí fuera» (*Her-stellen*). Cf. «Sobre la esencia y el concepto de la φύσις. Aristóteles, Física B, 1» [1939], cit., pp. 236-240.
81. Como ha mostrado Foucault en «Nietzsche. La genealogía, la historia» [1971], en *Microfísica del poder*, Madrid, La Piqueta, ^{3}1992, pp. 7-30.
82. La capacidad de iniciar es lo que propiamente pertenece, de acuerdo con H. Arendt, al hombre. «El comienzo, antes de convertirse en un acontecimiento histórico, es la suprema capacidad del hombre; políticamente, se identifica con la liber-

tad del hombre. *Initium ut esset homo creatus est* ('para que un comienzo se hiciera fue creado el hombre'), dice Agustín. Este comienzo es garantizado por cada nuevo nacimiento; este comienzo lo constituye, desde luego, cada hombre» (H. Arendt, *Los orígenes del totalitarismo* [1951], Madrid, Alianza, 2004, p. 640). La referencia a san Agustín (*La ciudad de Dios*), muy frecuente en la obra arendtiana, refiere al origen cristiano de esta idea. Para san Agustín el nacimiento, el inicio renovado de la vida, una y otra vez, es una categoría fundamental. Procede de la función central que cumplen en el Antiguo Testamento el nacimiento de Jesús y la doctrina de la Encarnación. Ahora bien, la *creatio ex nihilo* a la que Arendt se refiere es, más allá de este origen cristiano, un acontecimiento intratemporal perteneciente a la facticidad. Como señala Brunkhorst (*El legado filosófico de H. Arendt*, Madrid, Biblioteca Nueva, 2006, pp. 42 ss.), en su aclaración puede advertirse una herencia kantiana y otra heideggeriana. La natalidad es, dice Arendt, «libertad de una espontaneidad *relativamente* absoluta» (*Vom Leben des Geistes*, München, Piper, 1979, p. 107). Es absoluta porque, siguiendo a Kant (aunque renunciando al dualismo nouménico-fenoménico), es la libertad de «un inicio absolutamente primero [...] según la causalidad» (Kant, *KrV*, B 478). Se trata de una capacidad para introducir en el mundo nuevas cadenas o procesos que rompen la causalidad o el proceder de los acontecimientos. Es relativa porque no es disponible: no podemos disponer del lugar ni el tiempo de la fundación, pues ésta arraiga en una facticidad en la que estamos arrojados. Aquí radica parte de su herencia heideggeriana, una herencia que transforma, pensamos, trasponiendo la categoría de *Gründung* (fundación por mor del acontecimiento de ser, anterior a toda *Begründung*, fundamentación), a la escena de la existencia pública y política. Así, la libertad es el principio y la finalidad de las revoluciones. El propósito de la revolución es la libertad y ésta es fundante, de manera que cabe interpretar: abre un mundo de sentido en el ámbito público. La constitución (que limita el poder) se asienta sobre tal acto de fundación (cf. Arendt, *Sobre la revolución* [1963], Madrid, ²2004, cap. 4, «Fundación (I): Constitutio libertatis»).

83. M. Heidegger, «La constitución onto-teo-lógica de la metafísica», en *Identidad y diferencia*, cit., p. 115.

84. Cf. M. Heidegger, *Nietzsche* [1961], cit., II, p. 299.

85. F. Nietzsche, *Fragmentos póstumos*, otoño de 1880, 6 [196].

86. F. Nietzsche, *Así habló Zaratustra*, cit., «Del camino del creador», p. 107.

87. *Ibid.*, p. 63.

88. M. Heidegger, *Identidad y diferencia* [1957], cit., pp. 77-89.

89. *Y el pensamiento... ¿no es un aire enloquecido el pensamiento? [...] / ¿No es el viento... hijo del Viento?, / un viento iracundo y prisionero / que golpea las ventanas y las bóvedas, / que empuja las sienes por dentro, / que las abulta, las hipertrofia y las desquicia / fermentando los sesos?* (León Felipe, *Versos del merólico o del sacamuelas* [«¡¡¡Paaff!!!»]).

90. A. Machado, «Del camino», XXVII.

91. A. Machado, «Horizonte», *Soledades*, XVII.

92. G. Deleuze, *Nietzsche y la filosofía* [1962], cit., cap. II, § 11.

93. G. Deleuze y F. Guattari [1980], Introducción y § 12.

94. Cf. M. Foucault, «Nietzsche. La genealogía, la historia» [1971], cit., pp. 17-18.

95. No podemos intentar decirlo sin presuponerlo; jamás podemos pronunciar a la vez una proposición y su sentido. En él, pues, estamos *ya siempre* instalados, es el verdadero *loquendum*. Cf. *Diferencia y repetición* [1968], cit., p. 258.

96. De un modo riguroso, y en virtud de su carácter de frontera paradójica, el sentido *no existe*. «Como atributo de los estados de cosas, el sentido es extra-ser, no es el ser, sino un *aliquid* [...]. Como lo expresado de la proposición, el sentido no existe, sino que insiste o subsiste en la proposición» (*Lógica del sentido* [1969], Barcelona,

Paidós, 1994, p. 53). En la relación entre fuerzas o dimensiones intensivas la diferencia misma (síntesis disyunta) produce el sentido. El diferenciante «circula sin cesar a través de las series» y en ese dinamismo produce el *sentido* como un *efecto*: «El sentido resulta efectivamente *producido* por esta circulación, como sentido que remite al significante, pero también sentido que remite a lo significado». Se trata de un «'efecto óptico', 'efecto sonoro' o, mejor aún, efecto de superficie, efecto de posición, efecto de lenguaje». Ahora bien, «un efecto semejante no es en absoluto una apariencia o una ilusión; es un producto que se extiende o se alarga en la superficie, y que es estrictamente copresente, coextensivo a su propia causa» (cf. *Ibid.*, pp. 88-89). Sobre esta problemática, véase L. Sáez Rueda, «Ser, nada y diferencia. El *nihilismo nómada* de G. Deleuze, en confrontación con Nietzsche y Heidegger», en L. Sáez, J. de la Higuera y J. E. Zúñiga (eds.), *Pensar la nada*, cit.

97. Cf. G. Deleuze, *Diferencia y repetición*, cit., pp. 202-214; también *Lógica del sentido*, cit., pp. 67-71.

98. M. Foucault, «Nietzsche. La genealogía, la historia», cit., p. 16.

99. *Diferencia y repetición*, cit., p. 206; *Lógica del sentido*, cit., pp. 44, 58, 61, 68, 84-91.

100. H. Arendt, *Eichmann en Jerusalén. Un informe sobre la banalidad del mal* [1968], Barcelona, Lumen, 2003.

7

TESTIGO ERRÁTICO Y EXTERIORIDAD
PROBLEMATIZANTE

1. Génesis de la «reciprocidad real»: el porvenir del acontecimiento. 2. Apercepción subrepresentativa. Testigo interrogante y realidad-problema. 3. «Exterioridad errante».

1

La soledad del hombre no implica que esté aislado en su subjetividad, pues existe en compañía de sí mismo. Toda su praxis es intersubjetiva, tiene lugar en el «entre» de las relaciones con el *otro*. Esta certeza es de tan fácil adquisición que no resultaría necesaria una justificación filosófica si no fuese porque la forma en que ésta se hace presupone una interpretación de este fenómeno con consecuencias ontológicas y hasta socio-políticas. Desde la socrática refutación del *solus ipse* en la experiencia del diálogo consigo mismo se han sucedido multitud de justificaciones del hecho de que, incluso en la más solitaria de las actividades, el hombre se desdobla, viéndose acompañado por un testigo o un amigo, siquiera virtual. Una confirmación brillante de esta apertura a la alteridad, supuesta ya en la autorreferencialidad, fue llevada a cabo por Wittgenstein cuando redujo al absurdo la posibilidad de un lenguaje privado[1]. Ni siquiera un Robinson, condenado a la existencia insular, podría entenderse a sí mismo sin un lenguaje por principio *público*, es decir, uno que, esencialmente sería comprensible por cualquier otro aunque nunca llegase a sus oídos, pues, en caso contrario, le sería imposible cerciorarse de que sigue una conducta regular; no poseería criterios, allende su propia sensación interna, para distinguir cuándo se atiene a una regla práctica en su hacer de cuándo «cree» que la sigue. El argumento afecta a la discernibilidad entre realidad y ficción. Pone al descubierto que para que algo adquiera significación y ratificación posible en la praxis necesita ya de un contexto lingüístico, en el que, a través del aprendizaje, se le otorga la estabilidad que supone una regla de uso. Y una regla o regularidad no es cosa que alguien *solo y sólo una vez* pueda seguir.

Sin embargo, una perspectiva como ésta no permite identificar y poner bajo sospecha la situación de una existencia intersubjetiva o pública *ficcional*. Incluso presuponiendo la inserción del otro, bien *virtualmente* en la propia conducta, bien *de hecho*, en los procesos de aprendizaje colectivos, la ficcionalización compartida del mundo es siempre posible. Esta falta de rendimiento de la tesis se basa en que adopta, en su inicio, una perspectiva *exterior* al proceso por el que llega a forjarse una relación con el otro. Opera, por así decirlo, dando por supuesta la *generación* de esta ligadura en la dimensión vertical de su génesis. Respecto a ella, los argumentos de este tipo actúan como bordeando una fortaleza desde fuera, sin entrar en ella y dibujando las fachadas. No ven si en el interior habita el mundo humano en su franca lucha con las cosas o un espectro. Semejante *exterioridad* del análisis se extiende al punto de vista ilustrado, que siempre parte de la constatación de un *factum* y prosigue interrogando por sus condiciones de posibilidad. Por más que se le diese la razón a Kant respecto a la forma normativa que adopta la relación con el «tú» de acuerdo con un supuesto imperativo de la razón, habría que realizar en ello una profunda revisión, en función de un análisis que se aventurase en el nacimiento mismo del *factum* en la existencia. Y ello es aplicable a estudios inspirados en este estilo, como los de Piaget, cuando interpreta la capacidad para «ponerse en el lugar del otro» como condición del desarrollo psíquico del individuo, y los de Kohlberg y Habermas, que extienden esa tesis piagetiana al proceso moral evolutivo en la escala ontogenética —el primero— y filogenética —el segundo.

Al orientar la mirada en la dirección de la génesis interrogamos por aquello que en el encuentro con el mundo despierta la asistencia del otro y su in-sistencia silenciosa. Pero constituiría un desatino pensar que por este camino se encontrará una frontera rotunda entre «realidad» y «ficción». Se puede decir que, en virtud del arrojamiento del hombre en el mundo, todo lo considerado *real* está penetrado por la impronta de lo *imaginario*, sin la cual no habría mundo en sentido humano[2]. Pues en la radicación, para un ser finito, no hay contacto con suelo alguno que pudiese merecer el nombre de «absoluto», sino una elaboración de coordenadas en la que el impacto de lo que lo rodea y la investidura fabuladora de una fisonomía o figura se traban. Por lo que interrogamos es por la fuerza que arraiga a lo imaginado —y compartido con el otro— en la exterioridad, un arraigo sin el cual la ficción se apoya tan sólo en sí misma y transforma toda composición en *componenda*. Pues bien, aunque —como se verá— con esto no se aborda el único punto de anclaje con el *afuera*, se puede afirmar que el acontecimiento merece crédito sólo si se lo eleva al porvenir y se le ofrece a un «tú».

Para empezar a clarificar este principio habría que reparar primero en que la praxis humana en el mundo se ve acompañada en todo momento por un *testigo tácito*. Comprender es comprenderse; actuar es también proceder respecto a sí. Y es que, si no hay «mundo» sin que la condición excéntrica del hombre lo realce como tal, hay que afirmar que esa excentricidad se sostiene en cualquier evento en la forma de una contemplación actuante. Un acto y la contemplación silente del acto se copertenecen de inmediato. Un suceso experimentado y la autoafección en la experiencia se llevan a cabo sin mediación, constituyen un único movimiento. Ahora bien, este punto de partida, coherente con el espíritu cartesiano, es insuficiente. Habría que añadir que la excentricidad no se cumple en la posición de un consciente *observador imparcial* y *estático*. En virtud del extrañamiento pre-reflexivo que se pone en obra en la existencia, no hay lugar para un mundo objetivo «observado» y un sujeto «espectador» pétreo. Aquello que despierta la extrañeza es más que una objetividad: es una incógnita; y su *testigo tácito* es más que un observador: es un ser que interroga. Contemplar es, en su raíz, preguntar. Es por eso por lo que cualquier fenómeno se convierte en la vida del hombre en fuente de un tozudo asombro que lo coloca *a la expectativa*. La infancia del encuentro con el mundo es un gesto interrogante y, como tal, no desaparece al instante, sino que perdura como una inquietud. Cualquier ínfimo suceso guarda su secreto; o mejor, es un misterio anónimo. Por ello, no nos abandona, sino que se incrusta en la vivencia, exigiendo una memoria, como si su falta de ser se refugiase en ella para adquirir la única solidez de la que es capaz. El ser errático es un portador de incógnitas. Por su radicación vive incurso en ellas. Por su erraticidad les da curso, casi siempre en el sueño de la inconsciencia, a veces en la vigilia del pensar, este vigilante en ciernes.

El acontecimiento, pues, pide un porvenir. De ese caudal surge el hablar del hombre consigo mismo, que, más que un diálogo, es el flujo de una pesquisa. Pero también, como veremos inmediatamente, la urgencia del otro, como testigo extranjero de la extrañeza. Nos podemos imaginar a uno de los primeros hombres en la caza, acechando a la presa y, al mismo tiempo, acechándose a sí mismo. Si hay ahí acontecimiento exitoso, no por eso se hunde éste en lo ordinario y se agota en un monolítico acto contemplado. Ha sido un encuentro con la problematicidad del *afuera* y, aunque el cazador haya desarrollado hábilmente la técnica, vive oscuramente que tanto lo ocurrido como su pericia son algo extraordinario y, en el fondo, asombroso como todo cuanto sucede. El acontecimiento es a la vez lo que ha acaecido y el porvenir que el acaecer pide. Si el mundo fuese un conjunto de cosas o de hechos y el hombre un almacén en el que éstos son ordenados y clasificados, no habría por-venir o advenir en su sentido profundo, sino sólo continuidad acumulativa en un tiempo muerto, como un presente continuo y expansivo que no viene interpelado por su apertura radical al futuro posible. Por su propio carácter, el acontecimiento rechaza y expele la cosificación que lo convertiría en un contenido meramente retenido y dispuesto en el *cajón de la memoria* —por emular el lenguaje analítico—. Es, más bien, esa verticalidad del estar ahí, *siendo, teniendo lugar, emergiendo a la vista*, en *estado naciente*. Como tal, vive en el tiempo intensivo de un instante cuya densidad se forja *en acto*. Para el hombre que lo capta, que lo aprehende o contempla, es un rayo que centellea. Por eso, la captación que de él está aconteciendo, desde la posición extrañante, coincide con la experiencia del mundo en su nudo destello. Como el rayo, el acontecimiento surge de la tormenta de la vida y vuelve a la oscuridad de la nube inmediatamente, que es el tráfago del otro tiempo, el de la geometría plana del reloj. El acontecimiento, herido de oscuridad, pide un porvenir. El hombre, que es un ser despierto por su extrañamiento, se siente impelido a sostenerse en el juego entre vigilia y noche y concederle al acontecimiento la persistencia en el tiempo que adviene. Ahí se presenta la realidad y la existencia como algo que exige, de suyo, ser reiniciado y recuperado constantemente, de una manera análoga a como vive su historia el protagonista que Proust sitúa en el *El tiempo recobrado*: por medio del recuerdo, las experiencias que han *pasado* huérfanas de nosotros, como el sabor pasajero de una magdalena, se recobran a la luz de la atención. Abandonan su peligro de disolución en el curso cotidiano de las cosas, su *in-significancia* —es decir, su significación ensimismada y finalmente cerrada sobre sí— tan pronto se ven envueltas en la mágica mirada del que las reaviva en la memoria, prodigándoles atención. Recobran entonces un sentido tan imborrable que muestran su ser propio, casi *extratemporal*. Esta realidad, que es la «vida al fin descubierta y dilucidada» es la que —decía el escritor— comunica el arte, sin el cual «sería el secreto eterno de cada uno»[3]. Cuando el ser humano, en su extrañante excéntricidad, vive el acontecimiento, está ya apelando a una *memoria futura*. Es el arte de la existencia errática misma, que *hace mundo* desde y por el mundo presente.

Pero un porvenir desborda toda individualidad, exige comparecer más allá del aquí y del ahora en el que *un* hombre está siempre situado. En la experiencia de mundo, el individuo se ve excedido y autotrascendido en el lazo con el otro. El acontecimiento, en un sentido estricto, no es *de uno*. Su perduración reclama un horizonte más amplio que el de la pequeña intimidad. Por eso, ante él el hombre gesta virtualmente el relato de lo que acontece, en el que éste, e incluso él mismo, encontrarán testigos allende el yo. El deseo y la vida del testigo se convierten así en creación de comunidad. En el alborear del hombre, el relato a los otros, al calor de la hoguera, permite a lo que ocurre situarse en ese «entre» que es todos y ninguno en particular, en el intersticio que los reúne y que les sobrevivirá. Ese gesto de exceso y rebasamiento de la individualidad a través del encuentro abierto y franco pugna en la historia del hombre por abrirse paso una y otra vez, a pesar de todas las trampas y obstáculos que la comunidad se ponga a sí misma. Por su medio, la aventura humana emprende esa travesía capaz de procurarle al incesante acontecimiento siempre una tierra *allende* cualquier frontera y encapsulamiento. De ese modo el sujeto experimenta la paradoja de que sólo podrá decir de lo que le ocurre que es «suyo» a condición de que no le pertenezca. Y también, que puede decir «yo» a condición de no pertenecerse.

Lo que para una mirada *externa* aparece como la capacidad humana para colocarse en el lugar del otro, en una virtual reciprocidad de los puntos de vista, es, examinado desde su génesis, el producto final de una exigencia inherente a la existencia, a un tiempo céntrica y excéntrica, del ser errático: la de que el acontecimiento, en su extrañeza, persista victorioso en la agonía del instante y penetre en el tiempo del ad-venir. Es así como el hombre, rehén de su propia excentricidad, concede a lo que lo toca y a lo que él toca, al convertirlo en promesa, el privilegio de escapar a la muerte —no hay otra peor que la de la insignificancia—. Desde este punto de vista cabe interpretar esa definición nietzscheana del hombre como «animal que puede prometer»[4], al que le es lícito hacer promesas, como si se refiriese a la capacidad que posee para mantenerse en la palabra dada, pero también apuntando a ese poder suyo para ofrecerle el acontecimiento al otro, en su amanecida y su mañana. La relación con el otro no puede basarse exclusivamente en la necesidad de responder de él, de su presencia viva en cuanto «rostro», como piensa Lévinas. Es preciso, además, tener algo que ofrecerle desde sí. Claro que esto se entiende si se parte de una experiencia del ser como potencia y existencia creciente, y no sobre la base de una experiencia, como la levinasiana, lúgubre y espantosa, del mundo[5].

En la actualidad vivimos una profunda paradoja de lo comunitario. Por un lado, la sociedad de la comunicación universalizada, con todos sus recursos, abre la posibilidad de una genuina mundialización en la que, una vez minada la estructura férrea del cosmos ordenado y propulsado el movimiento de un descentramiento y flexibilización de la comunidad, la riqueza de la aventura humana se expanda en el intersticio de los flujos y cobre una vitalidad siempre creciente. Por otro lado, sin embargo, esto ocurre en la misma medida en que el hombre-sin-mundo de la sociedad estacionaria corre el riesgo de recorrer todos esos nuevos cursos entrelazados permaneciendo en la penuria de la organización mundial del vacío. En la expansión del vacío el hombre no porta acontecimientos que compartir, por más que los cauces estén ahí, a la mano y al alcance de todos. La expedición errática se comprime entonces en la forma de un etéreo vagabundeo que no hace surgir ninguna llamarada de realidad. El hombre-testigo del acontecimiento se reduce a un convidado de piedra en un marasmo de comunicación en la que ya no hay nada que comunicar. O mejor, en la que lo que se comunica es la nada misma como oquedad de la existencia. Es posible que, a causa de ello, porque escasea el acontecimiento, la comunicación busque sucedáneos en los que sobrevivir. Se transmiten entonces «hechos» e «informaciones» de un lado a otro, en una vorágine de retículas. Y es posible que este proceso intensifique a la larga el resentimiento generalizado. Pues cuando el hombre no siente el apremio de ofrecerle al otro el acontecimiento, se experimenta cercenado y ocultamente frustrado. Semejante frustración lo convierte en presa de una necesidad compulsiva de autoafirmación, de manera que la comunicación se transforma en un medio para fingirse cada uno a sí mismo y «demostrarle» al otro quién es y cuán valioso es —en lenguaje sumamente coloquial: en dejarle claro al de enfrente *lo que vale un peine*—. Ahí ya no toma acto de presencia una genuina referencia a los demás, sino tan sólo por la vía de una instrumentalización del otro, al que se le quiere hacer escuchar todo lo que el «yo» necesita demostrar (precisamente porque no lo tiene).

En la historia de la psicopatología ha tomado consistencia la idea de que cuando esta referencia virtual al otro se estrecha, el enfermo pierde el dominio de su universo simbólico y deriva hacia una clausura respecto al exterior, por medio de una especie de monólogo repetitivo, pues rompe la correlación entre los acontecimientos de la praxis y el mundo ritual común en el que éstos se escenifican. El afectado no consigue *creer* en la realidad que lo rodea. Lo extraño se convierte entonces en amenazador y el universo de la persecución surge de todas partes[6]. La hipótesis tiene plausibilidad si la extendemos al espacio social en su conjunto. A la ficcionalización del mundo y al resentimiento generalizado cabe asociarle una suerte de paranoia compartida que ocupa el «entre» de las relaciones. Cuando el nexo con el *afuera* está en su menguante, escasea la posibilidad de ofrecerle al otro el acontecimiento en su porvenir. La sociedad estacionaria, cerrada sobre sí misma, hace cada vez más difícil una reciprocidad que se alimente de la promesa solicitada por los acontecimientos. Esta situación, en la que se apaga la *pesquisa en común*, se vuelve porosa al delirio: no hay equivalencia experiencial para incorporar el gesto del otro en la empresa común que empuja a hacer una nueva tierra. Ese gesto se vuelve entonces «misterioso», «sospechoso», signo de una voluntad indomeñable y potencialmente peligrosa, que nos acecha, como si cada uno fuese presa virtual del conjunto. El magnífico análisis sociológico de U. Beck se puede tomar como una constatación de este fenómeno. La nuestra es, como señala, una *sociedad del riesgo*, no sólo porque el crecimiento tecnológico e industrial provoque constantemente el «enigma de las consecuencias secundarias», sino porque la ausencia de un espíritu común resuelto en el salto a una «nueva sociedad» despierta a cada paso «incógnitas de futuro» que obligan a percibir en el entorno lo inquietantemente «amenazador». Y ello provoca, tanto que «las personas pierdan credibilidad», como una ficticia autoprotección en el «como si» de un porvenir que, en realidad, ha sido cegado:

> [...] se da *sistemáticamente* una escisión entre lo externo y lo interno. [...] Desempeñamos la función que nos corresponde en el reparto de papeles del teatro de la sociedad industrial. Los científicos hacen *como si* descubrieran la verdad y se ven obligados a comportarse así porque de ello depende su situación. Los políticos se ven obligados —especialmente en las campañas para las elecciones— a fingir un poder decisorio del que por lo menos saben que es una *leyenda*. [...] Estas ficciones corresponden a realidades de los aspectos funcionales. [...] Pero son irreales en la maraña de ignorancias[7].

Es fácil de comprender que un ser que se experimenta perseguido por invisibles voluntades imagine enemigos aquí y allá, y derive paulatinamente hacia una violencia contenida que puede estallar en cualquier momento. Que la sociedad occidental ponga tanto acento en el valor «seguridad» no es casualidad. Cualquier injerencia del otro es experimentada de antemano como premonición de un peligro. Los peligros reales son hoy exacerbados por la ficcional y generalizada experiencia de amenaza en una sociedad sin porvenir compartido y en la que los individuos carecen de acontecimientos que ofrecerse entre sí.

2

Las anteriores consideraciones abren dos problemáticas, la que concierne a la intersubjetividad y la que atañe al ser de este *testigo* que acompaña al acontecimiento. Nos internamos ahora en este último asunto y posponemos el primero para más adelante. La cuestión afecta directamente a la noción cartesiana de *cogito* y a la unidad entre representación y *cogito* que Kant cifró en la *apercepción trascendental*. Partamos, para comenzar, de la idea más básica y general contenida en la noción de *apercepción*: la de que el conocimiento de algo no se agota en la pura percepción, sino que comporta un momento de conciencia o captación, o, de otro modo, que hay una unidad irreductible entre donación (en el sentido de una afección sensible que se origina en el exterior) y espontaneidad del sujeto (como actividad pensante), una unidad entre sentir y pensar, recibir lo *dado* y reconocerlo al mismo tiempo que se le da una forma. Pues bien, lo que sostenemos es que la apercepción tiene lugar en el estrato subrepresentativo de la existencia y que trasciende el modo sujeto-objeto que domina la perspectiva kantiana. En la idea de *ser errático* se hallan ya inscritas las prerrogativas para una afirmación como ésta, pues la circunstancia de que la aprehensión de algo en cuanto tal implique tanto la centricidad de la pertenencia a un horizonte mundanal habitable como la excentricidad supuesta en toda experiencia «es», nos pone ya sobre la pista de un vínculo entre la emergencia de lo dado en la existencia y su captación. Un acontecimiento se *ofrece* en la radicación del ser humano y, simultáneamente, *resplandece* en la distancia excéntrica del extrañamiento. Esta unidad tiene lugar en la inmediatez misma del existir y, por ello, constituye la síntesis subrepresentativa de la experiencia. Con anterioridad a que aquello que se presenta adquiera el carácter de representación, de *objeto-para* una conciencia, tiene lugar el acaecer de un espacio abierto en la esfera del mundo de la vida. Es preciso descender a este suelo nutricio, pre-reflexivo, de la situación humana.

Si examinamos, en primer lugar, la dimensión céntrica del vínculo nos vemos remitidos a un «polo telúrico» en virtud del cual el acontecimiento hace acto de presencia en cuanto «problema». Hemos dicho que lo existente, en su exterioridad, afecta como incógnita o problematicidad. Una micrología de este fenómeno se nos ofrece si dirigimos la atención a ese «entre» o «intersticio» de la *síntesis disyunta* en la que se encuentran cursos *prácticos*, *unidades discordantes fuerza-sentido*, según la corrección que anteriormente hemos realizado en el concepto deleuzeano. Tal síntesis, ya al nivel de lo «dado», adopta la forma de un *problema*[8]. Cualquier suceso, como se dijo, cursa en el modo del sentido y en el de la fuerza. Apela, por un lado, a la comprensión; se presenta, por otro, en cuanto potencia operante. Y los *cursos* no existen por sí mismos, sino en virtud del encuentro que los liga y separa. En la escena del mundo, la deriva de lo que acontece se forja por el *con-curso* de *cursos prácticos*. Pues bien, el encuentro es un acontecimiento afectante de carácter problemático. No porque se constituya en la oposición de contrarios o por una especie de contrariedad de opuestos. La oposición es un término excesivamente débil para consignar la fortaleza de un encuentro y, además, es el retrato de la vida tergiversado por la mirada humana. El mundo subrepresentativo de la *intensio* no conoce oposiciones, sino ligaduras recíprocamente afectantes entre cursos diferentes. Una oposición presupone, en su tejido más profundo, la diferencia y la afección entre los contendientes. Ahora bien, no por ello es el encuentro un acorde pacífico. En él se forja una tempestad más antigua y primitiva que la de la oposición: el agonismo *cara a cara* de cursos prácticos que poseen la suficiente fortaleza como para abrirse el uno al otro, desplegando esa clave de la potencia que es el *poder de ser afectado*. El «entre» de intensidades en curso adquiere la nobleza de un litigio en la abundancia de ser y pone en movimiento el recíproco influjo y la mutua incorporación. La distancia, el intersticio, es el espacio de un *pro-ceder* y un *pro-ducir*. Los dinamismos no se reúnen en virtud de un problema previo y preexistente al que han de dar solución. El encuentro mismo hace surgir, *in actu*, un problema. Donde los *cursos prácticos* se encuentran nace una incógnita o una pregunta viva, que ni existía con anterioridad ni puede ser concebida independientemente de la ligazón disyunta entre ellos. El problema, dicho en otros términos, es el encuentro mismo y su curso.

— *No te entiendo. Un problema es algo que se tiene y si hay un curso de acción es porque éste quiere resolverlo.*

— *Pero ¿qué es eso de «tener un problema»? Tienes atuendo y tienes el pelo castaño. Pero un problema no lo tienes de esa manera. Él te ha salido al paso. Incluso: él te tiene a ti, has entrado en su dinámica. ¿Cómo ha ocurrido eso?*

— *Pues eso, me he topado con él.*

— *Eso ya presupone que existía un problema. ¿Estaba ahí desde siempre? Ha surgido. ¿Cómo se ha forjado?*

— *Vale, los problemas no están objetivamente ahí, surgen. Hay una cadena causal de sucesos y queda retenida por un obstáculo. Ya está.*

— No. Te sitúas fuera de los sucesos en esa reflexión. En lo que llamas cadena pon agentes o pacientes de los sucesos, ponte a ti mismo.
— Bueno. Estoy haciendo alguna cosa, viviendo de alguna manera.
— Por ejemplo, estás iniciando una amistad y surgen problemas. ¿De dónde? Tiene que ser en el curso mismo de la relación, ¿no?
— Puede que vengan de fuera.
— Pues entonces no es un problema de la amistad, sino de otra cosa. Si vienen de fuera, ellos tendrán su propia génesis, ¿no te parece?
— Déjate de historias y concluye, que me estás haciendo creer que soy Simias: ¡Oh, sí Sócrates, lo que tú digas Sócrates, qué bien que maquinas Sócrates...!
— Pues si experimentas eso es porque el «problema» que está surgiendo en este efectivo encuentro entre tú y yo se desvanece. No te defiendas de ese modo. Litigio, no oposición.
— Vale, vale. Tírale ya.
— Cuando inicias la amistad dos formas de conducirse se encuentran, la del otro y la tuya. Son diferentes. Eso mismo hace ya que el propio inicio sea «problema». No hay un ajuste preestablecido, ni vais a razonar el modo en que se va a llevar a cabo la amistad. Eso es absurdo. Si puede haber amistad, surgirá. Pero surgirá en virtud de lo que pueda dar de sí la recíproca afección entre vosotros. Ese «poder dar de sí» no es más que el curso del problema que se inició en el mismo comienzo del encuentro. El otro te habla. Ya te urge a que respondas a esa intervención. Tú lo invitas a ir a la biblioteca. Ya lo pones en una tesitura. El problema no es el obstáculo, sino todo lo contrario, es la apertura de un ponerse el uno al otro en la necesidad de actuar. En ese sentido, es lo que da vida al encuentro y lo que, en realidad, lo va generando con el tiempo.

Cualquier encuentro entre *cursos prácticos* abre una escena que incita a responder y a influir. La incitación agonística produce a cada paso un nuevo reto que pide solución. Pero ésta no preexiste, sino que se genera *in media res*, convirtiéndose de inmediato en una nueva forma de afrontamiento. El «entre» es la invisible proa de un estar embarcado en algo. En la medida en que el problema se constituye en el acontecer de ese movimiento y es su motor, una supuesta solución definitiva sería equivalente a la muerte del acontecimiento. Estar *en ser* no es un curso que tenga final. Todo lo que puede ser llamado «real» en el mundo de los hombres es el decurso ilimitado de un problema. No es el hombre el que primariamente se hace problema de la realidad. Ésta es ya problemática[9], es una red de problemas en movimiento.

Es necesario considerar esta cuestión ahora desde el otro polo, desde el polo excéntrico de la aprehensión o captación. Si el ser humano habita el mundo de esta manera, inserto en tales dinamismos, no puede ser de una manera ciega. Si *es* en ellos es porque, por otro lado, son iluminados en el devenir de una captación. Extendamos el encuentro entre realidad y hombre más allá del que se nos ofrece al hablar de realidad social humana. Incorporemos el mundo de los procesos naturales. En la realidad entera, social o natural, lo que ocurre es aprehendido o captado. Ahora bien, ¿qué es, en el fondo, una «captación»? Es ésta una cuestión de suma importancia, pues la imagen moderna del mundo nos seduce ya a una comprensión desviada, en virtud de la cual, el acto de captar se relaciona con el de representarse reflexivamente un objeto. Partir del supuesto de una realidad «categoremática» exigiría vincular el proceso de captación al acto puro y ubicuo de observación. Y ha sido así cómo la modernidad ha entendido la relación, de modo que ésta se estrechó al vínculo entre «objeto» y «sujeto pensante». En esa relación es experimentado el «objeto» como una realidad «sólida», «compacta», «cerrada», y el «sujeto» como un contemplador fundado en sí mismo, «firme» y «autoconsistente». Esto vale incluso para una miríada de variantes que rompen el modelo «estático» aquí sugerido a través de una interpretación «dinámica» del objeto y del sujeto. La clave de una concepción categoremática de lo real no se agota en la idea de que tal realidad es «estática». Más allá, se cifra en la presunción de que lo real, sea de un modo o de otro, es «algo», firmemente establecido en su propio principio. Que este principio suyo se entienda de manera dinámica no rebasa el paradigma categoremático si se limita a señalar que lo propio de lo real es *este* o *aquel* dinamismo. Desde una perspectiva distinta, desde la comprensión «problemática» de lo real, el acento recae en la circunstancia de que el mundo, él mismo, «se hace» continuamente y que dicho «hacerse del mundo» es el curso de su propio ser problematizante. Una realidad problemática no es, directamente, el conjunto de dinamismos concretos y específicos que acoge y pone en juego, sino el «entre» o intersticio que los está poniendo en relación desde su propia génesis. Entre lo problemático y los dinamismos no hay una relación jerárquica, ni en una dirección ni en otra. Pues ocurre, de modo simultáneo y paradójico, que los segundos forjan al primero en su encuentro y que el primero genera y transforma a los segundos. En este sentido, se puede hablar de un dinamismo problemático o de una problematicidad dinámica, de un modo general, siempre que no se entienda por ello ya un devenir determinado, un despliegue o un desarrollo. El problema no es algo así como la «materia» de una «forma dinámica». Él es ya potencia dinámica. Pues bien, la realidad en cuanto dinamismo problemático no tiene un sujeto dado de una vez por todas. Los sujetos se constituyen recíprocamente en el encuentro intensivo de su praxis. No hay sujeto-sustancia. ¿Qué tipo de *aprehensión* acompaña, entonces, en este caso? En virtud del extrañamiento que atraviesa la excentricidad del ser errático, este devenir no es de pura contemplación, sino que arraiga en una *captura* subrepresentativa que, como iremos viendo, es una captura *de* y *desde* lo problemático mundanal. El sujeto del extrañamiento, si se puede hablar así, no es un observador de «cosas» u «objetos». Es intrínsecamente interrogativo, aprehensor de acontecimientos en su *ser-cuestionante*. Extrañarse es posicionarse interrogativamente en el mundo. Pero este fenómeno del extrañamiento, como vimos, es el suelo más básico que hace posible la experiencia «es» y «soy». No consiste, por tanto, en la expresión ocasional y periférica de un substrato o esencia. Él es la subjetividad en cuanto tal, a condición de que no la tomemos en cuanto independiente y autoconstituyente. *Ser errático* es el nombre de una *unidad discorde* entre inmersión y distancia. El que «capta» excéntricamente es también el que existe céntricamente, «capturado» por el mundo. *Su mismidad* no es una identidad de sí respecto a sí, una compacta esfera, sino el vínculo y la distancia entre radicación y erraticidad. *Ser-en-el-mundo* es, pues, *ser-en-dinamismos problemáticos* y *ser-interrogando*, a un tiempo.

Por otra parte, no se insistirá nunca lo suficiente en que la interrogación —como aclaran las ricas notas merleau-pontynianas en *Lo visible y lo invisible*— no es una pregunta explícita y objetivable: es un modo de ser que conforma la entera vida del hombre, hasta el punto de que se podría decir que éste es, en cuanto ser que se extraña, una interrogación fluyente y viva, inacabable, siempre surgiendo y metamorfoseándose en mil figuras, renaciendo en rostros diversos y tácitos, un extrañante preguntar en *estado naciente*. No hace falta disponer de una pregunta concreta para ser interrogación. Se hacen preguntas explícitas cuando la existencia interrogante, que se mantiene en la potencia de un arco tendido, lanza su flecha.

Para que Descartes pudiese preguntarse como lo hizo —¿qué hay de real? ¿Por qué no podría ser todo esto un sueño?—, para que pusiese en duda el mundo en su totalidad, para que se viese conducido a extraer de sí la mínima certeza posible, fue necesario que, desde el fondo y oscuramente, estuviese viva en él la más primitiva experiencia de la extrañeza ante el mundo en cuanto tal. Sin este presupuesto se hace inconcebible una duda metódica[10]. El excéntrico extrañamiento, esta intensidad interrogante, le permitió —y le urgió a— interrogar. «Soy un ser pensante» y, además, «mientras pienso», es la excrecencia autonomizada de una autoafección en la excentricidad existencial. El *cogito* moderno se toma a sí mismo como principio y fundamento, pero es una letanía, una postrera derivación desde un fondo que él ha querido sepultar en el olvido. Antes de todo *cogito* opera en profundidad la *captura* del enigma del mundo por parte de un *testigo* de carne y hueso, admirado y perplejo. Bajo el *cogitare* reflexivo de la conciencia *discurre* un pensamiento en estado naciente, sorpresa siempre insatisfecha y en curso. Si es testigo, no lo es de ninguna realidad inmóvil, de objetividad presente alguna, sino de la problematicidad dinámica y real del mundo. Su ser es el de un flujo ininterrumpido: testimonio admirativo e inquisitivo del mundo en su incógnita y devenir problematizante.

Llegados aquí se hace imperiosa la necesidad de vincular a una nueva luz mundo y hombre. Ambos «polos», que hemos sondeado con cierta independencia recíproca, son caras de una misma moneda, se presuponen, generan y afectan recíprocamente. La profundidad y radicalidad de la visión kantiana del hombre reside en haber considerado la *apercepción trascendental* como una condición de toda experiencia posible, de todo conocimiento, y en haber entendido esa apercepción en la forma de una unidad sintética irrescindible entre intuición y concepto, sensibilidad y entendimiento y, en su modo más abarcante y original, entre la representación y el «yo pienso» que acompaña a todas las representaciones. Ahora bien, la apercepción, en el sentido kantiano, no rebasa el modelo sujeto-objeto de la modernidad. Este modelo la pone al servicio de la conformación de una experiencia en la forma de objeto. Es obvio que su carácter, tal y como lo concibió Kant, es el de un vínculo tácito que opera sin necesidad de la reflexión explícita, pues el «yo pienso» y lo dado-pensado constituyen un acto único que subtiende todas las operaciones de la inteligencia, in-sistiendo en el proceso entero de la razón. Pero ello no la convierte en una unidad cuya vicisitud sea radicalmente subrepresentativa: ese lazo presupone, en cualquier caso, que el mundo de la experiencia —el que brilla a la luz del enlace y es mantenido por él— es el mundo de los fenómenos representables. Lo que quiere decir el filósofo de Königsberg es que la materia del conocimiento sería completamente muda y ciega, que no llegaría a adquirir el grado de «experiencia», si no fuese por obra de este acto apropiador mediante el cual el yo entra en escena captando y reparando-en. Ahora bien, con anterioridad a ese movimiento, el hombre está ya ex-propiado en el asombro y el extrañamiento. Sin este resorte primero, el yo que contempla quedaría reducido a un espectro descarnado, a un «ojo» cuya presencia se toma como algo dado y de cuyo surgimiento y génesis no se dice nada. Para que el sujeto pueda ser comprendido como el que llega a «aprehender» es necesario presuponerle la *fuerza* que le impele a situarse en esa tesitura, el impulso que lo ha transfigurado en contemplador y sigue viviendo en él cuando observa, por debajo del contemplar y a pesar de él. No basta con constatar la «capacidad de aprehensión» en el sujeto y tomarla como un *factum*. Hay que buscar la acometida en virtud de la cual dicha capacidad es instigada a ponerse en obra. Esta instigación y aguijoneamiento es la situación desnuda del hombre en su mundo en cuanto ser simultáneamente céntrico y excéntrico. El aguijón es esa condición suya de extranjería en un mundo que sin embargo habita, el no estar fundido con las cosas, con el medio, con el entorno, siendo en ellos y en su seno. El caudal intensivo que se busca es esa ruptura y distancia que lo acompañan en todo lo que toca y pisa, que lo destierran en su propia tierra y que lo convierten en un ser errático. El contemplador es sólo un producto destilado de ese ser salvaje que emerge en cuanto extrañamiento y que por eso inquiere. El que *mira* es antes el que *ad-mira*. Y si se quisiera persistir en la metáfora óptica para caracterizar al hombre, habría que caricaturizarla hasta deshacerla: ojo atónito, que no da crédito a lo que ve, mirada perpleja y desquiciada, atención fisgona, «inspección» absorta y estupefacta. Al apuntar a una *apercepción sub-representativa* nos referimos a una unidad en la que los polos vinculantes y vinculados poseen el carácter de *acontecimientos* intensivos y problematizantes. El impacto de lo real no es el manso flujo de impresiones sensibles o de datos de experiencia. Lo que sucede en el mundo afecta primeramente como acontecimiento insólito, sorprendente, admirable, y sólo supuesto este lazo pueden aparecer las impresiones o los datos como «significativos» para el hombre. Correlativamente, el «yo pienso» no puede reducirse al acto de «percatarse de» que tendría lugar en la aparición misma de representaciones. Dicho «percatarse» se remonta, en su acontecer, a un experimentarse expectante, un pensar que, como veremos más adelante —cap. 9— es un *discurrir* interrogante que se funda en el ingenio. Arraigar a Kant en este subsuelo no puede ser entendido como una mera *naturalización*, a menos que profundicemos —tal y como hemos defendido en otro lugar[11]— la noción de «naturaleza» de un modo tal que por ella entendamos no sólo el ámbito de los procesos nomológicos en la *extensio*, sino que incorporemos en dicha noción el ámbito vertical e intensivo del acontecimiento[12].

Pero, en segundo lugar, es necesario transformar y dislocar el sentido de la apercepción trascendental kantiana insistiendo en la diferencia, ya comentada, entre una imagen categoremática de lo real y otra, por la que aquí pugnamos, problematizante. La mera contemplación no puede cambiar a su objeto —se puede decir que lo conforma—, pero la interrogación sí irrumpe en el mundo transformando los problemas que lo constituyen. Un objeto no vulnera la solidez del sujeto, pero la realidad en curso problematizante instiga polémicamente a su testigo, *in-curre* en su curso y lo zarandea. En cuanto potencia operante, le inserta el aguijón de un impacto; en cuanto intensidad significante lo inclina a una escucha en permanente metamorfosis. A esta interacción recíprocamente transformadora hay que añadir que estas dos caras de la apercepción mantienen entre sí una unidad discordante. El «pensar» que aprehende lo real problemático es un discurrir por el cual lo que ocurre asalta como cuestionante y, por ello, irreductiblemente inapropiable. Que *lo que ocurre* pueda ser apropiado como *fenómeno* regido por reglas o pautas no resta un ápice a la circunstancia de que, en cuanto *acontecimiento*, brilla a la luz de la extrañeza y guarda, así, su alteridad insobornable. Por lo mismo, cada suceso es aprehendido en su singularidad. Que se haga subsumible, desde la mirada categoremática, en una regla, es una operación en la que dicha singularidad ha sido ya excluida y arrumbada. De manera paradójica, la «captación» se funda en la imposibilidad de la «captura». La capacitación del hombre para aprehender el mundo surge de la incapacidad para tenerlo en su mano. En el nivel más básico y elemental del encuentro con el mundo, el *percepto* —en el que lo sensible sería ya aprehendido por un contemplador tácito— está atravesado —si se nos permite la expresión— por el *excepto*, es decir, por ese vínculo en el que lo aprehendido no cede en su *ex*cepcionalidad ni el aprehensor en su *ex*centricidad. La verdadera síntesis de la apercepción es esta unidad discordante entre problema y pregunta, enigma y extrañamiento, maravilla y admiración. En el paso desde esta turbulenta imposibilidad para asimilar y limitar el acontecimiento al remanso del «ajuste» entre saber y mundo tiene lugar una pérdida y un falseamiento. Quizás sea ello necesario desde el punto de vista de nuestro lenguaje o de nuestro aparato cognitivo, pero se trata ahí de ese tipo de necesidad útil cuyo origen no puede ser olvidado. En el conocimiento explícito y temático esta disarmonía es pasada por alto debido a las exigencias de concordia y ajuste que impone la síntesis materia-forma. Desde la profundidad subrepresentativa, cada una de estas *estancias* concordes de conocimiento se revela como un producto, temporalmente limitado, del proceso persistente e infinito del pensar. Separado y abstraído de esta corriente de fondo, adopta la apariencia de un saber acotado, validado, fundado y firme, pero, en el movimiento global no es más que una supuración provisionalmente útil. Si pierde de vista este subsuelo discorde y se pertrecha en su apariencia, lo meramente útil, a lo cual siempre se lo puede mirar con ironía, se autonomiza, imponiendo su ficción como verdad. El saber se convierte así en un *utillaje*, a cuyo paso el acontecimiento queda allanado en beneficio de un expolio de la riqueza del mundo.

Cuando la apercepción subrepresentativa se estrecha, en la vida decreciente, el mundo no *cursa* y el *espíritu* no *discurre*. Ambos se estabilizan en una pétrea quietud. La sociedad estacionaria sostiene su ajetreo sobre el fondo vacío en que ha sido excomulgado lo interrogante y lo problematizante. Es la estancia acomodada del hombre con-forme. En ella, los encuentros tienden a convertirse en oposiciones de contrarios, los agonismos en guerras entre indiferentes, los enigmas en misterios de casas encantadas, el impacto de la fuerza en incriminación, la escucha de lo que interpela en interdicción, el testimonio en registro.

3

Al hablar de «realidad problematizante» como suelo telúrico de la apercepción subrepresentativa no se hace intervenir la idea de lo real independiente de la experiencia humana, es decir de un «en sí» más allá del mundo en que se labra la existencia. Pero, al mismo tiempo, al hablar de este modo el principio según el cual todo lo que *es* constituye una interpretación se ve confrontado con un límite. Más allá del realismo ingenuo y del idealismo, se diría que esta noción nos conduce a una frontera entre lo que «aparece» al ser humano y lo que «hay». De los cursos prácticos, en su encuentro, no se puede decir que tengan lugar al margen de la *captura* vivencial. Ahora bien, en ellos emerge la intensidad de una afección exógena: el *impacto* de la fuerza operante y la *gesta* de la fuerza significante.

¿Qué decimos al utilizar el término «realidad» si todo acontece en esta *frontera*? Zubiri, filósofo español no suficientemente incorporado en la filosofía europea, se interrogó con intensidad acerca de este problema[13] y arrojó luz *creando conceptos* —como diría Deleuze— de una finura extraordinaria. Entre ellos, el de «aprehensión de realidad» —nudo básico de la *inteligencia sentiente*— resulta especialmente interesante en este contexto. Con él piensa Zubiri —parece incuestionable— también la apercepción subrepresentativa, esta unidad entre lo que es dado a la aprehensión y el acto aprehensor mismo. Lo «dado», en ese nexo, excede lo que aparece simplemente en la interpretación y adopta la forma de un índice de realidad. No se trata de una «realidad en sí», sino de un *confín*, una *impresión de realidad* en el acto de inteligir que incluye un momento de alteridad, en la medida en que lo sentido queda retenido como *en propio* o *de suyo*: «es algo que queda ante el sentiente como algo otro»[14]. La experiencia del mundo, según esto, no es el puro «ser-para-mí», interior a la subjetividad o modificación subjetiva de la realidad, sino un *ser-en-realidad*. Orientado en esta dirección, Zubiri ofreció ya hace mucho tiempo una resistencia a la fenomenología que tuvo la virtud de poner en tela de juicio lo que hemos abordado como reducción de la fuerza al sentido en Heidegger[15]. El ser no es exclusivamente emergencia de *sentido* dada a la *comprensión*, sino apertura en la que, al mismo tiempo, acontece el *impacto real* en cuanto *fuerza* o potencia. En efecto, esta alteridad afectante es, primordialmente *fuerza de imposición*[16], impacto de potencia operante —diríamos nosotros—. Correlativamente, el acto de captación es un movimiento en obra de la inteligencia, *ergon* más que *noesis*, de tal manera que es el curso de la fuerza (*noergia*) «la índole unitaria de la aprehensión de realidad»[17].

En este punto encontramos ocasión para poner de manifiesto una dimensión de la *síntesis subrepresentativa* que no podemos pasar por alto. La fuerza opera *realmente* y por eso se puede decir que la primera *captura de realidad* es, en un sentido *intensivo*, física. Lo que hemos llamado *gesta* y *potencia operante* afecta *materialmente*; su aprehensión comienza siendo estrictamente corporal. La propia caracterización zubiriana del enlace hombre-mundo sugiere que éste es, en su nacimiento, físico. Pese a la prelación que Zubiri concedió al acto de «inteligir», hasta el punto de que definió su propia posición de «intelectionista»[18], es muy convincente el punto de vista de Óscar Barroso según el cual, el momento *afectivo* central en la «aprehensión de realidad», el de la *fruición*, es más que puramente *emotivo*. Esta disposición es la que revela el *estar implantado* en la realidad. Condición anterior al sufrimiento y la alegría, es lo que *en* ellas, patentiza una relación pre-intencional y pre-vivencial que constituye un atenimiento real y físico a la realidad[19]. De ahí que la emoción rebase el mero *imprimir valor* al mundo: «Es la realidad misma la que es entristeciente, la que es alegre, la que puede ser amable, antipática u odiosa»[20]. Llevando esta tesis a su extremo, podríamos decir que en la síntesis de la apercepción subrepresentativa opera un momento de verdadera fusión tangible entre «espíritu» y mundo, una *síntesis orgánica*, como ha propuesto G. Deleuze. La fuerza es intesidad corporeizada y, perteneciendo, tanto a la realidad en su afección, como a la *captacion* anímica —poder de ser afectado— conforma un pliegue plástico que se extiende *ad extra* en ambos lados. Se trata de una contracción sensible en virtud de la cual se puede decir, por ejemplo, que «el ojo liga la luz, es decir, él mismo es luz ligada»[21]. En el hombre, el pliegue porta al mismo tiempo la iluminación excéntrica que permite decir «es», pero, de un modo general, se podría suponer que tiene lugar oscuramente en el «entre» de la vida. Entre el flujo de la naturaleza «externa» y el «ámbito» de un organismo, así como entre un organismo y otro, no media una «relación abstracta» que conecta identidades preexistentes, sino un juego recíprocamente afectante, realmente físico, en el que ambos lados se dejan configurar, en el sentido más radical del término, por el otro, tal y como ocurriría en la inter-corporeización orquídea-avispa[22].

Ahora bien, afirmar este nexo convierte en ilusión la idea de que existe, por un lado, el «sujeto» y por otro el «objeto» o «mundo». Sólo a un nivel representativo, derivado del encuentro telúrico, tales nociones cobran sentido, como instrumentos conceptuales o metáforas útiles. En su conexión intensiva y en profundidad, ambos son, más bien, orillas o márgenes de un mismo devenir, forjándose el uno al otro en una relación productiva. El forcejeo semántico zubiriano por escapar a los dilemas idealismo-realismo, inmanentismo-trascendentalismo, es coherente con esta idea de devenir y, de un modo que asombra, mantiene profundos puntos en común con el pensamiento de G. Deleuze, un pensar del nomadismo que es, al mismo tiempo, de la realidad —no en vano se ha calificado a veces su filosofía en términos de un realismo no ingenuo— y del pensamiento. Si señalamos este parentesco no es por otro motivo que por subrayar la necesidad de levantar a la filosofía española de su letargo. Y en este caso en particular, porque *toca* críticamente uno de los frentes más urgentes en el desafío a la sociedad estacionaria: el progresivo proceso de ficcionalización del mundo, al que se lo podría nombrar también con la equivalente expresión de «irrealización». De todas formas, en la filosofía del pensador español encontramos una ambigüedad que incita a pensar a partir de él, pero *desde otro lugar*. Por un lado, el *ser-en-realidad* al que nos aproxima Zubiri vitaliza el *ser errático* que exploramos, ayudando a fortalecer la idea de que semejante condición no es defectiva o indigente, sino pletórica. Al hombre no le falta realidad, sino que le asiste. Y en la medida en que ésta no consiste en un absoluto estático, sino en una realidad dinámica vinculada a la viva y dúctil aprehensión, la libertad del hombre es «un acto de cuasi-creación»[23]. Por otro lado, sin embargo, el pensamiento de esta «realidad dinámica» en Zubiri presenta un sesgo *especulativo* en su conjunto. Ciertamente, como señala P. Cerezo[24], es necesario sustraerle a este calificativo la mácula de un pensar que se mueve en el vacío, pues, más allá del tópico, y en su contra, lo especulativo (como en Hegel, e incluso en Gadamer) es lo que guarda fidelidad a la cosa, lo que se atiene al movimiento mismo de aquello que ilumina. En este sentido, la metáfora del espejo (*speculum*) no implica necesariamente que la reflexión o la inteligencia «imiten» o «copien» un original impoluto. Es compatible con la idea de que lo especularmente apropiado opere activamente en el acto de apropiación y sea, al unísono, transformado en este movimiento. Ahora bien, en cualquier caso este modo de ver incluye la nostalgia de un fondo real cuya densidad excede al poder de aprehensión. Se diría, en el caso de Zubiri, que la inteligencia es, al fin y al cabo, el portavoz de lo que la cosa dice de sí, el tránsito continuo hacia lo que la realidad proclama desde sí misma, tránsito atizado por una vocación de progresiva depuración, en pos de una quizás inalcanzable pero anhelada transparencia. De ahí que el pensamiento zubiriano insista tanto en que este camino, en el estrato ulterior del *logos*, conduce a un pensamiento discursivo que pretende progresivamente dar razón y fundamentar[25]. De Heidegger conserva Zubiri la prioridad del *des-cubrimiento* (no de sentido, sino de realidad) sobre la creación. La tarea de estar-en-realidad se funda, en el autor español, finalmente en una búsqueda de morada, en una *inmoración*[26].

Frente a esta deriva habría que insistir una vez más en que el extrañamiento, supuesto en la posicionalidad excéntrica del hombre, inyecta en toda morada el revulsivo de la expropiación. Lo único que puede ser llamado «real» es este acontecimiento perpetuo de habitar sin asilo y rehuir la residencia. Si el ser errático arraiga en el mundo, también lo crea en la misma medida. El fondo que acompaña al testigo dinámico e interrogante porta, ciertamente, un momento de «realidad», pues es *gesta* desde el mundo y fuerza impactante. Pero el impacto proviene de un devenir problemático y problematizante. La realidad entera es una retícula de problemas que cursan y que poseen su razón de ser, no en la búsqueda de solución, sino en el caudal mismo de su generación y regeneración proteica. En virtud de la apercepción subrepresentativa, este pliegue entre problema y consternación admirativa e interrogativa, semejante realidad hace al hombre y es creada por éste en el encuentro. Si se puede hablar de «lo real» sólo es en la forma de una «realidad errática», que no es invención del hombre ni proyección suya, pero tampoco «fundamento». Es el acontecimiento del intersticio, del «entre» que reúne, como una *nada productiva*, dos márgenes o dos exterioridades.

— *Que el acontecimiento real sea errático o que se pueda hablar, metafóricamente, de una realidad errática, cambiante, es un poco extraño.*

— Sí, pero ¿no lo es menos que sea «estable» y «fija»? Que esta otra opción resulte menos rara quiere decir sólo que estamos más acostumbrados a la idea de una «realidad firme».
— Y, además, como has dicho, presuponiendo un enlace físico...
— No en el sentido de la ciencia natural. Lo físico es la fuerza encarnada. Acuérdate de la idea de Leibniz: todo enlazado por una potencia plástica, con pliegues y repliegues. Lo que te afecta desde «fuera» y te transforma, ¿es porque suscita ciertos procesos en ti? ¿Y cómo son suscitados? Si ves un paisaje «estremecedor», ¿te transforma sólo el pensamiento de que lo es? No, te estremece en el sentido más concreto del término. Una injuria lanzada, por ejemplo, es una fuerza, corporeizada en palabras y gestos. Oyes las palabras y ves los gestos, pero la intensidad de la fuerza, ¿no tendrá que hacer juego real con tus propias intensidades? Recuerda también lo que decía Nietzsche sobre las pasiones. Son constructos. En su fondo laten fuerzas.
— No sé, por el momento lo veo una chaladura. ¿Y el cosmos, es también como un pliegue? Ahí sí que te paro los pies, amigo.
— No tengo mucha idea de física, pero por lo que a veces ojeo, parece llevar un trayecto más metafísico que la propia filosofía. No pondría la mano en el fuego, pero hay teorías que, como la de las catástrofes... Tengo un librillo de Alexander Woodcock que te puedo prestar: cuenta cosas alucinantes de físicos como René Thom. Según esa línea de investigación, el Universo se parece a una realidad plástica y cambiante para la que vale más una aproximación topológica que una abstracta o basada en la metáfora óptica. El propio cosmos es definido como una «intensio» que adopta una forma topológica: cambios de forma en incesante creación, evolución y destrucción...
— No me lo creo, pero admito que lo que hoy parece locura mañana puede ser una obviedad. ¡Si me da miedo la muerte no es por ella misma, sino por perderme el futuro y todo lo que la especie llegará a averiguar!
— Y a mí.

NOTAS

1. L. Wittgenstein, *Investigaciones filosóficas* [1953], Barcelona, UNAM-Crítica, 1988, §§ 243-263.
2. En este punto lleva razón J. Derrida, al deconstruir, frente a las expectativas de la teoría de los actos de habla (Austin, Searle), el presunto límite entre lo ordinario y lo extra-ordinario, lo «real» y lo «ficticio», como si en la vida de los hombres se pudiese distinguir de manera análoga a como, también artificialmente, se pretende diferenciar entre la historia *de verdad* y la fingida en una obra de teatro. Cf. J. Derrida, «Firma, acontecimiento, contexto» [1971], en *Márgenes de la filosofía*, Madrid, Cáte-

dra, 1988, pp. 362 ss. Sobre el problema, L. Sáez Rueda, «Segregación o domesticación de la experiencia prerreflexiva»: *Volubilis*, 4 (1996), pp. 35-53.
 3. M. Proust, *El tiempo recobrado*, Madrid, Alianza, 2000, p. 245.
 4. *La genealogía de la moral* [1887], II, §§ 1 y 2.
 5. La experiencia del ser, de la que parte Lévinas, es todo lo contrario de una experiencia de su potencia productiva. Es la de un «Hay» anónimo: «Yo insisto —resume el autor—, en efecto, sobre la impersonalidad del 'hay', como 'llueve' o 'es de noche'. Y no hay ni alegría ni abundancia: es un ruido que retorna después de toda negación de ese ruido. Ni nada ni ser. A veces empleo la expresión 'tercero excluido'» (E. Lévinas, *Ética e Infinito* [1982], Madrid, Visor, 1991, p. 44; cf. en general el cap. 3, donde atiende a los motivos principales que aparecen en *De l'existence à l'existant*, Paris, Vrin, 1947). Siendo una experiencia de ausencia de sentido, la entrega al otro tiene el valor de una salida de ese horrible vacío. «Para salir del 'hay' es preciso no ponerse, sino deponerse; deponer en el sentido en el que se habla de reyes depuestos. Esta deposición de la soberanía por parte del 'yo' es la relación social con el otro, la relación des-interesada [...] la responsabilidad para con el otro, el ser-para-el-otro, me ha parecido, desde esa época, que pone fin al rumor anónimo e insensato del ser. [...] Apenas he vuelto a hablar en mis libros del 'hay' por él mismo. Pero la sombra del 'hay', y del sin-sentido, me pareció aún necesaria como la prueba misma del des-inter-és» (*Ibid.*, pp. 50-51).
 6. Cf. los comentarios de Foucault a aportaciones de Janet, Jackson y otros, en M. Foucault, *Enfermedad mental y personalidad*, Barcelona, Paidós, 1984, pp. 36 ss.
 7. U. Beck, *La sociedad del riesgo* [1986], Barcelona, Paidós, 2002, p. 287; cf. pp. 278-289.
 8. Respecto a esta comprensión «problemática» de la donación nos servimos libremente de la tesis deleuzeana que interpreta el ser de la disyunción como devenir de un problema. Entre los lugares centrales, véase G. Deleuze, «De lo problemático», en *Lógica del sentido*, cit., pp. 71-77. Una articulación lúcida del pensamiento de Deleuze en función de esta noción ha sido realizada por G. Galván Rodríguez, en *G. Deleuze: ontología, pensamiento, lenguaje*, Granada, Universidad de Granada, 2007.
 9. Deleuze expande esta idea a la realidad viviente en general. Inspirado en G. Simondon, concibe la individuación, que hace pensable a los seres en su diversidad, como un «acto de solución» transitorio respecto a un problema constituido por heterogeneidades o disparidades (cf. *Diferencia y repetición* [1968], Buenos Aires, Amorrortu, 2002, p. 393). Los organismos son, según esto, soluciones provisionales a problemas intensivos (*Ibid.*, pp. 304-305). Respecto a esta extensión confieso no disponer aún de una opinión clara, pese al gran atractivo que la hipótesis contiene.
 10. Menciono aquí algunos puntos de vista especialmente interesantes que han promovido una profundización o desfondamiento del *cogito* cartesiano, aunque me parece que todos ellos supondrían la perspectiva que he propuesto partiendo del fenómeno del extrañamiento. Heidegger, en *Ser y tiempo* (Primera Sección, III, B) entiende el *cogito* como uno de los modos derivados del más básico ser-en-el-mundo. Merleau-Ponty, en su *Fenomenología de la percepción* [1945], Barcelona, Península, 1975, tercera parte, I, arraiga la autorreflexión en un sujeto encarnado y pre-reflexivo de la relación corporal con el mundo. Deleuze intenta mostrar que la actividad del *cogito* exige una pasividad anterior mediante la cual el yo capta, aprehende su propia actividad pensante. «Yo pasivo que siente su propio pensamiento, su propia inteligencia, aquello mediante lo cual dice Yo, se ejerce en él y sobre él y no por parte de él» (*Diferencia y repetición*, cit., pp. 160-161). En consonancia con ello, dilucida una *síntesis pasiva* que se da ya en la sensibilidad y en el hábito. En cada aprehensión sensible habría una contemplación: «Bajo el yo que actúa hay pequeños yoes que contemplan... No decimos 'yo' sino a través de mil testigos que contemplan en nosotros» (*Ibid.*, p. 145). Dieter Henrich (cf. Henrich, 1970, pp. 257-284) funda la autorreflexividad

del *cogito* en una previa *familiariadad consigo mismo* que no coincide con la autocomprensión existencial que defiende Heidegger, sino con una conciencia anónima y a-relacional, una *Selbstlosen Bewusstsein von Selbst*. Todas estas perspectivas, a mi juicio, dependen todavía de una comprensión «contemplativa» del *cogito*, que diluyen o profundizan, y no alcanzan a poner al descubierto la dimensión «interrogante» y «admirativa» de la «captación» (*captura*, en este caso) que anida en el extrañamiento.

11. L. Sáez Rueda, *El conflicto entre continentales y analíticos*, Barcelona, Crítica, 2002, 11-112 y 386-388.

12. Eugenio Moya, si lo interpretamos bien, se ha aproximado a esta concepción en su revisión naturalista de Kant, aunque me temo que no admitiría la aproximación ontológica que nosotros realizamos aquí. Continuando investigaciones ya emprendidas en *¿Naturalizar a Kant? Criticismo y modularidad de la mente* (Madrid, Biblioteca Nueva, 2003), en su reciente libro *Kant y las ciencias de la vida* (Madrid, Biblioteca Nueva, 2008), Eugenio Moya presenta una deslumbrante y profunda perspectiva del kantismo que arraiga, por una parte, la estructura de la razón en los procesos naturales de la vida y que no claudica, por otra, ante una comprensión puramente fisicista o legalista de la naturaleza. La primera de estas aportaciones la funda en la noción de *epigénesis*, que escruta con detalle e inteligencia en los márgenes de la obra kantiana. Según ello, las facultades *a priori* kantianas podrían entenderse como configuraciones orgánicas y *autopoyéticas* forjadas en el dinamismo de la propia naturaleza. La segunda de las apuestas es identificable, al menos, en: (*i*) su comprensión, desde la fuente kantiana misma, de los procesos naturales vitales como procesos autoorganizados, procesos en los que la unidad de una conformación vital rebasa la suma de las partes y se genera y produce a sí misma en su dinamismo (pp. 101-121 y 495 ss.), y en (*ii*) la idea, también fundada en el kantismo, de que tal proceso incluye una dimensión «intensiva» (y no metafísica) como *fuerza productora* (*Bildungstrieb*), *vis vitalis* o *fuerza vital —Lebenskraft—* (pp. 121-138, 232-248 y 367 ss.). Con la intención de iniciar un diálogo que apunte a un recíproco enriquecimiento señalo aquí, muy brevemente, tres incisos problemáticos. 1. Tiene razón Eugenio Moya cuando le reprocha a Heidegger haber sucumbido ante el mito de lo dado y no haber reparado en la estructura sintética de la apercepción trascendental kantiana, que fuerza a vincular, desde su raíz, lo *dabile* y lo *cogitabile* (*Kant y las ciencias de la vida*, cit., pp. 374-383). Pero cabe trascender a Heidegger sin por ello, a mi juicio, arrumbar como «metafísica» estéril a la ontología fundamental o a un pensamiento del ser. En páginas anteriores de este texto, he intentado hacer esto mismo, procurando rebasar, desde dentro, lo que he llamado «retorno de la apelación» y comprendiendo la excentricidad del hombre de un modo ontológico (cap. 4, § 3). En una fase ulterior, esa discusión con Heidegger puede encontrar un marco más cabal en mi comprensión del pensar como *ingenium* (cap. 9). 2. Se desprende de la obra de Eugenio Moya que la dimensión intensiva de la naturaleza es entendida de modo «emergentista» (explícitamente hace uso de este término en *op. cit.*, p. 107). He intentado mostrar que la comprensión emergentista de lo intensivo resuelve un misterio mediante otro misterio (el de la emergencia misma de lo cualitativo desde lo cuantitativo) y que una opción más «natural» consiste en aceptar, con Merleau-Ponty, por ejemplo, que la *intensio* del acontecimiento (que crea regla sin regla) pertenece, de suyo, a lo natural (L. Sáez Rueda, *El conflicto entre continentales y analíticos*, cit., cap. 6, § 1.2). 3. Eugenio Moya insiste en diversos lugares en que la autoorganización en la que consiste un proceso vital debe ser vista desde la *unidad* que la configura. Ese modelo parece dar por sentado que la naturaleza ha conformado, en sus procesos dinámicos, organizaciones específicas y, en cierto modo, «cerradas» en su normatividad interna (aunque abiertas desde ella a la *empiria* y los cambios en el entorno). Esta visión me parece cuestionable en virtud del carácter errático de la realidad misma del que vengo hablando. En un sentido preciso, las investigaciones de G. Simondon en biología aportan un referente con-

creto coherente con esta ontología, muy ligado, además, con la concepción deleuzeana de la autoorganización como «sistema abierto»; un sistema así no está dirigido por una unidad previa, sino que se conforma en el encuentro de cursos heterogéneos, de manera que la «unidad» aparece más bien como epifenómeno respecto al proceso de encuentro de lo diferente en la diferencia, que tiene lugar en profundidad (G. Galván Rodríguez, G. *Deleuze*, cit., pp. 188 ss.) y L. Sáez Rueda, «Ser, nada y diferencia. El nihilismo nómada de G. Deleuze, más allá de Nietzsche y Heidegger», en L. Sáez Rueda *et al.* (eds.), *Pensar la nada*, Madrid, Biblioteca Nueva, 2007, cap. 15.

13. Agradezco a Óscar Barroso Fernández las conversaciones en torno a esta problemática. Su sólido conocimiento de la filosofía zubiriana y su lucidez «problematizante» me han influido muy positivamente. Véase su estupendo estudio *Verdad y acción. Para pensar la praxis desde la inteligencia sentiente zubiriana*, Granada, Comares, 2002.

14. *Inteligencia sentiente. Inteligencia y realidad*, Madrid, Alianza, ³1984, p. 35. A. Ferraz Fayos (*El realismo radical*, Madrid, Cincel, 1988, p. 51) lo ha calificado como un *confín*, frontera en la que tiene lugar un autotrascenderse en el que lo real mismo cobra cuerpo.

15. Respecto a la relación con la fenomenología, cf. los magníficos trabajos de P. Cerezo Galán «El giro metafísico en Xavier Zubiri»: *Diálogo filosófico*, 25 (1993), pp. 59-64 y, sobre todo, «Del sentido a la realidad. El giro metafísico en X. Zubiri», en J. Muguerza *et al.*, *Del sentido a la realidad. Estudios sobre la filosofía de Zubiri*, Madrid, Trotta, 1995, pp. 221-254.

16. X. Zubiri, *Inteligencia sentiente*, cit., pp. 49-52.

17. *Ibid.*, p. 54.

18. *Ibid.*, p. 284.

19. Cf. Ó. Barroso Fernández, «Nihilismo, ontología y disposiciones afectivas», en L. Sáez Rueda *et al.* (eds.), *Nihilismo y mundo actual*, Editorial Universidad de Granada, 2007. Cf. X. Zubiri, *Sobre el hombre*, Madrid, Alianza, 1986, p. 372, sobre la primordialidad de este atenimiento real y físico de la fruición.

20. X. Zubiri, *Sobre el sentimiento y la volición*, Madrid, Alianza, 1992, p. 337.

21. G. Deleuze, *Diferencia y repetición*, cit., p. 174.

22. «La avispa y la orquídea hacen rizoma, en tanto que heterogéneos. Diríase que la orquídea imita a la avispa cuya imagen reproduce de forma significante (mímesis, mimetismo, señuelo, etc.). Pero eso sólo es válido al nivel de los estratos. [...] Al mismo tiempo se trata de algo totalmente distinto: ya no de imitación, sino de captura de código, plusvalía de código, aumento de valencia, verdadero devenir, devenir avispa de la orquídea, devenir orquídea de la avispa, asegurando cada uno de esos devenires la desterritorialización de uno de los términos y la reterritorialización del otro, encadenándose y alternándose ambos según una circulación de intensidades que impulsa la desterritorialización cada vez más lejos. No hay imitación ni semejanza, sino surgimiento, a partir de dos series heterogéneas, de una línea de fuga compuesta de un rizoma común que ya no puede ser atribuido ni sometido a significante alguno» (G. Deleuze y F. Guattari, *Mil mesetas. Capitalismo y esquizofrenia* [1980], Valencia, Pre-Textos, ⁴2000, p. 15).

23. X. Zubiri, *Sobre el hombre* [1986], cit., p. 604.

24. P. Cerezo Galán, «Tres paradigmas del pensamiento español contemporáneo: trágico (Unamuno), reflexivo (Ortega) y especulativo (Zubiri)»: *Isegoría. Revista de filosofía moral y política*, 19 (1998), pp. 97-136; cf. pp. 125-129.

25. X. Zubiri, *Inteligencia y Logos*, Madrid, Alianza, 1982, pp. 51 ss.

26. En la apretada aclaración de Pedro Cerezo sobre el autor se puede leer precisamente esta prioridad. El animal de realidades que es el hombre se ve conducido, para Zubiri, a la «estancia en la realidad como en el horizonte trascendental de inmoración. La libertad es, en definitiva, quedarse en esta experiencia originaria y arraigar en ella» (P. Cerezo Galán, *loc. cit.*, p. 129).

8

LOCURA

1. Silencio y locura. Cualquier hombre está loco; evadir la locura crea sinrazón; trabajar con la propia locura es la grandeza del «hombre cenital»; 2. Excurso sobre Derrida. El secreto del secreto.

1

En la erraticidad del acontecer sedimentan *estancias* concretas. La expropiación excéntrica respecto a un mundo determinado, que crea y organiza una nueva tierra, no acontece súbitamente. Se mantiene en tensión interna durante largo tiempo, como un arco tendido que espera el momento del lanzamiento, impulsando a un espacio habitable lentamente hacia su límite, allí donde ha consumado sus posibilidades y empieza a angostar la existencia. La pluralidad de mundos históricos constituye un auténtico viaje y la aventura humana recomienza una y otra vez, a hombros del pasado, espoleada por la posición interrogante y por el impulso inmanente a la realidad problemática. La diversidad de estancias se extiende también sincrónicamente, de acuerdo con el curso de culturas y formas de vida. Esta διασπορά, fenómeno de dispersión o diseminación, es jánico y contradictorio, posee dos caras mutuamente inversas. Por un lado, es expresión de exuberancia; por otro, se convierte en germen de sufrimiento.

Como signo de riqueza y productividad, testimonia la hiperpotencia o exceso de la existencia, que rebasa sus concreciones. El extrañamiento y la latente pregunta que dinamizan esta pesquisa permanente del ser errático no poseen ni paz ni respuesta. Son disposiciones insaciables por principio. Y no porque exterioricen una limitación o indigencia sin esperanza de satisfacción. Muy al contrario, son la constante de un movimiento sin la cual el mundo carecería de significatividad para el hombre. ¿Por qué así y no de otro modo? Las cuestiones que hacen familia con ésta ni necesitan ni exigen satisfacción. En el fondo, materializan una admiración que se mantiene en vilo y que hace brillar al mundo a su resol. Por eso, la potencia, como intensidad operante y como fuerza significante, siempre rebasará las formas en que queda corporeizada. Ya en la vida cotidiana lo experimentamos. El impulso que conduce la praxis puede encontrar momentos de plenitud, pero inmediatamente recobra su aliento y pide nuevas realizaciones. En el lenguaje asistimos también cotidianamente a este exceso de la *intensio*: no tener las palabras para expresar algo indica más la sobreabundancia de lo que pugna por ser expresado que la falta de vocabulario. Todo ello quiere decir que existe una diferencia entre la fuerza tensada en el acontecer y lo que el acontecimiento específico es capaz de poner en superficie. Si nos acogemos a la metáfora según la cual un mundo concreto de experiencia, una precisa forma de vida, es un *lenguaje*, se hacen justas las palabras de J.-F. Lyotard:

> La diferencia [...] es el estado inestable y el instante del lenguaje en que algo que debe poderse expresar en proposiciones no puede serlo todavía. Ese estado implica el silencio, que es una proposición negativa, pero apela también a proposiciones posibles en principio. [...] En la diferencia algo 'pide' ser puesto en proposiciones y sufre la sinrazón de no poder lograrlo al instante. Entonces, los seres humanos que creían servirse del lenguaje como de un instrumento de comunicación aprenden por ese sentimiento de desazón que acompaña al silencio [...] que son requeridos [...] para reconocer que lo que hay que expresar excede lo que ellos pueden expresar actualmente y que les es menester permitir la institución de idiomas que todavía no existen[1].

Hay un callar hipócrita y estratégico. Pero, más allá, un silencio elocuente que transita en el «entre» de las relaciones humanas, de los encuentros entre sociedades, culturas y, en general, mundos humanos, que vincula más que cualquier lenguaje, por debajo del lenguaje, en la juntura que separa y une a un tiempo las vidas en su diferencia. La sociedad estacionaria es cada vez menos silenciosa en este sentido. La racionalización de la existencia exige constantemente ir más lejos en la explicitación y formalización de la experiencia. La potencia operante se ve instalada en una enorme maquinaria de rendimiento *operativo* a la que debe plegarse, adoptando la forma de reglas, prescripciones, normas con perfil definido a buril. Con ello es creada la apariencia de una humanidad más organizada y articulada, pero a su sombra el intersticio es invadido, cayendo sobre él la exigencia de lo imposible: la de que su oscuridad productiva resplandezca en la presencia diamantina y, con ello, que su inagotable, inexhaurible capacidad de generación, se someta a la construcción humana. No es que el hoy tan aclamado «diálogo» constituya un sinsentido. Es que es sospechoso que éste empiece a convertirse en el medio por excelencia de la relación, como si aspirase a deglutir toda otra posibilidad. Estamos en una sociedad cada vez más volcada a la extensión de los discursos, de los debates, polémicas, controversias, argumentaciones, réplicas y contra-réplicas. La parquedad de resultados hace dudoso que esta prolífica aparición de lenguaje responda a lo que pide el exceso latente en el silencio. Es una extensión *ad intra* de un único lenguaje que ocupa todos los espacios.

El silencio, tomado como metáfora ontológica, pertenece a la *nada activa* del acontecer, oscuridad que se retrae y oculta en todo mundo y pone en marcha, como contra-golpe, la necesidad de crear nuevos espacios para la existencia, nuevos *lenguajes* que den curso a la exuberancia de la intensidad. Por otro lado, sin embargo, opera como un *punto ciego* en la base misma de cualquier forma de vida haciéndola invidente respecto a otras posibles. Un campo de juego social, cultural, histórico, pone en activo una óptica específica, un modo concreto de ser. En él adquiere relevancia y primacía una fuerza significante y una potencia operante determinadas, a la par que la realidad problemática cursa por una red de senderos cuyos márgenes difusos no pueden dejar de dibujar un confín. Este momento de finitud o concreción es inexorable y genera una frontera, si bien porosa y flexible, de exclusión, de segregación. No se trata aquí de una injusticia derivada de la carencia, sino, paradójicamente, de una fuerza selectiva ineliminable en el plano ontológico, en la medida en que el exceso de la *intensio* respecto a su impronta también genera, en el tiempo y el espacio en el que ésta perdura como estancia, en el ámbito que retiene el acontecer en una zona habitable, desbordamientos condenados a la marginalidad. El silencio productivo es también una potencia selectiva y excluyente. En su apertura y plenitud específica crea, al mismo tiempo, la locura.

La locura tiene, así, un doble rostro. Es, por un lado, locura del mundo, punto ciego que permite ver un horizonte pero no puede ser iluminado por él. Es, por otro lado, la producción de un tipo de hombre loco o de variedades esparcidas de locura humana, cuya fuente radica en el desbordamiento lagunario de la potencia comprimida, de la intensidad sobreabundante de fondo, cuya presión resquebraja el suelo de la existencia limitada y la horada o atraviesa, discurriendo por riachuelos marginales, coagulando en espacios de penumbra o refugiándose en el páramo de los últimos aledaños. *Cordura*, en nuestra lengua, es un término en el que está presente la raíz *cord*, de *cor-cordis*, corazón, también activa en las derivaciones *concordante*, *acordado*. En un sentido elevado y noble, la cordura es aquello en lo que se pone el corazón, la empresa y la tarea que articula una vida y la hace con-corde consigo misma. La locura, pues, no es primordialmente lo opuesto a la salud. Es el momento de oscuridad en la cordura, un momento que, a pesar de todo, opera internamente en el acontecimiento y le confiere dinamismo, al mismo tiempo que le pone un límite contra el que, paradójicamente, puja. Cualquier individuo porta su propia locura. Por muy amplio que sea el horizonte que otea, vive en su cerco, en un concordato con la tierra que pisa, en la obsesión de un comprender y un operar. Y así, arrastra su punto ciego, que siempre se obceca si se lo intenta mirar: deslumbra y ofusca. Comprimida en él, la intensidad de vida irrumpe aquí y allá y crea hendiduras en su cordura. Yoes locos emergen de la trastienda y lo acompañan furtivamente: sin que pueda remediarlo, éstos se refugian en algún lugar, haciendo su trabajo en silencio y como a hurtadillas. En la existencia colectiva no es muy distinto lo que ocurre, sólo que en este caso la locura que desborda forma poblaciones minoritarias, hordas erráticas aunque no se las vea, porque caminan como con patas de paloma, rehúyen la luz y a veces se recluyen en espacios cavernarios.

La locura no puede comprenderse, en este sentido primordial, como carencia. Es productiva. Pero genera un dolor y una exclusión que están más allá del bien y del mal. Más allá, porque no depende de la voluntad de los hombres, sino del destino humano. Cada individuo concreto ejerce, por una parte, esta exclusión inevitablemente, pues su ceguera constitutiva ofusca la demanda del otro, y experimenta, por otra parte y al mismo tiempo, el doloroso trance de no ser acogido completamente por los otros. El silencio que media en el «entre» de las relaciones humanas vincula, como se ha dicho, pero a condición de la distancia. Es así como cada hombre se ve confrontado en su vida con la inexcusable responsabilidad de asumir su poso insobornable de soledad y marginación. Lo mismo ocurre con las culturas y las épocas, que no se pueden ligar en un *continuum* o planicie sin fisuras. Llamarle a ese fondo «mal radical» sería una completa torpeza, pues aplicarlo en esta dirección constituiría tanto como un juicio exterior a la existencia y como si ésta fuese un sujeto, medir el mundo de aquí con el rasero de un ficticio mundo ideal, respecto al cual éste es sólo una copia imperfecta.

Ahora bien, la altura y la grandeza de un ser humano, de una cultura, de una época, están estrechamente vinculados al modo en que se las arreglan con su locura. Es signo de debilidad aferrarse sin saberlo a la locura propia, hacer de ella profesión de fe y amordazar a los desbordamientos que, desde el fondo sobreabundante, emergen como testigos. Es bajo y vil hacerlo con conciencia y a porfía. Pero un signo de fortaleza consiste en asumir con serenidad la propia locura. Pues entonces se vive *a sabiendas de sí mismo*. El punto ciego, ciertamente, no es susceptible de ser iluminado, a menos que sea desde otra opacidad, pero su compañía puede ser admitida con lucidez. Cabe experimentar con ella como si fuese la sombra del cuerpo en un día estival: si se presiente que ensombrece al otro, cambiar de posición para que se disponga en una dirección diferente e, incluso, buscar el cenit y hacer que caiga verticalmente sobre uno mismo —hay hombres, por cierto, cuya valentía los arroja a una vida cenital—. Es grande y emblema de dignidad saber reírse de sí mismo, no ser cicatero cuando se trata de prodigar la ironía sobre sí: la locura, de este modo, se avergüenza cuando ofrece su rostro torvo y recibe apremio en su tarea productiva. Foucault acertó al separar una experiencia trágica de la locura de una destructiva. La trágica es la experiencia de una locura continua y constante que testimonia la *nada* inherente a la existencia y la asume como la otra cara de aquello a lo que llamamos *razón*. En cambio, la experiencia destructiva convierte a la locura en lo opuesto de la razón, en la carencia de ésta, es decir, en *sinrazón* deleznable moralmente que hay que hostigar en pro del progreso humano hacia su supuesta perfección autotransparente[2].

En seguida se verá qué tipo de acciones se derivan de esta última experiencia. Antes nos gustaría señalar que Heidegger no supo ver en el acontecimiento esta faz tenebrosa del ocultamiento. No entendió que la apertura de un mundo de sentido se puede convertir —y es lo más habitual— en la segregación de posibilidades, de otros mundos que pugnan por hacer hablar a su silencio, ni que en el interior mismo de cualquier «horizonte» se introduce una espada de Damocles, dispuesta a caer sobre el ser errático despierto, que ni se acomoda a lo abierto ni se reconoce en ninguna estancia. No atendió a este fenómeno, el del sufrimiento de los hombres condenados a la oscuridad a causa de la iluminación que baña, benigna, a otros. Benjamin fue uno de los que con mayor agudeza lo expresó: todo mundo humano se fragua a condición de segregar una parte maldita; el ángel que en el cuadro de Klee mira hacia atrás representa a la historia, narrada siempre por los vencedores; uno de sus pies se posa sobre un montón de ruinas: los hombres que tuvieron que pagar esa historia, con su dolor de por vida o con la muerte[3].

Todo esto implica que la creencia en una «razón universal», inserta en la naturaleza humana e impoluta, común a todos, emblema de unidad irrescindible, desconoce el hiato que, en cuanto silencio y locura, enlaza a los hombres. Será necesario volver sobre este tema, con más rigor, pues no es de los problemas que se despachan de un tirón. Pero, por lo pronto, queda claro que el *uso* de este término comienza siendo, en la práctica viva de la existencia, miserable. Es más, es síntoma de excesivo pudor y demasiada devoción comenzar hablando de esta diosa señalando de modo exultante sus hazañas y olvidando las perniciosas tretas que trama en el mundo de los mortales. El uso más extendido y arraigado de la expresión «tengo razón» es pretencioso y está al servicio del dominio del hombre por el hombre. A quien pronuncia estas palabras en cada inicio de su acción y con auténtica pasión poco le importa su locura. Le falta el valor para habérselas con su sombra; sin darse cuenta, está empezando a cavar la fosa del prójimo. Y en la sociedad estacionaria, la mayoría comienza, explícita o tácitamente, pronunciando con inaudito vigor estas milagrosas palabras. La psicología doméstica le llama a esa actitud, con muy poca cautela, «ser asertivo». Pero tales palabras no encierran más que cobardía si se esgrimen al principio. Pues, suponiendo que hubiese una razón, habría que arrancarla a la fuerza de su escondrijo al término de un largo episodio, y aun así, no estaríamos seguros de si es ella o nuestra locura la desenterrada.

— *Perdona, amigo, pero entras en autocontradicción. Al afirmar esto mismo pretendes llevar razón.*
— *¡Por los dioses! Veo que te has preparado muy bien. Has leído a Habermas, o a Apel....*
— *Sí, pero lo que digo es de sentido común.*
— *Pronto iremos sobre el tema. Ese argumento es, precisamente, de demasiado «sentido común». Dame un tiempecito. Paciencia, ¿vale?*
— *Vale, pero lo prometido es deuda.*

Cuando la locura se desconoce o se niega, aparece lo que podríamos denominar *inicialidad de la razón*, esta premura en afirmar la propia *racionalidad* como comienzo. Pero la segregación o exclusión que, necesariamente opera desde el punto ciego de la práctica no deja por ello de hacer su trabajo. Más bien, es espoleada por la autoafirmación *asertiva*. ¿Qué se hace con ella cuando empiezan a mostrarse sus efectos? Puesto que a la locura no se la reconoce en el *interior* de la acción razonable, se la observa como si estuviese fuera y no se le hubiese ganado el suficiente terreno: se convierte en *sinrazón*, una selva exterior, hostil y aún no domesticada. Una vez construida esta ficticia dicotomía entra en juego lo que llamaremos *olvido de la violencia ordinaria*. La razón, envanecida por la convicción de su pureza iniciática, sospecha que en la salvaje jungla de la *sinrazón* habitan monstruos de leyenda: algún principio maligno se le opone. Debe ser un *mal radical* que, como un íncubo, ha seducido a la naturaleza y adopta diversas formas animalescas. Se comienza entonces a rastrear sus pisadas y la tensión atenta espera descubrir algún indicio. La razón dicta y distribuye en las conciencias un bando. Arriba se puede leer: «violencia radical»; abajo: «se busca». El espíritu de venganza ya ha tomado el mando: «él: el malo; por consiguiente, yo: el bueno». Del *malo*, sublimado en lo gigantesco, sólo se puede esperar un zarpazo. Se busca la *violencia radical*. Y como hay horrores más visibles y ostentosos que otros, se la identifica con el más estridente. Mientras tanto, el dolor causado por la propia locura (a la que no se la reconoce) se expande inexorablemente, pero silenciado: se ha convertido en una *violencia* no percibida, como si formase parte de lo «normal»: *violencia ordinaria*.

Es de necios negar que hay violencias de densidad inhumana: la barbarie nazi, el terrorismo sanguinario, la matanza sin piedad. Ante ellas experimentamos la falta de concepto, algo así como lo sublime kantiano pero invertido: lo espantoso. Así fue percibido el *11 de septiembre*, como un *major event*, como un *acontecimiento mayor*, un acontecimiento en hipérbole, que hace época y para el cual no existen palabras adecuadas porque excede todo límite conocido y pensable. No se trata aquí de negar esto, sino de desenmascarar el modo en que la presunta razón opera al respecto, a saber, creando en su acometida contra la barbarie *extraordinaria o radical* otras barbaries igualmente extraordinarias y radicales pero reducidas al silencio y sepultadas en lo ordinario. La misma razón que se escandaliza ante el *11 de septiembre* invierte en ello todas sus energías y se inhibe ante la continua tragedia de la inmigración o de la pobreza. La muerte y la miseria en África, que sustituye a la peste medieval, y el viaje en patera, esta forma contemporánea de *stultifera navis*, se han convertido en acontecimientos tan cotidianamente repetidos y consabidos que, de hecho, son tolerados por la razón de los estados como un problema estructural o simplemente ignorados. La razón, buscadora de recompensas, le ha buscado ya su justificación a estas otras injusticias mientras persigue al bandolero insigne, y se ha eximido de toda responsabilidad: se trata —dictamina— de las consecuencias *imprevistas* de la economía, del mercado, que nadie en particular se atreve a reconocer como de su propiedad; se trata del desinterés de ciertos estados, de la abulia o de conflictos internos a pueblos de los que «nosotros» no formamos parte. Todo vale para sustraerle a la violencia ordinaria su realidad y su radicalidad. Con frecuencia, incluso, la ocultación de esta violencia ordinaria hace que se confunda a la víctima con el verdugo. Mucho más que la miel al oso, a la razón de los gobiernos les atrae culpar a la víctima. Así, por ejemplo, gustan de achacarle al subsahariano el origen de la violencia: él es el mafioso, que congrega a los apestados y los conduce a nuestras orillas. El inmigrante, una vez desembarca en la tierra de la razón, corre siempre el peligro de la amonestación: él es el que promueve esa nueva lacra, tan temida por el *respetable* ciudadano, del vandalismo callejero. Esta bipolaridad al servicio de la ceguera, esta estrategia, convertida en ley inconsciente y cuya función es la de justificar la inmensa dosis de cobardía que hace falta para ocultar la propia locura, esto es lo escandaloso por antonomasia. También lo irónicamente paradójico, pues resulta que el que perpetró la *destacada* y ostensible *violencia radical* hacía lo mismo.

La actual distinción entre «guerras justas» y «guerras injustas»[4], una cuestión que se retrotrae a la clásica pregunta por el *ius ad bellum*, el derecho a la guerra, puede servir también de ejemplo. Hay hoy muchos intelectuales que justifican esta lógica binaria de la violencia bélica[5]. La categoría de *guerra justa* abarca variedades como las de *guerra defensiva, guerra humanitaria* y, más recientemente, *guerra preventiva*. Pues bien, ¿no reaparece en este contexto la diferenciación entre violencia radical y violencia ordinaria? Una *guerra justa*, suele afirmar Walzer, obtiene el respaldo racional por la necesidad de evitar un sufrimiento insoportable. Se hace inminente cuando la gente se pregunta «¿Cuánto sufrimiento somos capaces de contemplar antes de intervenir?»[6]. Así, pues —se infiere— la razón debe intervenir cuando la violencia de extramuros se hace *radical*, provocando una repulsa inconceptualizable. Ahora bien, hay que replicar que, al unísono, esa misma razón se exime, una vez más, de reconocer su propia *sinrazón*. En primer lugar, porque utiliza una terminología que vale también para dar carta blanca al sabotaje institucionalizado. Baste extraer de una larguísima lista que, por ejemplo, la destrucción de pueblos enteros de Vietnam fue denominada por los Estados Unidos «operación de paz», o que la invasión de Panamá, que supuso la muerte de miles de víctimas en el intento de arrestar a un jefe de estado, recibió el nombre de «Causa Justa»[7]. En segundo lugar, porque esta percepción de *violencia radical* porta a la espalda la simultánea producción de otras violencias que, sepultadas en el olvido, terminan diluyéndose en opaca *violencia ordinaria*. Como señala Chomsky aceradamente, los ataques aéreos, por ejemplo, a Kosovo bastaron para justificar al Senado estadounidense en su empresa dirigida a paralizar decenas de miles de dólares de ayudas previstas para asistencia en lugares conflictivos de África. En la misma ocasión, el Cuerpo Médico Internacional tuvo que suspender sus proyectos a Angola, pues recaudó 5 millones de dólares para Kosovo pero fue incapaz de obtener ayuda de 1,5 millones para Angola, donde 1.600.000 desplazados estaban en peligro de morir de hambre[8].

Hacer frente a la injusticia y al sufrimiento que genera la civilización occidental a través de estos procesos de segregación, exclusión, dominio silencioso, exige el despliegue de una crítica *sociopolítica*, dirigida a desenmascarar los instrumentos de esa *razón* que con tanta devoción y sublimidad utiliza como artillería en el mundo globalizado; entre ellos, como se verá, los filos hilos del capital, el testarudo neoliberalismo, la racionalización técnica. Pero esa labor de desmoronamiento debe ir acompañada de una *crítica ontológica*, dirigida a los presupuestos de la *experiencia occidental del mundo*, pues instrumentos como los mencionados han conformado hoy un modo de vida y se confunden con él. Se han instalado en la existencia misma, tienden a convertirse en *violencia ordinaria*, cada vez más imperceptible. Su intensidad amenaza con doblegar la excentricidad interrogante, con extirpar el extrañamiento. Ahora bien, la crítica de esta *experiencia ontológica* no puede diluirse en la simple promoción de *pasiones positivas*. La exhumación, por ejemplo, de la herencia humanitarista mediante la reivindicación de la *pietas* como antídoto constituye una ingenua ilusión. Ya en su sentido más lábil, la *piedad*, en cuanto *disponibilidad* respecto al otro, se muestra a todas luces insuficiente, pues presupone aceptar las condiciones materiales de existencia de la sociedad actual. Es loable, hay que reconocerlo, la actividad comprometida del que ayuda al otro en su menesterosidad. Pero no debe convertirse en símbolo de la genuina acción crítica, sino reconocerse, dentro de sus límites, como paliativo transitorio mientras se prepara el derrumbe de las bases mismas en las que se genera la miseria, es decir, todos los procesos que, como el del capital, intervienen en la *organización del vacío* y de la *apariencia* en la sociedad estacionaria. Ése sería realmente el *acontecimiento en su porvenir* que se podría ofrecer al otro. Si la *disponibilidad* no tiene por base esta crítica radical, se transforma en simple compasión. Mientras el dominio inadvertido y la violencia ordinaria continúen su trabajo, la compasión, aun en su noble sentido latino de *padecer-con*, será una propensión vinculada inextricablemente a la de la autoprotección. Pues en tales circunstancias el deseo de disminuir el sufrimiento del otro se ve tácita y paradójicamente ligado al de eliminar el *peligro* que éste representa. El que sufre provoca, por un lado, la necesidad de nuestra atención. Por otro, sin embargo, es percibido como sujeto, colectivo o muchedumbre que, de alguna forma, altera nuestra existencia, reacia a reconocer su propia locura. Como solución de compromiso entre ambos extremos se le aplica una dulce excomunión: se lo integra a condición de aislarlo. Se trata de prodigarle una ayuda a la medida del propio punto de vista, al mismo tiempo que se cierran oídos a su demanda radical, potencialmente crítica. Se le busca entonces acomodo en un lugar apartado dentro de nuestra estancia. Del mismo modo que en un pequeño colectivo se le permite la presencia al que, desde su núcleo dominante, resulta *excéntrico*, pero no se cuenta con él en las decisiones fundamentales y se ignoran sus propios proyectos, en el teatro mundial Occidente aplica generosidad allí donde puede esperar un sumiso silencio y le es factible crear una cautelosa lejanía. La compasión cumple su cometido al mismo tiempo que, precisamente, aísla y aleja al compadecido. Nos compadecemos del pobre o del que llamamos *enajenado mental*, pero no queremos presenciar sus *feos modales* ni sus modos de vida: nos inquietan. Nos compadecemos del que está en el desasosiego, pero tenemos horror a su mundo de cristal. Ellos amenazan nuestra luminosa razón. El miserable, el *enfermo mental* y el crítico potencial forman, así, una misma horda, a la que hay que cuidar y apartar.

Pero incluso en el sentido latino más vigoroso del término *piedad*, en cuanto «respeto», «veneración», «reconocimiento», esta *pasión* no es buena candidata en la lucha contra la excomunión. Pues lo que se venera, respeta o reconoce es aquello que se es capaz de «ver». El *punto ciego* que opera en la mirada oscurece a todo un sector del propio cuerpo colectivo. En este caso, la exclusión no coincide con aquella que rinde efectos en el interior de la acción emprendida contra el dolor manifiesto. Es, más bien, la producción de un dolor consistente en la nuda invisibilidad. El hombre piadoso de la sociedad estacionaria es, al mismo tiempo y a pesar de todas sus buenas intenciones, un impío, porque no venera ni respeta, e incluso *crea*, sin saberlo, una extensa gama de existencia *excedentaria*: la de aquellos que simplemente pasan por la vida sin ser vistos ni oídos, como un excedente ignoto de la *productividad pasional*.

En definitiva, la pasión inter-subjetiva, por sí misma, no sólo constituye un mero bálsamo o paliativo del sufrimiento, sino que genera su propia negación. Y es que no se puede comenzar con ella en la crítica ontológica de la sociedad. Esta crítica debe ir dirigida, antes de nada, a las condiciones reales de existencia. Es en el enfrentamiento con el mundo donde cabe esperar el surgimiento de *afecciones* transformadoras. Las afecciones no son ya las pasiones, sino su fondo intensivo de fuerzas, respecto a las cuales éstas se forjan como un efecto de superficie. Las afecciones son modos reales de *ser afectado* por el mundo, de recibir el *impacto* de y en la exterioridad, tanto en cuanto *gesta* o *fuerza significante* como en la forma de *potencia operante*. Para ello, no hay más remedio que el *salto* hacia el caudal de problemas en movimiento en que consiste la exterioridad errática.

Esta exigencia del acontecimiento real confronta al hombre consigo mismo y lo sitúa ante el reto de lo que, empleando la metáfora ya sugerida, podríamos llamar *existencia cenital*. La experiencia trágica de la locura no puede dejar de suscitar, para aquel que la comprende, la llamada a una actitud heroica. El *augere*, la acción que acrecienta el mundo y la potencia operante, encontrará siempre una barrera allí donde la locura supuesta en la condición situada del ser humano es abandonada a su propio movimiento. A pesar de su productividad, este *punto ciego* constituye un peligro para el «entre» de las relaciones humanas. Como *sombra* que acompaña en el camino, proyectada a la luz de la praxis, puede —ya se señaló— *ensombrecer* al otro. En tal situación, cabe continuamente la posibilidad de desviarla hacia otro lugar. Algo así sólo es posible si cada hombre, cada pueblo, cada época, adquiere la fuerza suficiente como para reconocer la posibilidad de la sinrazón *en su propia cordura*. Este acto abre una autorreferencialidad problematizante que necesita el acopio de una gran dosis de valentía. Coloca a cada vida en guerra consigo misma, de manera que el extrañamiento llega a ser experimentado ante el propio campo de juego. Una posibilidad así siempre está reclamada, vivamente supuesta en la propia vida. El ser errático no es, de un modo trivial, el que anda de un lado para otro, sino el que porta su excentricidad extrañante en todo momento. El devenir errático no debe confundirse con el traslado físico en el espacio o el tiempo. Es el viaje intensivo, anterior a toda explicitación en el plano de la *extensio*. Siendo esto así, no hay nada en el hábitat «interior» de un individuo o de una forma de vida en común que pueda sustraerse, por principio, a esta potencia excéntrica. *Cómo se es ya* es más profundamente extraño a la luz del autodistanciamiento que los otros y que el mundo, pues incluye ya el modo en que éstos hacen su gesta en el propio espacio intensivo. Quizás sea por ello el más difícil ejercicio de erraticidad el que acontece en el seno de una historia personal o colectiva, pues la instala problemáticamente ante la posición interrogante que ella misma involucra. Constituye el surgimiento de una interrogación en la que la instancia que inquiere y la que es destacada como enigma son la misma: una unidad discordante de dos caras en distinción real. El abismo ante el que es colocada la existencia es, en este caso, tan radical, que produce auténtico pavor, pues suspende la seguridad de un yo, del propio fondo, del propio rostro. Esta vuelta sobre sí, anticartesiana por excelencia, pues no se conduce por la búsqueda de certeza sino por el testimonio de una incertidumbre sin resistencia posible, es quizás el más horroroso de los desafíos que la naturaleza ha colocado en el hombre. Le obliga a contemplar su propia nada. Pero, además, lo pone en una situación en la que puede hacerse cargo de su impiedad indisponible. Edipo es el hombre que quiere saber, intérprete vencedor de la esfinge. Sin embargo llega a conocer lo que él mismo ha sido con un espanto incalculable: un parricida que entra en nupcias con su madre. Lo que el adivino le espeta es una llamada a reconocer el punto ciego de toda vida: «Y anuncio porque me injurias de ciego: tu ves, pero aunque ves no ves qué profundo has caído». En vano intenta Yocasta hacer que vuelva a la segura ignorancia que ayuda a vivir. Él no se deja seducir por la tentación de disimular la verdad: «He de mirarla cara a cara y sin velos». Cuando se le manifiesta desnuda se arranca los ojos porque no ha sabido ver. El coro murmulla la experiencia que la excentricidad extrañante despierta cuando es dirigida a uno mismo: «Sois semejantes a la nada, generaciones de mortales». El héroe trágico no se detiene ante la sospecha de esta nada. Por el contrario, la prefiere a vivir en la ilusión.

Antes de arrancarse los ojos, la actitud heroica puede lanzarse a una empresa imposible de culminar pero deseable por sí misma en su infinitud: la de trabajar con la propia locura. Ésta, como se ha dicho, es ineliminable, pero la sombra que genera, de acuerdo con nuestra metáfora, puede ser desplazada, por medio de un posicionamiento en el mundo capaz de conducirla al límite en que pudiese recaer sobre uno mismo. Ese límite es la hora del cenit, cuando el hemisferio celeste corresponde verticalmente al lugar que se ocupa en la tierra. Exigirse a sí mismo tal exceso, vivir en la persistente tensión hacia un límite como éste, es un mandato incondicional de la fortaleza. No una presunta razón pura, sino la potencia del existir, en la franca *impureza* del devenir, del aquí y ahora, dicta en este movimiento una ley al comportamiento. «Que la sombra de mi locura recaiga exclusivamente sobre mí», una exigencia infinita, lo suficientemente ambiciosa como para fundarse en el deseo de *mantenerse en sí*, de *sostenerse sobre sí*, a pesar de sí... «ser capaz de mí»: ése es un verdadero imperativo para la voluntad. Tarea del *hombre cenital*, de imposible cumplimiento, porque en la existencia no hay un cielo de luz, sino oblicuidad permanente. Tarea con necesidad propia, exigida por el experimentarse ineludiblemente en la forma de existencia del arco tendido. En la decadente cultura estacionaria de Occidente el hombre cenital es ya casi una leyenda o un ser en extinción.

LOCURA

— Qué dramático te has puesto. No creo que ese tipo, el cenital, escasee tanto como piensas.
— No, no. No digo que no haya individuos así. Los hay a montones. Lo que pasa es que se extinguen de otra manera: el tejido social o bien los integra aislándolos o bien los expulsa a ese reino de invisibilidad del que he hablado. Si cabe esperar que el arco tendido arroje su flecha alguna vez es por esta muchedumbre, aislada o invisible, no de los que gozan de tanta compañía y luminosidad.
— Como no me pongas un ejemplo, no termino de pillarlo.
— El 11 de septiembre y la caída de las Torres Gemelas. ¿Correspondió a ese horror el presidente de Estados Unidos y toda la horda de sicarios que lo acompañan con la actitud heroica del hombre cenital? ¿Fueron capaces de interrogarse si, por un azar, su propio punto ciego había concurrido en semejante acontecimiento? ¿Se preguntaron si, tal vez, ellos mismos produjeron al terrorista? De hecho, lo adiestraron mucho antes. De hecho, su arrogante posición en el mundo viene ensombreciendo a muchísimos.
— Bueno, eso ocurre en la cúspide. Bastaría desplazar a esos energúmenos del poder.
— ¿Se te ha olvidado que lo que se llama «cúspide» es sólo la superficie más elevada de una red de fuercecitas en movimiento? Si lo deseas, te pongo un ejemplo que me puede costar muchos disgustos (desde los otros) y mucho dolor (si me miro a mí mismo), siendo yo parte de él. Está a la luz del día que en la mayoría de los departamentos universitarios y de los equipos docentes de los centros de enseñanzas medias surgen una y otra vez guerras intestinas, aquí en España. ¿Crees que una mayoría de personas en existencia cenital podría conducirse de esa manera? ¿No te parece que cada uno de los diversos bandos en pugna es incapaz de mirar su propia locura porque carece de la suficiente fortaleza como para querer más allá de sí mismo?
— No sigas, no sigas.
— Es mejor, sí.

2

Al hablar de silencio, del silencio que acompaña a todo acontecimiento, sería necesario preguntar si opera tal y como lo piensa J. Derrida.

— ¿Ya vas de nuevo a la cuestión académica?
— Creo que no te convenceré nunca sobre este punto. Derrida nos ha salido al encuentro. Y como lo que este gran pensador del siglo XX ha dicho y sigue resonando no es en absoluto banal (en contra de aque-

llos que blanden sin cautela la espada de la coherencia racional contra un enemigo inventado, al que llaman, sin más, postmodernidad), como es un pensamiento radical que va a la cosa misma de lo que piensa, con una inteligencia que asombra y que ha ganado su porvenir, no podría continuar sin intentar al menos «darle la palabra».
— *¿Y con qué objetivo, si se puede saber?*
— *Primero, para honrar su memoria. Segundo, porque hay un asunto que arriesgar y no se puede rehuir. Al darle la palabra, se afronta el riesgo de que, acompañándolo y recobrando aliento en él, degluta en su movimiento todo lo que podría decir, a pesar de todo, desde la disidencia. Pues es una característica de su discurso el que cualquier objeción se preste de inmediato a ser deconstruida en el juego o lógica interna que la anima (palabras, éstas, que ya habrá empezado el derridiano a rechazar por inapropiadas). Dado que el ser inapropiado de toda palabra es convicción del autor, parece más (con)veniente lanzar unas primeras, seguramente deconstruibles, y dejarlas rodar en el deslizadero derridiano, con el fin de investigar si se despeñan o no, o tal vez, si apremian a otras y qué resulta de ello.*
— *Tú lo que quieres es ponerle una carnaza a ver si pica.*
— *No seas bruto, hombre. Eso sería deslealtad. Se trata de un ejercicio de prueba. Prueba sobre el alcance del pensamiento derridiano. Porque de lo que no tengo duda es de su lucidez en todo lo que toca. Sólo tengo la sospecha de que, junto a la grandeza de lo que dice, hay en su decir una locura que él no reconoció y desearía ensayar si esta sospecha se sostiene en la tormenta deconstructiva o si es devorada por las aguas.*

Podríamos suponer que, al menos en principio, la condición errática adquiere figura en la comprensión derridiana del acontecer. Esta afirmación se sostendría si nos retrotraemos a esa concepción que descubre en el acaecer una especie de *silencio* insoslayable por la circunstancia de que en él toda fuerza significativa, todo impulso, se despresenta en el acto mismo de su presencia. Siendo esta última la forma de un devenir, su rostro patente y estructura visible, se convierte, aporéticamente, en la condición de imposibilidad misma de lo que, se supone, pugna por *tener lugar*. El *suceder* es heterogéneo respecto a cualquier presencia imaginable como *suya*, pues frente al carácter apolíneo, estático, concreto en su límite formal, de lo presente, el advenir que acontece, si es que es posible hablar así, sería dinamicidad o fuerza. Hay una *diferencia* entre el advenir y la signatura que éste necesita como fijación y de la que no se puede separar. Toda presencia constituiría, entonces, la huella de lo en ella supuestamente podría presentarse, la cara luminosa de un sentido en el que éste desaparece[9].

Decirlo así resulta todavía insuficiente y precario, pues parecería que es la heideggeriana diferencia óntico-ontológica lo que se está describiendo, cuando en realidad Derrida, en un giro de tuerca, quiere llevarla al punto en que aparezca su falta de radicalidad y también su inesencialidad. La diferencia no sería, propiamente, el litigio entre venir a presencia —germinación o apertura de sentido— y lo presente —mundo de sentido—. Esa mismidad del *sentido* en cuanto iluminación y ocultamiento escondería aún la nostalgia de un origen. Más bien es la falta de origen, visto desde esta perspectiva, lo que acontece, según Derrida. Más concisamente, se trata de una *expropiación* anterior a todo lo originario, que atraviesa el presentimiento del origen y lo desahucia. Remontarse al nudo gordiano de este giro del giro implicaría dar cuenta de la prolífica discusión derridiana con la fenomenología. Baste aquí señalar tan sólo dos embates cruciales. Pensar el sentido es ya, en primer lugar, desvanecerlo. ¿Acaso sería posible una significación pura, ideal, un querer-decir intencional impoluto y cerrado sobre sí mismo? ¿No está penetrado, necesariamente, por aquello que en principio excluye, a saber, el signo, la marca, la escritura? Sí, porque la posibilidad de esa unidad ideal del sentido es que sea repetible, que se pueda trasladar más allá de su contexto y permanecer identificable. Y ello implica que la repetibilidad por excelencia, la del signo, le pertenezca de suyo. El signo o la escritura no es simplemente la representación gráfica, sino una grafía o «medio» cualquiera en la que el sentido queda consignado, fijado. El presunto *medio* de plasmación o vehículo de transmisión pertenecería, así, a la presunta esencia significativa que se *envía*. Desconocer esto es, para Derrida, el remoto olvido yacente en el *logocentrismo* occidental: el *fonocentrismo*, la fe en la significación sin significante, en la palabra como voz, anterior al trazo que la canaliza[10]. Sería —interpretando a Derrida— como si se quisiese pensar un río sin cauce, una cordillera sin montañas, un hormiguero sin hormigas, o, empleando un ejemplo suyo, la filosofía sin instituciones filosóficas[11]. Pues bien, la escritura, así pensada, siendo la condición de posibilidad del sentido, es, en segundo lugar, la condición de su imposibilidad. Pues constituye el lugar de una *iterabilidad* en virtud de la cual cada signo remite a otro y está en relación con una herencia. Entre sentido y contexto, marca o presencia concreta, no existe, pues, una unidad sustancial. La significación es continuamente diferida, en un envío que proviene de otro envío y que reenvía hacia otro lugar[12].

Semejante imposibilidad del sentido, por otra parte, no puede equipararse a una «sustracción» o «retraimiento» de éste en su acaecer. Es natural que impugne Derrida, por ello, la pretensión heideggeriana. Cierto que Heidegger, como se vio, vincula el acontecimiento de la *Ereignis* tanto con la apropiación (*eigen*) como con la *expropiación* (*enteignis*), es decir, el ocultamiento. Pero Derrida, adoptada esta óptica, no puede dejar de entender la desapropiación en la apropiación de modo distinto, a saber, como una *inapropiabilidad* en lo que sucede. La diferencia, así, se distingue de la pensada por el filósofo alemán en que no incide en el litigio entre ocultamiento y desocultamiento del ser, sino en la circunstancia de que cualquier apropiación imaginable ha *fracasado* ya desde su comienzo. Más aún: que la *inapropiación* es el movimiento mismo del devenir[13]. De ahí que ponga en tela de juicio el momento de donación del acontecimiento de ser y al ser mismo en cuanto protofenómeno de donación[14].

— *Casi, pero no termino de entenderlo.*
— *Es que Derrida, me parece, no apela a una comprensión. Que este movimiento de expropiación continuo fuese «comprensible» significaría que constituye un «sentido», lo cual no encaja con la doctrina. Más bien, el autor intentaría «mostrar» a través de sus escritos lo que no se puede dominar en una captación hermenéutica.*
— *Un ejemplo.*
— *Poner un ejemplo, así, como se «ponen» los ejemplos, sólo valdría si sirve de índice para una experiencia que habría que activar en curso. Si tenemos esta prevención, te diría... espera a ver... ¡Una vocación! Imagínate lo siguiente. Dices que has tenido siempre la vocación profesional «x». ¿Qué se dice con ello? ¿Apuntas a una esencia espiritual o tendencia pura que luego se plasma en realizaciones concretas? Derrida diría, tal vez, que no existe algo así como tu vocación al margen de los «signos» en que ella «es» cuando experimentas la necesidad de decir «tengo esta vocación». Estos «signos» podrían ser contextos (espacios institucionales o vitales, cada vez únicos) o incluso indicios signables (pensamientos, sueños, ilusiones, etc.). Fíjate, un «sueño», en sentido cotidiano, en el cual te imaginas realizando tu «vocación», si interpretamos a Derrida, no sería la expresión viva de algo puro, sino otra marca en la que tu decir «vocación» está comprometida ya con una textura concreta: una representación, una imagen o conjunto de ellas, etc. Pues bien, no habría tu vocación antes o después de tales «signos». Sólo por y en ellos. Quitemos entonces el término «es». Pero, al mismo tiempo, lo que llamas tu «vocación» excede «cada una» de esas vicisitudes. Si la piensas en una concreta verás que no está en ella, sino que remite también a cualquier otra. Y no sólo del resto que «tengas», sino también a las futuras. ¿En qué consiste entonces tu*

«*vocación*»? *No es un origen que se expresa en momentos. Es el diferir en esos momentos, como un envío, de uno a otro, que no resiste la paralización en ninguno y que excede sin ser previo. Sería algo así como un «por venir» innombrable (como no sea mediante ese término «x» que, como ves, no posee un referente allende su peripecia), que ni estaba antes ni apunta a un fin. El «por venir» no se debe ni a un origen ni a un telos. Esa «x» no «surge de» ni «asciende a»; es «inexistente», por quedar infinitamente diferido. Remite a la diferencia que tiene lugar en «cada instancia»: entre cada instancia y la imposibilidad de que «sea en ella», una diferencia que «envía» la presunta «x» más allá. La «x» no es, entonces, ni una «nada» ni un «algo», sino ese paso de diferenciación. Más o menos. Espero haber dicho algo con sentido (en el buen sentido de «sentido»).*

— Sí, sí, quizás un derridiano pondría matices aquí y allá, pero creo que... —¿debería decir «capto»?— la cosa —¿debería decir «cosa»?

— Quitémosle «capto» y «cosa» y tal vez estemos pensado el camino hacia aquello a lo que apunta Derrida.

— ¿Y no es esto la expropiación de la que hablas, esa del «ser errático»?

— No.

No se puede decir que la diferencia, tal y como es pensada por Derrida, no implique una «experiencia». Si lleva razón, no es experiencia hermenéutica de un «sentido». Pero sea experiencia de y en la huella, sea del movimiento de un escapar, permanecer evasivo, abierto, indeciso, indeterminable, sea incluso de lo que mueve o escapa en las palabras «el acontecimiento es *que yo no comprenda*», esto es experiencia, aunque hubiese que buscarle un nombre inaudito e inexistente hasta la fecha en nuestros lenguajes. Y como es *experiencia*, está permitido ponerla al lado de *otras* experiencias. Nos preguntamos entonces si en la derridiana hay inserta una experiencia *otra* respecto a la que él destaca y que sea *destacable, persistente* (admitiendo incluso desde un principio que lo haga difiriendo, desdoblándose, reenviándose). Esta experiencia *otra*, inadvertida en la del *envío* o en la de la *huella*, o en la del *diferir*, no podría ser más que su propia *locura*, su propio espacio de sombra, silencioso, invisible. ¿Cómo despachar o desalojar la locura de sí? Al decir «locura» no se señala, como reprochaba Derrida a Foucault[15] —una discusión en la que no nos es preciso mediar aquí—, lo completamente «otro» respecto al discurso o el lenguaje, pues es cierto que no podemos salir de ellos, de manera que cualquier oposición, «bueno-malo», «verdadero-falso», o, en este caso, «cordura-locura», «razón-locura», están ya insertos en el interior del pensamiento o lenguaje mismos que intentase separarlos de raíz. Sí se pone en tela de juicio, por cierto, que la crítica de esta *lógica oposicional* del *logocentrismo* haya de acabar *necesariamente* en la instigación característica de la deconstrucción derridiana, que tiene como emblema siempre mostrar la *indecidibilidad* de un concepto, es decir, la imposibilidad de determinar un límite irrescindible entre él y su contrario, en la *convicción* —y éste es un aspecto crucial del problema— de que mostrar la *falta* de un límite absoluto *coincide* con testimoniar el fenómeno de la diferencia como *envío*, tal y como se ha intentado describir y con ninguna otra cosa más. Sobre esta cuestión volveremos en seguida. En lo que al problema de la locura concierne, hay que insistir en que ésta no puede significar algo así como «locura total», «subversión del pensamiento puro» o «enloquecimiento que no puedo dominar». Si persiste y es ubicua es sólo en la forma de una irreductibilidad relativa, punto ciego de cualquier estancia. Aun si hubiese que admitir la iterabilidad de la estancia y el desplazamiento infinito de la despresencia, la oscuridad que ella habita en su concreción seguiría penetrando todo ad-venir, a cada paso, diferido, tal vez, en un silencio infinito diseminado en todas sus paradas. Aun si hubiera que decir que el acontecimiento es que «no comprendo», habría que presuponer en cada uno de sus hitos invisibles el trabajo de su *incidencia* en otras cadenas o cursos como impacto ensombrecedor. O tal vez, todo lo que, como el salmón en el río, remonta desde el «ir» de dicho «no comprendo» a contracorriente: todos los «y sin embargo, ahora y aquí, creo que... actúo precisamente así, me enfrento de esta manera».

Uno de los *puntos ciegos* de la perspectiva derridiana consiste en la experiencia que conduce a tomar toda facticidad como *colapso*. Su punto de mira se coloca por encima de cualquier experiencia y contempla lo que a la llegada de ésta, antes incluso de que comenzase, la paraliza en lo finito. La finitud de lo concreto en la que toda significación tiene que estar signada —contexto, marca, grafema específico— es empuñada ahí como signo de una parálisis, de un encierro constrictivo que lo incalculable tiene que romper en su viaje sin morada. No porque lo incalculable exista antes, sino porque surge precisamente como la ruptura misma con esa lúgubre cárcel una y otra vez, como promesa, no de libertad, sino de excarcelación. Es contemplar la vida como si fuese la línea de fuga, constantemente en escapada, de la muerte, siempre asistente en la estancia situada, esta mordaza presente que habría convertido desde siempre todo posible en un imposible diferido, determinación que amenazaría y generaría lo indeterminable en su constante y asfixiante devenir:

Es, pues, la relación con *mi muerte* (con mi desaparición en general) lo que se esconde en esta determinación del ser como presencia, idealidad, posibilidad absoluta, de repetición. La posibilidad del signo es esta relación con la muerte. La determinación y la borradura del signo en la metafísica es la disimulación de esta relación con la muerte, que producía, sin embargo, la significación[16].

Esta apreciación no se salva simplemente suponiendo que la relación vida-muerte es productiva y afirmando, como hizo Derrida, que «la deconstrucción está siempre del lado del *sí*, de la afirmación de la vida. [...] La supervivencia es la vida más allá de la vida, la vida más que la vida, y el discurso que pronuncio no es mortífero; al contrario, es la afirmación de un viviente que prefiere el vivir, y por tanto el sobrevivir, a la muerte, pues la supervivencia no es sólo lo que queda: es la vida más intensa posible»[17]. Pues el *sí* posible a la vida posee muchas máscaras. Y éste, precisamente, de la deconstrucción, es el *sí* a una vida que se siente traicionada por la finitud y aspira a algo más alto que ella, aunque sea en la ausencia diferida a su través. La radicación en el mundo, envés de la erradicación, formando una distinción real, una unidad discordante en la existencia del ser errático es otra: la de la finitud como *potencia positiva*, no porque genere en su concreción la *falta* de la más alta potencia, sino porque es, en cada una de sus estancias, materialización de la potencia operante, intensidad ya potente que la erraticidad no deniega, sino desde la que *salta* hacia tierra de nadie, aún por-venir.

En su crítica a Heidegger, Derrida introduce la inapropiación a costa de sobrevolar la generación en la existencia mundana y situarse en el punto de mira de lo *constituido*. Contemplando lo constituyente desde lo presente constituido, la génesis desde la instancia en que se corporeiza o se *signa*, la *intensio* desde la *extensio*, ha perdido el juego con ellos, la lucha entre radicación y erradicación, y ha sublimado a esta última en la forma de un viento que se avecina y que nunca llega. Esa absorción del ser-radicado en la erradicación no se plasma, ciertamente, en un mero *textualismo*[18]. Pues la escritura es para Derrida, como se señaló, más que el texto en su sentido estricto y elemental. Pero sí que toma cuerpo en un grafologismo, que intenta averiguar las propiedades de la experiencia tan sólo desde las propiedades de la grafía general, de la dimensión presente y constituida. El existir, en el que acontece el impacto de la fuerza, bien como gesta significante, bien como intensidad operante, no es más que en su corporeización dinámica. Pero esto no significa que semejante ser-incurso, más que un encarrilamiento, sea un *encana-*

llamiento en el que la intensidad queda colapsada. Prescindir de esta dimensión de la radicación lleva a Derrida a un encaramarse en la altura del *conceptualismo*. La deconstrucción siempre parte de una pregunta realizada ya en asistencia del *cogito*: ¿Qué pasa con «x» (*la justicia, la* democracia, etc.)? Desde esa elevación busca las trazas, los medios en que podemos reconocer *el* fenómeno «x». Al final se concluye que el concepto «x» rebasa toda concreción en que un acto referible a él adopta forma. Esta mirada derridiana analiza la lógica de un concepto y supone que ella es la lógica de toda experiencia. Es un hegelianismo incluso radicalizado. Pero independientemente de lo que se piense sobre Hegel, este conceptualismo lo es, radicalmente, porque se abstrae de la lucha agonística de la *intensio* que nos afecta en su carnadura. Allí donde un acontecimiento opera (la justicia, el don, etc.) tiene lugar un «entre» que separa y reúne a los seres humanos y a los fenómenos entre sí. Sin la presuposición de este intersticio no habría encuentro ni devenir posible: todo se reduciría al Uno *indiferenciado*. El *envío* en la diferencia presupone esta diferencia más radical, que se da ya en la existencia. Este «entre» productivo y en continuo dinamismo es silenciado por una perspectiva que se quiere externa a él y que no puede serlo, es deglutido en lo que se podría observar de él en superficie: un conjunto serial de remisiones. El *sí* a la vida de la deconstrucción es un *sí* perdido en la imaginación de la vida, en su ficcionalización, un *sí* desconfiado y del revés.

— *Tal vez porque tiene temor a pisar la vida y ex-ponerse a lo que llamas impacto.*
— *Decir eso sería psicologizar el problema, o realizar una genealogía muy arriesgada. Derrida se expuso realmente en la praxis.*
— *La genealogía, el pensamiento de la sospecha, tiene sus derechos.*
— *Pero no es clarividente. A esa hipótesis tuya yo añadiría, para ponerlo en el otro lugar de la balanza, que se trata de un exceso de celo, al que es propenso el hombre valiente en una sociedad estacionaria.*

Una crítica como ésta es inmediatamente repelida en el lenguaje derridiano. «Conceptualismo», se dirá, ya se opone a otra cosa. Comienza el trabajo de la deconstrucción. Esta vuelta deconstructiva conduciría a afirmar de nuevo la productividad de la diferencia. En el decurso de este giro dirá que la experiencia, la génesis o la constitución no son *negadas* en este pensamiento, sino *denegadas*. La denegación estaría más allá de la oposición entre afirmación y negación[19] y apuntaría a un exceso, más que a una falta, de significación en el lenguaje: el diferir, el continuo *envío*, tendría a su base un *decir de más* en cada palabra, en cada acto, que desbordaría la signatura presente y que se haría frente como una *reticencia originaria* a ser dicho, a quedar encerrado en la presencia[20]. Ese exceso no es una posibilidad subyacente y anterior que podría ponerse en acto alguna vez, sino el anuncio de una promesa más allá de toda palabra, que nos ha implicado antes incluso de que hayamos comenzado un discurso y que hace explotar cualquier discurso[21]. Así, por ejemplo, al decir «justicia», hemos puesto en vigor su reticencia. Todo acto justo implica una regla, por un lado, pero, por otro, atiende a un caso específico, que nunca podrá ser subsumido en una regla. Un acto cualquiera de justicia, pues, implica ya un freno, una injusticia, lo que quiere decir que la justicia es una promesa siempre diferida, reticente a toda forma de presencia[22]. Del mismo modo, el compromiso con el otro, de la amistad o de la vinculación entre los hombres, vive sólo como promesa que excede toda presencia. Pues esta relación encierra una aporía que la convierte en un imposible siempre por-venir: por una parte se dirige al otro en su singularidad; por otro, no puede dejar de estar referida a cualquier otro, a cada otro. Esta diferencia no puede ser satisfecha ni en la concreción ni en la universalidad genérica y abre, así, un horizonte infinito e imposible[23].

La promesa, en su anuncio y en su imposibilidad, no es ni siquiera el acontecimiento, en cuanto advenimiento continuo y plural de lo que carece de rostro, sino más bien, un inconmensurable que no se puede someter a ninguna presentación, a ninguna medida, a forma alguna de unidad. Por eso esta promesa es una reticencia que resiste, más allá, a toda presencia por venir. Desde este punto de vista, dice Derrida, se mantiene en *secreto*. No porque constituya un arcano, más allá del lenguaje o una reserva virtualmente explicitable, sino porque la *reticencia*, refiriendo a la promesa que se retira en su anuncio, calla en la presentación. Ella misma se resiste a ser puesta en palabras, a signarse de algún modo; la reticencia es también reticente. La *denegación* es esta reticencia del secreto, e inversamente, el secreto en su reticencia es denegación:

> Hay un secreto de la denegación y una denegación del secreto. El secreto como tal, como secreto, separa e instituye ya una negatividad, es una negación que se niega a sí misma. Se de-niega. Esta denegación no le sobreviene accidentalmente, es esencial y originaria. [...] El enigma del que hablo aquí [...] es la partición del secreto, [...] el secreto pardo en sí mismo, su partición «propia», lo que divide la esencia de un secreto que no puede aparecer, y aunque no sea más que a uno

solo, sino en cuanto comience a perderse, a divulgarse, así pues, a disimularse, como secreto, mostrándose: a disimular su disimulación. No hay secreto como tal, lo deniego[24].

De este modo, la negatividad peculiar de la diferencia no consistiría en una negación dialéctica de la negación, que culminaría en una afirmación. No hay un «como tal» de la diferencia, sino el anuncio de promesa imposible en cuanto un referir que no refiere a lo otro que referir.

¿Qué decirle a este decir que calla y guarda en secreto lo que rebasa todo decir? Sobre todo, ¿cómo decirle algo, si al hacerlo, este decir quedará preso en la denegación de todo decir? Realmente, es muy difícil decirle algo a Derrida sin darle la razón. Se diría que, como en el caso de K.-O. Apel, ha extendido ya la red en la que indefectiblemente habremos caído al abrir la boca, una red que no es la del discurso argumentativo, por supuesto, pero muy semejante a ella por el gesto que la acompaña. Es la red de un *ya siempre* al que nos arrojamos por el hecho mismo de intentar ir a contracorriente. Por lo menos, cabe empezar diciéndole esto, que su pensamiento apunta a lo indisponible inexorable, a aquello en lo que uno «es» —manténgase en reserva todavía esta palabra—, a una inexorabilidad de lo que antecede a todo inicio, por muy peculiar que resulte esta ante-cedencia. Se puede comenzar diciéndole esto, dejando que por un tiempo, la palabra de este decir sea deglutida por la lógica del secreto y la denegación. Empezar expresándole que en el fondo del fondo de lo que llama «promesa» ya ha germinado una «llamada» que subtiende y envuelve todo lo que se diga o haga, una llamada que, por muy distinta que se quiera respecto a la que Heidegger atribuye al Ser, sigue adoptando la forma de una apelación. Llamada que, aunque no provenga de un origen, sigue siendo un movimiento que reclama, antes de nada, adecuarse a su curso, mantenerse en él, respetando su silencio, manteniéndole fidelidad a su secreto mediante un testimonio. Cierto que, en este caso, testimoniar el secreto sería como guardarlo perdiéndolo. Cierto que lo testimoniado no tendría un nombre, un «en cuanto tal», que sería el anuncio de un imposible por-venir que renunciaría a toda presencia. Pero, de cualquier modo, es un anuncio, por mucho que se disuelva al instante y sigilosamente se cubra de silencio; de cualquier modo, una petición, aunque sin emisor ni remitente, a sostenerse en la denegación. Esta llamada no es, por un lado, una donación, pues no proviene de ningún lugar; ni una expresa demanda, porque lo que ella espera, espera ya otra cosa que lo que espera, al esperar, e incluso compromete a que no se hable de ella, y se escapa furtivamente. Pero es, por otro lado, habría que decirlo, una donación. Porque con ella, se habría encontrado ya el hombre al abrir los ojos, al pronunciar la primera palabra y, antes de ella, al emitir el más mínimo sonido que significase inteligencia. Haya querido él o no, la denegación le ha venido dada, en ella se ha visto arrojado. Y por mucho que la mire consternado, semejante donación se retira y sigue espoleándolo, incitándolo a seguirla. ¿Pero cómo decirle esto a Derrida? ¿Cómo explicarle que, a pesar de todo, continúa la senda de ese «eterno retorno de la apelación» del que hemos hablado? ¿Cómo, si, al decirlo reaparecería de nuevo su llamada a decir que nadie ni nada lo llama? ¿Cómo comunicarle, por lo mismo, que sigue prendido del sentido más sutil en que puede darse aquella «clausura de lo propio» que vislumbrábamos en el pensamiento de Heidegger? Habría que intentar decirle que también la inapropiación ha creado aquí su clausura, al convertir de inmediato en inapropiado lo que se le pueda decir, y que esto es lo «propio» de la promesa. Pero que, de ese modo, ha disuelto y dado la espalda al extrañamiento. Porque éste no se detiene jamás ante lo dado o lo inexorable, por muy extraño que éste vaya a su encuentro. El extrañamiento de un ser radicado que, al unísono, se queda perplejo y sin palabras ante lo que le ocurre. ¿Cómo decirle a Derrida que no ocurriría nada, ni siquiera «que no comprendo», sin esta excentricidad radical, testigo de todo «acaece»? Tal vez respondería que, a pesar de todo extrañamiento, la reticencia hace su trabajo. Pero le responderíamos que no, que no está tratando con un fenómeno psicológico, ni con un concepto, sino con una experiencia insólita que no se deja deconstruir de ninguna manera, porque está por debajo de la deconstrucción misma y de todo pensamiento. Esta experiencia no dice, a la luz del día o en la penumbra, nada cuyo decir se deniegue, ni es una mera pregunta o cuestión concreta que tenga que guardar su secreto. Es lo que afronta cualquier secreto y lo desautoriza. Por él se puede interrogar: «¿cómo que así y no de otro modo?», «¿cómo que ocurre lo que ocurre?» «¿Y por qué, si es que fuese así, al modo derridiano?» «¿Cómo que *es* —apliqúese ahora el término en su sentido más estricto— esta demanda, esta apelación, aquella donación, la denegación, ese secreto o lo que sea *en lo que* esté entregado?» Preguntas que no se pueden formular simplemente, sino ponerlas en acto, posicionándose desde ellas. Preguntas que no son últimas en su expresión, porque remiten al primer gesto del hombre en el mundo y que ha permanecido «en» o «junto a» *cualquier otro* gesto, unos ojos en los que el estupor, la admiración, la inmensa soledad, se arropan entre sí, bajo el sobresalto de un arquear las cejas en el que ya brilla un arco tendido y está naciente la determinación al salto. El «sí» de la afirmación derridiana es una respuesta a la demanda invertida y transfigurada de lo que se «encuentra» el hombre en el mundo, el descubrimiento de éste en su reticencia, la inmersión en un secreto que apaga el extrañamiento y lo somete a lo inexorable. Éste es el secreto del secreto. Más allá, el ser errático es radicado, se «encuentra» en el mundo, de un modo o de otro, quiera o no quiera, y es, al unísono una potencia excéntrica que se extraña de ello y que, por esa fuerza, arriesga creando nuevos conceptos, nuevos lenguajes, mientras hace una nueva tierra. Pero ¿cómo decirle esto a Derrida?

— *Ya se lo has dicho.*
— *No. Me lo he dicho. ¿Cómo sería para Derrida esta palabra realmente la palabra del otro? ¿Se habría detenido en ella, la habría dejado resonar? La experiencia del ser errático no se alcanza sin el salto. Así, pues, tendría que haber saltado desde el lugar en el que está encaramado, en ese análisis del concepto, en esa idealidad que piensa la aporía entre teoría y praxis sin salirse de la asistencia del* cogito. *Sí, tendría que haber saltado y estar ahí, ante esa copa de vino. ¿Y cómo admitiría esa palabra sin presentir el estallido del secreto y sin entrar en este otro silencio telúrico del «entre»? Pero, al ser todo esto una mera sucesión de palabras, y no un acto vivo en la existencia, queda ya recogido en el dinamismo que la disuelve en la denegación. ¿Cómo lanzarle el impacto de esta sospecha, de que en su eterno retorno, la repetibilidad de todo decir, amenaza con provocar un claustro en el que se convierte en síndrome de repetición? ¿Cómo expresarle que en ese blindaje, y en el curso mismo de la promesa lanzada a todo cualquier otro, corre el riesgo, además, de trocar el deseo de hospitalidad en un silencio aplastante ante el otro concreto, que se extraña porque es errático, y al que no puede decirle nada porque siente que tiene que callar? Por ser un ser que se extraña, radicalmente, el ser errático recibe el mayor daño del otro cuando a su sorpresa se responde con el silencio, no del «entre», sino de la retirada y del secreto. Sí, sólo aquí, ante esa copa de vino, o de agua, junto a la cual los hombres hablan, se podría dar el salto hacia una palabra otra que la suya. ¿Pero cómo querría él hacerlo si prefiere callar su secreto?*
— *No lo sabrás jamás.*
— *¿Porque Derrida ha muerto o porque el pensamiento derridiano no respondería?*
— *Por lo primero. Pero lo peor sería que fuese por ambas cosas.*

NOTAS

1. J.-F. Lyotard, *La diferencia* [1983], Barcelona, Gedisa, 1988, pp. 25-26.
2. M. Foucault, *Historia de la locura en la época clásica* [1964], México, FCE, 1991, I, pp. 26-38 y 45-50.
3. W. Benjamin, «Tesis de filosofía de la historia», en *Discursos interrumpidos*, Madrid, Taurus, 1973.
4. Debo las reflexiones sobre este problema a las indicaciones realizadas por mi colega y amigo fallecido Mariano Peñalver. Cualquier palabra de homenaje por mi parte sería insuficiente.
5. Cf. el caso eminente de M. Walzer, *Guerras justas e injustas* [1977], Barcelona, Paidós, 2001. Más recientemente: *Reflexiones sobre la guerra*, Barcelona, Paidós, 2004.
6. Cf. M. Walzer, «El crimen de la guerra», en *Guerras justas e injustas*, cit.
7. El lector que desee proseguir con el elenco puede echar un vistazo al capítulo 3 («El arte de la maquinación histórica») de N. Chomsky, *La (des)educación*, Barcelona, Crítica, 2001.
8. Cf. N. Chomsky, *Una generación dicta las reglas*, Barcelona, Crítica, 2000, pp. 152 ss.
9. Esta genética diferencial y aporética del acontecimiento aparece tratada con detenimiento, por ejemplo, en J. Derrida, «Fuerza y significación», en *La escritura y la diferencia* [1967], Barcelona, Anthropos, 1989, del que extraemos unos párrafos especialmente centrales, a nuestro juicio: «El sentido del devenir y de la fuerza, en su pura y propia cualidad, es el reposo del comienzo y del fin, la paz de un espectáculo, horizonte o rostro. En ese reposo y en esa paz, la cualidad del devenir y la fuerza está ofuscada por el sentido mismo. El sentido del sentido es apolíneo por todo lo que se muestra en él. Decir la fuerza como origen del fenómeno es, sin duda, no decir nada. Una vez dicha, la fuerza es ya fenómeno. [...] Pero al decir esto, hay que referirlo a una cierta impotencia del lenguaje de salir de sí para decir su origen, y no al *pensamiento* de la fuerza. La fuerza es lo otro que el lenguaje sin lo que éste no sería lo que es» (p. 42). Iluminadora es la metáfora de lo dionisíaco-apolíneo: «El litigio, la *diferencia* entre Dioniso y Apolo, entre el impulso y la estructura, no se borra en la historia, pues no está *en* la historia. Es también, en un sentido insólito, una estructura originaria: la apertura de la historia, la historicidad misma» (p. 44).
10. Cf. J. Derrida, *La voz y el fenómeno* [1967], Valencia, Pre-Textos, 1985, especialmente los capítulos IV («El querer-decir y la significación») y V («El signo y el parpadeo»).
11. «Chaire vacante: censure, maîtrise et magistralité» [1984], en *Du droit à la philosophie*, Paris, Gallimard, 1990.
12. Especialmente claro sobre esta problemática es J. Derrida, «Firma, acontecimiento, contexto» [1971], en *Márgenes de la filosofía*, Madrid, Cátedra, 1988.
13. La iterabilidad que constituye la *inapropiabilidad* es una ruptura con la apropiación: introduce una frontera «sin frente ni confrontación [...]: ella se escapa, permanece evasiva, abierta, indecisa, indeterminable» («Autoinmunidad: suicidios simbólicos y reales. Diálogo con Jacques Derrida» [2001], en G. Borradori [ed.], *La filosofía en una época de terror. Diálogos con J. Habermas y J. Derrida*, Madrid, Taurus, 2003, pp. 131-135, p. 137). Por eso, el acontecimiento no es el de una comprensión finita a la que se sustrae la comprensión del ente en su totalidad. Es una despresencia de la comprensión misma: «[...] el acontecimiento es ante todo *lo que* yo no comprendo. O mejor: el acontecimiento es ante todo *que* yo no comprenda. Consiste en *aquello que* yo no comprendo: *lo que* yo no comprendo, y ante todo *que* yo no comprenda, el hecho de que yo no comprenda: mi incomprensión» (*Ibid.*, 137).

14. Derrida se emplea a fondo en el desenmascaramiento, tanto de la *mismidad* que conforma en su interior la diferencia óntico-ontológica heideggeriana, como de la prelación de ese momento de *donación* que en ella delataría la remisión a un origen. Especialmente claro al respecto nos parece J. Derrida, *El oído de Heidegger*, en *Políticas de la amistad* [1994], Madrid, Trotta, 1998, pp. 341 ss. Derrida explora la intimidad de la diferencia (*die Innigkeit des Unter-Schiedes*), que en Heidegger es lo que une o unifica la diferencia, la *Diaphorá* (*das Einigende der Diaphorá*). Esta interioridad es portadora, flujo de donación: la diferencia es *der durchtragende Austrag* (lo que porta a término, gesta, lleva a nacimiento, a través).

15. Derrida realizó una crítica a Foucault, dirigida a *Histoire de la folie* (1961), en la conferencia titulada «Cogito et histoire de la folie», pronunciada el 3 de marzo de 1963, en el Colegio de Filosofía. Se publicó por primera vez en *Revue de métaphysique et de morale*, 3 y 4 (1964) y fue luego reproducida en *L'Écriture et la différence* (1967). La crítica derridiana estaba dirigida a la relación entre locura y razón, como relación excluyente y delimitable, especialmente en lo que concierne a su presuposición en el *cogito* cartesiano, señalando que la hipótesis del sueño es, en el trabajo de la duda metódica, más englobante y radical. En la réplica, que produjo una separación y un silencio entre los dos colegas durante años, Foucault se resistía a incluir la locura dentro del ámbito más extenso del sueño. Según él, aparece como un riesgo distinto en la meditación cartesiana: es aquello contra lo que se define la propia reflexión para calificarse a sí misma. La reflexión pura tiene antes que superar ese peligro sustancial y primero. *Dormiens* puedo proseguir; *demens* no puedo proseguir (cf. el apéndice II, que se incluyó en la reedición de 1972 de *Histoire de la folie*, trad. cast., II, pp. 340-372). La última alusión de Derrida aparece en su trabajo «Ser justo con Freud. La historia de la locura en la era del psicoanálisis», en É. Roudinesco (ed.), *Pensar la locura. Ensayos sobre Michel Foucault* [1992], Barcelona, Paidós, 1996, pocos años después de la muerte de Foucault. En este escrito insiste en que el límite entre razón y locura es indecidible. Si pensamos que siempre que hay un discurso se segregaría otro, hay que admitir, al mismo tiempo, que entre el segregado y el creado no hay un límite determinable. El que segrega, de alguna forma, presupone en sí lo segregado. Derrida le llama a esta lógica «ley cuasi-trascendental de la serialidad» y la explica del siguiente modo: «la condición trascendental de una serie también forma parte, paradójicamente, de la serie, creando aporías para cualquier constitución de un conjunto» (p. 130). Foucault, por tanto, no se habría dado cuenta de esta lógica aporética. En vez de eso, Foucault se mantendría pertinaz en la sospecha de que «[...] lo que se repite de manera fatal y maligna es aún la exclusión cartesiana [de la locura], como una herencia inscrita en un programa diabólico, casi todopoderoso, al que habría que reconocerle que uno nunca se desembaraza o libera de él sin que quede un resto» (*Ibid.*, p. 148).

16. J. Derrida, «El querer vivir y la representación», en *La voz y el fenómeno* [1967], cit., p. 104. Es coherente con ello que Derrida haya prestado tanta atención a la génesis conjunta de la responsabilidad y del *darse la muerte* (*Dar la muerte* [1999], Barcelona, Paidós, 2000, espec. pp. 19 ss. y 45 ss.). Las fases de la historia de la responsabilidad en Europa coinciden con las de una historia del *darse la muerte*. La responsabilidad implica un poder de responder de sí, y éste un repliegue del sujeto sobre sí mismo. Ahora bien, el surgimiento de este repliegue se produce a condición de aprehender la muerte como constituyente del nacimiento al sí genuino y responsable. En el platonismo, es la muerte por la razón, por el *Logos*, que Sócrates se da a sí mismo, aceptándola como condición de la responsabilidad. En el cristianismo se trata de cuidar la muerte que hay que darse como condición de una vida genuina más allá. En general: «Lo que llamamos aquí la aprehensión de la muerte hace referencia tanto al cuidado, a la solicitud inquieta, a la atención prestada al alma (*epimeleia tes psyches*) en la *melete thanatou*, como a la significación dada a la muerte por la actitud

interpretativa que en otras culturas diferentes, en otros momentos distintos, por ejemplo en el misterio orgiástico, después en la anábasis platónica, con posterioridad en el *mysterium tremendum*, aprehende la muerte de un modo diferente» (p. 45). Este fenómeno tan destacado por Derrida posee una estructura aporética que lo convierte en un acontecimiento indisponible de diferencia: «Se trata siempre de una forma de ver venir aquello que no se ve venir, y de darse lo que, sin duda, no podemos darnos jamás pura y simplemente. Cada vez, el yo anticipa su muerte dándole o confiriéndole otro valor, dándose, *re*-apropiándose en verdad lo que no puede apropiarse simplemente» (p. 45).

17. J. Derrida, *Aprender a vivir. Entrevista con J. Birnbaum* [2005], Buenos Aires, Amorrortu, 2006, pp. 49-50.

18. Foucault, en el fondo, le reprochaba a Derrida que excluyese un análisis del modo en que la textualidad está afectada por prácticas discursivas, «reducción de las prácticas discursivas a las trazas textuales; elisión de los acontecimientos que se producen allí para no conservar más que las marcas por una lectura; invención de voces detrás de los textos para no tener que analizar los modos de implicación del sujeto en los discursos; asignación de lo originario como dicho y no dicho en el texto para no reemplazar las prácticas discursivas en el campo de las transformaciones en que se efectúan» (M. Foucault, *Historia de la locura en la época clásica* [1964], cit., II, apéndices, p. 371).

19. J. Derrida, «Cómo no hablar. Denegaciones» [1986]: *Suplementos Anthropos*, 13 (1989), pp. 3-29, p. 10.

20. «Desde que hablo, las palabras que he encontrado, desde el momento en que son palabras, ya no me pertenecen, son originariamente *repetidas* [...]. Ante todo tengo que oírme. Tanto en el soliloquio como en el diálogo, hablar es oírse. Desde que soy oído, desde que me oigo, el yo que *se* oye, que *me* oye, se vuelve el yo que habla y que toma la palabra, *sin cortársela jamás*, a aquel que cree hablar y ser oído en su nombre. Al introducirse en el nombre de aquel que habla, esta diferencia no es nada, es lo furtivo: la estructura de la instantánea y originaria sustracción sin la que ninguna palabra encontraría su aliento. La sustracción se produce como el *enigma* originario, es decir, como una palabra o una historia (*ainos*) que oculta su origen y su sentido, que no dice jamás de dónde viene ni adónde va, ante todo porque no lo sabe, y porque esa ignorancia, a saber, la ausencia de su propio *sujeto*, no le sobreviene sino que la constituye» (J. Derrida, «La palabra soplada», en *La escritura y la diferencia* [1967], cit., p. 244). Agradezco a Natalio Morote Serrano las conversaciones sobre esta problemática, que me han impulsado enormemente.

21. «El discurso sobre la promesa es por adelantado una promesa: *en* la promesa. No hablaré, pues, de tal o cual promesa sino de aquella que, tan necesaria como imposible, nos inscribe con su huella en el lenguaje, antes del lenguaje. Desde el momento que abro la boca, ya he prometido, o más bien, ya antes, la promesa ha atrapado al yo» (J. Derrida, «Cómo no hablar. Denegaciones», cit., p. 7).

22. Cf. J. Derrida, *Fuerza de ley. El fundamento místico de la autoridad* [1994], Madrid, Tecnos, 1997, cap. 1.

23. Cf., entre otros, *Políticas de la amistad* [1994], cit., espec. caps. 8-10 y *Dar la muerte* [1999], cit., pp. 81-115.

24. J. Derrida, «Cómo no hablar. Denegaciones», cit., pp. 11-12.

IV

LA VIDA DEL PENSAMIENTO

Entre acontecimiento y pensamiento existe una relación peculiar. Constituyen una unidad de encuentro. Es necesario que indaguemos esta orilla del ser errático. De este modo, asumimos, al mismo tiempo, la tarea de justificar los criterios del pensar y, en consecuencia, de la ontología crítica de la sociedad.

9

LOGOS: *INGENIUM*

1. Pensamiento naciente como ingenio. Del pensar «al encuentro» al pensar «en el encuentro». 2. ¿Qué significa «pretender validez»? Colapso del ingenio en el «logos discursivo». Carácter subsidiario del argumentar. Consecuencias del ordenamiento discursivo: judicialización de la vida. Dos ejemplos: la «vida asamblearia» y la «inflación pedagógica». 3. Creaciones heroicas del ingenio. No hay un «*factum* de la razón»; ontologizar a Kant. 4. Más allá de la separación entre «facticidad» e «idealidad»; autoanticipación proteica del hombre. 5. La posibilidad, siempre acechante, de la experiencia trágica; lo trágico en el hombre cenital.

1

El ser errático porta la exigencia de testimoniar su condición discorde, esa doble faz irreductible a la unidad y persistente en su diferencia que lo sostiene como un ser insólito: radicado y erradicado, céntrico y excéntrico, inmerso en un mundo y destinado a hacerlo. En esta coyuntura *le va su ser*. Viva con el otro o, incluso, en compañía de dioses, no puede esquivar su soledad: el salto, irremediable en la ruptura con aquello a lo que está entregado, ineludible en la forja de nueva tierra, no es transferible a ningún *alter*, sea humano o divino; y tampoco puede regla alguna, principio o *factum*, suplirle en el trabajo que surge de su extrañamiento. Éste lo sitúa directamente ante su propio destino y responsabilidad. Por esto, en su aventura arriesga la existencia entera; pone la vida en ello si se mantiene a la altura de sí mismo y, como ser cenital, no abandona en otro el arrojo. El ser errático *es en el peligro* de sucumbir y, por eso, es capaz de luchar *a muerte*.

Hay muchos modos en que el testimonio de su condición discorde aparece como reto. El arco tendido que *in-siste* en el quicio entre descubrir y crear es, quizás, el más primitivo e inexcusable. En esa tesitura se vinculan la llamada a escuchar lo que lo rodea y la potencia que ha de poner en juego para *abrirse* una senda. Qué lugar ocupa en semejante peripecia eso que se ha venido llamando «logos» o «razón» es el problema sobre el que preguntamos ahora.

Como se señaló, el litigio entre descubrir y crear ha debido generar, desde los primeros pasos de la andadura humana, un *pensamiento naciente*. Pensamiento, porque exige la acción inteligente y la impulsa. Naciente, porque, emanando de la radical apertura de la existencia, de la equivalencia entre ser y hacerse, no puede consistir sin más en la explicitación de una arquitectónica de reglas o principios *ya dada* por naturaleza. El pensamiento naciente no responde a un corpus categorial, a una sistemática funcional de la capacidad humana. Pues entonces, el hombre no se reconocería a sí mismo como enigma ni toparía con el mundo en cuanto problema. Se puede partir de la base de ciertos resortes lógicos o trascendentales, de determinadas habilidades prácticas que son de esa manera y no de otra por razones biológicas, de cualquier aparato cognoscitivo previo que la naturaleza haya propiciado en él. Pero ninguna reglamentación *dada* podrá colocarse en el lugar del extrañamiento: ella misma sería ya motivo de asombro. El pensamiento es naciente porque, a pesar de toda pre-disposición, tiene que ponerla al servicio de algo más primordial: del *habérselas* el ser humano con su condición errática. No hay para ello ni libertad absoluta ni determinación. Su productividad implica, tanto la operación de *situarse en un mundo*, como una quiebra con lo dado en su radicación. Cualquier forma de *racionalidad* tiene aquí su fermento y su caudal.

Quisiéramos nombrar a este ser de todo *logos* —en honor a nuestro Baltasar Gracián— con el término *ingenio*[1]. Del latín *ingenium*, es más un *operar* inteligente que una facultad abstracta o una competencia reglada. El ingenio, por un lado, no prospera sin la radicación operante en las cosas; es una habilidad o talento que se despierta a condición de que haya que afrontar la realidad, ya sea haciendo frente a dificultades, ya sea elevando lo que hay a la altura de su secreta riqueza. Si el mundo es siempre una realidad problemática, una red de problemas en movimiento, el ingenio es capacidad en acto para aprehenderlos. De algún modo, «des-cubre» una *tesitura* dinámica en el mundo entorno, en ese devenir diferencial en el que los cursos prácticos se encuentran, lanzando en su movimiento disyunto un litigio real. Al mismo tiempo, y por otro lado, se *pone en obra* afrontando dicha realidad problemática, mediante la creación inventiva de una trayectoria insólita, sorprendente, novedosa. Pues como actividad ligada al testigo errático, no puede dejar de responder, yendo al encuentro del problema e incidiendo en él. Es una especie de *ars inveniendi*[2] que parte de y hacia y que, por ser *in status nascendi*, reconfigura sin cese todo «de» y hace surgir una y otra vez un «hacia». Por eso, es aliento de la inteligencia que vibra en el devenir. Hace *apócrifo*, tanto a lo que es —si se lo piensa en cuanto dado— como al futuro —si se lo experimenta como *anticipación necesaria*, inconmoviblemente reguladora—. El eco de esta inteligencia inventiva resuena en los versos de Machado, como un «entre» o pliegue que reúne y separa «descubrimiento» y «creación»:

> Se miente más de la cuenta
> por falta de fantasía:
> también la verdad se inventa[3].

La unidad discrepante de las dos potencias, el descubrir y el crear, en el campo de la *inteligencia naciente*, cuyo operar es el *ingenio*, tal y como aquí lo entendemos, se funda en la lucha entre centricidad y excentricidad que constituye al ser-errático. En ella se dan cita la «cosa misma» apelativa que, desde la inmersión mundanal, exige comparecencia y prolongación, por un lado, y la experiencia de expropiación de este ser extranjero en el mundo, que no puede residir más que a condición de lanzarse, también, en el arrojo que hace mundo. Ahora bien, la «cosa misma» no se puede identificar ya directamente con una presunta autodonación de sentido. Se ha intentado mostrar con anterioridad que el sentido «comprensible» no lo es de una unidad significativa *ya ahí*. Por debajo de la aprehensión global en que consiste un «*es* de este modo», se agita una abigarrada muchedumbre de *fuerzas significantes*, intensidades afectantes en relación recíproca, en las que el *sentido* arraiga y en las que el fenómeno de la «significatividad» está ya encarnado: *gesto*. Éste apela a una «captación» de sentido, pero no es, todavía, en su profundidad intensiva, la unidad de un «en cuanto» y no llegará a serlo más que por una unificación *ulterior* en la *síntesis aprehensiva*. Esta unidad es la impronta en superficie de una *gesta* móvil del acontecimiento, que comienza en el encuentro dinámico, *in actu*, de *intensidades gestuales*[4]; tal encuentro va conformando, en su devenir, *impacto* gestual.

De un modo más abarcante, la afirmación de una unidad apelativa, como *horizonte* o *mundo* de sentido (Heidegger), que alcanzaría por igual a todas las cosas bajo su órbita, es una hipótesis apresurada y poco pulida[5]. Suponer que el mundo, aun en cuanto contragolpe de la *sustracción de ser* u ocultamiento del ser en cuanto tal, subtiende un espacio óntico *en general*, como apertura globalizante e internamente homogénea o como fuente común que toma cuerpo en acaeceres concretos, implica integrar el litigio inmanente a la problematicidad real en el magma de un *sentido indiferenciado*. En el mundo abierto no habría problematicidad en curso si las grandes conformaciones problemáticas —en su extremo: sociedades, culturas, épocas— reposasen sobre una pre-comprensión común. El problema real se gesta en el encuentro de lo diferente. No hay, pues, un *sensus communis* en y del mundo[6], a no ser que lo tomemos, metafóricamente, para designar el «entre» productivo que reúne y separa, en su silencio operante, diferentes cursos prácticos. El fenómeno del des-cubrimiento no hace implosionar una estancia mundana atravesada por la unidad. Es el acontecimiento del dejar-ser al impacto de las intensidades en su litigio, encarnadas tanto en la forma de potencias operantes como en la de fuerzas significantes: operación y gesta.

El *pensamiento naciente* es la *intensio* del *augere* inteligente, siempre en ciernes, del *arreglárselas* y del *habérselas en el mundo*, impulsándolo al crecimiento. En cuanto inteligencia primordial de un ser simultáneamente radicado y extraditado, céntrico y excéntrico, situado en la fisura dinámica del des-cubrir y el crear, opera como *ingenio*. El ingenio no remite, de este modo, ni a una mera facultad de un «sujeto» cerrado sobre sí, ni a una apelación subyacente a él y al mundo. Se constituye en el «entre» mismo del mundo problemático y del testigo interrogante, espoleado por el extrañamiento. El vínculo que enlaza hombre y mundo es más que un «ir» del primero «al encuentro» del segundo. Incluye, como su otra cara, el confrontarse con él y afectarlo *in actu*. Si el ingenio constituye al pensar no es en cuanto *facultad* de una conciencia, sino como poder errático en el intersticio de estos dos *sub-curso*s recíprocamente afectantes que son el hombre y el mundo.

2

La unidad discordante del descubrir y del crear constituye el suelo existencial sobre el que se forja el movimiento del pensar. ¿Quiere decir esto que todo lo que se viene asociando al juicio reflexivo, o más concisamente, al *logos* del «dar razón», constituye un mero espejismo? El racionalismo, en sus diversas formas de expresión, ha tendido a apuntalar esta dimensión en sí misma, como si tuviese en ella su propio principio. La ilustración actual de J. Habermas y K.-O. Apel, se sustenta en la convicción de que el *logos* judicativo del *dar-razón*, que se explicita en el proceso de la argumentación discursiva, es la instancia irrebasable, intrascendible, del conocimiento, de los juicios morales y, en definitiva, del pensamiento con sentido. Sobre esa base, oferta hoy una noción *formal* y *procedimental* de la racionalidad: los fundamentos de ésta coincidirían con las condiciones universales del diálogo, condiciones que no aportarían una visión del mundo desde sí, sino que sustentarían el proceder mismo de cualquier opinión con contenido acerca de lo real. Tales condiciones procedimentales serían aquellas que posibilitan un discurso libre de coacción y en el que, por consiguiente, se pudiesen hacerse valer los argumentos por la única fuerza de la adhesión intersubjetiva que fuesen capaces de despertar en la comunidad. Esta pujanza y soberanía argumentativa podría acaecer exclusivamente en una situación en la que participasen todas las perspectivas sobre la materia de discusión, en la que todos y cada uno de los participantes dispusiesen de la misma libertad para participar y en la que las intervenciones, ellas mismas, estuviesen a salvo de influjos heterónomos que pudiesen deformarlas: prejuicios de la tradición, intereses particulares, motivos ocultos causantes de autoengaño, etc. Y dado que en la historia fáctica de la humanidad cualquier diálogo concreto se ve limitado en esta causa —su aspiración inmanente— por el lastre de los condicionamientos contextuales ineludibles, esta teoría concluye que las condiciones de la racionalidad sólo podrían ser cumplidas en una situación ideal, *contrafáctica*, que, aunque imposible de realizar, haría las veces de un ideal regulativo capaz de poner un norte en el infinito progreso racional.

Esta comprensión del *logos* adolece de fuertes contradicciones internas y carencias que aquí no pueden ser examinadas[7]. Se hace necesario, más bien, en el decurso de estas reflexiones, volver sobre el fundamento más básico que la conforma en su interior. La estructura entera de la propuesta habermasiano-apeliana reposa sobre el principio fundamental de que las comprensiones del mundo vehiculan inexorablemente *pretensiones de validez universal*[8]. Al comprender lo real de un modo —dicta este comienzo— el sujeto interactúa comunicativamente, en el seno de una comunidad y, en ese espacio, presenta ante los demás la pretensión de que su visión de las cosas y la apuesta teórica que supone, *vale universalmente*. En caso contrario no se podría tomar su posición con seriedad: seguiría meramente una creencia ciega. En términos de una teoría pragmática del lenguaje: cada acto de habla porta un contenido proposicional explícito y presupone ineludiblemente una dimensión performativa, tácita, en la que se aloja una pretensión de que dicho contenido proposicional posee validez universal. Es obvio que se trata de una «pretensión» presupuesta que no garantiza la verdad de lo que se piensa o defiende, por lo que el conflicto entre pretensiones, que siempre apela al convencimiento del otro, puede resolverse exclusivamente en un discurso argumentativo, en el que las pretensiones de validez universal se valoran a la luz de sus correspondientes justificaciones (argumentos). Los universales de la razón se identifican ahora, como se ha dicho, con las condiciones formales que hacen posible un discurso libre de coacción, igualitario y abierto a la intervención de todas las perspectivas posibles.

Para Habermas y Apel este principio es irrevocable por la misma razón que Descartes arguyó respecto al *cogito*. Cualquiera puede *hacerse cargo* de su carácter inconmovible al ejercer *in actu* la vuelta autorreflexiva que permite aprehender lo implicado en el *decir asertivo*: afírmese lo que sea, seriamente, acerca del ser de lo real y repárese en que, al hacerlo, no se puede evitar dar curso a la propia convicción sobre el particular. Tal sería, en su versión más modestamente expuesta, el *hecho* lingüístico por excelencia que opera, se quiera o no, en todo pensamiento. Ahora bien, a pesar de su apariencia incontrovertible, de su evidencia, este *comienzo* es cuestionable. Para conmover semejante desafío conviene comenzar mediante algún rodeo. Tomando como punto de partida incuestionable al *factum* del «pretender validez» y al hacer coincidir el *logos* con las condiciones de posibilidad de éste, la nueva ilustración actual olvida preguntarse por la génesis de aquello que, precisamente, considera un *factum*. Lo adopta como un «hecho de la razón» que podemos reconocer autorreflexivamente en cada toma de posición, en cada afirmación sobre el carácter del mundo o de lo real. Pero de ese modo «constata» un hecho que «se da» en un cierto nivel de autoconciencia y se sustrae a la pregunta por su surgimiento generativo más allá de ella. El ilustrado pensará de inmediato que cualquier explicación sobre dicho surgimiento tendrá que defenderse a sí misma y pretender validez universal, con lo cual, ya habríamos aceptado la tesis que intentamos poner en cuestión. Dejemos, por el momento, que esta *sospecha irracional*, como podría describirla el habermasiano o el apeliano, se muestre. Nada se pierde con ello y, en el hacer filosófico, ningún atisbo de crítica puede ser *a priori* rechazado. Tenía razón Deleuze al reprocharle al método trascendental de origen kantiano que no alcanza la crítica inmanente que ella misma persigue, persistiendo en un análisis de condiciones aún exteriores a lo condicionado, y tenía razón también al oponerle el método genealógico de Nietzsche[9]. Pero nosotros no buscaremos ahora esta genealogía en la dimensión de *fuerza* perteneciente a la vida como voluntad de crecimiento y expansión —una perspectiva que se ha mostrado insuficiente—, sino en la conformación existencial del pensamiento en su estado naciente.

El pensamiento naciente surge en la lucha entre centricidad y excentricidad. En realidad, un argumento hunde sus raíces en esa discordia y la conserva, pues no podría haber surgido si el argumentante no hablase desde un mundo respecto al cual, sin embargo, mantiene distancia. Ha sido K.-O. Apel el que con más claridad en la nueva ilustración ha incidido en este caudal, de modo que ha sabido ligar la fuente del pensamiento argumentativo con la posición excéntrica, reconociendo, además, su ligazón con la incardinación céntrica del *ser-en-el-mundo*[10]. Sin embargo, siguiendo el procedimiento trascendental kantiano, toma la excentricidad inserta en el *dar razón* como un *factum* que el hombre *encuentra*, yaciente en sus actos comunicativos de habla. Dándolo por sentado, lo despliega *hacia delante*, directamente en su calidad de propulsor del razonamiento argumentativo. Olvida el retroceso genealógico, que habría llevado a empuñarlo, desde su espalda, a partir de su nacimiento intensivo. El ilustrado actual no se ha interrogado lo suficiente sobre esta génesis, que habría retrotraído el problema de la validez al de la problematicidad del mundo y su concomitante posición interrogante. ¿Cómo podría tener lugar en el hombre algo así como «pretensión de validez» sin presuponer, en la base misma de su generación, la experiencia excéntrica, más primitiva y más antigua, del extrañamiento? ¿Cómo podría ser suscitada en él una vocación de *dar razón* si no se hallase ya, en la existencia misma, sobrecogido por este distanciamiento extrañante que lo coloca interrogativamente ante lo dado? Este nexo en profundidad no es anulado en el movimiento argumentativo, como si pudiese ser excluido en la forma de algo así como un «contexto genético de des-cubrimiento». Permanece operante. Y no precisamente en cuanto convidado de piedra, metamorfoseado en la figura de una mera inquietud o vacilación subjetiva, sino como un verdadero hacedor. Con anterioridad a que la conciencia judicativa comience a averiguar, sancionar o justificar, un extrañamiento excéntrico ha topado con el curso de la problematicidad real y puesto en vilo a un pensar, en permanente germinación, que desde la profundidad del operar empieza ya a *ingeniárselas* y que no cesará mientras lo instigue el encuentro. Siempre puede suceder que el trabajo del pensamiento se desprenda del ingenio y emprenda un vuelo rasante hacia el cielo despejado de la pura reflexión. En tal caso, las razones empiezan a sucederse unas a otras en la geometría que traza un testigo descarnado. Pero si en la argumentación hay un genuino trabajo de pensamiento, es el ingenio el que tiende de antemano sus invisibles cauces. Vale la pena reparar en que los argumentos y los juicios explícitos no se pueden articular sólo en función de atómicas pretensiones de validez, cuya exigencia interrogativa es determinable y formulable («¿es cierto que 'p'?», «¿qué justificación podría hablar en favor de 'p'?»). Suponen una posición interrogante informulable de modo explícito y un pensamiento en ciernes que se sustrae a la determinación que adquieren los juicios concretos. Las razones explícitas se relacionan unas con otras y se dejan encadenar sobre la base de un cuestionamiento que las atraviesa en su inmanencia. Se disponen en la textura global, holista, de un «pensamiento» que cursa, que está en movimiento y que es informulable en forma proposicional. Es esta nervadura de fondo la que les propicia una dirección determinada y un modo de ejercicio. Si una razón inicia el discurso e invoca en su comienzo una constelación de otros juicios, si estos momentos «atómicos» del pensamiento son conjurados en un conjunto y se disponen en él de acuerdo con cauces orientativos, diferencias de rango y perfil; si llegan a dar forma a un «paisaje mental», en términos de Merleau-Ponty, en el que unos avanzan en primer plano, otros se mantienen en retaguardia expectante, algunos hacen las veces de contrapunto o sombra; si actúan como un ejército en plena batalla, organizándose sobre la marcha... ello no es porque el gobernáculo de un *cogito* observador lo determine a cada paso y a golpe de comando. Es necesario presuponer una retícula o nervadura sub-reflexiva con poder vocativo e inventivo. ¿Cómo puede engranarse un campo de razones de este modo vivaz? A menos que reduzcamos el pensamiento a la lógica, es preciso reconocer que los juicios no se componen en su multiplicidad a través de relaciones deductivas o implicaciones condicionales. Hemos de suponer el trabajo subcutáneo que genera una *endoconsistencia*[11] pre-lógica entre ellos y un rumbo de ese magma productivo a través de sendas virtuales. Se diría que un esbozo del movimiento global del pensamiento, forjado en asistencia de la imaginación productiva y re-configurado en ciernes, en el acontecimiento de pensar, siempre *in actu* mientras se piensa, *arrancase* las razones concretas, los juicios precisos, y les permitiese formar parte de todo un espectáculo, como si fuesen personajes en una escena inteligente *avant la lettre*. En ella no impera primariamente un «yo pienso que», sino un inteligente «yo puedo»[12]. Todo ello pone de manifiesto que el *dar razón de* es inseparable de un acontecimiento ante-predicativo del pensamiento en curso que le confiere todo un *estilo*. Suponer que dicho curso invisible hace las veces de un mero fondo estético sustituible por cualquier otro sin que se altere el sentido judicativo del argumentar es obviar que de él depende el enlace ontológico con el mundo. Se trata de un estilo *intensivo* en el que se funda el propio estilo verbal y que, más que ornato, constituye en su operar un auténtico *estilete* que rotura y labra dinamismos de pensamiento. Nexos con la *exterioridad errática* se fraguan en su seno. Entre ellos, y en primer lugar, la *pertinencia* del razonamiento presente.

Por muy fundados que estén ciertos juicios, es siempre posible que se encadenen al margen de los problemas reales. Que, por el contrario, den cuenta de éstos, que sean pertinentes, no depende de ellos, sino del *kairós* que los convoca desde la existencia y de su modo de ser afectados por la retícula de los contextos. En segundo lugar, su *virtus activa*, su eficacia productiva y creativa, su vigor:

> Ora se debilita, como en la fatiga, y entonces mi «mundo» de pensamiento se empobrece y se reduce incluso a una o dos ideas obsesivas; ora, por el contrario, me entrego a todos mis pensamientos, y cada palabra que se dice delante de mí hace germinar problemas, ideas, reagrupa y reorganiza el panorama mental y se ofrece con una fisonomía precisa[13].

En tercer lugar, su *fuerza discriminatoria*. Es esta nervadura del pensar la que hace acopio de distinciones: entre lo esencial y lo irrelevante, lo digno de ser defendido y lo que no vale la pena subrayar, lo mejor y lo bueno (pues no todo lo que imaginamos como «bueno» es lo «mejor» aquí y ahora), lo atrevido y lo peregrino, etcétera.

Un discurso, pues, no comienza con argumentos. Depende de una *toma de posición* que actúa respecto a éstos como el plan difuso del ajedrecista respecto a las jugadas específicas. La teoría de los actos de habla que Habermas y Apel toman como base (fundada en las clásicas aportaciones de Austin y Searle y adaptada a su teoría de la racionalidad) debería, por todo ello, ser reorientada. En primer lugar, habría que superar la abstracción que supone partir de un análisis del *acto de habla* en cuanto unidad atómica. Cada acto lingüístico, se podría decir, forma parte de un *curso de habla* que rebasa cualitativamente al conjunto de los actos particulares integrados en él. Desde este punto de vista, la *fuerza performativa* atribuible a un acto se muestra dependiente de su *curso*, manteniendo con él un valor subsidiario, al que tal vez cabría llamar *gradiente intensivo*. Éste daría cuenta de la *singularidad* irrepetible del acto, más que de su *particularidad*, pues el uso de este último término presupone ya la idea de que el acto especifica, en cuanto *caso*, una regla ideal y general formulable. El *gradiente intensivo* es de carácter cualitativo y sólo podría ser *delimitado* como el conjunto de diferencias intensivas entre los actos de habla de un curso. En efecto, desde esta perspectiva es posible señalar que el aporte lingüístico de un acto no emana de una presunta identidad que le perteneciese de suyo, independiente de las relaciones con otros. En este sentido, no es reductible, como se puede inferir de las teorías de Grice, ni a la intención del emisor ni a las relaciones entre intenciones subjetivas. Entre los diferentes actos de habla de un curso debe haber un vínculo procedente del proceso, una especie de sinergia que se funda en los encuentros productivos en el conjunto. Cada uno afecta a los demás y es afectado por ellos, de manera que su sentido y operación no le conviene por esencia, sino que se forja en la *diferencia*. Su emisión, si acaso, vendría precedida por una *exigencia de pertinencia* generada en el movimiento global al que pertenece. Se puede entender así que un escritor o un hablante cualquiera albergue en su lenguaje la experiencia de una lucha por la palabra, por la palabra *precisa* cuya necesidad surge aquí y ahora. Sin embargo, este *gradiente intensivo* no puede, en realidad, ser delimitado. Pues forma parte de un curso dinámico que no posee límites precisos. El gradiente es, en ese devenir, transformador y transformado. Ello quiere decir, por cierto, que la inestabilidad de la palabra, su oscuridad perseverante, no remite primariamente a la repetibilidad o iterabilidad a la que se vería arrojada en cuanto signada en la finitud de una marca, de un contexto, de una grafía cualquiera. «Quedar signada» no significa que su posible significatividad quede presa de una materialidad limitativa, respecto a la cual, y en virtud de una «fuerza de ruptura» incontenible, sea diferida infinitamente. Quiere decir, más bien, que es *capturada* en el seno de las diferencias que constituyen un curso de habla. En él no rige una ley inexorable, pero tampoco una distribución puramente arbitraria. Ni *cosmos* ni *caos*, se ordena inmanente y espontáneamente: el curso de habla es un *caosmos*[14], en el que los acontecimientos lingüísticos se enlazan por la fuerza de una recíproca afección, quedando envueltos en un devenir sin principio axiomático ni telos anticipado. La singularidad de la palabra es un fenómeno complejo. No reside en su adecuación exclusiva y excluyente respecto a la realidad a la que apunta, pues esta realidad, errática, corre pareja a la dinamicidad de los problemas que cursan como mundo en ciernes. No consiste tampoco en una supuesta «promesa» que se anuncia en su continuo diferir respecto a sí. Está ligada a la musculatura entera del curso de habla. En él no ocupa un «lugar natural» pero, de alguna manera, viene requerida por esa *necesidad en estado naciente* del caosmos. En el curso de habla, el «entre» complejo que reúne y pliega a los actos en su encuentro, la multitud de intersticios que se afrontan «entre» sí, «fuerza» a un decurso cuya «norma» no preexiste sino que es, ella misma, generada en movimiento. La palabra que busca el que se agita, luchando con el lenguaje, no puede ser *cualquier palabra*, sino aquella capaz de incrustarse productivamente en el laberinto de los encuentros. Es *arrancada* por esa potencia proteica, que no va simplemente «a la deriva», porque, en su globalidad difusa, el curso de habla es potencia a condición de que su propio movimiento enlace con la realidad problemática en virtud de un *poder de ser afectado* que la transita. Realidad errática y curso de habla: dos orillas de un caudal. Ahora bien, por otro lado, la *palabra arrancada*, ésta y no otra, responde a su singularidad en la medida en que renuncia a sí misma y se deja dislocar, transformar, conducir, por el curso que la requiere. Borges amaba, más que nada, este *laberinto* y esta paradójica encrucijada. Sabía que la precisión de la palabra, de la frase, llega a ser en la medida en que renuncia a ser «única». El poeta que acierta con la palabra precisa para el palacio del Emperador lo hace desaparecer en ese mismo acto:

> En el mundo no puede haber dos cosas iguales; bastó (nos dicen) que el poeta pronunciara el poema para que desapareciera el palacio, como abolido y fulminado por la última sílaba. [...] Su composición cayó en el olvido porque merecía el olvido y sus descendientes buscan aún, y no encontrarán, la palabra del universo[15].

La nueva ilustración busca *el* discurso del universo. Es cierto que la *situación ideal de habla* (Habermas) o la *comunidad ideal de comunicación* (Apel), por ser un presupuesto *contrafáctico*, es irrealizable por principio en la historia *fáctica*. Pero esa circunstancia no resta un ápice a la convicción, por parte de los autores, de que el pensamiento humano tiene por horizonte dicha idealidad y que está comprometida con ella, de modo que se convierte en el criterio de progreso, en punto de fuga del crecimiento humano en general. El acuerdo o entendimiento que surgiese en esta situación contrafáctica a la que debería tender la humanidad equivale para los re-ilustrados actuales a la verdad. Verdad «para nosotros», pero verdad definitiva en cuanto esclarecimiento argumentativo último del ser de lo real. Constituiría el juicio *único*, la «opinión absoluta e intersubjetivamente válida» —expresándolo con Apel—, «la representación adecuada de lo real (y el equivalente, normativo para nosotros, del punto de vista de Dios, del cual no disponemos)»[16]. Esta concepción *judicativa* del *logos* se abstrae de la conformación interrogante y problematizante del pensamiento. Y ello tiene por base, de nuevo, una teoría muy cuestionable de los actos de habla. Habermas parte ya de la primacía del argumentar. Dando por sentado que todo acto lingüístico porta una pretensión de validez universal sobre su contenido afirmativo, basta ahora con señalar que «un argumento es la razón que nos motiva a reconocer la pretensión de validez de una afirmación o de una norma o valoración»[17]. Por supuesto: la argumentación no discurre, según esta teoría, en el vacío, pues utiliza siempre «esquemas cognitivos» que se forjan en la experiencia y un lenguaje básico cotidiano desde el que se «describe el fenómeno»[18]. Pero el problema no reside en este punto. Sería excesivamente simple reprocharle al ilustrado que el discurso está «desarraigado» de la experiencia. El problema hay que buscarlo, más bien, en qué se entiende por experiencia y en cómo se relaciona el argumentar con ella. Para Habermas está claro que la argumentación puede apropiarse progresivamente de la experiencia, traducirla en afirmaciones temáticas y, mediante *procesos de aprendizaje* continuo, progresar hacia la ideal situación de explicación y clarificación completa del sentido de la realidad[19]. Tanto Habermas como Apel terminan otorgándole, por la propia lógica de la doctrina, a la explicación argumentativa el poder de subsumir y *presentar judicativamente* todos los contenidos de experiencia que se forjan en el suelo de la existencia, un supuesto que merece mayor atención de la prestada en el espacio de la recepción española[20].

La concepción discursiva del *logos* adolece de un profundo cognitivismo que ignora la más básica conformación interrogativa del pensamiento. No sólo que los argumentos se articulan en la nervadura de un pensamiento naciente, como se ha intentado mostrar, sino que las expectativas que dicho pensamiento «presenta» ante el otro en una comunidad, y en cuanto portador de un encuentro con la realidad problemática, exceden con creces la mera respuesta consistente en un «sí» o un «no» argumentativo[21]. Al tomar la indagación argumentativa de lo «afirmado» como paradigma del *logos*, la ilustración actual, a pesar de todos sus esfuerzos por superar el cientificismo, aborda la palabra filosófica con el molde de la investigación científica. Esta última, aunque supone un impulso inquisitivo y una admiración subterránea en su relación con el mundo, los pone entre paréntesis en beneficio de una pesquisa cognitiva. Sin esa abstracción sería imposible la búsqueda de respuestas acerca de la conformación de los distintos ámbitos ónticos en que se distribuye eso que llamamos «naturaleza». En su propio recorrido se ve forzada a poner en tela de juicio los criterios específicos de validez que ha adoptado en el pasado. Mientras su modo teórico de posicionarse ante las cosas no se extienda a la filosofía y, en general a las humanidades, hace justicia, tanto a la necesidad de supervivencia de la especie, como a la inagotable curiosidad humana en la exploración de lo que la rodea. Tan carente de sentido es el intento de proyectar sobre la ciencia las exigencias del lenguaje filosófico como imprimir en este último el modo de cuestionamiento de la primera[22]. La peculiaridad del discurso filosófico reside en que no puede poner entre paréntesis el sustrato interrogante sobre el que se asienta, porque es *operativo* necesariamente en su propio lenguaje. Comparte con la literatura constituir un *curso de habla* en la forma analizada anteriormente. Pero, además, porta sobre sí la inexcusable pregunta «¿Qué significa pensar?». El pensamiento cursa inevitablemente haciéndose responsable del enigma de sí mismo. Es verdad de Perogrullo, y no hay ningún misterio en ello, que cualquier intento filosófico «pretende validez» sobre sí mismo. Ahora bien, qué signifique «validez» es un problema que depende de la comprensión de lo que quiere decir «pensar». Cualquier paso más allá de esta mera «pretensión» presupone, sin saberlo, una «teoría» del pensamiento. Así, la concepción habermasiano-apeliana, por muy evidente que pueda parecer a algunos, incorpora ya en su despliegue una determinada interpretación de este fenómeno. Al identificar «validez» con «entendimiento argumentativo», supone, por ejemplo, que los rendimientos del pensamiento son susceptibles de acotarse en un conjunto de argumentos, una opinión cuyo extremo podemos encontrar en la convicción de que cualquier acción con sentido es ya un argumento virtual[23]; implica también creer que la comprensión humana de sentido puede ser traducida en una explicación judicativa, que las diversas interpretaciones del mundo pueden ponerse en juego de forma que generan un «entendimiento», que la facticidad de la existencia, su oscuridad, puede ser esclarecida progresivamente, que la «transparencia» autorreflexiva es un fin deseable, etc. Por muy «obvios» que estos supuestos puedan parecer, son sólo supuestos, y en su mayor parte, expresión de un *desideratum* que no tiene fundamento y que, tal vez, provenga de un traslado del modelo de deliberación en la praxis política al cuestionamiento filosófico.

— Pero tú mismo pretendes validez para todo esto que dices.
— ¿Y qué? ¿Qué se deriva de ahí? La estrategia del ilustrado es muy astuta. Te voy a poner un ejemplo de lo persistente que puede ser. Apel, primero te intenta convencer de que en el nivel sexto de la presunta «evolución moral», has reconocido un principio moral universal, el del discurso. Luego se interroga: qué pasa con el que se pregunta «¿y por qué tengo que ser moral?». Y se responde: «Carece de sentido. El que se pregunta así ya está haciendo uso del pensamiento con sentido, de las reglas del discurso. Luego ha reconocido el principio moral y punto. El resto son cosillas sobre el sentido de la vida, un hormigueo metafísico que no afecta a la fundamentación del principio moral».
— Pues dime en qué falla el argumento.
— En que parte, dogmáticamente, de que lo genuino del pensar se identifica con el acto de reconocimiento aseverativo. El acto interrogativo lo excomulga: o bien es un mero camino de transición hacia la

afirmación (pretendo validez para mi afirmación tal y tal), o bien, si se vierte sobre la afirmación en cuanto tal y en toda su generalidad, lo expulsa fuera. Pero el acto pensante más cabal es la pregunta misma, como lo irrebasable en un ser que se extraña.
    — Aunque fuese así, habrá un acto que «capte» el hecho de ser algo que pregunta.
    — Volvemos sobre algo ya comentado. Pero bueno, un poquito más sobre el particular. Un ser que se pregunta se experimenta en la pregunta. Desde luego, puede concluir «soy un ser que pregunta». Pero ahí sí que hemos tocado fondo, amigo. Si se extraña de que es un ser que se extraña, todo queda en casa, en esta casa hospitalaria e inhóspita a un tiempo. El extrañamiento ante el extrañamiento da testimonio del extrañamiento, y disculpa tanta reiteración lingüística. Ahora bien, ante el extrañamiento (sigo con el palabreo) no se experimenta rebelión necesaria, pues el extrañamiento es la rebelión misma. El hombre, en ese acto, se reconoce libre, es decir, abierto, indefinido, último responsable de sí mismo.

    No hay posible «pretensión de validez» que no suponga el extrañamiento humano ante el mundo. Con él se inicia el pensamiento. Más originaria y más antigua que la pregunta por la validez es la cuestión que interroga por el sentido del pensar. En el forcejeo que mantiene con la realidad problemática y consigo mismo, el pensamiento espera en la comunidad de los hombres mucho más que juicios argumentativamente reflexivos. Aspira a compartir su tránsito extrañante, su celo admirativo, su continuo interrogar. No tiene por meta primera posar en las relaciones discursivas piezas afirmativas como presuntas *verdades*, sino *entregar el acontecimiento en su porvenir* al «entre» de los hombres, este tablero en el que se disponen todas las piezas posibles y se gestan las jugadas. No tiene nada que temer al litigio argumentativo y, si es honrado, no lo rehusará jamás. Pero el pensar no se somete a la lógica del argumentar. Ocurre a la inversa: quien argumenta tiene que pensar y está entregado al movimiento del pensar antes que a cualquier otra cosa, un movimiento que desconoce y sobre el que, incansablemente, debe volver una y otra vez.
    Este propio discurso, el de estas páginas, presenta «pretensiones de validez», pero no hay contradicción alguna en que niegue el modo en que la actual ilustración entiende este fenómeno del «pretender validez». Se dirige al pensamiento y surge de preguntas. En esa medida, no puede pretender, en el fondo, otra cosa que «pensar». Y también, por eso mismo, es sólo un forcejeo más, quizás inútil desde la perspectiva de futuros empeños del pensamiento.

Se comprueba, una vez más, que la *posición extrañante* no se reduce a un mero acto puntual y vacío, como el del *cogito* en la apropiación de sí. Es un «siendo» errático que porta ya, por un lado, el «es» del mundo —el impacto de las fuerzas en su encuentro—, un «es» que resplandece en curso, en la luminaria de la extrañeza. Porta ya, por otro lado, el esbozo creativo de mundo que se destaca como una ígnea ex-pedición desde la problematicidad en su apertura. Este suelo instaura el campo de juego del *dar-razón*. Lo cual no significa que la racionalidad se funda en un ámbito irracional, pues esta *inteligencia naciente* que se articula en el quicio entre des-cubrir y crear y que está espoleada por el *ingenio*, es ya experiencia pensante, *afección operante* acompañada de un *testigo* prelógico. El *logos* del *dar razón* es una incrustación en la encrucijada de la inteligencia naciente, es decir, del ingenio. Nuestra lengua recoge este sentido primordial del *logos*, al haber atesorado un profundo lazo entre *ser-errático* y *discurrir* (en cuanto un estar en curso la inteligencia y un ingeniárselas inventivo)[24].

En la sociedad estacionaria se aprecia un déficit de inteligencia naciente. Tomadas como un fin y no como lo que son —meras expresiones en superficie respecto al pensamiento— las exigencias del discurso se expanden hasta los últimos rincones de la existencia. Hoy es difícil vivir al margen de lo que podríamos llamar «autonomización de la vida asamblearia». La *asamblea* primitiva de los hombres que se narran acontecimientos, la *asamblea* que yace en el espíritu griego, siempre propenso a la auto-exposición en el *ágora*, está perdiendo el impulso que procede de la necesidad de pensar en común y compartir la experiencia de la pregunta; se comprime, cada vez más, en una diatriba de juicios argumentativos. Éstos, desarraigados de su suelo nutricio, se encadenan unos a otros por una *necesidad* cada vez más encerrada en sí misma, más volcada a la pura coherencia interna o a la claridad deductiva que puede enlazarlos. Las decisiones se hacen derivar cada vez más de reuniones dialógicas, en la alta política y en la actividad próxima del ciudadano, en el trabajo y hasta en la vida cotidiana, permeable —como quiere Habermas para una «sociedad postconvencial»— a la interacción entre pretensiones de los que conviven. Todo este proceso dialogizante de la cultura hace germinar, ciertamente, un espíritu de convivencia entre iguales, de ruptura con los dogmas, de crítica de lo establecido. Pero, al mismo tiempo, acrecienta el ritmo de una «racionalización *ficcional* del mundo de la vida»: la sustitución del encuentro con la problematicidad real por el «discurso acerca del encuentro». Es el recurso de un hombre que se aleja del *impacto* problemático de la exterioridad, de su *gesta* y de

LA VIDA DEL PENSAMIENTO

su *potencia operante*, y que sustituye la orientación capaz de surgir en ese *encuentro* y en esa *lucha* por una *construcción discursiva* de la experiencia. La discusión ya no es una epifanía del pensamiento, sino un *deber* fingido que sirve al encubrimiento del vacío y a la reproducción de la *organización de la carencia*. Esta *racionalización ficcional* termina convirtiéndose en una *judicialización de la vida*: experimentamos que aumenta el peso de una exigencia de «dar razón» que se presenta, no ya sólo como vía de resolución de conflictos o como modo de dar crédito a opiniones, sino, más allá, como una especie de imperativo universal y omnipresente que obliga a un continuo ejercicio de acreditación. «Acreditarse» va siendo ya una condición preliminar de cualquier inicio. Pero ¿qué verdadero inicio puede dar cuenta de sí antes de serlo? El método para iniciar sustituye al iniciar. Ésta es la clave de la judicialización.

— *Venga, hombre, no exageres. En otras épocas sí que había que hacerlo. He ahí al populacho en un régimen político absolutista. Ha de estar siempre en disposición de ofertar una justificación de lo que hace, precisamente porque carece de libertad. Pero hoy hemos conseguido, junto a derechos inalienables, libertades individuales que ni el estado ni otra instancia puede vulnerar.*

— *¿Sí? No te niego que el estado de derecho que se inició con la revolución liberal burguesa se funda en la libertad del ciudadano, a la cual sólo puede imponer limitaciones coherentes con el mantenimiento de la justicia pública. Pero cabe hacer una micropolítica de esta situación en la actualidad. La libertad de la que presuntamente se goza está penetrada por procesos ciegos y silenciosos que la gobiernan. Por ejemplo, en la sociedad estacionaria el valor de la seguridad ha adquirido (y ello es de esperar en una sociedad que desea persistir en lo mismo) un gran peso en la política. Pues bien, la administración de una gran seguridad organizada tiene como correlato toda una micropolítica de pequeños miedos, toda una inseguridad micrológica permanente. El sostenimiento del orden supone la creación de una especie de miedo constante o expectación permanente, sin lo cual no le sería posible al Estado su justificación en cuanto lugarteniente de la seguridad y del orden. Esto lo puedes comprobar observando el funcionamiento de los medios de comunicación, por ejemplo, más interesados en presentar un fenómeno problemático desde el punto de vista de su potencial «desestabilizador» que desde él mismo. Hay, además, una microorganización del stress constante en las grandes ciudades modernas, que encaja muy bien como contrapartida de una autojustificación del poder en cuanto garante de esa paz y tranquili-*

*dad que genera la seguridad*²⁵. ¿*No está infectada nuestra libertad por este rumor de fondo, tambores de una guerra invisible?*
— ¿*Pero qué tiene que ver esto con la judicialización de la que hablas? No cambies de tema.*
— *Pues que la judicialización de la vida es una nueva forma de rehuir y reprimir la libertad. No parece una extravagancia pensar que hay un vínculo entre la vaciedad de la política tras la muerte de las ideologías y la extensión del diálogo argumentativo y del espíritu de consenso en el campo entero de la cultura, aunque parezca una paradoja. Hay una necesidad silente de mantener «a seguro» la falta de un pensamiento que realmente afronta el curso de los problemas. Vaciada de un* novum *más allá de los imperativos estratégicos, financieros, funcionalistas, pragmáticos, que encierran a nuestra sociedad en un círculo vicioso, la política sólo encuentra la posibilidad de comprenderse como elevada y noble en esa estrategia que consiste en fortalecer el procedimiento en cuanto tal, el campo de juego en el que habrían de jugar las alternativas, hoy inexistentes. A falta de un pensamiento nuevo, de un saber ingeniárselas novedoso en el «entre» de los problemas, se crea un simulacro: el «procedimiento» en cuanto tal, en sí mismo. Todo consiste, entonces, en reunirse, dialogar y confrontar ideas. A falta de nuevas ideas, de ideas verdaderamente nuevas para un mundo diferente, se pone todo el empeño en la expansión y desarrollo del modo de proceder cuando se tienen ideas. Se podría decir que hoy hay ideas sólo en cuanto al procedimiento de tener ideas. Es irónico. El medio, el discurso, se convierte en el fin. Ahí comienza la judicialización.*
— *No me lo creo. Sospechas demasiado.*
— *Te ofreceré unos ejemplos. ¿Cómo se resuelve desde hace años el conflicto palestino-israelí? ¿Se ha avanzado? Yo diría que ha cambiado su forma de expresión en los límites de un mismo lenguaje. De la autodefensa ante el comportamiento terrorista del otro se ha pasado a la autodefensa respecto a un terrorismo más amplio, globalizado. En cualquier caso, no ha habido un verdadero compromiso entre puntos de vista, uno más islámico, otro más cristiano, ambos detenidos en la retórica de la autodefensa. Pues mira qué aspecto tienen las diversas y múltiples «soluciones». El emblema es: «nos hemos reunido» (reuniones entre palestinos e israelíes, entre americanos y ambos bandos, entre españoles y los tres anteriores...). Con ese «acto ritual» se autojustifica la falta de lo nuevo. Hoy, el «estamos en diálogo» o el «nos reunimos» se ha convertido en un fetiche. ¿Pobreza en el mundo?: «reunión de Naciones Unidas». ¿Deterioro de la biosfera?: «reunión para acordar un 'protocolo'». ¿Violencia en las aulas?: «re-*

unión de profesores, padres y hasta bedeles». Hoy nos reunimos para todo y para nada. Con el acto mismo de la «reunión» queda zanjado el tema, la conciencia tranquila, el corazón henchido por la esperanza de que «se está en vías de solución».
— *¿Es acaso mejor hacer las cosas en solitario?*
— *No me malentiendas, hombre, que ya he dicho algo al respecto. Lo que quiero decir es que hay una genealogía de estos fenómenos. No se trata de cuestionar su necesidad, sino de interrogar por el papel concreto que adoptan en la praxis actual. Y esta genealogía indica, a mi modo de ver, la siguiente secuencia en el* pathos: *1. ¿Qué hago? 2. Reconozco mi impotencia o mi miedo (este paso suele ser inconsciente) 3. Promoveré un diálogo 4. Perfecto, estamos en el buen camino.*
— *¡Je! Ya sé por dónde vas. No sé si es general, pero conozco a muchos que proceden así. Ve al ayuntamiento a plantear un problema, o a una institución de la administración, digamos. Lo más probable es encontrarse con eso que decían los humoristas que tanto te gustan: «Que no es por no solucionarlo. Si hay que ir a solucionarlo se va. Que va a ser que no, porque lo que vamos a hacer es darle unas vueltecitas antes... esto tiene que pasar por muchas, muchas discusiones». Bueno, ahí te doy la razón. Pero has dicho algo más. No te limitas a constatar la ineficacia de los resultados. Te has referido a una «judicialización del mundo de la vida»...*
— *Pues claro. Una vez que esta genealogía se muestra eficaz para ocultar la situación estacionaria, genera un* modus vivendi, *se transforma en un* ethos. *Desde ese punto de vista, el diálogo siempre está ahí para «descargar» responsabilidades. Las situaciones piden siempre algo «que hacer». Pero se lo rehúye en beneficio de un narcótico: narrar y ser escuchado. Lo que H. Arendt llamaba* vita activa *degenera en una* vita fictionis narrationae. *Pero es más que eso. Esa genealogía penetra, por así decirlo, en el estuche de los deberes. Un medio que sirve de bálsamo se convierte en un deber. Aquí aparece lo fundamental. La relación entre «iniciar» algo y «tener que dar razón de ello» se disuelve. Iniciar, crear, hacer, tienden a diluirse en el «dar razón». Investigar en la universidad es cada vez más próximo al hecho de tener que acreditar un número de publicaciones cada año. La «buena» docencia queda desleída en el ajuste a métodos orientados a generar «habilidades», de los cuales ha de dar cuenta. La acción política se difumina en discursos argumentativos sin término. La obligatoriedad del justificar «antes de nada» contribuye a un mundo más organizado y «estable», pero también a una censura del comienzo irreglado, de la creación intempestiva, de la acción inesperada. Eso es la judicializa-*

ción de la vida. Extiéndelo a lo más cotidiano, si quieres: de acuerdo con la nueva y deslumbrante pedagogía, se supone que a un niño hay que argumentarle todo lo que uno desea que haga. En un debate televisivo todo se desvanece, a puerta cerrada, en la justificación de la propia posición.
— ¿Pero qué me estás diciendo? ¿Desvarías? ¿Acaso no es necesario, a pesar de todo lo que dices, dar cuenta y razones de lo que se hace o piensa?
— ¡Por supuesto que es necesario convencer antes que imponer! Pero hay un modo de convencer que no es primariamente «argumentativo» o «justificador». El primer y más valioso modo de convencer radica en la praxis misma y en el curso de las acciones. Convences a un niño a través de toda una forma de comportamiento que has de desplegar en todo su recorrido y que tiene que aportar ejemplaridad. Sólo sobre esa base adquieres la autoridad que luego permite poder darle razones explícitas cuando la cosa marcha mal. Una investigación adquiere convicción por su fuerza interna. Abre un camino. Tras ese inicio se podrán abrir todas las instancias de control que se quiera. Las opiniones en un debate primero tienen que hacerse jugar unas con otras, deben encontrar-se antes de nada, hallar el suelo sobre el que se posan en común, lo cual no puede tener lugar sin espíritu jovial de juego. Una vez instaladas en el tema —y un buen tema surge siempre in media res— germinan demandas justificadoras. Lo que te quiero decir no es que la acción genuina es «sin-razón», sino que el «dar cuenta de» no puede sustituir a aquello por lo que él debe aparecer. Es poner el carro delante de los bueyes. La judicialización de la vida consiste en sustituir la potencia del operari y la dirección que proviene de las «cosas mismas» por el «método» del enjuiciar y la dinámica del «acreditar». No puedes empezar pidiéndole razones a un enemigo, exigiéndole una justificación. Debes comenzar por otro camino: acercarte a él, palpar la distancia, tocar el desencuentro, mirar dentro del otro y con-probar su propio estado intensivo. Quizás ese recíproco espacio de juego cambie ya la situación y no se necesite solicitar el crédito-en-raciocinio que se buscaba al comienzo; la retícula en la que han de moverse las justificaciones ha cambiado su paisaje. Lo peor que le puede ocurrir a la libertad es que se le imponga un «principio de razón suficiente». Es entonces cuando el «dar razón» se convierte en un «tribunal». Creo que Nietzsche dijo alguna vez que hay que pensar andando. Hoy nos falta esa audacia errática y, para compensarla, convertimos en obligación el sentarnos extáticamente en torno a una mesa... «antes de nada».

La nueva ilustración, en su vendaval humanista, deshumaniza. Cuando el «dar razón de» se autonomiza, el ingenio deviene, a un paso acelerado, ingeniería, y el pensamiento naciente se bate en retirada hacia los espacios de intimidad compartida o, en el peor de los casos, de la soledad. Su participación en la *judicialización de la vida* se une a todas las formas en que, en la sociedad estacionaria, el vacío es compensado con el espectáculo. Un ejemplo hoy muy pertinente en la escena española afecta al problema de la educación. El fenómeno de lo que llamaríamos nosotros *inflación pedagógica* tiene la misma base fantasmal que el discurso autonomizado, esa sustitución del encuentro con la problematicidad dinámica por el «discurso acerca del encuentro». Surge de una ausencia de afrontamiento real de los problemas en la enseñanza, un retraimiento o huida que camufla su penuria en la elaboración de un gigantesco metalenguaje en el que la cosa misma es devorada por el método[26]. En todos los niveles del sistema educativo una maquinaria de ficciones se toma por real desplazando a la realidad.

— *En eso tienes mucha razón. De la LOGSE a la LOE se ha hecho del eufemismo un arte, como señala Mercedes Ruiz (una de tus referencias). Un alumno, por ejemplo, se «lateraliza» cuando muestra mayor inclinación a ser diestro o zurdo; está «motivado» si se muestra alegre; es «activo y vital», cuando en realidad se le ha dejado seguir siendo un gamberro; no aprueba, sino que «progresa adecuadamente», ni suspende, sino que «necesita mejorar».*

— *Sí, es un lenguaje al servicio, entre otras cosas, de la falta de coraje para decir lo que ocurre, darle la palabra concisa que tiene en mente quien se compromete. Un lenguaje que, fíjate, promueve la ficción de una armonía que no existe. Nietzsche tendría mucho que decir sobre esto: la bondad, la armonía, como creaciones de la debilidad y de la impotencia.*

— *Añádele toda esa prostitución huera del idioma que pervierte el espíritu del barroco: «diseño curricular», «gestión descentralizada y gerencialista de la escuela», «objetivos aptitudinales»...*

— *Ahí ya se trata de conferirle al vacío una apariencia racional. Tiene que ser «argumentable». Y hay que inventarle toda una fundamentación, un corpus, un sistema. Como el proceso carece de contacto material con el aprendizaje, esta solidificación sistémica se ve obligada a dar por cualitativo lo que no es más que cuantitativo: los indicadores que hacen fiables todos esos métodos están extraídos de la estadística; una evaluación altamente positiva del sistema se consigue a base de números: número de alumnos ingresados y egresados,*

de profesores por aula o grupo, de ordenadores comprados, etc., etc. Vete a la universidad: número de artículos publicados, de proyectos de «innovación docente», de tesitandos..., todo eso es lo que, a fin de cuentas, vale para la administración.
— *Correcto, por una vez estamos de acuerdo.*
— *Es que es una cosa que padecemos todos. Como alumno, profesor, padre, amigo de padres... la educación es un fenómeno ubicuo que a todas partes llega. Es una cuestión que se refleja en la vida cotidiana. Te confieso que cada vez tengo más miedo a «importunar» a algún joven que me haga trizas el coche con la moto. Es peligroso insinuarle que se ha equivocado. En el sistema educativo los jóvenes no adquieren hoy ni la más mínima dosis de eso que Freud llamaba «principio de realidad». Adiestrados por una fabulación se convierten en seres de fábula. Les cuesta cada vez más arrancarse de sí el sentimiento de omnipotencia que posee el niño.*
— *¿Necesitarían más autoridad?*
— *Siempre que no la confundamos con el autoritarismo. La autoridad la tienen las cosas. Un buen libro de literatura es una autoridad. Un problema de física bien planteado impone respeto. Pero no es ya la palabra, la naturaleza, la historia..., lo que interesa, sino las «habilidades». Todo ese lenguaje está extraído de la economía. Basta leer las nuevas disposiciones que exige el Espacio Europeo de Educación Superior. «Eficacia», «rendimiento», adecuación al mercado... La universidad se transforma, como hemos comentado alguna vez, en un bastión del capital. En el fondo, es la falta de pensamiento lo que impele a esta racionalización. Hoy, por ejemplo, en el campo de la investigación, un libro vale cada vez menos. Importa más la investigación «eficaz» y súbita: un «paper» con cuatro argumentos enlazados (y publicado luego, si es posible, en una «egregia» revista americana): ahí no hay espacio para el pensamiento naciente. Se le tiene miedo. Se lo castiga.*

Al discurso argumentativo y a la racionalización metódica no le es inherente la malicia. Pero en las circunstancias de una autonomización que se prolonga en la invasión de la vida se puede convertir en el feudo del *resentimiento generalizado*. En un conjunto de razones puede camuflarse siempre una impotencia. Impotencia para afirmar la exuberancia del vivir y para afirmar-se en el movimiento de éste a pesar de todo lo que lo convierte en problemático: el dolor, la finitud, el riesgo, la incertidumbre... Esa impotencia hace crecer un «no» a la vida que busca su propia justificación. ¿Y cómo la construye? Obviamente, de modo que la huida quede bien pertrechada de razones, al mismo tiempo que lo que produce temor, en la vida misma, resulte calladamente condenado. La sociedad estacionaria, que se afana en organizar su carencia, genera una inmensa cantidad de racionalización en este sentido. Y es en ese fenómeno en el que se unen la *judicialización de la vida* y la *venganza*.

— *Vamos a ver. Si lo de la judicialización por medio del argumento resulta ya antiintuitivo, el término «venganza» parece todavía más inoportuno en una sociedad democratizada, ¿no te parece?*

— *Es completamente posible canalizar este espíritu sin ultrajar las reglas democráticas, el derecho y nuestra legalidad vigente. En este caso, el diagnóstico es más claro cuando tomamos casos de gran generalidad, pues se trata de poner al descubierto movimientos tectónicos. Yo diría que el ritmo creciente del desarrollo tecnológico en las sociedades avanzadas es susceptible de un análisis de este tipo, aunque queda por resolver cómo se conjuga con una perspectiva marxista y con la crítica heideggeriana. El caso es que es fácil detectar que la revolución tecnológica produce en exceso respecto a las reales necesidades de supervivencia y que esa «plusvalía», que podemos explicar en términos económicos, cumple, al mismo tiempo, el papel de un bálsamo protector que calma ese desasosiego al que conduce el desarraigo. La cultura occidental se aleja del trato «a la mano» con las cosas. Hay muchos modos de venganza ocultos en este desarrollismo. Te sugiero sólo uno ahora. Ese fenómeno desarrollista busca una especie de unidad superior: parece conferir a los hombres una nueva fusión de los espíritus en el Uno y en lo Eterno. Perpetuum mobile. Y es curioso que haga las veces de un dios que acoge en su Identidad a lo diferente. Es ya un tópico el uso del prefijo «multi» en el escenario del desarrollismo: organización de empresas en la forma de redes variables y sobre la base de «multi-recursos»; sistemas «multiagente» (en inteligencia artificial en red); multidireccionalidad de las relaciones virtuales... Esta conformación es la coraza operativa de una aspirada multi-organización humana. Con todo esto, ¿no te parece que, al incorporar la «diferencia» en su compacta pero versátil unidad de sentido lo hace a condición de sustraérsela a la vida en su praxis más inmediata y de ejercer así sobre ella una venganza?*

— *¡Tanto como eso...!*

— *Venganza respecto a todos aquellos cursos de existencia que no quieren ni necesitarían ese poder técnico. El «pobre», por ejemplo. ¿Qué demonios es un «pobre» sudamericano o africano? En realidad ése al que llaman «pobre» es muy poderoso. Tiene otra forma de vida, otras aspiraciones, metas más altas de las que se piensa. El desarrollismo experimenta en su interior la amenaza de esa potencia del «otro»* y lo llama «pobre». Ese mismo término es ya vengativo. Tiene el fin de humillar a un ser que desafía. Pero no le basta con eso, no. Además, lo integra en su «multifacética» productividad. ¿Crees que un pastor de ovejas, por ejemplo, no tiene la suficiente autoridad sobre sí mismo como para decir «¡no os necesito!»? Eso es lo que molesta al capital y a la técnica: que algún ser humano, grupo o país pretendan ignorarlo. Pero la venganza tiene que revestirse de bondad. Ahí es donde entra en juego el discurso argumentativo occidental. Se suprime al otro... ¡incluso convenciéndolo! La ley puede utilizarse en beneficio de la venganza. Yo creo que países poderosos se refugian en ella para justificar su falta de fuerza espiritual y arremeter contra otros (te confieso que es así como veo la invasión de Irak). Y también creo que hay muchos individuos que, porque no encuentran en sí mismos el camino adecuado, se dejan los ojos buscando normativas, regulaciones de última hora y cuantos formalismos legales estén a su disposición, no para fomentar el espacio de lo común, sino para prosperar más rápidamente que los demás, medrar en cualquier institución y vengarse respecto al que está en la «cosa misma», que no tiene tiempo para tanta inspección de procederes capaces de hacer «eficaz» lo que tiene entre manos. Al encontrar un refrendo de lo que hacen en la excusa de que «se atienen a la ley» dan el primer paso para todo un despliegue argumentativo ficcional en apoyo de su posición. El discurso argumentativo puede servir, incluso dentro de los que lo conforman con verdadero celo, de venganza. Hay una clave de fondo que permite esto. En un discurso, cada acto de habla posee un «sujeto»: «yo pretendo validez para...», «nosotros pretendemos...». El discurso es la fiesta del sujeto. ¿No estás harto de oír hoy por todas partes «yo»? En esa lucha de «yoes» se pueden camuflar todas las vanidades y todas las tropelías imaginables. En el pensamiento genuino, del que aquí hemos hablado hay una grandeza: siendo un curso que desborda a quien se le acerca, exige la supresión del «yo», la subida a una esfera más alta de vida, en la que el «yo» resulta insignificante.

— Ahora veo. Pues mira, volviendo a lo de la educación. Me parece que también en todo ese proceso late un espíritu de venganza. Primero se judicializa. El profesor se convierte en un burócrata; la vida educativa en un «dar cuentas». Al mismo tiempo, ese «dar cuentas» garantiza el dominio de la oligarquía pedagógica. ¿De donde surge esto? ¿No surge de la necesidad de venganza de individuos que, faltos de preparación cultural, con competencias poco definidas entre el psicólogo y el consejero espiritual, buscan alterar los fines y objetivos del otro, al que envidian, para someterlo?

— Entre otras cosas, es lo que valientemente ha expresado Mercedes Ruiz. Yo pienso lo mismo.

3

El pensamiento naciente, *ingenium*, rehúye la violencia centrípeta del «yo». Su lugar de crecimiento es el «intersticio», tanto en cuanto pliegue «entre» ser errático y mundo problematizante, como en cuanto silencio productivo «entre» los seres humanos. La intersubjetividad del pensar rebasa la unidad de *entendimiento* armonicista en el discurso argumentativo. Se expande a los encuentros entre cursos de habla, agonismo productivo en el que vibra la diversidad de la fuerza: de la *gesta* en que se corporeiza la fuerza gestual, significante, del mundo, y la potencia operante. Esta textura del pensamiento pide entender la relación inter-personal, inter-cultural, inter-humana en general, de otro modo distinto al del ilustrado actual. ¿Cómo se insertan los diversos cursos de pensamiento naciente, los múltiples «otros» que pierden el «yo» en pro de algo más grande que acontece en el encuentro? Por su propio movimiento, el pensamiento reclama al *hombre cenital*, dispuesto a hacer lo posible para que su locura recaiga sobre él mismo y quede, así, en franquía el «entre». Este *impetus* cenital, desde su propio comienzo, se compromete con preservar la autodeterminación del otro, que nos necesita, como nosotros a él, para compartir el *acontecimiento en su porvenir*, pero no para tener la autoridad sobre sí mismo.

En cierto modo, la vocación misma de «pensar» (en este modo, *ya* en la existencia, *ya* en el tropiezo con el problema real, *ya* en el operar), requiere tomar al otro como un fin en sí mismo. Pero ¿qué encierra esta formulación kantiana? ¿Podría el ser errático adoptarla porque surgiese de un *factum de la razón*, de una ley comprensible *sub specie aeternitatis*? De ninguna manera. El extrañamiento primordial no puede ser detenido por la mera presentación de un *factum*. Si se resuelve hacia el otro es, más originariamente, en virtud de su propia excentricidad extrañante. Esta apreciación exige examinar el subsuelo del imperativo categórico.

El imperativo categórico kantiano posee una génesis lógica negativa y no arraiga en un *factum de la razón*, sino que se funda en la historia humana[27]. La formulación básica, en Kant, de este imperativo es la que exige la universalización de las máximas, como prueba de su carácter moral. Ello presupone que las máximas universalizables son *eo ipso* leyes prácticas (por ejemplo, *Kpr V*, A 49). Ahora bien, esto es cuestionable. Para saber si una máxima es una ley práctica no basta con saber si es generalizable. Hay una estructura negativa supuesta en la universalización. Un imperativo categórico «prohíbe» lo que no se «puede querer» convertir en ley universal y sólo negando esa prohibición se alcanza un resultado positivo[28]. ¿Cómo se transfiere realmente este carácter negativo obligatorio a las normas concretas? Un imperativo categórico es un procedimiento de contrastación que se refiere a una máxima concreta. Para que una máxima concreta sea generalizable debe incluir, pues, en ella misma la negación de una prohibición a la que se ha llegado antes[29]. Pero para que esta condición se produzca, para que tenga lugar la constatación del momento negativo (la no universabilidad), es necesario que el portador de la máxima se inmiscuya en el mundo de la vida del otro, comprensivamente. Ello se debe a que la formulación de una prohibición (como la de no mentir) es esencialmente vaga y necesita una concreción. Sea, por ejemplo, la norma que prohíbe no mentir *por fines privados*. El fenómeno «mentir» cambia su lugar en el razonamiento moral cuando cambia la situación. ¿Es justificable que salvemos a un inocente de la Gestapo mintiendo? Sí, porque la «mentira», en este caso, no se hace por fines privados. Está al servicio de otra norma: la de que no se puede negar auxilio a quienes son perseguidos injustamente. Ahora bien, para que «distingamos» un caso de otro es necesario que nos veamos afectados por el problema en cuestión, el que se da en un contexto determinado y, además, lo comprendamos adecuadamente. En definitiva: la prueba de la universalización posible de una máxima exige «ponerse en el lugar del otro», comprender su situación, expectativas, valores, etc. Y ello presupone poner en juego, tanto la *capacidad para ser afectado* como la *capacidad de juicio* (la capacidad de juzgar lo particular, lo concreto). Estos elementos no son subsumibles en una regla general. Activan necesariamente una capacidad no reglable. Semejante momento existencial, ineludible en la praxis moral, hace que el recurso a un *factum de la razón* quede desenmascarado como vacío.

Se dirá que, a pesar de todo, en este razonamiento moral hemos partido de una prohibición, por muy genérica e indeterminada que ésta sea y que, por tanto, la comprensión del otro, de la situación, no excluye la fundamentalidad primera del imperativo racional. Esta posible réplica es falaz. No sólo porque, como se ha dicho, la experiencia del extrañamiento no puede encontrar asidero en algo que se le impone como dado, sino porque no es necesario, ni siquiera, recurrir a la reflexión pura ni a ningún mandato de un supuesto *logos* eterno para entender el comienzo mismo de una norma moral. Basta con presuponer la necesidad de *reconocer al otro* para aclarar la raíz de ese ejercicio de universalización que coloca en la coyuntura de posicionarse en el lugar de todos los demás. Cuando nos hacemos cargo del otro y nos introducimos en el movimiento de ser afectado por él e interpretar la situación, utilizamos matrices comprensivas generadas históricamente. Un aprendizaje moral tiene que ver con un trabajo de interpretación en el que nos es posible corregir desigualdades y tratos discriminatorios que no percibíamos (en tiempos pasados, por ejemplo, un universalista kantiano no se hubiera imaginado que extenderíamos el respeto real a mujeres y homosexuales). Esto implica, en palabras de A. Wellmer, que no actuamos *sub specie aeternitatis*, sino *sub specie* de la posible autodeterminación del otro, que puede ir radicalizándose conforme eliminamos concepciones ocultamente constrictivas[30]. Y este actuar en pro del otro se puede justificar, no en base a un principio racional o imperativo, sino apelando a la historia humana: los seres humanos necesitamos el reconocimiento recíproco ya en nuestra existencia.

Es en este punto, que supone renunciar al rigorismo y al apriorismo kantiano, donde surge el problema más complicado. ¿Cómo concebir entonces el respeto al otro, la vinculación con él, la lucha contra la injusticia, como algo «valioso» *en sí mismo* si, al final, lo hacemos depender de una *necesidad* vital? ¿No reducimos los actos de valentía «moral» y de «lucha por la justicia» a la mera utilidad? ¿Y no se vacían así de toda su fuerza? No, si cabe encontrar en la existencia del ser errático una grandeza posible de la que dependa el reconocimiento entre los hombres. Para indagar en esta dirección es necesario primero objetar otras alternativas, hoy muy pujantes.

El utilitarismo y sus derivados (como el consecuencialismo) es una de las justificaciones más simplistas de las que podamos encontrar en el escenario actual del pensamiento. Ni siquiera Nietzsche, que comprendía la fuerza de los valores en virtud de su *utilidad para la vida* incurrió en un utilitarismo grosero. Pues «utilidad para la vida» significaba para él algo más elevado que la supervivencia o el logro de una sociedad integrada, a saber, el crecimiento de la vida, el aumento de potencia, la expansión de la riqueza humana y de la exuberancia del residir en la tierra. «El hombre, decía, prefiere querer la nada a no querer». Y esa *querencia* lleva en sí el signo de la autosuperación. El utilitarismo presupone siempre, de alguna u otra forma, un estado de necesidades que conforman la posibilidad de supervivencia y no tiene en cuenta la aspiración humana a auto-trascenderse. La posición nietzscheana, como contraste, resulta congruente con nuestra perspectiva (aunque más adelante discutiremos sus límites), en la medida en que toma al hombre, sin decirlo, como ser errático: no como un ser que «es ya de un preciso modo» y tiene determinados intereses que es necesario compatibilizar «maximizando la utilidad», sino como un ser que «se hace» y que vive siempre experimentándose puente y tránsito hacia la existencia más alta.

Cualquier intento de *naturalizar a Kant* encontrará dificultades parecidas. Siempre arraigará la generación de normas y valores en la *necesidad natural* que asiste al hombre en su supervivencia, autoconservación o fomento de la especie. Pero eso ya supone atribuirle al ser humano una *naturaleza* acrisolada en determinadas pautas de fondo y obviar la apertura e indefinición de un ser que se encuentra en la existencia «haciendo por ser». Por supuesto, esta perspectiva existencial no es *a priori* incompatible con explicaciones antropológicas con fuerte base empírica. Mary Douglas, por ejemplo, ha realizado interesantes aportaciones que apuntan a la circunstancia de que las normas sociales involucradas en el reconocimiento recíproco son el producto de una necesidad de control, de modo que un sistema clasificatorio se sostenga y para que su cuestionamiento sea percibido como una amenaza[31]. Este tipo de explicaciones poseen muchísimo valor, bien hagan depender el proceso de reconocimiento de resortes, por así decirlo, «positivos» —necesidad de mantener la integración social, de promocionar la ayuda recíproca en la lucha por la vida, etc.— bien, como en el caso de Douglas, lo hagan en base a resortes «negativos». Este último caso posee, además, la virtud de mostrar genealógicamente cuánta «miseria» puede animar, en su trastienda, a los principios llamados «morales». Ahora bien, en cualquier caso, son insuficientes y, si se los toma independientemente, desligados del análisis *ontológico* del hombre en cuanto *existente*, deformadores. No tienen en cuenta la capacidad de ruptura respecto a un orden social cualquiera que proviene, no de posibilidades culturales descriptibles empíricamente, sino de posibilidades de la existencia[32].

El análisis filosófico tiene que trabajar conjuntamente con estudios de carácter antropológico, sociológico, etc. Pero no debe, en virtud de esa misma colaboración necesaria, reducirse a ellos. Situados en un plano filosófico, este problema del reconocimiento no puede abandonarse a teorías que quedan retenidas en su posible horizonte por una rémora sociologicista. Así, la aclaración, hoy pujante en Alemania, de Axel Honneth, es claramente corta de miras. Su tesis fundamental al respecto es que el reconocimiento intersubjetivo es una condición de posibilidad del logro de la *integridad personal* (o grupal). El logro de una identidad digna se ve amenazada siempre por el *daño* que puede causar la falta de reconocimiento. De ahí que el movimiento de las sociedades se base en una lucha por el reconocimiento[33]. Esta concepción, que se desprende del complejo sistema hegeliano en el que se inspira, pierde referencia ontológica y se convierte así en dogmática. Pues parte, sin preguntarse por ello, de la necesidad de una individuación exitosa, la integridad. Qué significa «integridad» es una cuestión que no se plantea. Convertir al reconocimiento *por parte* del otro en una condición que «protege» y «fortalece» la «propia» integridad es un pensamiento bastante desafortunado. En primer lugar porque parte de la autoafirmación de un «yo», sea personal, sea colectivo, y éste no es principio convincente, pues presupone toda la metafísica de la modernidad sin ponerla en tela de juicio. En segundo lugar, es muy sospechoso, pues, al menos intuitivamente, se podría avanzar que a la integridad misma le ha de pertenecer, de suyo, no la necesidad de reconocimiento, sino el deber de reconocer.

Todas estas formas de sustituir o desplazar al principio que obliga a tomar al otro como fin en sí mismo obvian lo que más profundamente anima al pensamiento de Kant. La grandeza de la reflexión kantiana reside en la dirección que adopta su modo de interrogar. Se pregunta si en la acción puede haber un tipo de motivación que impulse a la voluntad independientemente de cualquier causa o tendencia empírica, sensible. A pesar de todas las objeciones a Kant (rigorismo, formalismo, etc.), la *pregunta kantiana* sigue en pie. Si la adopción de una norma depende tan sólo de la necesidad natural, se piense ésta como se piense, la norma pierde su valor intrínseco y se convierte en un requisito de la mera supervivencia, en un sentido muy amplio: la aspiración a mantener la integridad puede entenderse también como una manifestación compleja de la necesidad natural. Desde luego, cabe también la posibilidad de que no haya algo así como «moral». Pero cuesta creer que el ser humano no sea capaz de dirigirse en su conducta más que por móviles ligados a un *interés* que le viene dado por su condición natural. El revolucionario cautivó al filósofo de Königsberg. ¿Cómo es posible que un pueblo se alce contra la opresión y proclame algo así como los derechos humanos? Podríamos añadir nosotros: ¿cómo es posible que en la penuria vital más miserable —en escasez de alimentos, de vestido, de un techo bajo el cual dormir— ciertos hombres anhelen, no sólo superar su indigencia, sino, más allá, transformar el curso de la historia humana? ¿Cómo es posible que un ser humano ofrezca su propia vida por una causa de *justicia*?

Las reflexiones que hemos realizado hasta el momento nos conducen a renunciar al supuesto de una razón apriórica y de un *factum de la razón*. Pero esta renuncia no exime de la responsabilidad de prolongar la *cuestión kantiana*. ¿Puede el ser humano realizar acciones y perseguir objetivos que poseen un valor intrínseco, no reductible a intereses de otro tipo? Nos parece que sí. Y que el cauce para aclarar esa posibilidad consiste, no en naturalizar, sino en *ontologizar existencialmente a Kant*, para mostrar lo cual es necesario que hagamos intervenir apreciaciones ya realizadas en este nuevo contexto. La capacidad para «colocarse en el lugar del otro» es, ciertamente, derivable en su genealogía de la posibilidad misma del lenguaje, en cuanto éste es público por principio. Pero esta capacidad está vinculada, en profundidad, a la posibilidad de que el hombre *tenga mundo*. No podríamos decir «es» y reconocernos *en-el-mundo* sin presuponer un testigo excéntrico, el ser que se extraña. Éste presupone ya al otro, en la medida en que no involucra sólo a la subjetividad; pone en obra un posicionamiento irreductible a la psicología particular de individuos; el extrañamiento es un carácter ontológico de la existencia. Ahora bien, ese mismo carácter coloca al hombre ante la responsabilidad de su soledad. No habrá palabra única que lo complazca; y su fortaleza y dignidad dependen de que asuma ese silencio. La relación interrogativa y admirativa con el mundo que este posicionamiento comporta *hace al hombre ser*. El ser humano se reconoce en su propio extrañamiento, insalvable por principio. De ahí que lleve en sí el impulso de *mantenerse en él*, el arco tendido que tensa su existencia en la justa medida en que se *sostiene* en esa incógnita: ella lo constituye y lo dignifica. Aunque tal experiencia que lo coloca ante el mundo sea realizable por cualquier otro, para tenerla el ser errático concreto no necesita de nadie. Para atenerse a su radical soledad, puede decir incluso «no os necesito». En la relación con el otro el ser errático no busca necesariamente respaldo. Más originariamente, en esa relación comparte su excentricidad extrañante. Si necesita al otro es por otra razón: porque, como se señaló, el extrañamiento posibilita, al mismo tiempo, que el acontecimiento resplandezca frente a él, pero de un modo tan fugaz, tan instantáneo, que lo admirable experimentado «pide un porvenir». El hombre necesita al otro para preservar lo admirable, que es todo lo que lo rodea, para salvar al acontecimiento de la desaparición que lo hundiría en lo informe y en lo *insignificante*. Lo que «es» cobra significatividad en la luminaria del testigo tácito y éste adquiere, desde ese momento, la tarea de preservar aquello en cuyo nacimiento ha tomado parte. Ofreciéndolo al otro prolonga el rayo de lo que acontece y permite, al mismo tiempo, perdurabilidad a su propia interrogación.

Compartir el acontecimiento exige mantener el «entre» o intersticio que une y separa a los hombres. ¿Cómo hacerlo, si la propia locura siempre amenaza con ensombrecer al otro? La existencia cenital es el reto más grande que el ser errático encuentra en su devenir. No lastrar al otro con la propia oscuridad, no dominarlo, no usurparle la libertad, no infligirle el daño que supondría mermarle su posibilidad de autodeterminación. Que la sombra se proyecte, vertical, sobre uno mismo. De ese modo se alcanza también la fidelidad respecto a sí y la auto-responsabilización. El reconocimiento del otro y su consideración como fin (y no como medio) arraiga en este desafío con el que el ser humano se encuentra en la existencia. Es un dar que tiene que surgir de una disciplina respecto a sí: no cegar al otro a causa de la propia oscuridad. Disciplina que no es una auto-negación punitiva, sino el verdadero hacerse dueño de sí, la adquisición de la *potestas sui*. Esto supuesto, cualquier donación «positiva», ayuda y colaboración se hace posible. Sin partir de ahí, cualquier entrega o ayuda se convierten en *exclusión por integración* o en creación de *vida excedentaria*.

Pero la existencia cenital es una meta infinita. Para que se pudiese alcanzar el hombre tendría que poder tener el control sobre su locura y ésta, por la finitud de toda existencia, resiste como un espacio de oscuridad, si bien maleable, ineliminable. El esfuerzo por esa justicia del existir se convierte así en tarea compartida de todos los hombres a lo largo de su historia. ¿Qué capacidad podría llevar a sus espaldas semejante trabajo? La argumentación y el discurso no, si se los toma como protagonistas primeros. Es necesario que el pensamiento naciente, en el encuentro con la problematicidad real, se deje afectar por el impacto de ésta. Sólo en ese curso podrán ser abiertos campos de juego en los que, con ulterioridad, se posen las reflexiones explícitas y los juicios. El pensamiento naciente es el que toca al mundo. Si puede trabajar con la locura es porque le asiste tanto la capacidad para ser afectado como el ingenio para arreglárselas y crear nueva tierra. Por eso, los éxitos de la existencia cenital han de tener su comienzo en este estrato sub-representativo del acontecimiento de ser. Y es ahí, en ese fondo, donde fluyen los cursos prácticos y se encuentran. El «entre» del encuentro es lo que pide al hombre cenital su tarea y en el que éste deposita su trabajo.

El ser errático, en la coyuntura entre pertenencia y extradición, inmersión y ex-pedición, des-cubrimiento y creación, dispone del caudal de ese pensar que surge del extrañamiento. Éste, como ingenio, se puede poner también al servicio de la exigencia cenital. Todo lo que se ha atribuido, en cuanto moral, a una razón suprahistórica y supracultural, eterna o parmenidea, es una proyección de las creaciones de este logos primordial que es el *ingenium*. Hay que calificar a estas creaciones de heroicas, pues ninguna regla precedente, ningún *factum* les sirven de basamento. Sólo pueden fundarse en la valentía. No en cualquier valentía: en aquella que tiene por meta *llegar a estar a la altura de sí* y que exige *el salto sobre sí mismo*.

— Madre mía, te estás pasando un pelín. ¿Así que tú dirías que los derechos humanos, por ejemplo, son una creación?
— Por supuesto. Los derechos humanos no son expresión de una razón universal. Para empezar, el origen iusnaturalista de la comprensión del derecho sigue operante en ese juicio. Se presupone, de algún modo, que hay algo así como «naturaleza humana» y que a ella le corresponden «por esencia» ciertos derechos. Pero no hay naturaleza humana, como te vengo sugiriendo. El hombre es la indefinición, su hacerse. El ser errático se queda perplejo cuando escucha «naturaleza humana». ¿Qué es eso? ¿Por qué tendría el extrañamiento que paralizarse ante la posibilidad de un factum cualquiera? Si algo persiste y, de modo figurado, se le llama «naturaleza», es esta perpetua actitud extrañante, interrogativa, admirativa, que hace relación con la dinamicidad problemática del mundo.
— ¿Y qué se consigue con esto? ¿No rompe entonces toda fe, toda creencia, toda veneración?
— Al revés. Es el verdadero comienzo de cualquier creencia digna y de toda veneración elevada. Imagínate que a un padre que se pregunta «¿y por qué he de ser padre?» se le responde: «tu cuestión carece de sentido, en la medida en que la planteas 'en cuanto' padre y desde ese momento has entrado en la lógica del ser padre». ¡Grotesco! ¡Qué falta de respeto por el pobre hombre, que lo único que hace es preguntarse! Ahora bien, interróguese un padre, del modo más extrañante posible, por qué habrá de ser padre. Nada puede dar respuesta a esa cuestión ni puede impedirla. Pero, quizás, en el viaje que ha emprendido, hacia los márgenes de la existencia, esa posición interrogante lo coloque ante la perplejidad admirativa de que lo que es «sea», en este caso ante la maravilla de los personajillos esos que balbucean o juegan y que, aunque ello carezca de fundamento, son sus hijos. Quizás entonces puede volverse sobre ellos con verdadera veneración.
— Tú lo has dicho: «quizás». ¿Y si no?
— Es realmente inverosímil que quien se pregunte de este modo no se admire y no «deje ser» a lo admirable «lo que puede llegar a ser». Pero tienes razón, la profundidad de ese posicionamiento exige mucho. Es, como he dicho, doloroso, te expone ante tu nada. Por eso, precisamente, es una actitud heroica.
— Lo heroico... ¿y no puedes entender los derechos humanos, si no como expresión de una naturaleza dada, como una convención o algo así...?, ¿por qué irse a lo sublime?
— Por un lado, es absurdo pensar que hay «derechos por naturaleza», pues no hay «naturaleza humana». Pero por otro, un mero pacto no da cuenta de lo que implican. Los pactos son estratégicos, pero un

derecho universal aspira a operar por encima de cualquier estrategia. La atribución de derechos es una creación heroica de hombres que tuvieron la valentía de arrojarse a una existencia cenital. Pues el derecho que se le otorga al otro tiene su origen en la exigencia que uno se pone a sí mismo. Respetar la dignidad del otro comienza en esta primera toma de posición en el mundo: «no permitir que mi cobardía respecto a mí mismo provoque que el otro no pueda ser dueño de sí». Los derechos humanos tienen su «necesidad», pero ésta ni es trascendental ni arraiga en el reconocimiento de un fundamento. Su tipo de «necesidad» responde a algo aún más grande, a la espuela que aviva al hombre a colocarse a la altura de sí mismo, a asumir su soledad y a querer el protagonismo en la gesta de su vida. Es la hazaña del que vive en guerra con sus entrañas. El héroe cenital se exige a sí mismo la proclamación de esa creación suya en el pensar. El pensamiento naciente, ingenio, al servicio de la vida cenital es el que en realidad cumple esas tres «máximas de sentido común» enunciadas por Kant y que, bien miradas, constituyen ya el sustrato del imperativo categórico: «1. Pensar por sí mismo; 2. Pensar en lugar de todos los demás. 3. Siempre pensar en conformidad con uno mismo» (Kritik der Urteilskraft, B 158). Y, si este tipo de hombre perdurase, seguro que añadiría creaciones heroicas que aún no podemos ni siquiera imaginar. En cuanto a lo de «sublime»... La palabra sublime se emplea aquí, desde este lugar, en la sociedad estacionaria. En realidad, la acción heroica ha acompañado al hombre en toda la historia. Es, bien mirada, una cosa más normal de lo que parece. Pero en una época en la que no se tiene el valor para esto tan pegado a la acción humana, esa posibilidad aparece como chocante. Y cuando algo noble nos resulta chocante y queremos abatirlo hoy empleamos, como un anatema, la expresión irónica «¡Oh, qué sublime!». ¿Qué es lo que oponemos a lo «sublime» así entendido? Lo sencillo. Hoy es el tiempo de afirmar ¡lo sencillo! Lo verdaderamente «sencillo» es lo que hace el pastor de ovejas que, a pesar de todo, puede decir: ¡no os necesito! ¿Pero qué es lo sencillo, por el contrario, para nosotros? ¡La vida en su candidez! «Qué vestido más bonito, el más barato además. ¿Te gusta? Salí a hacer unas compras, ahora que puedo disfrutar de la vida normal» (¿se preguntó si lo habían tejido manos de niños orientales?). «No, no hago nada especial este verano. Me voy a la playa, donde tengo un apartamento pequeño. Yo me conformo con poco» (y hay miles de personas sin techo). «¡Tómate algo! Vamos a relajarnos un poco» (lleva tomando ya, en su vida sencilla, más de tres toneles de vino en lo que va de mes. Hay quien no tiene para beber agua). ¡Oh, qué bien estamos, tan amigos, todos juntitos! (¿están realmente viviendo algo o simplemente lo deducen de que están juntitos?) ¡Ay, nuestra amada «vida sencilla»...!

Cabe replicar que la creación heroica del hombre cenital constituye un fondo prelógico en el que arraiga la razón práctica categórica al modo kantiano, en la medida en que preserva el principio de ajustarse a sí mismo y reconocerse como autolegislador y lo implanta en la existencia. Pero a lo que la ontologización de Kant apunta no es a radicar la moral deontológica en un subsuelo mundanal previo manteniendo a salvo la incondicionalidad de un orden ideal de principios fundados en la razón, un camino que posee ya su propio espacio en el escenario de la filosofía[34]. Desde el momento en que, de acuerdo con las consideraciones anteriores, se pone en tela de juicio el «*factum* de la razón» se niega que haya un orden ideal de incondicionalidad. Ciertamente, en el esfuerzo por habérselas con su locura y vivificar el «entre» de las relaciones humanas, el ser errático pone en obra un *logos* y aspira a mantenerse en él. Pero éste, tal y como intentamos despejar, no es el de una razón categoremática, origen de principios incontestables. El *logos* del ingenio es el de un pensar problematizante y errático para el que no hay un ideal normativo inconmovible. Al ajustarse a sí mismo no patentiza, por otro lado, ningún principio de identidad. Pues el ser errático es, desde todos los puntos de vista, falto de identidad. Al hacer mundo se expropia incesantemente a sí mismo. La creación heroica que, desde este posicionamiento, sustituye al «deber», surge de la discordancia entre centricidad y excentricidad. Ahora bien, dicha creación, por otra parte, no puede ser entendida en la forma reductiva de una pura «invención» «sin criterio». Se sostiene en lo que hemos llamado «tener criterio», un proceso que se origina en el encuentro interrogante con la realidad problemática. Las invenciones heroicas del ser errático no se atienen a una norma previa de la razón, pero son incompatibles con la anomia de una existencia ficcional. En la empresa del hombre cenital no se confirma un mundo de principios, pero se canaliza la posibilidad humana de la grandeza, es decir, la de *mantenerse en sí*, en diatriba con la propia sombra, permitiendo al intersticio que liga y separa a los hombres entre sí la potencia de su caudal. Como creaciones, los productos de este pensamiento naciente y en acto son, en su tipo e intensidad, imprevisibles. Se abren en un horizonte indeterminado y por hacer. Como creaciones, también, carecen de fundamento inconmovible. Ahora bien, por emerger de la posibilidad de grandeza, adquieren una potencia propia que hace frente a la estupidez. Su destino depende, pues, de que la fuerza del pensar se mantenga en pie. Ésa es la única cobertura que les cabe esperar.

4

El *ingenium* no es un pensamiento alejado del mundo de la vida; tampoco se puede decir, rigurosamente, que pertenece a ésta, como su articulación interna. De estatuto jánico, de doble faz, no se sitúa ni en el ámbito de la experiencia desnuda ni en el del juicio reflexivo, ni en el cuerpo ni en el espíritu, ni en la centricidad ni en la excentricidad. Está conformado ya por dos rostros ineludiblemente unidos y en discordia. La distinción real, en unión discordante, entre centricidad y excentricidad, radicación y erraticidad, inmersión y expropiación, descubrimiento y creación, etc., lo constituyen. Esos diferentes modos de permear haz y envés no señalan márgenes distintos entre los que se pueda colocar el pensar. Ellos son, en su litigio, su nervio medular.

Es un tópico en la historia de la filosofía, y de la cultura, que dos enemigos hayan andado, a través de muchas vueltas y transformaciones, en persistente cizaña: sentidos-razón, materia-espíritu, naturaleza-cultura..., y todas las enemistades que se podrían desprender de esa antinomia con la que se ha dado el nombre más persistente al hombre, *animal rationale*. En cada uno de sus trances, uno de ellos ha querido incorporar al otro o hacerlo expresión suya. A pesar de las apariencias, la filosofía contemporánea ha abierto nuevos espacios para que estos dos combatientes continúen su desavenencia, su oposición. Ciertamente, el propósito de mantener a resguardo la inmanencia en la comprensión de la realidad ha intentado, desde hace mucho, desvanecer la distinción misma entre ambos polos. Pero lo cierto es que, a pesar de ello, la separación sigue viva, aunque de una manera muy compleja y, a menudo, camuflada o investida de otra apariencia.

Hay dos modos hoy en que esta separación se presenta, precisamente porque la afirma al operar reductivamente de un polo respecto al otro, en vez de diluir la oposición en un espacio *otro*. El *modus operandi* del primero es *emanante*. Consiste en reducir el estrato de lo *ideal* —en el que podríamos reunir un conjunto de esta polaridad: «razón», «conciencia», «verdad», «juicio», «cogito», «reflexión»...— al estrato de la *facticidad* —bajo cuya cobertura cabría incluir al conjunto opuesto: «sentidos», «inconsciente», «vida», «pre-juicio», «mundo pre-lógico», etc. Siempre se trata, expresado gráficamente, de distinguir entre un mundo *inferior* y otro *superior*. El inferior estaría sujeto a la dinamicidad, inquietud y oscuridad de un flujo telúrico; el superior, a la estabilidad, quietud y luminosidad de un orden que propende a la claridad de lo astral. Una vez realizada la distinción, aunque sea tácitamente y como si se escapase por una negligencia difícil de esquivar, este estilo reduce el estrato de la idealidad al de la facticidad, considerándolo como una emanación o supuración en superficie de esta última. La línea que recorre esta estrategia va de Nietzsche a Deleuze, pasando por Heidegger, Foucault y muchos otros[35]. El segundo estilo reductor, inverso respecto al anterior, es el *inmisivo*[36]. Su proceder conduce a tomar uno de los polos en cuestión (generalmente el de la *facticidad*) y hacerlo funcionar en el interior del otro (frecuentemente el de la *idealidad*), como si constituyese un elemento fusionado con él. Luego, en el «interior» creado aparecen fricciones, oposiciones, tensiones, diferencias o aporías entre ambos, de manera que, insospechadamente, uno es absorbido por el otro. A esta estrategia pertenecen dos líneas, al menos, por muy distintas que parezcan: la ilustrada habermasiano-apeliana, por hiper-racionalista, y la derridiana por conceptualista[37].

Los estilos *emanante* e *inmisivo* no tienen en cuenta la doble y simultánea posicionalidad del hombre, céntrica y excéntrica. Mientras el primero estigmatiza la posición excéntrica como desarraigada, abstracta, racionalizadora, el segundo desconfía de la céntrica por referirla a lo dado, lo inmediato, lo vivido, en su pureza. Esta bipolarización lleva puesta la máscara de escisiones que, en su momento, fueron más nítidamente perceptibles, como la que enfrentó al romanticismo con la ilustración, un litigio que recorre a hurtadillas el siglo XX y que caracterizó la crisis finisecular española del siglo XIX[38].

El ser errático no es ni en la facticidad ni en la idealidad. Su arraigo en el mundo posee para él realidad sólo en la medida en que es un ser excéntrico, distanciado de toda raíz. Su excentricidad es operante sólo en cuanto vibra en ella el extrañamiento ante cualquier forma de radicación, en la que, ineludiblemente, está. Pero esa situación que lo constituye no es dialéctica, pues ambas caracterizaciones son puntos de vista desde uno u otro lado, y forman parte, como venimos insistiendo, de una unidad discordante. Por eso, el *ingenium* es un pensar que ni surge de la inmediatez de la existencia haciendo derivado todo proceso reflexivo o de conciencia, ni constituye un movimiento eidético o puramente noológico, en el que queda prisionera la experiencia del mundo de la vida. Que el pensamiento naciente comience ya en el estrato subrepresentativo, en el que se encuentran la realidad problemática y el testigo tácito e interrogante, no significa que las articulaciones de la conciencia, de la reflexión explícita, sean tan sólo sus modos expresivos. Se ha intentado poner al descubierto que el discurso argumentativo presupone esta nervadura primordial. Pero con ello se ha negado la primacía de una reflexión organizada atómicamente y autonomizada. En realidad, una argumentación tejida sobre el suelo del ingenio es una continuación o prolongación de éste —no su expresión en superficie—. Cabe concebir la conciencia y la reflexividad como un modo de ingenio que se hace valer, transitoriamente, con los medios de la conciencia expresa. Sería incurrir en un dualismo injustificable distinguir entre el testigo tácito y el *cogito* expreso, como si al primero le correspondiese un contacto directo con el mundo y al segundo una especie de *hiper-reflexión* capaz de dar cuenta de sí y de recuperar sus presupuestos mundanos. El testigo interrogante lleva ya en sí una autorreferencialidad lúcida. No se puede decir de ésta que sea una autocomprensión anterior a todo juicio. En cuanto extrañante, este testigo errático *discurre* acerca de sí mismo. No como un sujeto cerrado y conciso, sino como el movimiento mismo del pensar, siempre ex-puesto en su propio enigma. El *ingenium* es curso inteligente «en» la exterioridad problemática, en la que el «yo» subjetivo es excedido y transportado por una vicisitud cuestionante que no pertenece ni al mundo ni al «sujeto», pues se gesta en la unidad discorde entre fuerza impactante (*gesta y potencia operante*) y posición excéntrica. Por lo mismo, tampoco es un sujeto descarnado, pura reflexión del «espíritu». Se pone en juego en el trato corporal con las encrucijadas que le salen al paso. El hombre no *existe* sin *pensamiento*. Éste, como naciente ingenio, está siempre supuesto en el *ingeniárselas* en situación.

Si, por decirlo así, el ser errático no tiene una existencia en la que quepa distinguir entre un «abajo» y un «arriba», tampoco se puede decir que se mueva entre un «origen» y un «ideal». La propiedad de su presunto origen es, como se dijo, dislocada por la distancia ex-propiadora. En cuanto al «ideal», no cabe pensarlo en la forma de un *telos*; tampoco en la de una «situación contrafáctica y regulativa». Allí donde hay pensamiento, el hombre se autoanticipa, pero proteicamente. Se autoanticipa porque, en el encuentro mundano con los *problemas* no puede dejar de pensarse en el momento de la victoria, de colocarse virtualmente en la *salida* a la que lo induce el arrojo. Está resuelto en el encuentro y se piensa en la *situación ideal de resolución*. Al crear, se diría con Sartre, *se inventa a sí mismo*. No en cuanto sujeto concreto, pues al inventarse éste, *inventa al hombre*. Semejante autoanticipación es productiva, opera ya en la acción, en el *augere*, como un momento de *pro-pulsión* intensiva. Sin él no habría «ideales», metas, utopías, esperanzas. Ahora bien, porque el hombre se la juega en la discordancia entre descubrir y crear, *hacerse-cargo-de-un-mundo* y *hacer mundo*, esta autoanticipación es tan errática como él. No hay un cielo eterno ni inexorable para la posición interrogante, pues él mismo caería bajo la mirada del extrañamiento. El momento autoanticipativo opera en cada «salto» de la existencia errática, en cada encrucijada del *ingenium*, como un *esbozo* irrepresentable que *arranca* movimientos. Cabe decir que su relación con aquéllos es la de un continuo reflujo en el flujo. Engendrado en el devenir, entra operativamente en su curso y lo pro-pulsa, fundiéndose con él, desapareciendo en él, finalmente, en pro de nuevas anticipaciones. No hay una meta para el ser errático. Emulando a Machado, se hace en el camino.

5

La extensa amplitud de unidades discordantes en las que el existir errático se ve involucrado, todas ellas dependientes de esta coyuntura fundamental entre radicación y e-radicación, centricidad y excentricidad, no admite la relación dialéctica. Para que ésta se ofrezca a la vista es preciso que un elemento surja como negación del otro y conduzca, en la tensión creada, a una superación integradora. No es ése el modo en que las dos orillas del caudal en la existencia se ponen en contacto; no hay entre ellas oposición, como se vio, sino generación recíproca, copertenencia *in actu*. Ahora bien, sí se puede hablar de una filiación *litigiosa* entre potencias. No diremos que esa relación es *trágica* de raíz[39], porque aunque los dos elementos en *distinción real* mantienen un litigio *ineludible* e *insoluble* a un tiempo, esa situación no conduce necesariamente a experiencias que se vienen asociando a la vivencia trágica, tales como el *amor fati* o el *sacrificio del héroe*. Sin embargo, la condición errática posee características que la pueden convertir, en situaciones extremas, en la plataforma desde la cual la experiencia trágica se hace inevitable.

En el campo de juego trágico el hombre experimenta un conflicto inexorable entre principios, tendencias o compromisos, al mismo tiempo que se percata de la imposibilidad de una existencia «armoniosa». Desde la tragedia griega clásica, esta tesitura está ligada tanto al dolor como a la fortaleza de ánimo. Produce dolor por la guerra intestina y sin cuartel que depara. Pero ese sufrimiento constituye también la vía del conocimiento, coloca al hombre en la realidad y le exige elevación. En todas las obras de Sófocles el dolor ennoblece, convierte a quien lo porta en un ser admirable, pues, al situarlo frente a la verdad de su destino y frente a lo más profundo de sí mismo, lo reta a que pueda alcanzar esa grandeza que implica aceptar la condición humana y hacerle frente sin desesperar. Ello no ocurre sin que el hombre se vea llevado a extraer de sí un elevado vigor y entereza. La situación trágica exige acciones heroicas. Así lo atestigua Aristóteles[40], afirmando que la epopeya va a una con la tragedia en cuanto que es imitación de seres de extraordinario valor moral o psíquico. O bien, propicia una altura que, como pensó Nietzsche, abre el horizonte de un *pesimismo de la fortaleza*, de un agonismo de la exuberancia[41]. En la tragedia moderna el conflicto se interioriza, abandona su referencia a fuerzas cósmicas o divinas y se sitúa en el litigio entre facticidad y autotrascendimiento. El héroe trágico se encuentra, en su necesidad de decidir y apostar, entre dos infinitos igualmente inalcanzables: la existencia en su plenitud armónica y un ideal integrador; se experimenta como un ser intermedio que transita entre la nada y el todo y, por eso, como expresó Pascal, como alguien que boga entre extremos no pudiéndose aferrar a ninguno[42]. Sin embargo, muchas de las expresiones de este sentir trágico se inclinan, como en Pascal y en Unamuno[43], hacia una proyección de la imposible armonía en la figura de un Absoluto bajo el cual late la esperanzada idea de Dios. Dios como inalcanzable superación del litigio insoluble en la existencia. Bajo esa perspectiva, el conflicto trágico lamenta la ausencia de lo trascendente, la lejanía y ocultamiento de un *Deus Absconditus*[44].

La ontología crítica se sitúa más acá de la fe. Sin menospreciar el sentimiento religioso, no puede apoyarlo con el pensamiento. El ser errático se encuentra *arrojado* en su extrañamiento y, como se ha dicho con anterioridad, éste se sostiene sobre sí mismo. La dignidad de la interrogación reside en que es valiosa en sí misma y en su inagotable potencia, en su imposibilidad de saturación. Ser errático presupone *mantenerse en la soledad* que esta experiencia acarrea, independientemente de cualquier hipótesis sobre el confín de la aventura humana. El conflicto trágico, en esta situación, no lo instala entre el todo y la nada. Un todo es para él, no sólo imposible, sino indeseable, en la medida en que constituiría la parálisis de su posición interrogante. Con la nada está familiarizado, pero no como si ésta revelase una desastrosa ausencia. Está presente en su singladura en la forma de una sustracción positiva, de un *nihil* productivo: la falta de fundamento o razón última, que lo destina a modelarse a sí mismo; el silencio necesario del intersticio, con el mundo y con el otro, pliegue prolífico en la generación del encuentro. En lo trágico se ve transportado cuando su condición discorde, entre la centricidad y la excentricidad, la radicación y la e-radicación, se intensifica hasta el punto de romper su solidaridad en la diferencia, extremándose hacia el desgarro, cuando su ligamento en el mundo al que pertenece le reclama una fidelidad incondicional, al mismo tiempo que el salto expedicionario se torna en reto inexorable para su valentía. Mientras Agamenón dirige a los griegos hacia Troya está abandonando una estancia, la de la paz y la del calor de su tierra, donde los hombres viven en compañía de sus hijos y demás familiares, en el trabajo de lo que ese mundo les pide; por otro lado, se aventura en una imprevisible marcha hacia lo lejano, por la necesidad de un pueblo que se ha creado a sí mismo y que no puede dejar de responder al desafío. Esa situación no es trágica, aunque dolorosa. Pero cuando se encuentra en la tesitura de sacrificar a su hija como exigencia de confianza para los hombres en la victoria, la situación se convierte en trágica. Su pertenencia céntrica a un mundo familiar y su entrega a la desapropiación excéntrica ya no es sólo dolorosa por razones meramente emocionales. Lo es porque dos fidelidades inevitables cobran un valor intrínseco igualmente inviolable: no sacrificar al inocente, por un lado, no sacrificar la fortaleza espiritual de sus hombres, por otro. Para nosotros, que no vemos con evidencia la necesidad de ese sacrificio, la situación puede resultar soluble desde la reflexión. Pero eso no es lo importante. Lo esencial está en la estructura de la situación trágica, cuyo contenido puede cambiar históricamente y en función del pensamiento naciente que curse en las circunstancias. No hay *la tragedia*, sino la conformación trágica. La cuestión reside en que las circunstancias concretas, en la situación específica del hombre, aquí y ahora, transida por su peculiar modo de encuentro con el mundo y de curso pensante, hacen inevitable la destrucción de alguna de las dos fidelidades que han abandonado su discordia *fácticamente* dolorosa y se han trocado en *valores* irrenunciables. Si en la comprensión que Max Scheler posee sobre este asunto renunciamos a su pretensión de que existen *valores en sí*, es decir, si hacemos depender la génesis del *valor* de las circunstancias concretas en que se especifica la situación errática, entonces su definición de lo trágico resulta completamente acertada:

> Lo trágico se da en el sentido más señalado cuando una y la misma fuerza, que es necesitada por una cosa para realizar un valor superior positivo (de sí misma o de otra cosa) se convierte, durante el proceso de esta actuación en la causa de la destrucción de justamente esta cosa, de cuyo valor es el portador. Cuando contemplando una actividad, somos partícipes inmediatamente de que al realizar un valor superior, al mismo tiempo *y en el mismo acto* de la actividad, se socava la condición de la existencia de este valor o de otro emparentado con él esencialmente, entonces la impresión de lo trágico es la más perfecta y la más pura. [...] Que veamos la valiosa dirección ideal del sentido de un hombre hacia bienes espirituales como la razón de que en determinadas circunstancias fracase y *tenga* que fracasar ante pequeñeces de la vida; que todos, según las palabras de Madame de Staël, «tengamos los errores de nuestras virtudes», que los *mismos*

rasgos esenciales de las disposiciones de carácter hagan de una persona lo mejor y al mismo tiempo sean la culpa de la «catástrofe» —esto es «trágico» en sentido eminente[45].

Desde la perspectiva que aquí se defiende esa única fuerza que se hace necesaria para la realización de algo valioso es la que atraviesa la situación errática entera. En los momentos en los que sus caras discordantes *apuran* su juego productivo y se enfrentan sin la posibilidad de una situación en que ambos se transformen al unísono, una de ellas tiene que ser destruida. Esa deflagración hace fracasar al movimiento errático en cuanto tal y en el curso mismo de su efectuación. Pero hay que señalar al menos dos rasgos del fracaso que son esenciales para comprender la situación trágica. En primer lugar, que semejante encrucijada se presenta al hombre en *situaciones límite*[46], allí donde él mismo se sitúa ante el peligro de *vivir y luchar a muerte*, porque se expone a su propio ocaso en pro de algo más valioso que su vida individual y que sus metas particulares. La grandeza que lo envuelve, y que penetra en la memoria de los hombres como un gesto único y modélico, reside en que el héroe trágico posee la fuerza para des-poseerse: en su agonismo no se contempla ya a sí mismo, sino a lo que está por encima de él. Fracasa, en segundo lugar, a causa de su victoria. Ésta es la paradoja más nuclear, quizás, del acto trágico. El hombre sucumbe en él porque, resuelto en el caudal cuya hendidura socava el fondo sobre el que fluye, hace estallar una de sus orillas y la sangradura que contempla lo hiere de muerte aunque subsista en la supervivencia. También, porque los que permanecen al abrigo de la estancia y se protegen de la decisión tendrán que denigrarlo y expulsarlo del mágico círculo en que se reúnen al calor del fuego. Hay distintos escenarios de la acción trágica. En la vida cotidiana existen situaciones límite, de diferente intensidad, en que un individuo se ve obligado a optar de este modo. A decidir entre el cuidado de aquellos que manifiestamente lo necesitan y el cuidado de los otros que, extraños, lo reclaman en silencio, entre la soledad que le exige una tarea y la compañía viva que lo interpela desde el otro, entre la llamada a proteger a un ser querido del dolor y la intensidad que lo fuerza a plantarse ante él como un enemigo que tiene que quitar el velo a sus miserias involuntarias. Siempre es lo céntrico y lo excéntrico lo que entra en un litigio sin precedentes en la dolorosa situación trágica. En la acción revolucionaria —otra escena posible— puede darse la situación límite, en la que la destrucción de un orden injusto suponga el máximo peligro para el inocente que lo padece. Hay también grados, pues todo depende de lo que el hombre sea capaz de cargar sobre sí. Para el que tiene un compromiso más férreo y un arrojo más exigente, surgirán litigios trágicos que, otro, más pusilánime, no puede ni imaginar. Al exigirse más, encontrará en su camino momentos de decisión en los que el sacrificio de una de sus orillas aparecerá ante el más débil o acomodado como locura desmedida, pero es porque este último no se ha elevado a esa altura y no ve lo que en ella va en juego. En cualquier caso, en la acción trágica, el hombre vence en su caída. De ahí que su tristeza sea irredimible. No una tristeza lastimera orientada hacia sí, sino una tristeza profunda por el mundo de los hombres. Sufre también la culpa. Pero no la que se vincula al pecado o a la psicología particular, sino una culpa ontológica por no haber podido zanjar la situación de otra manera. En *Los hermanos Karamazov* dice Dostoievski que «todos nosotros somos culpables de todo ante todos, y yo más que los otros». Ésta no es una culpa a la que se la pueda tildar de religiosa. Tampoco es la culpa que el resentido hace caer sobre el fuerte, como una venganza, en términos de Nietzsche. Es la culpa, que todo hombre puede llegar a experimentar, por la impotencia que lo embarga si se percata de la inmensa cantidad de injusticia que él no puede subsanar, pero contra la que se ve lanzado inexorablemente.

El ser errático no vive constantemente en la tragedia, pero no la puede rehuir cuando aparece, si aspira a ser un hombre cenital. El paso por ella es condición, además, de toda búsqueda de armonía, aunque ésta sea imposible. La pesquisa de la armonía imposible sólo es justificable cuando se ha bajado al infierno de la intensa disarmonía. En caso contrario, acaba convirtiéndose en un refugio para la cobardía. El hombre cenital, además, siempre procurará que el mayor dolor recaiga sobre él mismo. No simplemente por espíritu de sacrificio, ni regocijándose en él como si la flagelación lo purificase. Sólo por dignidad, por la fortaleza que lo conduce a crecer hasta el último de sus días y a estar a la altura de sí mismo.

— Dicen que a los muertos les siguen creciendo las uñas.
— Terrible y hermosa, a un tiempo, metáfora del errático cenital. Por cierto, entiendo mejor ahora esos versos de Rilke: lo bello es lo terrible, que apenas podemos soportar.

NOTAS

1. En la primera mitad del siglo XVII, uno de los más grandes pensadores españoles, Baltasar Gracián, situó al *ingenio* en el lugar más alto de la inteligencia humana. En *Agudeza y arte de ingenio* (1648) funda el pensamiento profundo en esta facultad, que debe crear allí donde no hay regla, comparando, diferenciando; es una facultad estimativa que escapa al cálculo y que guía la resolución creativa de problemas y la

innovación. «Dicen que la naturaleza hurtó al juicio lo que aventajó el ingenio» (*Agudeza de ingenio*, Madrid, Castalia, 1988, lxviii). El ingenio no sólo descubre, sino que avanza y anticipa: «Los milagros del ingenio siempre fueron repensados» (*Ibid.*, xxxv). Pero ello, sin desprenderse del comprender, que des-cubre; de él dice que es expresión de «la valentía de entender» (*El Discreto*, Madrid, Alianza, 1997, I). Un estudio lúcido sobre el pensamiento de Gracián se encuentra en los diferentes trabajos incluidos en J. F. García Casanova, *El mundo de Baltasar Gracián. Filosofía y literatura en el barroco*, Granada, Universidad de Granada, 2003. Tomamos esta temática de Gracián sólo como punto de partida o aliciente. Desentrañar los matices de su preciso sentido en la obra del autor español en intentar resituarlo en las coordenadas del pensamiento contemporáneo exigiría un trabajo que no podemos realizar aquí. Lo que digamos, pues, no debe tomarse como una interpretación de Gracián: lo que digamos sería necesariamente deformador respecto al contexto gracianiano. Viene impelido por el curso de nuestra reflexión. Agradezco muchísimo la ayuda que en esta cuestión me ha prestado Javier de la Higuera Espín, a lo largo de tantas conversaciones en las que su lucidez me ha servido de impulso.

2. Es ésta una problemática de largo aliento en la historia del pensamiento. El del *ingenio* como *ars inveniendi*, capacidad inventiva y creativa, es un tema renacentista de primer orden. El hombre creador se experimenta en esa época, tanto como miembro del *macrocosmos* como *microcosmos* re-creativo (cf. A. Heller, *El hombre del Renacimiento*, Barcelona, Península, 1980, cuarta parte, cap. IV). Entre los siglos XVII y XVIII, Vico opuso, en su *Ciencia Nueva* (1730), una noción de razón experimental y problematizante a la razón apodíctica de carácter cartesiano. A la capacidad de demostrar opuso el *ingenio* como facultad de *descubrir lo nuevo*. Resulta, por terminar aquí, de gran interés el modo en que en sociología, ya en el mundo contemporáneo, P. Bourdieu caracteriza la acción desde la noción de *habitus*. Éste es un conjunto de disposiciones duraderas que integra las experiencias pasadas de una comunidad. Más allá del objetivismo y del subjetivismo, del realismo y del idealismo, Bourdieu atribuye al *habitus* el poder de un *sentido práctico* que involucra una *ars inveniendi*. Pues el conjunto de principios incorporados no funciona reproductivamente, sino de modo inventivo, estando sujeto a variación dependiendo de la lógica de la situación. Es un campo renovable de improvisaciones reguladas, en el que se pone en obra la invención de soluciones novedosas a los problemas partiendo de esquemas adquiridos. Cf. P. Bourdieu, *El sentido práctico* [1980], Madrid, Taurus, 1991, cap. 3 («Estruturas, habitus, prácticas») y pp. 407-419 («El buen uso de la indeterminación»).

3. Empleamos aquí el término «apócrifo» en el sentido que le da Pedro Cerezo en el estudio final sobre Machado que cierra *El mal del siglo. El conflicto entre Ilustración y Romanticismo en la crisis finisecular del siglo XIX* [2003], Madrid, Biblioteca Nueva, pp. 755-776. Como señala el autor con mucha inteligencia, la invención creativa, tal y como vibra en el pensar machadiano, se sitúa entre el descubrimiento y la creación. De tal modo, si hemos entendido bien sus argumentos, que, en la palabra, el poeta hace nacer una y otra vez el mundo. La Verdad o la Realidad estarían sujetas, así, a una invención creativa que las hace apócrifas. No en cuanto ilusorias o falsas, sino porque son transfiguradas en el cuerpo de la creación. Ahora bien, se trata de una creación, en consonancia con lo que decimos, que escapa a la pura imaginería constructiva. Suscribimos completamente la glosa de esta figura creación-descubrimiento: «Fábula mitológica la poesía, en la que el hombre experimenta o inventa el mundo, siempre nuevo, de una realidad insondable e indomeñable. Y fábula histórica es el ejercicio dialógico de participación en una verdad inexhausta, que, porque nos trasciende, nos mantiene siempre en permanente éxodo hacia nuevos horizontes» (*Ibid.*, p. 775).

4. Como hemos señalado anteriormente, la clave que articula esta tesis es la noción deleuzeana de *síntesis disyunta*, noción que hemos intentado rectificar de modo

que no segregue de sí la dimensión del sentido, reduciéndola a la de la fuerza, como ha sido característico de toda una tradición. El sentido, como fenómeno «en superficie» de la *intensio*, presupone, a pesar de Deleuze, no sólo una pluralidad de fuerzas «operantes», sino también «significantes» en su forma más primaria: multitud de cursos *en gesto*. La *intensio*, por estar siempre *en materialización* o *en corporeización*, adopta una forma, perfil o rostro, antes de toda unidad formal: le pertenece ya un *gestus* matérico o telúrico.

5. En este punto coincidimos, aunque desde otro camino, con el punto de vista de Jacobo Muñoz (*Figuras del desasosiego moderno* [2002], Madrid, Antonio Machado Libros, cit., pp. 67-89). Lo que Jacobo pone en tela de juicio respecto a Heidegger es que la apertura de sentido, de un mundo, sea homogénea. Fundamentalmente en lo que respecta a la época de la técnica. Ésta es, en cuanto voluntad de voluntad, una *homogeneidad unitaria*, una *uniformidad de fondo*, que no permite distinciones ni diferencias en su interior (p. 75). Así, por ejemplo, en el plano de la política, le permite a Heidegger tomar al socialismo, marxismo, nacionalismo, racismo, biologicismo, psicologismo, positivismo, materialismo, «americanismo», liberalismo o «democratismo», etc., como una y la misma cosa, manifestaciones ya acogidas en la voluntad de voluntad de la técnica.

6. Trasladamos aquí, de modo metafórico, al plano ontológico la hipótesis aristotélica (*De anima*, III, 1, 425a, 14 ss.) de un sentido común (χοινή αἴσθησις) que opera siempre sobre (o entre) dos o más sentidos y que ha generado la cuestión de qué tipo de «sensibilidad general» constituye.

7. He intentado mostrar diversas fallas en la concepción habermasiano-apeliana en otros lugares. La pretensión de una fundamentación trascendental de la doctrina, aun en su versión más débil (la habermasiana) presupone contenidos teóricos no fundamentables (cf. L. Sáez Rueda, «Fundamentación última y facticidad. Un intento de argumentar 'con Apel contra Apel'»: *Pensamiento*, 50/197 [1994], pp. 267-292; *La reilustración filosófica de K.-O. Apel*, Granada, Servicio de Publicaciones, 1995, caps. 8 y 9). La concepción del progreso implicada en ella contradice su asunción explícita de que, con Heidegger, habría que admitir la irreductibilidad de un «ocultamiento» de sentido en todo acontecer, una contradicción tácita que da lugar en el interior de la teoría, por lo demás, a una noción deficitaria y negativa de la facticidad existencial, pues ésta es tomada como racionalidad en ciernes o «todavía-no-racional» (L. Sáez Rueda, «Facticidad y excentricidad de la razón», en D. Blanco Fernández, J. A. Pérez Tapias y L. Sáez Rueda [eds.], *Discurso y realidad*, Madrid, Trotta, 1994, pp. 228-251; «Segregación o domesticación de la experiencia prerreflexiva»: *Volubilis*, 4 [1996], pp. 35-53). El ideal regulativo al que se refieren Habermas y Apel se pone al servicio de una racionalización del mundo de la vida y de una juridización de la experiencia (L. Sáez Rueda, «Für ein 'tragisches' und 'offenes' Konzept der Rationalität»: *Deutsche Zeitschrift für Philosophie*, 44/3 [1996], pp. 343-361; «¿Es posible una razón crítica sin recurso a Ideas Regulativas? El nexo entre las dimensiones reflexiva y existencial de la crítica de patologías»: *Isegoría*, 26 [2002], pp. 257-275).

8. Cf. J. Habermas, «¿Qué significa pragmática universal?» [1976] y «Teorías de la verdad» [1972], en *Teoría de la acción comunicativa: complementos y estudios previos* [1984], Madrid, Cátedra, 1989; K.-O. Apel, «El problema de la fundamentación filosófica última desde una pragmática trascendental del lenguaje» [1976]: *Estudios Filosóficos*, XXXVI/102 (1987), 251-300; «Transzendentale Simiotik un die Paradigmen der *prima philosophia*», en E. v. Bülow y P. Schmitter (eds.), *Integrale Linguistik*, Amsterdam, 1979, pp. 101-138, así como los trabajos sobre filosofía del lenguaje, escritos entre 1986 y 1987, recogidos en *Semiótica filosófica*, Buenos Aires, Almagesto, 1994.

9. Lo que separa radicalmente a Nietzsche de Kant, según Deleuze, son las exigencias críticas que se muestran en sus métodos respectivos (cf. G. Deleuze, *Nietzsche*

y *la filosofía* [1962], cit., pp. 128-134). El de Nietzsche es un método genealógico. El método de Kant es el del *condicionamiento*: intenta fundamentar las pretensiones de universalidad de un *factum* dado —conocimiento, moral, religión— buscando sus condiciones trascendentales *a priori* como formas de su posibilidad. De este modo no se retrotrae a la génesis inmanente del *factum*, no explica lo más problemático, su propia génesis y las condiciones de su reproducción. La búsqueda sin más de condiciones de posibilidad *a priori* se limita a justificar las pretensiones de su punto de partida. «La crítica kantiana no tiene otro objeto que el de justificar, empieza por creer en lo que critica» (*Ibid.*, p. 128). Por esto «de hecho, Kant no realizó su proyecto de crítica inmanente. La filosofía trascendental descubre condiciones que permanecen aún exteriores a lo condicionado. Los principios trascendentales son principios de condicionamiento, no de génesis interna. Exigimos una génesis de la propia razón, y también una génesis del entendimiento y sus categorías» (*Ibid.*, 129). Ello no quiere decir que debamos buscar una génesis «irracional» de lo «racional», sino una fuente más profunda del pensar. «Se tiene una idea equivocada del irracionalismo si se cree que lo que esta doctrina opone a la razón es algo distinto del pensamiento: los derechos de lo dado, los derechos del corazón. [...] En el irracionalismo tan sólo interviene el pensamiento, tan sólo el pensar. Lo que se opone a la razón es el propio pensamiento, lo que se opone al ser razonable es el propio pensador» (*Ibid.*, 133). Esta distinción entre «condicionamiento» y «génesis» se relaciona en Deleuze con el distingo entre «calco» y «mapa». El calco es la descripción de un estado de hecho. En cambio, el mapa reproduce la génesis misma del estado de hecho. El calco recurre siempre a una supuesta *competencia*. El mapa tiene que reproducir un movimiento, y no llega a una competencia, sino que aprehende una *performance*. De este modo se ve que el calco ha traducido ya el fondo genético en imagen, ha realizado una fotografía o radiografía que comienza seleccionando y aislando lo que pretende reproducir (*Mil mesetas. Capitalismo y esquizofrenia* [1980], Valencia, Pre-Textos, ⁴2000, pp. 17 ss.). De esta idea central parte el proyecto deleuzeano de un *empirismo trascendental* (cf. G. Galván Rodríguez, *G. Deleuze: ontología, pensamiento, lenguaje. Un logos problemático*, Granada, Universidad de Granada, 2007, cap. 3).

10. «El pensamiento humano —dice Apel—, si pretende ser radical, debe hacer uso de esta posibilidad constitutiva para él [la de la 'posición excéntrica'], y que consiste en el distanciamiento con respecto al mundo y en el autodistanciamiento» (K.-O. Apel, *La transformación de la filosofía*, Madrid, Taurus, 1985 [1973], II, p. 374), aunque, simultáneamente, «una pura conciencia del objeto, tomada por sí sola, no puede extraer del mundo ningún sentido. Para lograr una constitución del sentido, la conciencia —esencialmente 'excéntrica'— debe comprometerse céntricamente, corporalmente, aquí y ahora» (*Ibid.*, p. 93).

11. Aunque en un contexto muy diferente, tomamos prestado aquí el término de G. Deleuze.

12. El contraste está inspirado en Merleau-Ponty. El fenomenólogo realiza una descripción muy sutil —fascinante a nuestro juicio— de la conformación de un «espacio mental» o «paisaje de los pensamientos» en *Fenomenología de la percepción* [1945], Barcelona, Península, 1975, pp. 141-164.

13. *Ibid.*, p. 147.

14. Empleamos aquí el término que G. Deleuze emplea, de una manera fascinante a nuestro juicio, para designar el orden de un «rizoma», en el que una multitud de fuerzas se reúnen de acuerdo con la productividad del encuentro mismo, de la diferencia entrelazada en la «síntesis disyunta». Tal orden se genera en ausencia de una ley o principio antecedente y de un *telos* último. Acontece *in media res* y está sujeto a un cambio permanente. Cf. G. Deleuze, *El pliegue. Leibniz y el barroco* [1988], pp. 107-108.

15. J. L. Borges, «Parábola del Palacio», en *Obras completas*, Buenos Aires, Emecé, 1989, I, p. 802.

16. K.-O. Apel, «Falibilismo, teoría consensual de la verdad y fundamentación última» [1987], en *Teoría de la verdad y ética del discurso*, Barcelona, Paidós, 1991, pp. 37-146, p. 70. Hemos intentado mostrar, dicho sea de paso, la *inspiración* teológica de esta doctrina en L. Sáez Rueda, «Acerca del conflicto entre los discursos 'metafísico', 'postmetafísico' y 'teológico'»: *Daímon* 8 (1994), pp. 63-82.

17. J. Habermas, «Teorías de la verdad» [1972], en *Teoría de la acción comunicativa: complementos y estudios previos* [1984], p. 141.

18. *Ibid.*, pp. 138-150.

19. «La forma del discurso teórico tiene que hacer posible una progresiva radicalización, es decir, autorreflexión del sujeto cognoscente» (*Ibid.*, p. 151; cf. pp. 150-158).

20. En ambos autores la racionalidad es concebida como un progreso infinito hacia una situación en la que la «explicación» argumentativa habría traducido temáticamente y reconstruido en «justificaciones» la aprehensión de experiencia en el mundo de la vida. «Los lenguajes naturales no sólo abren los horizontes de un mundo específico en cada caso, en que los sujetos socializados se encuentran ya siempre a sí mismos; obligan, a la vez, a los sujetos a rendimientos *propios*, a saber: a una práctica intramundana orientada por pretensiones de validez que somete los avances de sentido que la apertura lingüística del mundo comporta, a una continua *prueba de acreditación*» (J. Habermas, *Pensamiento postmetafísico* [1988], Madrid, Taurus, 1990, p. 54). Este progreso hacia una transparencia completa en el discurso se extiende a muchos aspectos en la obra de estos autores. Reconoce Habermas, por ejemplo, que las aspiraciones universalistas quedarían vacías o serían impotentes si a la anticipación de una comunidad ideal de comunicación no perteneciese también la conciencia de un hermanamiento en una forma de vida común a lo que añade que la justicia es impensable sin la idea de una reconciliación (J. Habermas, *Erläuterungen zur Diskursethik*, Frankfurt a. M., Suhrkamp, 1991, p. 72). Podrían añadirse más ejemplos en esta línea. Se da el caso también de una coincidencia entre cumplimiento de las condiciones formales del ideal anticipado y el logro de una humanidad autónoma y emancipada. Como se sabe, Habermas comprende las fuerzas heterónomas que limitan la libertad como formas de un discurso distorsionado. Las condiciones de la autonomía vendrían a coincidir con las condiciones formales de un entendimiento racionalmente motivado, cuyo modelo reside en las condiciones formales de un diálogo sin coacciones. Tales condiciones representarían también las de una humanidad emancipada. Y no solamente esto, sino que incluso, en la medida en que la identidad, el *Selbst*, según Habermas, se forja en procesos de reconocimiento intersubjetivo, tales condiciones formales coinciden con las de la autorrealización. Tanto la autodeterminación como la autorrealización presuponen —dice Habermas— el reconocimiento de una comunidad de comunicación; el *sí mismo* no es pensable sin semejante reconocimiento (cf. *Pensamiento postmetafísico*, cit., pp. 222-227). En el caso de K.-O. Apel es aún más claro. Es clave aquí su tesis según la cual la pretensión fundamental inscrita en la dimensión performativa del habla es la «pretensión de sentido válido intersubjetivamente y, por así decirlo, intemporal» («Anspruch auf intersubjektiv gültigen und sozusagen zeitlosen Sinn»), pretensión que implica, según Apel, el postulado de una posible explicación del sentido: «muß man mit einem potentiell unendlichen Prozeß der Zeicheninterpretation (Peirce) als Explikation von Sinn gerechnet werden» («Die Vernunftfunktion der kommunikativen Rationalität», en K.-O. Apel y M. Kettner [eds.], *Die eine Vernunft und die vielen Rationalitäten*, Frankfurt a. M., Suhrkamp, 1996, p. 22). En el contexto de una filosofía trascendental transformada, el consenso ideal correspondería, según Apel, al «punto supremo» de la teoría kantiana (la «síntesis trascendental de la apercepción»), es decir, debería ser entendido como la «síntesis trascendental de la interpretación lingüísticamente mediada» (*transzendentale Synthesis der sprachvermittelten Interpretation*) y como la unidad del entendimiento sobre algo en una comunidad de comunicación (*Einheit der Verständigung über etwas in einer*

Kommunikationsgemeinschaft) —cf. Apel, *Transformation der Philosophie*, Frankfurt a. M., Suhrkamp, 1973, II, p. 354. Mediante una ampliación de la semiótica de Peirce supone Apel, además, que la comunidad ideal sirve de idea regulativa respecto a un proceso histórico infinito en el que tiene lugar una progresiva «explicación del sentido» (*Erklärung des Sinns*), de forma que la Idea Regulativa de un discurso libre representa al mismo tiempo la idea de una síntesis de la validación de las interpretaciones (cf. «Falibilismo, teoría consensual...», cit., § 4.1.).

21. Sin una reflexión detenida es fácil dejarse seducir por la aparente referencia ilustrada a la problematicidad real. Habermas expresa la necesidad —en la aplicación ético-política de la doctrina— de partir de un concepto amplio de racionalidad social como «capacidad para resolver o solucionar problemas». Ahora bien, estos «problemas» remiten, no a la entera excentricidad interrogante, de carácter ontológico, a la que nosotros nos referimos. Para Habermas se trata de responder a la exigencia de integración intersubjetiva. En general, Habermas concibe la práctica deliberativa como un proceso para solucionar problemas sociales y favorecer la integración y la autoorganización social. «Pues la pieza medular de la política deliberativa consiste en una red de discursos y formas de negociación que tienen por fin posibilitar la solución racional de cuestiones pragmáticas, morales y éticas, es decir, justo de esos problemas estancados de una integración funcional, moral y ética de la sociedad, que por la razón que sea ha fracasado en algún otro nivel» (J. Habermas, *Facticidad y validez* [1992], Madrid, Trotta, ⁵2008, p. 398; cf. pp. 393-406). A esto habría que añadir que, en cualquier caso, la «solución de problemas» está ligada en el discurso argumentativo (cf. «¿Qué significa prágmática universal?» y «Teorías de la verdad», cit.) a la indagación (de nuevo aparece el prurito cognitivista) de los intereses y deseos de los participantes. Se entiende así que, de acuerdo con Habermas, el decurso social sólo pueda reproducirse, al final, por recurso a un discurso apofántico: a través de un proceso de entendimiento que depende, en última instancia «de sus posicionamientos [de los participantes] con un sí o un no ante pretensiones de validez susceptibles de crítica. *El lugar de posible fisura o ruptura que representa este poder decir que no*, sella la libertad finita de quienes, si quiere evitarse la nuda violencia, han de ser *convencidos*» (*Facticidad y validez*, cit., p. 403).

22. De los dos filósofos alemanes, el que ha expresado esta pretensión de la teoría dialógica con mayor claridad es K.-O. Apel. No sólo aprueba la lógica de la investigación científica que Ch. S. Peirce formuló en términos de una progresiva interpretación dialógica en la «comunidad de investigadores» (Ch. S. Peirce), sino que apoya la comprensión del discurso entero del pensamiento humano, a su juicio, necesaria universalización y profundización de esa lógica de la investigación científica que habría de tener su fundamento en la «comunidad de comunicación». Cf. K.-O. Apel, «Falibilismo, teoría consensual de la verdad y fundamentación última» [1987], cit.

23. Todas las acciones con sentido —dice Apel— son ya argumentos virtuales (*La transformación de la filosofía* [1973], II, p. 400). El principio de «expresabilidad» de Searle se ha convertido aquí en lo que yo llamaría un «principio de justificabilidad discursiva» según el cual toda experiencia prerreflexiva del mundo es susceptible, en principio, de ser traducida sin merma en una configuración reflexiva de argumentos.

24. El término *erraticus* está ligado al verbo *errare*. De un modo muy próximo tiene también en latín los sentidos usuales de *recorrer a la ventura* y de *andar discurriendo* (como, por ejemplo, por el campo, *erro in agris*). *Discurrir*, según la RAE, en una de sus acepciones, es correr, caminar, por diversas partes. Pero también significa emplear la inteligencia. El término «discurrir» posee también este significado de caminar o correr mediante la inteligencia, y esto en dos sentidos, al menos. En primer lugar, como un «reflexionar, pensar, hablar acerca de una cosa, aplicar la inteligencia». El discurrir se da en un discurso, y de ahí que «discurrimiento» signifique en castellano, «discurso» y «razonamiento». El sentido errático y operativo del discurrir se esconde

en la relación entre *discurso* y *discutio*. *Discurso* (y *discursus*), en latín, proceden de *discurro*, que significa «correr de una parte a otra» y también «acudir», como se hace, en una batalla, a las murallas, *in muros*. *Discutio* se emplea como hender, romper, desmoronar, derribar, abrir brecha, conjurar un peligro o desvanecer un miedo. El discurso, es, pues, siempre un proceso en curso, a la vez generador de comprensión y activador de un *operare*, como movimiento intra-vital. Por eso, «discurso», en castellano y según la RAE, lleva ese movimiento impreso. Porque se refiere tanto a la reflexión como al movimiento: discurso significa también «carrera, curso, camino que se hace por varias partes». Además, que el discurso, en cuanto inteligencia, porte un «modo de ser» tiene una correspondencia en nuestra lengua. Partiendo de esta raíz podemos distinguir, por ejemplo, entre (*i*) el hombre discursivo (que discurre), (*ii*) el hombre «discursista», «que forma discursos por cavilosidad y ocio, o pretendiendo lucirse con ellos» y (*iii*) el hombre «discusivo», el hombre resuelto. En segundo lugar, «discurrir» significa «inventar» y también «conjeturar, inferir», lo que hace relación a esa *ars inveniendi* del ingenio a la que nos hemos referido ya.

25. «Hasta el punto —dice Deleuze— de que la fórmula de los ministerios del interior podría ser: una macropolítica de la seguridad para y por una micropolítica de la inseguridad» (*Mil mesetas*, pp. 220 ss.). P. Virilio (*L'insécurité du territoire*, Paris, Stock, pp. 96, 130, 228-235) ha incidido en esta complementariedad, entre macropolítica de la seguridad y micropolítica del terror.

26. Hay que darle la razón a los pedagogos con lucidez que han desenmascarado, en su propio terreno, el vaciamiento lingüístico y la deriva puramente metodológica de la educación en España. El texto de M. Ruiz Paz, *La secta pedagógica*, Madrid, Grupo Unisón, 2003, es especialmente claro y contundente. Cf. también R. Rodríguez Tapia, *La enseñanza neutral*, Madrid, Grupo Unisón, 1999.

27. Seguimos, en la aclaración de esta primera tesis las ideas fundamentales de A. Wellmer, *Ética y diálogo* [1986], Barcelona, Anthropos, 1994, pp. 43-77.

28. Por ejemplo, de que no sea universalizable la máxima según la cual «recurriré a una falsa promesa en caso de necesidad para salir de apuros», se desprende que «no mentiré».

29. Por ejemplo, hasta que una máxima no incorpore «diré siempre la verdad, aunque ello me traiga inconvenientes» (que sería la negación de una prohibición) no se puede decir que por medio de mi máxima estoy queriendo que se convierta en ley general.

30. *Ética y diálogo*, cit., p. 147.

31. M. Douglas, *Pureza y peligro* [1966], Madrid, Siglo XXI, 1973. A ese cometido sirven formas de prohibición simbólicas y ritualizadas que, como *tabú*, elaboran pares «puro-impuro». Lo «impuro» se construye como oposición a lo «puro», en una historia empírica, de manera que se puede decir que las distinciones «bueno-malo» dependen de una génesis natural y no proceden, así, de una racionalidad *a priori*. Lo «impuro» sería, según la antropóloga, «materia fuera de su lugar», razón por la cual, incluso en nuestras sociedades avanzadas, se utiliza para la segregación de aquellos que transgreden el control interno. El transgresor estaría, pues, «contaminado». Así, el discurso de la corrupción utiliza metáforas de la mugre: el hedor de su dinero, la cloaca en que habitan, el cuerpo político agusanado, etcétera.

32. Así, en *Símbolos naturales* [1973], Madrid, Alianza, 1978, Douglas, partiendo de que los miembros de una comunidad están ya socializados de acuerdo con una determinada *cosmología*, las soluciones a los problemas graves de la organización no pueden provenir de aquellos que la habitan y la sufren (cf. pp. 179 ss.). La necesidad de un trabajo conjunto entre antropología y ontología filosófica se pone una vez más de manifiesto. Pues no se puede hablar de «cosmología» simplemente sin un estudio de lo que significa realmente tener una cosmología, un «mundo de sentido». Ello

implica una reflexión filosófica. En particular, desde nuestras reflexiones, la noción de excentricidad extrañante contradice la conclusión de Douglas. Para pertenecer a un «mundo» (cosmología en términos de Douglas), es necesario presuponer, como venimos diciendo, una posición interrogante y excéntrica, extrañante. Esa misma posición hace posible que cualquier ser humano exista «despegado» de su propio horizonte (cosmología) y que pueda transgredirlo desde el interior.

33. A. Honneth, *La lucha por el reconocimiento* [1994], Barcelona, Crítica, 1997.
34. Es el caso, por ejemplo, de J. Nabert, que entiende el deber como un «momento» en el proceso, más amplio, de una «promoción de la existencia». Me parece de rigor mencionar aquí la expresión, fecundísima e inteligente, que esta línea de pensamiento posee en la obra de D. Blanco Fernández. Así, en «¿Un delirio de la virtud? Reflexiones en torno al problema del mal en Kant» (en J. Muguerza y R. Rodríguez Aramayo [eds.], *Kant después de Kant*, Madrid, Tecnos, 1989, pp. 87-116), Domingo Blanco, sin vulnerar el núcleo fundamental del kantismo, argumenta magistralmente con la mirada puesta en mostrar que la situación moral completa involucra una tensión entre Existencia —en la que se da una «oposición real» entre acciones o tendencias en conflicto— e Idea —donde sólo cabe la oposición lógica— (p. 114). Dicha tensión implica para él, entre otras cosas, renunciar a la comprensión del Ideal en la forma de un *telos* al que nos aproximamos y vincular el conocimiento de lo que debe ser al trabajo rectificador de la realidad existente, en la que se pone en obra el poder prelógico, afectivo, sintiente, de repulsa de lo inaceptable (pp. 115-116). Tomando pie en vislumbres de Merleau-Ponty e intentando continuar la vocación de este genial filósofo, Domingo Blanco ofrece siempre una visión lúcida y profunda del kantismo según la cual, sin mermarle incondicionalidad al bien de la razón pura, y en un esfuerzo *por Kant contra Kant*, intenta rescatar el lazo entre dicho orden incondicional y el ámbito ético-ontológico de una existencia pre-reflexiva productiva, generadora sin regla, matriz de potencias realmente discriminatorias en el espacio moral y de un ejercicio irreglable de la excelencia (cf., por ejemplo, su magnífico trabajo «Las pérdidas del gusto y del sentimiento en la *Crítica del Juicio*»: *Revista de Filosofía* VI/9 [1993], pp. 119-137). Aprovecho la ocasión de esta cita para mostrar mi admiración por el pensamiento de Domingo Blanco, del que he recibido constantemente profundas enseñanzas. Me atrevo a afirmar que la lectura de la obra de Blanco Fernández —situada extramuros de la Academia— es obligada para quien aspire a pensar con altura en el ámbito de la reflexión moral y política. Si me distancio de él es, por otro lado, gracias a él.
35. Nietzsche: la «razón», o la «verdad» como ilusión al servicio de la voluntad de poder. Heidegger: el *cogito* en cuanto uno de los modos de «ser-en-el-mundo», por poner un ejemplo en una lista que se haría interminable. Foucault: el discurso «racional», el «juicio», como expresión de conflictos entre fuerzas en la retícula histórica, como la cara externa de los «dispositivos saber-poder». El caso de Deleuze —el autor al que quizás más debe el presente escrito— es más complejo, pero, a pesar de todo, se sitúa en la misma línea. En sus grandes obras (*Diferencia y repetición*, *Lógica del sentido*) se ha conducido, salvando las distancias, de un modo próximo al heideggeriano, reduciendo el mundo de la «representación» (próximo a lo que llama Heidegger «presencia») al ámbito de las fuerzas en reunión disyunta. En textos clave como *Spinoza y el problema de la expresión* hace valer el principio spinozista de una naturaleza en profundidad que se expresa en modos. Aunque en *¿Qué es filosofía?* le concede al pensamiento la finalidad de crear conceptos, éstos siempre son descritos, de acuerdo con este *modus operandi*, en la forma de productos en superficie de elementos sub-reflexivos (los «personajes conceptuales»). En *Mil mesetas* queda, quizás, más clara esta estrategia reductiva: distingue allí entre el ámbito «molecular» y el «molar», formando parte del devenir rizomático. El primero es el campo en intensidad de fuerzas entrelazadas, cuyo movimiento responde a un «plan de consistencia» inmanente. El se-

gundo es la expresión «representativa» del anterior, siempre dependiente de él, como su piel, y también, deficitario respecto a él: siendo expresión, adopta un movimiento coercitivo, de acuerdo con un «plan de despliegue» que «segmenta» continuamente los flujos de fondo. He intentado mostrar que, aunque Deleuze desplaza conjuntamente a Nietzsche y Heidegger, éstos anudan su pensamiento. Cf. L. Sáez Rueda, «El nihilismo nómada en G. Deleuze. Más allá de Nietzsche y Heidegger», en *Pensar la nada. Ensayos sobre filosofía y nihilismo* [2007], cit.

36. Hacemos derivar este término de «inmisión» (del latín *immissio -ônis*, acción de echar adentro. Utilizado como *in-fusión o inspiración*.

37. La primera porque convierte, como se ha dicho, a la facticidad (mundo de la vida, apertura de sentido, corporalidad, etc.) en un «todavía-no-racional» y la somete, así, al yugo de la razón idealmente impoluta. El segundo porque —se ha intentado mostrar— opera con los conceptos y desde ellos (*la* justicia, *la* democracia, *el* don, etc.), indagando las aporías que ellos mismos contienen pero exonerándose de abrirse al impacto real del mundo intensivo. La facticidad queda así sublimada en la lógica del concepto, incorporada a él y desahuciada en favor de una realidad que se deniega (la promesa).

38. Ambas tesis, la que se refiere a la crisis propiamente española y la que se expande a la filosofía del siglo XX, en general están trabadas en una de las mejores investigaciones en nuestro país realizadas en el último decenio: P. Cerezo Galán, *El mal del siglo* [2003], cit.; cf. prólogo y pp. 23-61. En el caso español, se trata, piensa Cerezo con gran tino, de una ilustración menoscabada por el positivismo y de un romanticismo menoscabado por el subjetivismo, situación que produjo una experiencia desengañada, de perplejidad y desorientación.

39. Corrijo y suavizo aquí el estatuto excesivamente fundante, *constituyente* que conferí a la *tensión trágica* en L. Sáez Rueda, «¿Es posible una razón crítica sin recurso a Ideas Regulativas? El nexo entre las dimensiones reflexiva y existencial de la crítica de patologías», cit., y en «Für ein 'tragisches' und 'offenes' Konzept der Rationalität»: *Deutsche Zeitschrift für Philosophie* 44/3 (1996), pp. 343-361.

40. *Poética* (cap. V).

41. Así interpreta Nietzsche la grandeza del espíritu griego presocrático (F. Nietzsche, *El nacimiento de la tragedia* [1871], Madrid, Alianza, [6]1981). El conflicto se desarrolla en el juego trágico de la sabiduría dionisíaca, que lleva a la pavorosa revelación de que el fondo del ser no es más que contradicción y sufrimiento, del abismo del sin-sentido, y el instinto del arte, capaz de liberarnos de las torturas y sufrimientos que nos inflige la vida.

42. Hay ya indicios en Descartes, en la medida en que enfrenta finito e infinito, voluntad y entendimiento. También en Kant, a propósito de la tensión entre lo sensible y lo inteligible. Sin embargo, en ambos se rompe la tensión trágica en favor de la razón o de la moral. En Pascal, la lucha entre la nada y el todo es expresa. El hombre es, para Pascal, un ser desgarrado, en toda la diversidad ontológica, práctica y epistemológica de su ser en el mundo. El signo central de ese desgarramiento es el de estar constituido por elementos contrarios que son, al unísono, insuficientes y absolutamente necesarios. Espíritu y cuerpo, mal y bien, justicia y fuerza, espíritu geométrico y espíritu artístico, razón y pasión, etc. Elegir uno solo de estos elementos, como señala el frag. 863 de *Pensamientos* (Madrid, Orbis, 1977) lleva necesariamente a un error, a una parcialidad en la que la otra potencia queda injustamente obliterada. El hombre se encuentra en la tesitura de deber corresponder a ambas dimensiones y no poder, ni conseguir una síntesis, ni aceptar la ruptura entre ellos. Pero la grandeza está en residir en ambos extremos: «No se muestra la grandeza por estar en un extremo, sino por alcanzar los dos a la vez llenándolo todo entre ambos» (frag. 353). La tensión entre todo y nada se expresa en que ni alcanzamos el todo (por la limitación de nuestra

finitud) ni estamos tampoco en la nada, puesto que no ignoramos por completo: «He aquí nuestro verdadero estado: es lo que nos hace incapaces de saber ciertamente y de ignorar absolutamente. Bogamos en un amplio medio, siempre inseguros y flotantes, empujados de un lado a otro. Si hay algún punto en el que creamos poder afirmarnos y unirnos a él, se tambalea y nos abandona, y si le seguimos, se nos escapa, se desliza y huye en una eterna huida» (frag. 72). Es el corazón el que, según Pascal, porta esta tensión, una instancia que Pascal no opuso a la razón, sino que es precisamente una facultad que es finitud (pasión) e infinitud (razón): «El corazón tiene razones que la razón no conoce» (frag. 277).

43. Cf. P. Cerezo Galán, *Las máscaras de lo trágico. Filosofía y tragedia en Miguel de Unamuno*, Madrid, Trotta, 1996.

44. Tal es la perspectiva defendida en L. Goldmann, *El hombre y lo absoluto* [1955], Barcelona, Península, 1968. En esa oposición todo/nada es la que caracteriza también al pensamiento de nuestro Baltasar Gracián. La nada pertenece a este mundo, en el universo de Gracián precisamente porque Dios está ausente de él. Ésta es la clave de la insoportable verdad que el ojo humano rehúye, observada desde las coordenadas del barroco, una ontología del acontecimiento con tintes nihilistas que es, sin embargo, deudora de la teología, como ha mostrado Javier de la Higuera («Lo insoportable de la verdad», en J. F. García Casanova [ed.], *El mundo de Baltasar Gracián*, cit., espec. pp. 303-320).

45. M. Scheler, «Sobre el fenómeno de lo trágico» [1914], en Íd., *Gramática de los sentimientos*, Barcelona, Crítica, 2003, p. 213.

46. Sobre esta noción, K. Jaspers, «Lo trágico», en *Lo trágico. El lenguaje*, Granada, Ágora, 1995, pp. 39-100, 67 ss.

10

LOS CRITERIOS DEL PENSAR NACIENTE

1. «Tener criterio»: creación de regla sin regla; «poder resolutivo» del pensamiento, fuente de criterios. 2. Crítica negativa de la ficcionalización del mundo. 3. Interdisciplinariedad. El caso singular de la psicopatología. ¿Qué es la salud? 4. El Gran Inquisidor o del errático apócrifo. Las increíbles hazañas del capitalismo errático, el *hombre anti-sistema* y otros pseudosucesos en la sociedad estacionaria.

1

Un problema de gran alcance que se le plantea a cualquier pensamiento es el de establecer los criterios de su propio hacer y, de este modo, los de su autocrítica. Esta difícil cuestión requiere, de antemano eludir dos chantajes simétricamente opuestos: el de la ilustración y el de la contra-ilustración.

El *chantaje de la ilustración*[1] consiste en la convicción de que cualquier normatividad exige el hallazgo de criterios universales, supraculturales y suprahistóricos, fundados, si no *a priori*, sí en un concepto *fuerte* de racionalidad. Desde ese principio, muy vinculado al sentido común, la ilustración tacha inmediatamente de «relativismo» y de «indiferencia moral» a todo posicionamiento que niegue el sentido o la posibilidad de dicho punto de partida. Este punto de vista es tendencioso por varios motivos, entre los cuales aludiremos a dos fundamentales. En primer lugar porque, desde el siglo XVIII, al menos, estrecha la noción, más amplia y rica, del *logos* griego en una «razón» que se comprime mediante el ceñidor de la imagen moderna del mundo. La modernidad ha obligado al ilustrado a tomar como presupuesto indiscutible la existencia de un sujeto idéntico a sí mismo y capaz de autoapropiarse en la reflexión. Semejante presupuesto viene siendo discutido desde hace décadas. Tanto la fenomenología postidealista que toma rumbo en la hermenéutica como la fenomenología del cuerpo, procedente de Merleau-Ponty, inciden en la impostura de dar por sentado la autoconsistencia y autonomía del *cogito* cartesiano y han mostrado que, si se puede hablar de sujeto, habrá que referirlo a uno *situado* en la existencia, bien temporal, bien encarnado corporalmente. El diagnóstico genealógico, por su parte, en manos, por ejemplo de Foucault, han contribuido a despejar y conceder mucho crédito a la idea de que el sujeto es, antes que constituyente, constituido por procesos históricos de subjetivación basados en las relaciones de poder. El pensamiento de la diferencia, por su lado (Deleuze, Derrida y el propio Foucault) han puesto de relieve que la suposición de una «identidad» es harto difícil de sostener. Por nuestra parte, hemos hecho acopio en estas páginas, de algunos juicios conducentes a desfondar el sujeto moderno a favor de un *testigo tácito* de carácter *extrañante* e *interrogante* (III, 7: 2). Otro prejuicio de la Ilustración es, en segundo lugar, la creencia en la posibilidad de una fundamentación *a priori* de normas o principios que pertenecen, en cuanto *factum*, a la «razón». Como hemos intentado mostrar, a propósito de las críticas a Kant y a la re-ilustración habermasiano-apeliana, esta convicción se desvanece cuando comprobamos, no ya sólo que en cualquier reflexión pura se introducen de soslayo tesis interpretativas, sino que la suposición misma de un *factum* dado no resiste la prueba del extrañamiento (IV, 9: 2 y 3).

Por su parte, el *chantaje de la contrailustración* apremia a sustituir el *factum* racional por el de lo *dado* en la experiencia, lastrando a la conciencia explícita y a la reflexión con el estigma de su carácter ilusorio o derivado. Como se vio (III, 6: 6), la afirmación simple de una instancia telúrica, sub-reflexiva, como la de la voluntad de poder en el caso de Nietzsche, permanece vacía mientras no asuma la responsabilidad de tomar por dirección la apelación de la «cosa misma» de la que da testimonio. Ahora bien, este único criterio se autoinmuniza y protege en lo que hemos llamado «lo propio en su clausura» y «el eterno retorno de la apelación» (II, 4: 3) y esconde en la trastienda, además, la herencia de una dicotomía entre facticidad e idealidad que contradice sus propias premisas y que persevera, a su pesar, en un dualismo insostenible (IV, 9: 4).

El problema de los criterios que, en el pensamiento, permiten distinguir entre un «pensar más acertado» y otro «menos acertado» exige trascender ambos chantajes. No hay, frente al primero, criterios inamovibles, universales y «racionales» y ello no significa que el pensamiento se vea destinado al arbitrio o al amoralismo. Sí hay, frente al segundo, modos de poner a prueba «la cosa misma» más allá del círculo de la escucha y de la apelación.

¿Qué significa *disponer de un criterio*? Ante todo, y primordialmente, «tener criterio». Cuando en la vida cotidiana decimos que alguien tiene criterio nos estamos refiriendo a un fenómeno bastante complejo. Al que lo posee le atribuimos algo más que el uso de reglas o preceptos explícitos. Incluso es posible que confiemos en alguien «con criterio» sin que podamos señalar, de un modo claro y preciso qué normas generales están operando en sus juicios. Si apuramos, es muy probable que a la pregunta «¿cuáles son tus criterios?», esa persona no sepa qué responder más que después de un largo ejercicio de autognosis y, aun así, lo hará con cierta prevención y de una manera tal que la formulación de matices le robará más tiempo del que se podría pensar *prima facie*. La razón de ello es, nos parece, que el «tener criterio» es un fenómeno de carácter práctico que involucra todo un modo de «estar» y de «posicionarse» ante los problemas. Se diría que las reglas de juicio no preexisten en la mente, sino que se forjan ante cuestiones concretas *en acto*. La concordancia entre los criterios específicos que un ser humano puede extraer de sí en función de la multitud de contextos y de problemáticas que afronta depende de un «punto de mira» persistente bajo todos los posicionamientos explícitos. Se podría argüir que la constante de fondo es una regla o conjunto de reglas no conscientes. Esta hipótesis ha sido formulada de diversos modos en la filosofía contemporánea, especialmente en la filosofía de la mente de corte funcionalista-computacional. Pero la hipótesis no es admisible. Pues si esto fuese así, la relación entre «reglas profundas» y «reglas de superficie» concretas tendría un carácter nomológico que no explica el hecho de que para el sujeto en cuestión, tanto el «asunto» enjuiciado como su propio juicio posean «significatividad»[2].

Si elevamos esta tosca apreciación a lo que ocurre, en general, en el pensamiento naciente o *ingenium*, podríamos decir que éste manifiesta la potencia o capacidad de *crear reglas sin regla*[3]. El ingenio opera al afrontar problemas. En el encuentro con la realidad problemática, *se las ingenia* para ofrecer una respuesta. Quiere ello decir que la normatividad del pensamiento reside en su ejercicio y que no opera por aplicación de criterios dados en un cielo de las ideas o en un corpus categorial de la «razón», que es una *virtus* o potencia creativa. En lenguaje kantiano, esta conformación del pensar se podría formular del modo siguiente. Lo que Kant llamaba «juicio determinante», es decir, el juicio que procede mediante un principio o norma universal, subsumiendo los casos particulares en su cobertura, expresa el modo de proceder de un sector muy limitado del pensar, un modo restringido a los juicios *asertivos* sobre la estructura de los fenómenos constatables o con refrendo empírico. Pero esta facultad no es más que una capacidad subsidiaria al servicio de un *logos* más amplio. El pensamiento, en su nivel más profundo, porta *ya siempre* un posicionamiento *extrañante*. Ante la realidad de lo que se presenta el pensamiento no se comporta simplemente adquiriendo y articulando experiencia dada. Para la formulación de un juicio es necesario que una *esfera de mundo* se haga significativa, como venimos insistiendo, en cuanto *realidad problemática*. Si extendemos la *crítica de la razón pura* al pensamiento en cuanto tal, habría que presuponer en el llamado por Kant *entendimiento* un elemento no categorial, sino operante. Lo que el filósofo de Königsberg llamó *juicio reflexionante*, el que juzga casos particulares, pertenece al entendimiento y es anterior al empleo de categorías formales. Pero, además, este *juicio reflexionante* habría que concebirlo, al mismo tiempo, dependiente de una capacidad de juicio que opera *por mor* y *en virtud de* un poder aprehensivo correspondiente al problema. Podríamos denominarlo *poder resolutivo*.

Dejando a un lado a Kant, sostenemos que al pensamiento le es inherente un *poder resolutivo* responsable del *tener criterio*. Esta potencia del pensar trasciende toda reglamentación. Pone en marcha al ingenio y constituye una capacidad para insertarse en la problematicidad real y responder creativamente. Su curso moviliza al hombre entero de carne y hueso. Supone una acción conjunta de facultades que no existen separadamente; al menos las siguientes: la de aprehender la *cosa misma* en cuanto *desafío*, la de interpretar la situación concreta en sus múltiples vectores experienciales, la de discernir el tipo de *problemática* que se presenta y su diferencia respecto a otras —su *fuerza cuestionante específica*—, la memoria como acopio de experiencias problemáticas anteriores (no de hechos o meros datos), la de previsión o anticipación de un *desenlace*. Pero el poder resolutivo no es sólo teórico. Con éste está inextricablemente unida una fuerza práctica. En el curso del pensar el hombre *se resuelve a*. Resolverse en un sentido determinado en el pensar es poner en juego la vida entera. La *resolución* no es la *solución*. Es el *habérselas con* una dificultad, con un interrogación viviente en lo que sale al encuentro, con un reto que no afecta sin más a la cognición, sino al encuentro con el mundo, al hacerse y, simultáneamente, al hacer nueva tierra.

Los criterios del pensamiento, pues, no preexisten, sino que se gestan en su decurso. Forman aglomeraciones acentuadas *en estado naciente* que se desarrollan a través de multitud de peripecias. En su devenir, estos *cursos resolutivos* no obedecen a una ley preexistente, pero tampoco se deslizan arbitrariamente. Una historia los organiza en la forma —para emplear la terminología deleuzeana—, de *caosmos*: orden producido sin orden previo, orden gestado por el encuentro entre una infinidad de micro-cursos resolutivos en un trazado siempre inestable y dinámico. Los cursos resolutivos imprimen un estilo en vidas individuales, culturas y épocas.

La forja del *tener criterio*, además, posee condiciones sin las cuales se diluye en la ficción. El ingenio que dinamiza un curso resolutivo presupone la vigorización del *poder de ser afectado* por la problematicidad real, es decir, por los cursos prácticos en los que se ponen en obra esos dos elementos del *impacto de realidad* que hemos llamado «fuerza significante» o «gestual» (impacto de sentido en su escena naciente, como *gesto* en los acontecimientos) y «potencia operante» (intensidad afectante, no en cuanto sentido, sino como *operari*, modo de solicitar a la acción).

2

A pesar de que el pensamiento mantiene, en su curso errático, una relación con el impacto intensivo en el mundo, siempre es posible interrogar en qué medida dicho impacto puede ser tomado con la suficiente confianza como para otorgarle un genuino valor orientativo. La cuestión por los criterios experimenta aquí un giro de tuerca en virtud del cual cabe preguntar por qué habría de tomarse un determinado encuentro con la realidad problematizante como fianza satisfactoria. Al fin y al cabo, cualquier juicio o toma de posición podrían apelar a su propio compromiso y no habría modo de poner en cuestión su testimonio, por así decirlo, «interno». Este tipo de sospecha es completamente pertinente y no abandonará al pensamiento que haya renunciado a la posibilidad de parámetros universales *a priori*. Es el mismo tipo de objeción que se le planteaba a la hermenéutica desde la crítica francfortiana, especialmente clara en la obra de Th. W. Adorno: ¿cómo podemos confiar en que la «cosa misma» que apela al intérprete expresa una genuina interpelación y no una ilusión subjetiva? ¿Cuántas atrocidades ha realizado el hombre apelando a la «voz» de una instancia mundanal que lo convoca y le reclama una acción? En la disputa que se originó bajo el lema «hermenéutica-crítica de ideologías» Gadamer insistía en la necesidad de una adecuada inmersión en el «círculo hermenéutico», una inmersión que implica generar la suficiente capacidad de escucha como para que la interpretación se haga cargo de la dirección que procede de la cosa misma. El ilustrado, en cualquier caso, está en su derecho de replicar —y así lo hicieron Habermas y Apel— que una respuesta como ésta sólo desplaza el problema. ¿Cómo saber que ha habido una adecuada capacidad de escucha?

El *ingenium* no puede permitirse rehuir este reto justificadamente planteado, pues es una réplica inevitable cuando se trata de afrontar el «eterno retorno de la apelación». En su propio campo, la ontología crítica de la sociedad, se ve obligada a admitir en su trabajo la cuestión de por qué es fiable un determinado impacto intensivo en el encuentro o pliegue del pensar y los cursos problemáticos. Pero tampoco puede ceder ante el chantaje mencionado de la ilustración. Posee para ello un modo de crítica al que nos aproximaremos a continuación, y que denominaremos *crítica ontológica de la ficcionalización*.

La más vívida fuente de engaños que se nos viene a la mente en una sociedad que, a pesar de su disposición democrática, no ha podido conjurar a los enemigos que antaño acuciaban a otras formas de gobierno, es el poder. En el tejido de las voluntades coordinadas democráticamente el poder no ha sido disuelto, sino investido de nuevas formas. No adopta ya la forma de un mandato explícito, vociferado desde la cabeza del cuerpo absolutista. Se despliega reticularmente, camuflado en estrategias minúsculas que se cruzan y se adaptan a un reino oscuro, de mazmorra, allende la mirada de la voluntad general. Foucault describió muy bien esta nueva conformación del poder en la época más reciente de la humanidad. Opera a través de los cuerpos, dando forma a la conducta, modo más efectivo y sutil que aquel que siembra la ciudad de prohibiciones. En su *afirmativo* avance, el poder constituye al sujeto. Donde se dice «nosotros» habla una historia *otra*, un cúmulo de estrategias de poder que esculpe la semblanza del presente. Una ontología crítica, tal y como la pensaba Foucault, debe convertirse, así, en una crítica del presente, capaz de perseguir el hilo de lo que nos ha constituido como somos y desenmascararlo. No porque, tras el velo de la fuerza podamos encontrar un reino de pureza —la dimensión de fuerza, como se ha dicho, es intrínseca a la acción humana y no posee, de suyo, en cuanto potencia operante, un sentido coactivo, razón por la cual hemos distinguido entre fuerza y dominio—. Más bien se trata, en esta crítica, de cobrar conciencia lúcida sobre los influjos de poder que nos conforman, hacer frente a las coagulaciones específicas que se han hecho predominantes hasta amenazar con invadir el campo entero de las fuerzas en su encuentro y abrir la posibilidad de un nuevo hacerse[4].

La ontología crítica de la sociedad incorpora la *crítica del poder* y del *presente* de sesgo foucaultiano, pero —hay que decirlo expresamente para evitar confusiones— no coincide con ella. La incluye, en cualquier caso, como un momento, necesario entre otros, en el marco de un interés más amplio: el de mantener vivo el pensamiento naciente. Esa tarea tiene primordialmente un fin positivo, por el cual se arroja hacia delante, el de dinamizar el *ingenium* de forma que sedimente en el *augere*, en una acción capaz de afrontar el *salto* y de hacer una nueva tierra. Semejante acción depende del pensamiento, en el sentido en que aquí lo concebimos, es decir, como infancia y *dýnamis* de todo *operari*, presupuesto en la más elemental relación entre hombre y mundo, patrimonio, no del culto o del letrado, sino de todos y cada uno de los seres humanos. Sólo en virtud de este horizonte, la crítica escruta el presente y se vuelve hacia el pasado, en un esfuerzo por desenmascarar cualquiera de las formas en que la potencia del pensamiento naciente es mermada por la ficción. La más lacerante coacción para el ser humano es que le sea arrebatada su aventura errática por la organización del vacío y de la apariencia que gobiernan en cualquier existencia estacionaria. La ficción, tal y como la entendemos aquí, no es simplemente el engaño pasajero o la impostura casual, no es un fenómeno psicológico ni un error concreto, sino la obra de toda una praxis que organiza su impotencia y la amuralla. En el fondo de la órbita en la que medra la ficción no hay vórtice preciso: poder, capital, resentimiento contra la vida... Todos estos grilletes se forjan en el yunque de un modo de existencia en el que el hombre ya no es en el mundo sino en lo inmundo del vacío. La ficcionalización del mundo es un fenómeno ontológico, encarnado en formas de dominio, en organizaciones del trabajo, en dispositivos de venganza, etc., pero irreductible a ellas. En la entraña del hombre dominado, inserto en una maquinaria productiva, hostigado por el resentimiento, el dolor más punzante no se genera directamente en la forma de esclavitud que estas, o cualquiera otras, aglomeraciones coactivas le deparan *presentemente*, sino en la gélida oquedad a la que se ve condenado por medio de ellas, oquedad silenciosa, sin rostro definido y sin lenguaje posible. Si es doloroso vivir en la miseria, en la persecución o bajo el yugo de otro, más doloroso es no vivir precisamente por ello. No se domina o esclaviza a un hombre más que arrancándole el hombre que habría podido ser. No se domina o esclaviza su presencia o existencia presente, sino lo no presente en él, los cursos que dejarán de ser, los encuentros que ya no tendrán oportunidad, la tierra posible que hubiera podido hacer. Y ello, no *ad longitudinem*, sino en la verticalidad del acaecer. En cada victimización del individuo se aniquila al hombre entero. Y en cada parálisis del hombre muere el porvenir del acontecimiento.

La crítica ontológica de la sociedad es una crítica de lo inmundo, de la producción de vacío. A resultas de sus esfuerzos no se despeja una presunta plenitud de lo humano, no se avanza hacia lo lleno. Más bien se libera del embrujo a esa nada activa que alimenta el «entre» de los hombres y de éstos con el mundo[5]. Es una crítica *negativa*, pues no está regulada por un ideal transparente de humanidad.

Desenmascara la ficcionalización que se opone al encuentro con el mundo. En ese ejercicio no procura un progreso asintótico hacia una meta, pues el porvenir del ser errático carece de regla y de principio. Mediante la crítica se intenta la liberación. Ahora bien, ésta no puede ser tomada como un anverso de la autorrealización plena. Liberar no significa eliminar paulatinamente una sombra en pos de una amanecida clara y límpida, pues la sombra de la ficcionalización acompañará al hombre en todas sus estancias y ex-pediciones. Significa mantener una lucha interminable en pro de la amanecida misma, de la posibilidad de seguir iniciando.

Todo lo que se acaba de decir no implica en modo alguno que la filosofía se limita a «negar», «cortocircuitar», «criticar», «deconstruir» y, en definitiva, que queda confinada en lo que podría denominarse, de forma general, «pensamiento negativo». A la filosofía le es imposible renunciar a la *theoria* en el sentido alto y elevado de proponer una configuración teórica —en positivo— de la textura de lo real en cuanto tal. El presente escrito es, él mismo, una articulación teórica en tal sentido. Ahora bien, la *theoria* ya no puede ser concebida como si se expresara desde un sujeto espectador allende el mundo mismo del que pretende dar cuenta. Opera en ella una excentricidad, un distanciamiento, pero cercenado en la posibilidad de una exterioridad pura. Pone en juego una distancia en el seno mismo de la realidad, una lejanía que, empleando la nomenclatura, muy atinada, de J. L. Pardo, constituye una *exterioridad interior*[6]. Y es precisamente por esto, porque la apuesta teórica de la filosofía juega ya en el campo de aquello que es su «tema» u «objeto», por lo que teoría y praxis crítica se copertenecen. La excentricidad teórica toma asiento, céntricamente, en la realidad y desde semejante ejercicio (siempre creativo, siempre imaginativo, siempre arraigado en el *ingenium*) conmueve el céntrico punto de partida. Afirmación teórica y crítica negativa van a la par. Se podría decir que la filosofía, al mismo tiempo que afirma, niega. En su *pro-posición* afirmativa ya ha entrado en el movimiento de ex-propiación de aquello que toma a su cargo. En ese contexto, la ontología crítica de la sociedad no es *la* filosofía o *toda la* filosofía. Recorre *un* camino específico entre la riqueza irreglable de esa *ex-pedición* hacia delante (simultánea a la ex-propiación crítica) en que está empeñado todo hacer filosófico.

En la medida en que la realidad cuyo impacto necesita el pensamiento naciente es también errática, no cabe garantía ninguna de que la crítica negativa de la ficcionalización acierte en su diagnóstico; tampoco de que aminore el riesgo de su llegada. Pero ¿acaso hay genuina lucha con garantías de éxito? El ser errático existe en la incertidumbre y en una extrañante guerra continua con sus entrañas. Para esa guerra necesita del otro. Las hipótesis de la ontología crítica, siempre falibles, deben probar su efectividad en el pensamiento conjunto. No de forma prioritaria y originaria en el campo del discurso argumentativo, sino en ese *discurrir* que concierne al pensamiento naciente: el del encuentro en el *operari* mismo de la praxis. Cuando este encuentro lo necesite buscará prolongación en el explícito y reflexivo *curso de habla*, pero sin dejarle a éste que se autonomice y adquiera el poder de una racionalización ficcional.

Quizás está llegando el momento en que la cultura occidental abandone su obstinación en hacer depender su posible *augere* de la garantía. Quien convierte la garantía, la certeza, el crédito, en una condición necesaria esconde una desconfianza, un temor, un recelo. La fianza que el ser errático puede ofrecer crece en proporción directa con la posibilidad de que se haga fiador de sí mismo. Y para ello, más que garantías, necesita confianza.

3

La ontología crítica de la sociedad debe poner al descubierto modos de *ser*, formas de situarse en el mundo en su doble aspecto, céntrico y excéntrico. Su tarea, por tanto, se orienta hacia el análisis y crítica de presupuestos ontológicos yacentes en la imagen del mundo y en el *agere* de la sociedad. Sin embargo, y justamente porque en su dirigirse a la trastienda ontológica debe *atravesar* la textura social, no puede trabajar en solitario. La filosofía, en esta empresa, necesita de las aportaciones de todas aquellas disciplinas que, desde diferentes puntos de vista, escrutan la textura de una sociedad. Obviamente, la sociología constituye un aliado esencial en el trabajo interdisciplinar. Pero también la antropología, la teoría económica, la historia y filosofía del arte y la literatura, entre otras. La filosofía no cede por ello en sus derechos, pues posee un lenguaje específico que hereda de la más antigua y fundacional metafísica griega. Pero sale del encapsulamiento al que se ha inclinado históricamente y que hoy colapsa el ejercicio conjunto del pensar entre las humanidades.

Por el carácter insólito y peculiar que las ciencias de la conducta y la psiquiatría poseen en el campo de juego abierto en la interdisciplinariedad, nos gustaría referirnos al modo en que pueden colaborar en el diagnóstico de la ficcionalización del mundo. No es la primera vez que se invoca la relación entre pensamiento y salud. Éste era, por ejemplo, un engranaje fundamental en la obra de Nietzsche y ha continuado esporádicamente en una estela de intentos dispersa y variopinta todavía no reconstruida. El freudomarxismo de la Escuela de Frankfurt es sólo un ejemplo, pues muchos pensadores, como Merleau-Ponty, Jaspers o Foucault, han extraído provechosas consecuencias desde el ámbito de la psicopatología. El propio Heidegger, en su discusión con Jünger, consideró al nihilismo como un *agente patógeno*. Por cierto que dio en la clave de la relación que ha de mantener la filosofía con la *crítica de patologías*, al indicar que éste, el nihilismo, no es ni curable ni incurable, sino generador de procesos que afectan a la salud[7]. En nuestros términos: no se puede decir que el ámbito ontológico subyacente a la praxis social sea, él mismo, sano o enfermo. Estos términos, cuyo sentido hay que analizar con cuidado, se aplican subsidiariamente, como caracterización de conductas sociales sedimentadas.

La salud, desde el punto de vista de la filosofía, puede vincularse a lo que hemos llamado *potencia operante*. Es una cuestión de intensidad de vida, de altura y fortaleza. El arco tendido de la existencia está expuesto al cerco que la ficcionalización del mundo le dispensa. Liberarlo de ella es semejante a superar una larga enfermedad. También guarda una íntima conexión con la *fuerza significante*, inextricablemente unida a la anterior. Una existencia ficcional corta los hilos con el impacto gestual del mundo y convierte la posible *gesta* de éste en una *ingesta* del narcótico. Liberarla es semejante a extirparle una dependencia compulsiva. En su conjunto, la lucha contra el vacío estacionario se puede entender como el cuidado solícito a un ser errático que convalece, con el fin de restablecerle su libertad de ser. Un eco de esta *virtus curativa* del pensamiento nos llega desde aquella relación entre filosofía y *medicina* que resplandeció en los siglos I-III d.C., como ha descrito Foucault[8]. La medicina era reconocida como una forma de cultura elevada, vecina de la retórica y de la filosofía. Es un error, dice Plutarco, reprocharle al filósofo que se ocupe de la salud, pues en realidad la filosofía y la medicina incumben al arte de la salvación y de la salud del alma. No se concibe simplemente como una técnica; es un saber, un corpus de reglas que define una *manera de vivir*, un modo de relación meditada con uno mismo. Hay allí todo un arte enlazado con el *cuidado de sí*, una *práctica de salud*, que constituye el armazón permanente de la vida cotidiana y que permite orientarse por lo que uno debe hacer o debe evitar, alcanzarse a sí mismo, como un puerto al abrigo de las tempestades o como una ciudadela que protegen sus murallas. Lo que se logra es, en términos de Séneca, la *potestas sui*, en la que no se trata, sin más, de un control sobre sí, sino de un *estar en sí*, como en su propia casa. Y ello es alegre: *Disce gaudere*, aprende la alegría, le dice a Lucilio, sé feliz de *tu propio fondo*. Para el ser errático esta alegre promesa es simplemente la de que quede franco su curso en la realidad problemática, su juego peligroso e inevitable entre descubrir y crear. Su *potestas sui* no significa *pertenecerse* o *apropiarse de sí*, sino tener la dignidad de ser su propio testigo en la desapropiación a la que está continuamente entregado, en el pensamiento naciente que lo conduce al *augere*, en la soledad que asume y que no se le debe imponer, en el entre de los encuentros, en sus creaciones heroicas, en sus encrucijadas trágicas e incluso, en la muerte.

La salud, entonces, no es un estado concreto, sino un sentimiento difuso de elevación y fruición que procede de la unión de las fuerzas en su libre discurrir. Como tal, sería una experiencia inevitable sin la interposición de algún estorbo. Se confunde con la experiencia que, de suyo, provoca la existencia misma. Que ésta sea dolorosa o difícil no importa en este asunto, pues la salud no es la felicidad huera del que se blinda ante el infortunio. Crece en el afrontamiento del mundo, *es* en la guerra que el hombre sostiene y sobre la que se sostiene.

En este sentido, no le falta razón a Gadamer cuando aclara que la salud coincide con el comprenderse en situación, con el estar en el mundo, razón por la cual permanece en *estado oculto*, de manera que sólo reparamos en ella a propósito de un tropiezo que desvía su natural deslizamiento[9]. Lo que no convence del hermeneuta es, de nuevo, su persistencia unilateral en la afirmación de la facticidad, de la apelación, de la condición céntrica. Gadamer sigue sin pensar, en el seno mismo de la salud, la excentricidad en cuanto «distancia extrañante». Es en la esfera de la existencia donde inserta la experiencia del *distanciamiento*, por ser la enfermedad un estado en el que el hombre *repara* en su existencia y se vuelve respecto a ella. Reconoce incluso, siguiendo a Plessner, que la *excentricidad*, como capacidad de *tomar distancia*, caracteriza al ser humano[10]. Sin embargo, la reduce a una expresión de la pertenencia, a una forma de estar inmerso en la comprensión y a un mero tránsito hacia la propiedad del existir[11]. La lúcida apreciación de Blankenburg sobre el comportamiento de ciertos enfermos, que sufren patologías relacionadas con la esquizofrenia hebefrénica, puede ayudarnos a involucrar, una vez más, a la excentricidad. En tales enfermos tiene lugar, por un lado, la imposibilidad de inmiscuirse en la experiencia inmediata. Como en la *epojé* fenomenológica, pero involuntariamente, les sobreviene una puesta entre paréntesis de ese «estar tomado por el mundo», de ese «estar perdido en las cosas» que implica la pertenencia. Todo comportamiento en relación a las cosas se convierte en problemático. Es una «tortura» que no le deja al que la padece extraer sentido de lo que lo rodea. Hay, pues, en el ser humano, una resistencia a la *epojé* en un sentido existencial, una *inclinación de vida*[12]. Pero por otro lado, ello ocurre porque al enfermo le falta un referirse-a-sí-mismo prerreflexivo. El «yo soy» que debe acompañar a la vivencia. El logro de autonomía tiene como condición previa ese campo de evidencia natural anónima, de comprensión de trazos que «se comprenden desde sí mismos», lo que se hace imposible si no se pone en obra una distancia que es antepredicativa[13]: yo puedo «dejar ser» la situación sólo si, independientemente de lo que hago cada vez, puedo en general afirmar mi «estar». La autonomía se apoya sobre la evidencia natural pero al mismo tiempo la rebasa. La prueba de que esta relación es así es que sin una distancia respecto a la evidencia natural no habría espacio liberado para una autonomía del yo. Donde la ruptura es demasiado grande, como en el caso del enfermo, la autonomía no encuentra ya un suelo matriz sobre el que desplegarse.

Si podemos hablar de *salud* es con relación a la condición errática, en la que posicionalidad céntrica y excentricidad se vinculan en unión discordante. Según ello, las patologías afectarían a ambos lados del cauce. Desde un punto de vista, la *patología* afecta a un modo de existencia en el cual la excentricidad ha cercenado su nexo con la inmersión céntrica hasta autonomizarse y crear vida desarraigada: *desasimiento*. Desde otro punto de vista, la centricidad desvinculada de la extrañeza excéntrica, abandonada a sí misma, da lugar a una existencia fundida en la inmediatez y en lo dado: *claudicación, clausura*. A la primera podrían asociarse, metafóricamente, una multitud de fenómenos atribuibles a la ontología *óptica*, a la actinometría, la catóptrica, la dióptrica, la fotometría, la micrografía... Hay existencias hipertrópicas, miopes, acromáticas, astigmáticas, refractantes..., toda una fantasmagoría de la luz y del espectador. A la segunda pertenecerían un amplio espectro de vidas de mazmorra, una ontología de la ceguera: oscurantismo, ofuscación, confusión, obcecación..., toda una fantasmagoría de la tiniebla y la lobreguez.

Ahora bien, ¿qué es una «patología»? El término es ya, en sí mismo, tendencioso, pues supone que existe la «normalidad» y no hay un canon absoluto para ésta en la existencia errática. La patología es lo *inerrático*. Donde falta la salud no falta la normalidad, sino la posibilidad misma de lo normal y lo anormal en sus transformaciones. Es una detención del acontecimiento, aunque ocurra a través del ruido y la furia, una parálisis del *augere* y del *ingenium*, el menoscabo de un *poder sin forma* preexistente en favor de un *no-poder-comportarse-sino-de-esta-forma*.

En el ámbito de la psicopatología se viene desarrollando, de un modo disperso, una interesante interpenetración con la filosofía. Con los rótulos ambiguos y equivalentes de «fenomenología psiquiátrica», «psiquiatría fenomenológica», «análisis existencial», «psiquiatría antropológica», tiene como referencia fundacional a la monumental obra de Jaspers[14]. Binswanger y Minkowski son pensadores centrales en esa línea, en la que se entiende precisamente la patología como un problema de carácter ontológico-existencial y como afección del «poder de» en un sentido próximo al indicado. No forma parte de nuestro propósito realizar un estudio sobre las posibilidades que en este encuentro entre filosofía y psicopatología se abren. Constituiría una labor inmensa, merecedora de una investigación específica[15]. Pero sí nos gustaría señalar el rumbo que, a nuestro juicio, debería adoptar una pesquisa semejante. Evitando la «psicologización» que, desde muchos puntos de vista hoy se extiende en la crítica de la cultura, evitando también la conversión del pensamiento filosófico en terapia, la crítica ontológica de la sociedad debería promover una extensión de la psicopatología, centrada fundamentalmente en el análisis del individuo, al campo de la existencia social entera. Como se ha dicho, la ontología de una praxis social no es ni sana ni enferma. Pero los efectos de la ficcionalización del mundo pueden ser estudiados también desde el punto de vista de una psicopatología de la ilusión, capaz de diagnosticar comportamientos intersubjetivos y globales con la ayuda de las categorías desplegadas en el análisis existencial. Un mero traslado de las nociones que fueron pensadas para el comportamiento individual al campo social no es el camino más adecuado. Se necesitaría una nueva creación de conceptos plásticos, aplicables a los cursos de potencia operante y de fuerza significante, así como al devenir del pensamiento naciente. A continuación nos gustaría realizar una brevísima incursión en este campo de encuentro.

4

En *Los hermanos Karamazov* Dostoievski nos legó una genial parodia para imaginar el destino al que está sometido hoy el ser errático. Iván narra su famosa historia, «El Gran Inquisidor». Cristo regresa a la tierra. Pero los sacerdotes no celebrarán su regreso. El Inquisidor le reprocha no haber entendido la naturaleza humana, lo manda encarcelar y lo amenaza con quemarlo por hereje. El que anduvo sobre las aguas difunde la libertad, pero ésta es una carga demasiado pesada: los hombres no quieren ser libres. «En vez de coartar la libertad humana —le recrimina— le quitaste diques, olvidando, sin duda, que a la libertad de elegir [...] el hombre prefiere la paz, aunque sea la de la muerte». El ser errático tiene ante sí la tarea de hacerse y hacer una nueva tierra, pero el pavor que esa libertad expande seduce a los hombres a ponerle diques. En la sociedad estacionaria, la inquisición pánica se esfuerza en una quema del hombre que camina sobre la nada, al que se sostiene en ella y pugna por hacer una nueva tierra. Prepara para ello una especie de cura homeopática: combate lo errático con la simulación de lo errático y al *ingenium* con la simulación del *ingenium*. El Gran Simulador, anónimo, por supuesto, organiza con esta medicina, no ya sólo lo inmundo de la ficcionalización, sino al libertador.

Un elemento fundamental en esa empresa es la forma que adopta el nuevo capitalismo[16]. Hasta la década de los sesenta, y en declive hasta la de los años noventa, imperaba un modelo de capitalismo que se ajusta a la idea de un «sistema». Es una organización por cuadros, es decir, jerarquizada desde arriba, como un edificio sistemáticamente organizado. Sin embargo, entre estas décadas empieza el modelo a producir malestar. El hombre, sujeto al capital de esta manera, siente que está demasiado encadenado a un sistema y necesita participar de las decisiones: ser más libre. El capitalismo se adapta y el resultado, a partir, más o menos, de la década de los noventa, es un modo de capitalismo que rompe con la jerarquía y se descentraliza, disponiendo la empresa en red (filiales rizomáticas, campos distintos, formas variadas dentro de la empresa, habitáculos diseminados por el mundo). En el jardín de senderos que el capital cruza, se le concede autonomía a cada uno de los nódulos y pasadizos. Ya no se le imponen «objetivos», sino que se le transmite tan sólo el «espíritu» de la empresa, un alma fugaz y maleable que puede ser creativa y personalmente investida de rostros distintos. Cada nódulo tiene ante sí ahora, no órdenes que cumplir, sino «proyectos» que debe elaborar participativamente, autónomamente.

En el mundo globalizado, quizás ya todos pertenezcamos a este gigante próvido en libertades ficcionales. A nosotros, los obreros de este modo de vida que Occidente exporta, se nos empieza a considerar «operadores» que se autoorganizan en «equipos» y se hacen responsables del proceso mismo, de su calidad y productividad. El mágico sueño de libertad es realmente sutil: se ha sustituido el control de modo dirigido, por una situación en la que ya no hay una clara distinción entre dominante-dominado. El control ya no parece provenir de ninguna parte y la dinámica ciega del capital, así ocultada, nos dice constantemente: ¿de qué te quejas, si eres tú el dueño de tus actos y de tu futuro? Lo que no nos dice, porque es mudo, es que está prohibido absolutamente poner en tela de juicio, de un modo real, el orden mundial que este *capitalismo errático*, como nos gustaría llamarlo, impone con bondades simuladas, expandiendo la explotación del hombre por el hombre, la cosificación de todo lo existente en mercancía, en *existencias* calculables, acumulables y puestas a disposición para el enseñoreamiento del hombre sobre el mundo. No nos dice que este enseñoreamiento extrae del mundo al hombre y lo convierte en un excéntrico autonomizado, sin-mundo. Los gestores destacados de este mundo de fábula, los nuevos líderes diseminados, deben ser personas excepcionales. Pero también cada obrero, cada operador debe serlo. Se hace necesario formar a gente que despliegue «competencias» numerosas y variadas, para una multitud de tareas distintas y en contextos muy diversos. Se impone el lenguaje de la educación de competencias y habilidades para una errática mazmorra en la que se encierra al ser errático. Éste, autoorganizando su ficción, exige una dirección distinta, diferente a la jerarquizada de antaño. Es el nuevo líder, que posee *visiones* ingeniosas, puntos de vista creativos que se ganan la adhesión emotiva y otorgan un sentido a la autoorganización. Podemos llamarle también *manager*, un término que se extendió y adoptó su forma actual en la Francia de los ochenta, designando a todos aquellos que dan prueba de una gran capacidad para la animación de un equipo y el manejo emocional del grupo, poniendo en obra la hoy tan cacareada y alabada «inteligencia emocional». Ellos son, no «directores» que deben dar órdenes, sino «animadores de equipo», «catalizadores», «inspiradores»... El ingenio sube al poder y reclama ingenio en todos sus diversos y extensos dominios: *ingenium* simulado, apócrifo.

La ficcionalización del mundo no es, de suyo, capitalista. Se ha dicho, la ontología de la *organización del vacío se apodera de estrategias*, y ésta es una de ellas, especialmente relevante, por cuanto afecta a la dimensión productiva y técnica de la supervivencia. Quien parte del supuesto fundamental de que hoy la realidad se identifica con el capitalismo lleva razón y no la lleva[17]. Lleva razón porque el neoliberalismo, el proceso del capital, es una pátina que acompaña a la organización del vacío, tal y como la piel acompaña a un tejido muscular. No lleva razón si piensa que el capitalismo es la musculatura misma y, además, la única y la más profunda fibra de la sociedad estacionaria. Esa suposición peca de parcialidad y, a pesar de los nobles y elevados ideales que invoca, de simplismo. El capital organiza la existencia y alcanza a todos sus recovecos. Ahora bien, en todo ello se comporta como una *máquina* que organiza. En esa medida, no es, él mismo, el *acontecimiento* que enreda al ser errático como ser que *existe* o *es maquinando*. Más bien depende de este último, está capturado por él y se deja estructurar por su provocación. Es uno de los modos en que la ficcionalización toma acto de presencia, constituyendo una escena. La organización del vacío es un fenómeno ontológico, no sólo un modo de organización del trabajo y de la economía. Es escenario en que se pueden hacer valer muchas escenas. Si el capitalismo se ha convertido, más allá del ámbito de la pura administración de las producciones, en un *modo de ser*, en un modo de producir la vida misma, no es a partir de su propio orden maquinal, sino precisamente porque, en un juego conjunto con otros muchos procesos, encaja muy bien en el subsuelo ontológico más amplio y complejo del que venimos hablando, canalizándolo de una forma concreta, traduciendo sus imperativos constantemente al lenguaje complejo de una maquinaria. Cuando la *lucha* contra el capital se comprende a sí misma en el seno de esta otra más amplia, mira a su entorno de modo más elevado. Cuando se entroniza como única y exclusiva forma de *lucha*, hace un flaco homenaje al pensamiento. Sólo relativizando así la mirada sobre el capital puede decirse que éste es hoy una maquinaria dúctil, imperio inquisitorial con rostro benefactor[18], que somete al pensamiento naciente, hoy a expensas de los reclamos del *trabajo inmaterial*; trabajo de servicios, de producción cultural, de creación de conocimiento o de comunicación, todas ellas actividades que vierten en un preciso y concreto molde, precisamente, la capacidad de resolver lo problemático: identificar problemas y realizar negociaciones estratégicas. Trabajo también afectivo, pues debe realizarse en la interacción y el contacto humanos, creando productos intangibles: bienestar, satisfacción emocional o pasión. Categorías como «atención personalizada», «servicios personales», etc., pertenecen a él, como si fuese, al mismo tiempo, una producción ficcional de armonía y un armonicismo de las pasiones.

La absolutización del capital lleva consigo otra figura posible de su efecto reductivo: el de la apología autoinmune del «no». Para aclarar la lógica de ese fenómeno cabe la posibilidad de realizar una investigación filosófica a fondo, dispuesta a tomar en consideración la relación entre oposición a lo conocido y apertura a lo nuevo, entre revocación y expedición, entre contestación y proyecto. Pero nos conformamos aquí con fabular una metáfora e imaginar la psicología de un curso posible de existencia, para poner de relieve —quizás mediante la exageración— la parcialidad en la que incurre la pura negación. En el fondo, se lo piense como un edificio bien articulado o como una red muy adaptable, el capitalismo, cuando es contemplado en la forma de la más recóndita realidad de la realidad, se convierte, para el que así lo experimenta, en el testimonio por excelencia de la máquina. Se siente atrapado en un orden tan inexorable y ciego como el que rige el movimiento de los planetas. Todo son ahí procesos de un complejo engranaje. Entenderlo consiste en reconocer las piezas de un inmenso aparato y su funcionamiento, las formas en que poleas y cuerdas se disponen, en que se transmite un golpe de una rueda dentada a otra, de una palanca hacia sus derivaciones. Sólo cabe entonces interceptar el mecanismo, interrumpirlo, desordenarlo, sabotearlo. Hay que oponerse con todas las fuerzas, dirigirle un «no» persistente, desesperado. Por esta misma lógica, puede que el *hombre-antisistema* de esta imaginaria situación organice su vida sistemáticamente en el «no» contra-sistemático. Y si en su corazón hay nobleza y valentía, se verá reclamado, más allá de los otros, a poner en ello su vida entera (pues ésta no vale ya nada, siendo parte de la máquina). Ahí comienza su delirio. Primero habría que narrar los sutiles y complejos hilos que lo conducen al «sacrificio»: tras innumerables crisis, en las que el mundo se le manifiesta insoportable, alcanza la resolución y renuncia a todo, al amor, al deseo, a los hijos, a la «teoría», so pretexto de que, en un mundo infectado hasta sus últimos rincones, no vale la pena crear algo, introducir un *novum*, y también por temor a que la forma cotidiana y *miserable* de vida lo distraiga de su elevado «deber» y lo aparte de la causa. Luego viene un largo periplo por la «expiación», pues tiene que purgar su vida de muchas resistencias que aún se le aparecen y, también, equilibrar mediante su dolor el dolor que ha causado a todo aquello que ha dejado atrás. Más tarde, se hace necesario superar todo ese oscuro torbellino de renuncia, sacrificio y expiación, alcanzar la paz en su guerra, de alguna manera. Hace entonces de su causa un lugar inexorable, un *fatum*. En algún momento ha llegado ya a convencerse a sí mismo de que todos los seres humanos que «han hecho algo», ¡todos sin excepción!, han procedido de esa manera. Ahora está todo claro, nítido como una mañana primaveral. Sólo hay una vía, sólo hay un camino. ¡Y él lo ha descubierto! Su penuria se convierte en exaltación. Ya hay certeza y, con ella, remanso para un sosiego. Hay, pues, que mantenerse en ese «no» y resistir. Pues bien, llegados aquí empieza el proceso del blindaje y la defensa. No hay que permitirle al sistema «nada»: todo él está «podrido» y en él no se puede confiar. El mundo se escinde en dos: lo absolutamente corrupto y «el verdadero camino». Es necesario mantenerse alerta, entonces, en las torres de la autovigilancia, pues por todas partes *uno* se siente defraudado y en cualquier lugar encuentra amenazas que «traman» borrar la límpida y contundente línea entre los dos mundos. Hay también que pertrecharse de evidencia, de tal manera que nada pueda conmover la enorme guerra que ha entablado contra el mundo. Cualquier cosa que se le diga en su contra (estas mismas palabras irónicas, por ejemplo) será percibida desde ahora como «tentación» que hay que apartar de sí, porque a través de ella habla el enemigo (el burgués, el acomodado, el no comprometido, etc.). Cualquier llamada a la prudencia debe ser considerada expresión de cobardía. Es así, finalmente, como elabora un círculo mágico, imbuido de una «fe» inconmovible. Sin apenas percibirlo, ha llegado a hacer de su resistencia algo muy parecido a una religión, y abandona, poco a poco, su existencia.

El ser errático es un ser del intersticio, del pliegue, tránsito o brecha entre su pertenencia y su extradición. Niega en la medida en que está ya incurso, afirmativamente, en una expropiación que lo sitúa en la auto-tras-cendencia, desde su mundo allende su mundo, a tierra de nadie. Se rebela y vive en la convulsión constante del enraizamiento, pero, al unísono, está saltando a un lugar que todavía no existe. En ese «entre» se abre la posibilidad de una potencia de la que germina un «sí» creador. En cualquier caso, aunque tenga que negar, no olvida que ese «no» acontece también desde su locura, ese inevitable *punto ciego* sobre el que se yergue su vida, y que, por lo tanto, puede y debe ligar todas sus empresas de negación a una distancia irónica respecto a sí mismo, a un poder para reírse de sí, de forma que no deje crecer nunca en su acción un fetiche, un cuerpo extraño abandonado a su propia deriva, a expensas de un movimiento inercial ciego. Hacerse cargo de la propia locura no es cosa fácil, entre otras cosas porque puede que en ella haya menos grandeza de lo que uno sueña en su interior. El dolor a la altura de lo que exige el presente y la situación actual no es, en modo alguno, cualquier tipo de malestar. Y no se lo puede crear, cultivar o simular. Sobre él hay que poder lanzar, incluso, una mirada burlona y escéptica, pues nunca sabremos con certeza si estamos en compañía suya o al lado de un simulacro de cartón. Cuando el ser errático se estrecha en el *hombre-antisistema*, por esto, cabe también la posibilidad de que la organización del vacío quede intacta. Bien podría desaparecer el capitalismo, cosa por ahora impensable, que de ello no se deriva la extinción de la ficcionalización del mundo. Ello ocurre, por ejemplo, cuando el Gran Inquisidor del Capital pone a pelear a sus oponentes en una lucha por la pureza. Todo totalitarismo supone una ontología de la pureza. Y algunas veces los críticos del capitalismo imitan su proceder: se afanan en reprocharse unos a otros la insuficiencia del diagnóstico, siempre con la recriminación de que la crítica realizada por el otro está, ella misma, al servicio de lo criticado[19]. Como si existiese un «fuera» de nuestro «Afuera» que es el mundo en el que estamos, un «extra-afuera» incontaminado, fértil paraíso de lo incorruptible. Ocurrió con Robespierre, que se autopresentaba como incorruptible, y en todo el proceso de la Revolución francesa, en la que se llevó a cabo una sucesiva ola de búsqueda del opuesto, es decir, del presunto hipócrita, en una verdadera caza de brujas. Es —recurriendo a la lucidez de Arendt— como si la duda cartesiana hubiera llegado a convertirse en el principio de la acción política[20]. Bajo ese furor en la caza de brujas se expande una paranoia autoinmunizada del crítico, por la cual se atribuye tácitamente al *genio maligno* —denominado ahora por los que lo temen «sistema»— un poder insobornable. Pero no hay pureza ni *poder omnipotente* frente al cual haya que buscar una garantía de fidelidad, inversión patética del *cogito* moderno. El ser errático existe sin garantía y necesita, más que otra cosa, confianza en su propio ingenio. Todo ello no puede servir —obviamente— de excusa para ausentarse de las luchas concretas contra el capital. Lo que se quiere decir es que, en cualquier «guerra» «contra» debe estar presente el ser errático entero, su contradicción y su tragedia.

Dejando a un lado esta cuestión, hay que decir que en el análisis del capitalismo se nos ofrece una oportunidad para vincular a las perspectivas social y política esa otra de la psicopatología. Sin ningún ánimo de exhaustividad, y sólo con la intención de ejemplificar el *modus operandi* de este posible trabajo conjunto, pueden hacerse aquí algunas reflexiones. La ficcionalización del mundo, fortalecida en las nuevas formas expansivas del capitalismo, produce, ciertamente, ilusiones propias de una excentricidad desligada del trato céntrico y real con los problemas. Como L. Binswanger sugería[21], en este caso se produce una especie de eterno retorno, centrípeto, de la imaginería. El cuerpo propio deja de ser el centro de referencia alrededor del cual los caminos del mundo abren sus posibilidades. Se lo experimenta como una exterioridad inerte, opaca y misteriosa. En el caso «Ellen West» observó que la enferma ya no sabía estar «parada sobre tierra»; sentía el cuerpo como una tierra fangosa y experimentaba el deseo de volar, de ser etérea en una fluidez extremadamente grácil. En el *Manifiesto comunista*, por otro lado, Marx y Engels se expresan respecto a los efectos del capitalismo como una pérdida del valor real de las cosas en favor de un valor móvil, de cambio, que vaga de un lado a otro: *todo lo sólido se desvanece en el aire*. Se diría que entre ambas apreciaciones —marxista y analítico-existencial— existe un vínculo de fondo que ilumina las reflexiones realizas desde lo ontología crítica de la sociedad y las enriquece permitiendo hipótesis. En la sociedad estacionaria el hombre experimenta a menudo una exaltación volátil, pues le falta el encuentro con la problematicidad real. Suspendido en el aire de la ilusión, imagina que actúa libremente en un espacio sin fronteras. A eso le llama, entre otras cosas, *globalización*. En el fondo, tiene miedo al mundo tangible, huye de lo terrenal creyendo, paradójicamente, que alcanza el todo. El culto al cuerpo, el éxtasis de la conversación infinita, la búsqueda de lo «sencillo», esconden un pudor burgués hacia lo corporal tal y como lo halla en su medio, al silencio que une como intersticio a los seres humanos, a la sencillez verdadera del trato con lo problemático, en que se introduce, en su lucha, el ser errático. En su *desasimiento excéntrico*, este proceso genera movimientos inversamente opuestos, formas de *hipercentrismo entusiasta* —nacionalismos, fundamentalismos de toda índole— o de *hipercentrismo asediado* —experiencia del mundo en su totalidad como impuro, viciado, convertido en desperdicio. Pertrechado contra la contingencia en la fabulación, no es extraño que crezca en él un miedo a perder su mundo de algodón. Hundido otras veces en la desesperación, ya no se abre ante él un advenir. En cualquier caso, el ser errático, que *in-siste* en pos de una nueva tierra, se estrecha y adelgaza, se hace *cesante*. Quizás por ello, el hombre estacionario adolece, al mismo tiempo, de una oculta paranoia: se le puede leer, tanto bajo la sonrisa como bajo la tristeza, el sentimiento extendido y generalizado de que el sueño puede desvanecerse de repente o consumirse en una deflagración definitiva: pánico a la *inminencia catastrófica*, a lo *súbito aterrador*. Además...

— *¡Vaya, así que elucubrando!*
— *¿Dónde estabas?*
— *Por ahí, haciendo cosas. En el* augere, *para emplear tu lenguaje.*
— *Pues entonces, tal vez seas más real que yo.*
— *No te extrañe.*

NOTAS

1. A él se ha referido Foucault, a su manera, en «¿Qué es la Ilustración?» [1984], en *Sobre la Ilustración*, Madrid, Tecnos, 2003, pp. 87 ss.
2. He desarrollado este problema con más detalle en la discusión con Dennett y otros, en el contexto de la filosofía de la mente (*El conflicto entre analíticos y continentales* [2002], Barcelona, Crítica, 2002, cap. 6).
3. La tesis fue formulada originalmente por Merleau-Ponty a lo largo de su *Fenomenología de la percepción*. En nuestras reflexiones la tomamos sólo como punto de partida.
4. Un excelente estudio sobre el modo de crítica genealógica del presente, con incidencia en el sustrato *meontológico* y la ruptura con la identidad del sujeto que ello comporta es el de J. de la Higuera Espín, *M. Foucault. La filosofía como crítica*, Granada, Comares, 1999.

5. En este sentido se podría decir que, en su espíritu, se busca proporcionar esa lucidez del *desengaño* a la que se refiere Baltasar Gracián. El desengaño es siempre resultado de un «verdadero mirar». Este vínculo con Gracián es válido sólo en la medida en que se elimine esa referencia implícita al dios ausente que atraviesa la obra de Gracián y que, como señala Javier de la Higuera, hace que la verdad del desengaño tenga como contrapartida la constatación de que la cosa misma, en su realidad absoluta, está ausente. Cf. J. de la Higuera Espín, «Lo insoportable de la verdad», cit., pp. 320-334.

6. Cf. J. L. Pardo, *La regla del juego*, Barcelona, Galaxia Gutenberg, 2004, pp. 502, 597, 658. Lo que este magnífico libro plantea —no puedo reprimir expresarlo— me parece concordante (manteniendo las distancias) con la concepción del hombre como ser errático que vengo tematizando. Pues lo que Pardo plantea a lo largo de su texto, recorriendo la aporía fundadora de la filosofía en cuanto exterioridad interior, es la aporía general en la que se encuentra todo proceso de experiencia y aprendizaje. Se trata de la aporía del comienzo, de la retirada infinita del origen, en la medida en que las reglas implícitas de cualquier contexto humano habitable (lo que él llama «juego I» o *poiesis*), pueden llevarse efectivamente al campo de juego sólo en la medida en que lo cambiamos, convirtiéndolo en otro («juego II» o *praxis*), de tal manera que el primero es siempre un juego que ya no hay o que se ha perdido (por ejemplo, p. 101), al mismo tiempo que el segundo es un juego siempre por hacer, o haciéndose, en cuanto juego del explorador (por ejemplo, p. 99). En mi lenguaje, esta aporía expresa la discordancia entre radicación y erradicación que se pone en obra en el ser errático. Sólo me cabe insinuar la sospecha de que, tal vez, Pardo separe excesivamente este enlace entre los dos juegos y el tercero, que es el de la filosofía. La filosofía, en cuanto juego teórico, no sería el juego del explorador, según Pardo, sino el de un espectador (también inserto en aporía) que se mueve en el difícil espacio —imaginativo pero verosímil y plausible— en el cual se hace preciso decir algo acerca del juego en su conjunto —acerca del juego entre el juego 1 y el juego 2— (cf., por ejemplo, pp. 599-602). El filósofo se posicionaría, no en una esfera pura externa, sino en una exterioridad interior, pues no está ni del todo dentro ni del todo fuera del juego sobre el que habla. Es, así, como un extranjero en una ciudad (por ejemplo, pp. 502, 597, 658). Ello es convincente, aunque me parece que habría que subrayar la circunstancia de que la extranjería de todo filosofar se convierte, ella misma, en «exploradora», al insertarse en aquello de lo que habla y hacerlo jugar en la expropiación de sí hacia una nueva praxis que hace mundo. ¿No sería necesario vincular con más intensidad la reflexión filosófica a ese *pensamiento en estado naciente* que, como *ingenium*, está ya en curso en la *praxis*? ¿Cómo podría la filosofía decir algo de algo si el pensador no estuviese ya «afectado» e «impelido» por el pensar en acto que se abre desde el lugar mismo que él piensa, un pensar en acto que él «recobra» y prosigue?

7. Cf. M. Heidegger, «En torno a la cuestión del ser» [1955], en *Hitos*, Madrid, Alianza, 2000, pp. 315 ss.

8. Apuleyo, *El dios de Sócrates*; Séneca, *Cartas a Lucilio*; *De la tranquilidad del alma*; Epicteto, *Conversaciones; Cartas a Meneceo*; Marco Aurelio, *Pensamientos*; Plutarco, *El demonio de Sócrates; De tuenda sanitate (Preceptos de salud)*; Ateneo, escritos en *Collection des médicins grecs et latins. Livres incertains*; Celso, *De medicina*; Galeno, *Tratado de las pasiones del alma y de sus errores; De la utilidad de las partes; De los lugares afectados*; Areteo, *De los signos de las enfermedades agudas; De la cura de las enfermedades crónicas*; Rufo de Éfeso, *Fragmentos*; Sorano, *De las enfermedades de las mujeres*. Foucault realizó un estudio magnífico en *La inquietud de sí* [1984], Madrid, Siglo XXI, 1987.

9. H.-G. Gadamer, *El estado oculto de la salud* [1993], Barcelona, Gedisa, 2001, pp. 122 ss.

10. *Ibid.*, pp. 25-26.

11. Se refiere a ella sometiéndola a una alternativa: o bien se entiende —*impropiamente*, diríamos nosotros— desde el paradigma de la ciencia, de la Ilustración cartesiana, y entonces se la distorsiona en su sentido originario, dado que su aplicación conduciría a una «racionalización» de la vida (*Ibid.*, pp. 26-44), o bien se entiende —*propiamente*, añadimos— como una forma de comprensión. Esta segunda posibilidad la aclara el autor en términos que remiten siempre al *prius* de la *pertenencia* o de la *entrega* al mundo: el acto de «distanciarse» respecto a sí y respecto al mundo equivale a una forma de reflexividad que «acompaña» a la «consumación de una vivencia» (*Ibid.*, p. 68), a una «interrupción» de la «inmediatez del lanzarse hacia algo», interrupción que se alimenta en todo caso, del «arrojamiento» en el mundo (*Ibid.*, pp. 69 s.); a un alejamiento que, en todo caso, tiene su medida en la demanda que proviene de la propia vida y que aspira a una «coincidencia consigo mismo» (*Ibid.*, pp. 122-124). La salud, resumiríamos nosotros, es ese estar en lo propio de sí y cerca de sí, respecto a lo cual la *enfermedad* es un tránsito en la impropiedad.
12. W. Blankenburg, *Der Verlust der natürlichen Selbstverständlichkeit*, Stuttgart, F. Enke, 1971, cap. VI, § 3.
13. *Ibid.*, cap. VI, § 4c.
14. K. Jaspers, *Psicopatología general* [1913], México, FCE, 2000. Agradezco enormemente la ayuda del profesor José María López Sánchez (cf. su *Compendio de psicopatología*, Granada, [4]1986). En España, este tipo de investigación ha tenido un fuerte impacto. Por no excluir a nadie mencionaré tan sólo, por su memoria, a nuestro escritor y pensador Luis Martín Santos (cf. su *El análisis existencial*, Madrid, Triacastela, 2004).
15. Me esfuerzo desde hace tiempo, sin lograrlo todavía, en realizar un estudio en este fascinante campo. Algunas incursiones se pueden encontrar en L. Sáez Rueda, «¿Es posible una razón crítica sin recurso a Ideas Regulativas? El nexo entre las dimensiones reflexiva y existencial de la crítica de patologías»: *Isegoría*, 26 (2002), pp. 257-275, y en «Comprensión y convalecencia. Por una crítica existencial del nihilismo patológico», en VV.AA., *El legado de Gadamer*, Granada, Universidad de Granada, 2004, pp. 423-438.
16. Cf. el magnífico estudio de L. Boltanski y E. Chiapello, *El nuevo espíritu del capitalismo* [1999], Madrid, Akal, 2002.
17. Este principio de identificación entre capitalismo y realidad rige la obra, por ejemplo, de Santiago López Petit. El profesor López Petit sabe, por experiencia personal, que mi desacuerdo con él en este punto se funda tanto en el respeto profundo por lo que yo llamaría una vida comprometida en la acción, como por el respeto que le debo al pensamiento. En este segundo orden de cosas me parece inevitable poner en tela de juicio el aparato conceptual que su obra pone en juego. Y no sólo porque, como he señalado, parte de la simple identificación entre realidad y capitalismo (por ejemplo, *El infinito y la nada*, Barcelona, Bellaterra, 2003, pp. 208-209), sino por las implicaciones filosóficas que esa posición arrastra. El estrechamiento de la ontología en un pensamiento de la *politización de la vida*, que atraviesa todo su trabajo, es la primera y más fundamental de ellas. Si «politizar la vida» significa reconocer que toda acción y pensamiento tienen una incidencia en la esfera política, la expresión puede servir para explicitar un rostro de la resistencia frente a la sociedad estacionaria y para reconocer que el hombre existe siempre en la *polis* o en la esfera pública de la acción. Si la expresión, por el contrario, significa que no hay acontecimiento o acción fecunda a menos que comporte las formas exteriores más palpables de la acción comúnmente llamada *política* (ocupar un edificio, hacer una huelga, etc.), la recomendación es unilateral y dogmática. La expresión artística, el ejercicio de la filosofía, el valor de la palabra naciente..., mil formas del *ingenio* habidas o por haber, quedan reducidas, por ese gesto, a la condición de herramientas para una acción determinada, como si

no respondiesen a su *cosa misma* o no tuviesen derecho a dejar en libertad el trabajo de su propio latido. El *gesto* de la politización es el deseo de subsumir la potencia operante de todas las empresas y aventuras humanas en la lucha contra el capital. Un pensar que se arriesga —y cualquiera de las empresas que aquí pudiésemos compendiar, siempre de modo incompleto, en esa línea— es, si surge de la potencia errática que lleva a hacer una nueva tierra, de suyo, ya una potencia política. Extrae de sí su propio cauce para ex-ponerse en la *exterioridad* de la realidad problemática. No es necesario que sea tutelado en su tarea de conmoción de la situación política, como si fuese un mero material amorfo al que hay que imprimir ulteriormente una forma eficaz de acción, porque ya es un modo peculiar de hacerlo que debe ser dejado en libertad. Toda forma de pensamiento naciente, de ingenio, es, como vengo diciendo, acción de raíz. La acción no le sobreviene como si fuese el modo de su explicitación. Desde este punto de vista, lo que *hace falta* por doquier en nuestra época es, antes de nada, pensamiento en acto. Por eso, la determinación que Petit manifiesta en «pensar contra el pensar» corre el riesgo de convertirse en una pura y simple destrucción del pensar en cuanto tal. En la medida en que ahí «pensar» se define como «creación de un orden» y «pensar contra él» como la desocupación del orden o la insumisión contra él (por ejemplo, *Horror vacui*, Madrid, Siglo XXI, 1966, pp. 1-3, 93 ss.; *El infinito y la nada*, cit., pp. 219-224), se lo fija en su aspecto más deleznable y superficial. Con ello no se le quiere reconocer al pensamiento su fuerza propia, como acontecimiento siempre en estado naciente, ingenio y creación de mundo, como si sólo existiese hoy en la forma de ideología. El pensar es hoy objeto de una multitud de violencias que pretenden disolverlo, cada una de un modo y a su arbitrio: logicismo, sociologismo, antropologismo, cientificismo... Todos estos procesos de disolución pugnan, en el fondo, por extraer a la filosofía de su medio ineludible, es decir, del pensar en cuanto tal, en el cual hoy se extiende el desierto. ¿Es necesario también que se lo disuelva en politización? Pero es que, a fuerza de yugular el pensamiento se termina, a la postre, en una psicologización del acontecimiento. El «querer vivir como desafío» al que apela Petit en todos sus trabajos (por ejemplo, *El infinito y la nada*, cap. 9; *Amar y pensar*, Barcelona, Bellaterra, 2005, pp. 21 ss.), y toda la cohorte de nociones que lo aclaran o acompañan («ponerse aparte», «luchar sin esperar nada», asumir el «asco» que produce la realidad, dirigirle un «odio libre» porque sólo provoca una «vida rota», etc.), pueden ser aplaudidas por su sencillez, claridad y carácter franco, pero no por su perspicacia filosófica. Todas ellas expresan en primera línea estados de ánimo, actitudes psíquicas, propósitos, deseos, pero no rebasan esa superficie del *homo-psique* hacia la realidad ontológica del hombre como ser (sea «ser» «voluntad de crecimiento», «acontecimiento de apertura», «presencia despresente» o lo que sea). La psicologización a la que me refiero constituye un fenómeno ante el que el pensador debe lanzar siempre una mirada de sospecha. Valga el siguiente ejemplo. Petit arraiga la acción resolutiva y políticamente activa en el momento inaugural de una «vida rota», una vida cercenada por el capital. Sin embargo, deberíamos considerar muy a fondo, antes de persistir en esa idea, la cruda verdad de que a nosotros, los hijos del Primer Mundo, el capitalismo no nos rompe la vida. Se la rompe a los millones de seres humanos que viven, fuera de nuestro círculo de cristal, en el fango de la miseria y de la continua menesterosidad. A nosotros el capitalismo no nos rompe la vida, sino que nos la hace más soportable y apacible. Y quizás no tengamos el derecho de apropiarnos de una experiencia que nos está completamente vedada. Si algo nos rompe la vida es lo que nos acontece aquí, en nuestro campo de juego, es decir, el más vago y oscuro rumor del vacío. Somos seres humanos sin-mundo, pero siempre nos queda el bálsamo de la abundancia material. Y aun así, cuando la vida se nos hunde, tendríamos que preguntarnos si hemos tenido la suerte de que, al menos, haya sido a causa de que este enemigo poderoso de la ficcionalización y el vacío ha tocado de verdad a nuestra puerta.

18. M. Hardt y T. Negri, *Imperio* [2000], Barcelona, Paidós, 2002.
19. Un ejemplo: tras la despiadada crítica de T. Negri al capitalismo, en Italia surge un movimiento para denunciar que este desguace está al servicio del capital. Véase las acusaciones de «bufones de la corte imperial» que se realizan a Negri (podría haber sido cualquier otro, a mi juicio), en Crisso y Odoteo, *Barbari. L' insogenza disordinata*, Torino, Edizioni NN, 2002.
20. Cf. H. Arendt, *Los orígenes del totalitarismo* [1951], Madrid, Alianza, 2004, pp. 129 ss.
21. Cf. «Excentricidad» [1955], en *Obras escogidas*, Barcelona, RBA, 2006 y «Der Fall Jurg Zund»: *Schweizer Archiv f. Neurologie* (1946).

BIBLIOGRAFÍA

Adorno, Th. W., (1966), *Negative Dialektik*, Frankfurt a. M., Suhrkamp [*Dialéctica negativa*, Madrid, Taurus, 1975*].
Apel, K.-O. (1973), *Transformation der Philosophie*, Frankfurt a. M., Suhrkamp [*La transformación de la filosofía*, Madrid, Taurus, 1985].
— (1976), «Das Problem der philosophischen Letztbegründung im Lichte einer transzendentalen Sprachpragmatik: Versuch einer Metakritik des 'kritischen Rationalismus'», en B. Kanitscheider (ed.), *Sprache und Erkenntnis*, Innsbruck, pp. 55-82 [«El problema de la fundamentación filosófica última desde una pragmática trascendental del lenguaje»: *Estudios Filosóficos*, XXXVI/102 (1987), pp. 251-300].
— (1979), «Transzendentale Semiotik un die Paradigmen der *prima philosophia*», en E. v. Bülow y P. Schmitter (eds.), *Integrale Linguistik*, Amsterdam, pp. 101-138.
— (1987), «Fallibilismus, Konsenstheorie der Wahrheit und Letztbegründung», en *Philosophie und Begründung*, Frankfurt a. M., Suhrkamp [«Falibilismo, teoría consensual de la verdad y fundamentación última», en *Teoría de la verdad y ética del discurso*, Barcelona, Paidós, 1991, pp. 37-146].
— (1994), *Semiótica filosófica*, Buenos Aires, Almagesto [incluye importantes artículos sobre filosofía del lenguaje, publicados en 1986 y 1987].
— (1996), «Die Vernunftfunktion der kommunikativen Rationalität», en K.-O. Apel y M. Kettner (eds.), *Die eine Vernunft und die vielen Rationalitäten*, Frankfurt a. M., Suhrkamp.
Arendt, H. (1951), *The Origins of Totalitarism*, New York, Harcourt Brace Jovanovich [*Los orígenes del totalitarismo*, Madrid, Alianza, 2004].
— (1963), *On Revolution*, New York, Harcourt Brace Jovanovich [*Sobre la revolución*, Madrid, Alianza, ²2004].
— (1968a), *Eichmann in Jerusalem. Ein Bericht von der Banalität des Bössen*, München, Piper [*Eichmann en Jerusalén. Un informe sobre la banalidad del mal*, Barcelona, Lumen, 2003].
— (1968b), *Between Past and Future*, edición aumentada de la primera, de 1961; New York [*Entre el pasado y el presente*, Barcelona, Península, 2003].
— *Vom Leben des Geistes* (1979), München, Piper [*La vida del espíritu*, Barcelona, Paidós, 2002].

---

* Las traducciones castellanas figuran entre corchetes.

Arteta, A. (2002), *La virtud en la mirada. Ensayo sobre la admiración moral*, Valencia, Pre-Textos.
Aubenque, P. (1962), *Le problème de l'être chez Aristote*, Paris, PUF [*El problema del ser en Aristóteles*, Madrid, Taurus, ²1984].
Ávila Crespo, R. (2007), *El desafío del nihilismo. La reflexión metafísica como piedad del pensar*, Madrid, Trotta.
Blanco Fernández, D. (1989), «¿Un delirio de la virtud? Reflexiones en torno al problema del mal en Kant», en J. Muguerza y R. Rodríguez Aramayo (eds.), *Kant después de Kant*, Madrid, Tecnos, pp. 87-116.
— (1993), «Las pérdidas del gusto y del sentimiento en la *Crítica del Juicio*»: *Revista de Filosofía*, VI/9, pp. 119-137.
Blankenburg, W. (1971), *Der Verlust der natürlichen Selbstverständlichkeit*, Stuttgart, F. Enke Verlag.
Barroso Fernández, Ó. (2002), *Verdad y acción. Para pensar la praxis desde la inteligencia sentiente zubiriana*, Granada, Comares.
— (2007), «Nihilismo, ontología y disposiciones afectivas», en L. Sáez Rueda *et al.* (eds.), *Nihilismo y mundo actual*, Granada, Universidad de Granada.
Benjamin, W. (1940-1955), «Tesis de filosofía de la historia», en *Discursos interrumpidos*, Madrid, Taurus, 1973.
Boltanski, L. y Chiapello, E. (1999), *Le nouvel esprit du capitalisme*, Paris, Gallimard [*El nuevo espíritu del capitalismo*, Madrid, Akal, 2002].
Bourdieu, P. (1980), *Le sens pratique*, Paris, Minuit [*El sentido práctico*, Madrid, Taurus, 1991].
Cerezo, P. (1993a), «Metafísica, técnica y humanismo», en J. M. Navarro Cordón y R. Rodríguez (eds.), *Heidegger o el final de la filosofía*, Madrid, Complutense, pp. 59-92.
— (1993b), «El giro metafísico en Xavier Zubiri»: *Diálogo filosófico*, 25, pp. 59-64.
— (1995), «Del sentido a la realidad. El giro metafísico en X. Zubiri», en J. Muguerza *et al.*, *Del sentido a la realidad. Estudios sobre la filosofía de Zubiri*, Madrid, Trotta, 1995, pp. 221-254.
— (1996), *Las máscaras de lo trágico. Filosofía y tragedia en Miguel de Unamuno*, Madrid, Trotta.
— (1998), «Tres paradigmas del pensamiento español contemporáneo: trágico (Unamuno), reflexivo (Ortega) y especulativo (Zubiri)»: *Isegoría. Revista de filosofía moral y política*, 19, pp. 97-136.
— (2000), «En torno a la distinción de *Entäusserung* y *Entfremdung* en la *Fenomenología del espíritu*», en *Razón, Libertad y Estado en Hegel*. Actas del I Congreso internacional sobre Hegel, 5-9 de marzo de 1998, Salamanca, Universidad de Salamanca, pp. 59-89.
— (2003a), *El mal del siglo. El conflicto entre Ilustración y Romanticismo en la crisis finisecular del siglo XIX*, Madrid, Biblioteca Nueva.
— (2003b), «*Homo duplex*: el mixto y sus dobles», en J. F. García Casanova (ed.), *El mundo de Baltasar Gracián. Filosofía y literatura en el Barroco*, Granada, Universidad de Granada, pp. 401-444.
Colli, G., (1975), *La nascita della filosofia*, Milano, Adelphi [*El nacimiento de la filosofía*, Barcelona, Tusquets, ⁵1994].
Chomsky, N. (2000), *Una generación dicta las reglas*, Barcelona, Crítica.

— (2001), *La (des)educación*, ed. de D. Macedo, Barcelona, Crítica.
Crisso y Odoteo (2002), *Barbari. L' insogenza disordinata*, Torino, Edizioni NN.
De la Higuera Espín, J. (1999), *M. Foucault. La filosofía como crítica*, Granada, Comares.
— (2003a), «Lo insoportable de la verdad», en J. F. García Casanova (ed.), *El mundo de Baltasar Gracián*, cit., pp. 303-342.
— (2003b), «La deconstrucción de la globalización»: *Anales de la Cátedra Franciso Suárez*, 37, pp. 401-409.
De la Mirandola, G. P. (1486), *Discurso sobre la dignidad del hombre*, en P. R. Santidrián (comp.), *Humanismo y Renacimiento*, Madrid, Alianza, 1994, pp. 121-153, 122-123.
Debord, G. (1967; 1996), *La Société du spectacle*, Gallimard, Paris [*La sociedad del espectáculo*, Valencia, Pre-Textos, 1999].
Deleuze, G. (1962), *Nietzsche et la philosophie*, Paris, PUF [*Nietzsche y la filosofía*, Barcelona, Anagrama, 1986].
— (1966), *Le bergsonisme*, Paris, PUF [*El bergsonismo*, Madrid, Cátedra, 1996].
— (1968a), *Différence et répétition*, Paris, PUF [*Diferencia y repetición*, Buenos Aires, Amorrortu, 2002; utilizamos la trad. realizada en Madrid, Júcar, 1988].
— (1968b), *Spinoza et le problème de l'expression*, Paris, Minuit [*Spinoza y el problema de la expresión*, Barcelona, Muchnik Editores, 1996].
— (1969), *Logique du sens*, Paris, Minuit [*Lógica del sentido*, Barcelona, Paidós, 1994] .
— (1972), con F. Guattari, *L'Anti-Oedipe. Capitalisme et schizophrénie*, Paris, Minuit [*El Antiedipo. Capitalismo y esquizofrenia*, Barcelona, Paidós, 1995].
— (1980), con F. Guattari, *Mille plateaux (captalisme et squizophrénie)*, Paris, Minuit [*Mil mesetas. Capitalismo y esquizofrenia*, Valencia, Pre-Textos, ⁴2000].
— (1988), *Le pli: Leibniz et le Baroque*, Paris, Minuit [*El pliegue: Leibniz y el Barroco*, Barcelona, Paidós, 1989].
— (1991), con F. Guattari, *Qu'est-ce-que la philosophie?* Paris, Minuit [*¿Qué es la filosofía?*, Barcelona, Anagrama, 1993].
Derrida, J. (1967a), *L'Écriture et la différence*, Paris, Seuil [*La escritura y la diferencia*, Barcelona, Anthropos, 1989].
— (1967b), *La voix et le phénomène*, Paris, PUF [*La voz y el fenómeno*, Valencia, Pre-Textos, 1985].
— (1972), *Marges de la Philosophie*, Paris, Minuit [*Márgenes de la filosofía*, Madrid, Cátedra, 1988].
— (1984), «Chaire vacante: censure, maîtrise et magistralité», en *Du droit à la philosophie*, Paris, Gallimard.
— (1986), «How to avoid speaking», conferencia pronunciada en Jerusalén [«Cómo no hablar. Denegaciones»: *Suplementos Anthropos*, 13 (1989), pp. 3-29].
— (1994a), *Force de loi. Le 'Fondement mystique de l'autorité'*, Paris, Galilée [*Fuerza de ley. El fundamento místico de la autoridad*, Madrid, Tecnos, 1997].

— (1994b), *Politiques de l'amitié suivi de L'oreile de Heidegger*, Paris, Galilée [*Políticas de la amistad* seguido de *El oído de Heidegger*, Madrid, Trotta, 1998].
— (1999), *Donner la mort*, Paris, Galilée [*Dar la muerte*, Barcelona, Paidós, 2000].
— (2001), «Autoinmunidad: suicidios simbólicos y reales. Diálogo con Jacques Derrida», en G. Borradori (ed.), *La filosofía en una época de terror. Diálogos con J. Habermas y J. Derrida*, Madrid, Taurus, 2003, pp. 131-135.
— (2005), *Apprendre à vivre enfin. Entretien avec Jean Birnbaum*, Paris, Glelée [*Aprender a vivir. Entrevista con J. Birnbaum*, Buenos Aires, Amorrortu, 2006, pp. 49-50].
Douglas, M. (1966), *Purity and Danger*, London [*Pureza y peligro*, Madrid, Routledge & Kegan Paul, Siglo XXI, 1973].
Eco, U. (1964), *Apocalittici e integrati*, Milano, Bompiani [*Apocalípticos e integrados*, Barcelona, Tusquets, 2001].
Estrada, J. A. (1997; ²2003), *La imposible teodicea*, Madrid, Trotta.
Ferraz Fayos, A. (1988), *El realismo radical*, Madrid, Cincel.
Foucault, M. (1964), *Histoire de la folie à l'âge classique*, Paris, Plon [*Historia de la locura en la época clásica*, México, FCE, ⁴1991].
— (1971), «Nietzsche. La Genealogie, l'Histoire», en *Hommage a Jean Hyppolite*, Paris, PUF [«Nietzsche. La genealogía, la historia», en *Microfísica del poder*, Madrid, La Piqueta, ³1992, pp. 7-30].
— (1975), *Surveiller et punir*, Paris, Gallimard [*Vigilar y castigar*, Madrid, Siglo XXI, 1992].
— (1984), *Le souci de soi*, Paris, Gallimard [*La inquietud de sí*, Madrid, Siglo XXI, 1987].
— (1990), *La vida de los hombres infames*, Madrid, La Piqueta, 1990 [recopilación de trabajos publicados originalmente entre 1968 y 1984].
— (2003), *Sobre la Ilustración*, Madrid, Tecnos.
Fukuyama, F. (1992), *The End of History and the Last Man*, New York, Free Press [*El fin de la historia y el último hombre*, Barcelona, Planeta, 1992].
Gadamer, H.-G. (1975), *Wahrheit un Methode*, Tübingen, Paul Siebeck [*Verdad y método*, Salamanca, Sígueme, 1977].
— (1993), *Über die Verborgenheit der Gesundheit*, Frankfurt a. M., Suhrkamp [*El estado oculto de la salud*, Barcelona, Gedisa, 2001].
— (2000), *Hermeneutische Entwürfe*, J. C. B. Nohr (Paul Siebeck), Tübingen [*Acotaciones hermenéuticas*, Madrid, Trotta, 2002].
— (1998), *Arte y verdad de la palabra*, Barcelona, Paidós [contiene trabajos escritos entre 1971 y 1988, todos procedentes del octavo tomo de las *Obras completas*].
Galván Rodríguez, G. (2007), *G. Deleuze: Ontología, pensamiento, lenguaje. Un logos problemático*, Granada, Universidad de Granada.
García Casanova, J. F. (2003), «El mundo barroco de Gracián y la actualidad del neobarroco», en Íd. (ed.), *El mundo de Baltasar Gracián. Filosofía y literatura en el barroco*, Granada, Universidad de Granada, pp. 9-52.
Geertz, C. (1973), *The Interpretation of Cultures*, New York, Basic Books [*La interpretación de las culturas*, Barcelona, Gedisa, ¹²2003].

Gómez García, P. (2003), *La antropología compleja de Edgar Morin. Homo complexus*, Granada, Universidad de Granada.
Goldmann, L. (1955), *Le dieu caché*, Paris, Gallimard [*El hombre y lo absoluto*, Barcelona, Península, 1968].
Gracián, B., *El Criticón*, Madrid, Cátedra, 1980.
— *Agudeza y arte de ingenio*, Madrid, Castalia, 1988.
Habermas, J. (1981), *Theorie des Kommunikatives Handelns*, Frankfurt a. M., Suhrkamp [*Teoría de la acción comunicativa*, Madrid, Taurus, 1987].
— (1984), *Vorstudien und Engänzungen zur Theorie des kommunikativen Handelns*, Frankfurt a. M., Suhrkamp [*Teoría de la acción comunicativa: complementos y estudios previos*, Madrid, Cátedra, 1989].
— (1988), *Nachmetaphysisches Denken*, Frankfurt a. M., Suhrkamp [*Pensamiento postmetafísico*, Madrid, Taurus, 1990].
— (1991), *Erläuterungen zur Diskursethik*, Frankfurt a. M., Suhrkamp [*Aclaraciones a la ética del discurso*, Madrid, Trotta, 2000].
— (1992), *Faktizität und Geltung*, Frankfurt a. M., Suhrkamp [*Facticidad y validez*, Madrid, Trotta, ^{5}2008].
Hardt, M. y Negri, T. (2000), *Empire*, Harvard University Press [*Imperio*, Barcelona, Paidós, 2002].
Heidegger, M. (1927), *Sein und Zeit*, Tübingen, Max Niemeyer Verlag [*El ser y el tiempo*, México, FCE, 1982].
— (1929), «Was ist metaphysik?», Bonn, F. Cohen [«¿Qué es metafísica?», en *Hitos*, Madrid, Alianza, 2000, pp. 93-109].
— (1930), «Von Wesen der Wahrheit» [«De la esencia de la verdad», en *Hitos*, Madrid, Alianza, 2000, pp. 151-171].
— (1930-1931), *Hegels Phänomenologie des Geistes*. Curso del Semestre de invierno, Freiburg Br., 1930-1931. Publicado en Frankfurt a. M., Vittorio Klostermann, 1980 [*La Fenomenología del Espíritu de Hegel*, Madrid, Alianza, ^{3}2006].
— (1936-1938) «Überwindung der Metaphysik», en *Vorträge und und Aufsätze*, Frankfurt a. M., 2000 (vol. 7 de GA), pp. 67-99 [«Superación de la metafísica», en *Conferencias y artículos*, Barcelona, Serbal, 1994, pp. 51-73].
— (1936-1938), *Beiträge zur Philosophie (vom Ereignis)*, manuscritos de los años 1936-1938, publicados póstumamente por Fr.-W. von Hermann, Vittorio Klostermann, Frankfurt a. M., 1989 [*Aportes a la filosofía. Acerca del evento*, Buenos Aires, Almagesto, 2003].
— (1939), «Sobre la esencia y el concepto de la φύσις. Aristóteles, *Física* B, 1». Escrito en 1939, se publicó por primera vez en 1958. Incluido en *Hitos*, pp. 199-249.
— (1943), «La frase de Nietzsche 'Dios ha muerto'», en *Caminos del bosque*, Madrid, Alianza, 1988, pp. 157-199.
— (1950), *Holzwege*, Frankfurt a. M., Vittorio Klostermann [*Caminos del bosque*, Madrid, Alianza, 1988].
— (1953), *Einführung in die Metaphysik. Gesamtausgabe*, Frankfurt a. M., Vittorio Klostermann, 1983 [*Introducción a la metafísica*, Buenos Aires, Nova, 1980 (también en Barcelona, Gedisa, 1993. Hemos utilizado la primera de las traducciones)].

— (1954), «Die Frage nach der Technik», en *Vorträge und Aufsätze*, Pfullingen [«La pregunta por la técnica», en *Conferencias y artículos*, Barcelona, Serbal, 2001, pp. 9-32].
— (1955), «Über die Linie», en *Freudschaftliche Begegnungen*, Frankfurt a. M., Vittorio Klostermann, pp. 9-45 [«En torno a la cuestión del ser», en *Hitos*, Madrid, Alianza, 2000, pp. 313-344].
— (1957), *Identität und Differenz*, Pfullingen, Neske [*Identidad y Diferencia*, Barcelona, Anthropos, 1988].
— (1959), *Gelassenheit*, Günter Neske, Pfullingen [*Serenidad*, Barcelona, Serbal, 1989].
— (1961), *Nietzsche*, 2 vols., Pfullingen [*Nietzsche*, Barcelona, Destino, 2000].
— (1962), «Zeit und Sein», seminario contenido originalmente en *Zur Sache des Denkens* [trad. cast. en: *Tiempo y ser* (Heidegger, 1962), Madrid, Tecnos, ⁵2006].
— (1969), «Das Ende der Philosophie und die Aufgabe des Denkens», en M. Heidegger, *Zur Sache des Deskens*, Tübingen, Max Niemeyer, 1969 [«El final de la filosofía y la tarea del pensar», en VV.AA., *Kierkegaard vivo*, Madrid, Alianza, 1970, 130-153].
Henrich, D. (1970), «Selbstbewusstsein. Kritische Einleitung in eine Theorie», en R. Bubner, K. Cramer y R. Wihel (eds.), *Hermeneutik und Dialektik. Aufsätze* I, Tübingen.
Heller, A. (1980), *El hombre del renacimiento*, Barcelona, Península.
Honneth, A. (1994), *Kampf um Anerkennung*, Frankfurt a. M. [*La lucha por el reconocimiento*, Barcelona, Crítica, 1997].
Horkheimer, M. y Adorno (1947), Th. W., *Dialektik der Aufklärung*, Amsterdam, Querido [*Dialéctica de la Ilustración*, Madrid, Trotta, ⁸2006].
Jaspers, K. (1913), *Allgemeine Psychopathologie*, Springer-Verlag [*Psicopatología general*, México, FCE, 2000].
— (1948), *Über das Tragische*, en *Von der Wahrheit* [«Lo trágico», en *Lo trágico. El lenguaje*, Granada, Ágora, 1995, pp. 39-106].
Kant, I. (1763), *Ensayo para introducir las magnitudes negativas en filosofía*, en *Opúsculos de filosofía natural*, Madrid, Alianza, 1992, pp. 115-164].
Koyré, A. (1980), *Estudios galileanos* [1966], Madrid, Siglo XXI.
Lessing, G. E., «Acerca de la verdad», en A. Maestre (ed.), *¿Qué es la Ilustración?*, Madrid, Tecnos, 1988, p. 52.
Leibniz, G. W. (1875-1890), *Die philosophischen Schriften von G. W. Leibniz*, ed. de C. I. Gerhardt, I-VII, Berlin, Widmann; reimpreso en Hildesheim, Olms, 1965.
— *Methodus vitae*, en *Escritos de Leibniz* I. *Naturaleza o fuerza*, Valencia, Universidad Politécnica de Valencia, 2000.
— *Escritos de dinámica*, Madrid, Tecnos, 1991 (Contiene varios escritos sobre dinámica cuya publicación original discurre entre 1686 y 1695, entre ellos el famoso *Espécimen dinámico*, de 1695).
— *Escritos filosóficos*, Buenos Aires, Charcas, 1982.
— *Monadología*, Madrid, Biblioteca Nueva, 2001.
López Petit, S. (1966), *Horror vacui*, Madrid, Siglo XXI.

BIBLIOGRAFÍA

— (2003), *El infinito y la nada*, Barcelona, Bellaterra.
— (2005), *Amar y pensar*, Barcelona, Bellaterra.
López Sánchez, J. M. (^{4}1986), *Compendio de psicopatología*, Granada.
Lyotard, J. F. (1983), *Le Différend*, Paris, Minuit [*La diferencia*, Barcelona, Gedisa, 1988].
Marcuse, H. (1955), *Eros and Civilization*, Boston, Beacon Press [*Eros y civilización*, Barcelona, Seix Barral, 1968].
— (1964), *One-Dimensional Man*, Boston, Beacon Press [*El hombre unidimensional*, Barcelona, Ariel, 1981].
Martín-Santos, L., *El análisis existencial*, Madrid, Triacastela, 2004.
Marx, K. y Engels, F. (1872), *Manifiesto comunista*, Madrid, Endimión, 1987.
Merleau-Ponty, M. (1945), *Phénoménologie de la perception*, Paris, Gallimard [*Fenomenología de la percepción*, Barcelona, Península, 1975].
— (1964), *Le visible et l'invisible*, Paris [*Lo visible y lo invisible*, Barcelona, Seix Barral, 1970].
Morey, M. (1988), *El orden de los acontecimientos*, Barcelona, Península.
Moya, E. (2002), *¿Naturalizar a Kant? Criticismo y modularidad de la mente*, Madrid, Biblioteca Nueva.
— (2008), *Kant y las ciencias de la vida*, Madrid, Biblioteca Nueva.
Muñoz Veiga, J. (2002), *Figuras del desasosiego moderno*, Madrid, Antonio Machado Libros.
Nancy, J.-L. (2002), *La création du monde ou la mondalisation*, Paris, Galilée [*La creación del mundo o la mundialización*, Barcelona, Paidós, 2003].
Nietzsche, F. (1967), *Nietzsche Werke. Kritische Gesamtausgabe*, ed. de G. Colli y M. Motinari, Walter de Guyter, Berlin.
— (1871), *El nacimiento de la tragedia*, Madrid, Alianza, ^{6}1981.
— (1873), publicado póstumamente en 1903, *Sobre verdad y mentira en sentido extramoral*, Madrid, Tecnos, 1990.
— (1882), *La Gaya Ciencia*, Barcelona, Siglo XXI, 1971.
— (1886). *Más allá del bien y del mal*, Madrid, Alianza, 1980.
— (1887), *La genalogía de la moral*, Madrid, Alianza, 1986.
— (1892), *Así habló Zaratustra*, Madrid, Alianza, ^{5}2002.
— *Fragmentos póstumos*, 4 vols., Madrid, Tecnos, 2006.
Pardo, J. L. (1989), *Sobre la banalidad*, Barcelona, Anagrama.
— (2004), *La regla del juego. Sobre la dificultad de aprender filosofía*, Barcelona, Galaxia Gutenberg.
Pascal, *Pensamientos*, Madrid, Orbis, 1977 (el original apareció en 1670, ocho años después de su muerte).
Pérez Tapias, J. A. (2007), *Del bienestar a la justicia*, Madrid, Trotta.
Plessner, H. (2007), *La risa y el llanto* [1941], Madrid, Trotta.
— (1965), *Die Stufen des Organischen un der Mensch*, Berlin, Gruyter.
Proust, M., *El tiempo recobrado*, Madrid, Alianza, 2000.
Ruano de la Fuente, Y. (1996), *Racionalidad y conciencia trágica. La modernidad según Max Weber*, Madrid, Trotta.
— (2001), *La libertad como destino. El sujeto moderno en Max Weber*, Madrid, Biblioteca Nueva.
Rodríguez Tapia, R. (1999), *La enseñanza neutral*, Madrid, Grupo Unisón.
Ruiz Paz, M. (2003), *La secta pedagógica*, Madrid, Grupo Unisón.

Sáez Rueda, L. (1994a), «Fundamentación última y facticidad —un intento de argumentar 'con Apel contra Apel'—»: *Pensamiento*, 50/197, pp. 267-292.
— (1994b), «Facticidad y excentricidad de la razón», en D. Blanco Fernández, J. A. Pérez Tapias y L. Sáez Rueda (eds.), *Discurso y realidad*, Madrid, Trotta, 1994, pp. 228-251.
— (1995), *La reilustración filosófica de K.-O. Apel*, Granada, Servicio de Publicaciones.
— (1996a), «Por una diferencia no indiferente. A propósito de las críticas de Rorty y Lyotard a la nueva Ilustración alemana»: *ER. Revista de Filosofía*, 20, pp. 79-109.
— (1996b), «Segregación o domesticación de la experiencia prerreflexiva»: *Volubilis*, 4, pp. 35-53.
— (1996c), «Für ein 'tragisches' und 'offenes' Konzept der Rationalität»: *Deutsche Zeitschrift für Philosophie*, 44/3, pp. 343-361.
— (1997), «Lo indisponible y el discurso. El legado heideggeriano en la polémica 'modernidad-postmodernidad'»: *Revista de Filosofía* (Universidad Complutense), X/18, pp. 133-158.
— (2001; ²2003), *Movimientos filosóficos actuales*, Madrid, Trotta.
— (2002a), *El conflicto entre continentales y analíticos*, Barcelona, Crítica.
— (2002b), «¿Es posible una razón crítica sin recurso a Ideas Regulativas? El nexo entre las dimensiones reflexiva y existencial de la crítica de patologías»: *Isegoría*, 26, pp. 257-275.
— (2003), «Die Spannung zwischen existenzieller und reflexiver Pathologiekritik»: *Deutsche Zeitschrift für Philosophie*, 51/6, pp. 903-1072.
— (2005), «La palabra naciente. La comprensión gadameriana del lenguaje en diálogo con la filosofía analítica»: *Endoxa*, 20, pp. 221-243.
— (2007, coed., junto con J. de la Higuera y J. F. Zúñiga), *Pensar la nada. Ensayos sobre filosofía y nihilismo*, Madrid, Biblioteca Nueva.
Séneca, *Diálogos*, Madrid, Gredos, 2000.
— *Epístolas morales a Lucilio*, Madrid, Gredos, 1994.
Scheler, M. (1914), «Sobre el fenómeno de lo trágico», en Íd., *Gramática de los sentimientos*, Barcelona, Crítica, 2003 (orig.: *Grammatik der Gefühle*, München, Verlag GmbH/Co. KG, 2000. Publicado originalmente en 1914, se incluyó más tarde en *Vom Umsturz der Werte-Abhandlungen und Aufsätze*, GW 3, Bern/München, 1972, pp. 149-169).
— (1928), *Die Stellung des Menschen im Kosmos*, GW 9, Bern, Franke [*El puesto del hombre en el cosmos*, Buenos Aires, Losada, 1938].
Schopenhauer, A. (1818), *Welt als Wille und Representation* [*El mundo como voluntad y representación*, México, Porrúa, 2003; también: Madrid, Trotta, vol. I, 2004; vol. II, ²2005].
Sloterdijk, P. (1998), *Weltfremdheit*, Frankfurt a. M., Suhrkamp [*Extrañamiento del mundo*, Valencia, Pre-Textos, 2001].
Spinoza, B. (1677), *Ética demostrada según el orden geométrico*, Madrid, Editora Nacional, 1984; también Madrid, Trotta, ²2005.
Taylor, Ch. (1989), *Sources of the self. The making of the modern identity*, Harvard University Press [*Fuentes del yo. La construcción de la identidad moderna*, Barcelona, Paidós, 1996].

Walzer, M. (1977), *Just and unjust Wars*, Basic Boocs [*Guerras justas e injustas*, Barcelona, Paidós, 2001].
Weber, M. (1904/1905), *Protestantische Ethik und der Geist des Kapitalismus*, Tübingen, J. C. B. Mohr [*La ética protestante y el espíritu del capitalismo*, Barcelona, Península, 1969].
— (1959), *Politik als Beruf, Wissenschaft als Beruf*, Berlin/München [*El político y el científico*, Madrid, Alianza, ^{8}1986].
Wellmer, A. (1986), *Ethik und Dialog*, Frankfurt a. M., Suhrkamp [*Ética y diálogo*, Barcelona, Anthropos, 1994].
Wittgenstein, L. (1953), *Philosophische Untersuchungen*, Oxford, Basic Blackwell [*Investigaciones filosóficas*, Barcelona, UNAM-Crítica, 1988].
— (1965), «Wittgenstein's Lectura on Ethics», *The Philosophical Review*, enero [*Conferencia sobre ética*, Barcelona, Paidós, 1989].
Woodcock, A. (1994), *Teoría de las catástrofes*, Madrid, Cátedra.
Zubiri, X. (1981-1983) *Inteligencia sentiente*, Madrid, Alianza [*Inteligencia sentiente. Inteligencia y realidad*, Madrid, Alianza, 1981, ^{3}1984 (orig. en 1981, sólo con el primero de los títulos)].
— (1982), *Inteligencia y Logos*, Madrid, Alianza.
— (1983), *Inteligencia y Razón*, Madrid, Alianza.
— (1986), *Sobre el hombre*, Madrid, Alianza.
— (1992), *Sobre el sentimiento y la volición*, Madrid, Alianza.

ÍNDICE GENERAL

Contenido 7
Prólogo 11

I. FENOMENOLOGÍA DE LA VIDA COTIDIANA

1. EL MALESTAR EN LA SOCIEDAD ESTACIONARIA 17
   1. Estar inmerso en contextos y ser extranjero en ellos 17
   2. Ineludible conflicto entre centricidad y excentricidad 21
   3. La sociedad estacionaria, sin mundo y sin errancia 25

2. RESISTIR ERRÁTICAMENTE 40
   1. Anticipaciones metodológicas. De la antropología a la ontología; crítica al cientificismo y al naturalismo 40
   2. Sobre la soledad del hombre y de cómo su situación errática le permite «tener mundo» 48
   3. Desrealización por realización del ser errático en la sociedad estacionaria 54

II. SER ERRÁTICO, SER DISCORDE

3. LA ERRANCIA EN SU IMPOSTURA: DESARRAIGO 61
   1. La radicación como «ser-en-el-mundo» y su «indisponibilidad» 61
   2. «Flotar en el aire»; «falta de paradero»; «estar sobre el rastro» . 67

4. ELOGIO DE LA CONDICIÓN ERRÁTICA, EN DISCUSIÓN CON HEIDEGGER .. 74
   1. El nihilismo y la experiencia «técnica» del mundo 74
   2. Tesis heideggeriana: errancia, figura del «máximo peligro»; respuesta «quijotesca», preámbulo a la discusión con el autor: el errar productivo; colapso del tiempo en la sociedad estacionaria y resistencia pensada a la quijana 82
   3. Discusión con Heidegger 89
      3a. La experiencia del extrañamiento pertenece a la existencia «en su propiedad» 89

3b. El nuevo dios heideggeriano: «lo propio en su clausura»... 102
3c. Clausura de lo propio como «eterno retorno de la apelación»: objeciones a Gadamer 107
3d. La condición errática, reverso subrepresentativo del ser-en-el-mundo 110

5. EL CONFLICTO ERRÁTICO 122
1. La unidad radicación-ser errático: «discordancia real» 122
2. Mundo e inteligencia «en estado naciente»: la discordancia «descubrir-crear» 129

III. DIMENSIONES DEL ACONTECIMIENTO

6. SENTIDO Y FUERZA 139
1. Comprender y actuar 139
2. Ficcionalización del mundo y resentimiento generalizado; la fuerza del «salto» 145
3. Esplendor y ocaso de la noción de «fuerza». De la *phýsis* griega a la «potencia» de ser en el Barroco; la distensión científico-técnica del *operari* en la operatividad 151
4. El arco tendido de la existencia 158
5. Más allá de Heidegger y Nietzsche o de las dos reducciones inversas entre «sentido» y «fuerza» 162
6. Unidad discorde y distinción real entre sentido y fuerza 173
7. La unidad entre «gesta» y «potencia operante»: objeciones a Foucault y Deleuze. El dominio como banalidad 179

7. TESTIGO ERRÁTICO Y EXTERIORIDAD PROBLEMATIZANTE 194
1. Génesis de la «reciprocidad real»: el porvenir del acontecimiento 194
2. Apercepción subrepresentativa. Testigo interrogante y realidad-problema 201
3. «Exterioridad errante» 209

8. LOCURA 217
1. Silencio y locura. Cualquier hombre está loco; evadir la locura crea sinrazón; trabajar con la propia locura es la grandeza del «hombre cenital» 217
2. Excurso sobre Derrida. El secreto del secreto 229

IV. LA VIDA DEL PENSAMIENTO

9. LOGOS: *INGENIUM* 247
1. Pensamiento naciente como ingenio. Del pensar «al encuentro» al pensar «en el encuentro» 247

2. ¿Qué significa «pretender validez»? Colapso del ingenio en el «logos discursivo». Carácter subsidiario del argumentar. Consecuencias del ordenamiento discursivo: judicialización de la vida. Dos ejemplos: la «vida asamblearia» y la «inflación pedagógica» 250
3. Creaciones heroicas del ingenio. No hay un *factum* de la razón»; ontologizar a Kant 270
4. Más allá de la separación entre «facticidad» e «idealidad»; autoanticipación proteica del hombre 280
5. La posibilidad, siempre acechante, de la experiencia trágica; lo trágico en el hombre cenital 283

10. LOS CRITERIOS DEL PENSAR NACIENTE 297
1. «Tener criterio»: creación de regla sin regla; «poder resolutivo» del pensamiento, fuente de criterios 297
2. Crítica negativa de la ficcionalización del mundo 301
3. Interdisciplinariedad. El caso singular de la psicopatología. ¿Qué es la salud? 305
4. El Gran Inquisidor o del errático apócrifo. Las increíbles hazañas del capitalismo errático, el *hombre anti-sistema* y otros pseudosucesos en la sociedad estacionaria 309

Bibliografía 321
Índice general 331